建 投 书 店 投 资 有 限 公 司

More than books

TOMMY HILFIGER背后的
时尚梦想家

创始人汤米·希尔费格亲述设计、创业与品牌故事

[美]汤米·希尔费格　[美]彼得·诺布勒　著
朱曼　译

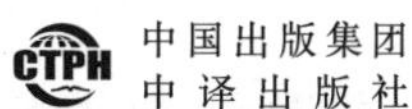

中国出版集团
中译出版社

图书在版编目（CIP）数据

TOMMY HILFIGER 背后的时尚梦想家 /（美）汤米·希尔费格（Tommy Hilfiger），（美）彼得·诺布勒（Peter Knobler）著；朱曼译. --北京：中译出版社，2018.1

ISBN 978-7-5001-5492-1

Ⅰ. ①T… Ⅱ. ①汤… ②彼… ③朱… Ⅲ. ①汤米·希尔费格—自传 Ⅳ. ①K837.125.38

中国版本图书馆CIP数据核字（2017）第299375号

版权登记号：01-2017-8295

TOMMY HILFIGER 背后的时尚梦想家

出版发行：中译出版社
地　　址：北京市西城区车公庄大街甲 4 号物华大厦六层
电　　话：（010）68359827；68359303（发行部）；
68005858；53601537（编辑部）
邮　　编：100044
电子邮箱：book@ctph.com.cn
网　　址：http://www.ctph.com.cn

出 版 人：张高里
特约编辑：任月园　赵　芳
责任编辑：郭宇佳　张孟词
封面设计：Laird+Partners

排　　版：中文天地
印　　刷：北京中科印刷有限公司
经　　销：新华书店

规　　格：787 毫米 ×1092 毫米　1/16
印　　张：27
字　　数：350 千字
版　　次：2018 年 1 月第 1 版
印　　次：2018 年 1 月第 1 次

ISBN 978-7-5001-5492-1　　**定价**：78.00 元

中　译　出　版　社

序

《TOMMY HILFIGER 背后的时尚梦想家》，我喜欢这本书的名字，因为它是我朋友汤米这一生的真实写照，是他所到之处、所遇之人、是那些让汤米之所以成为汤米的人和事的佐证，汤米的一生，是梦想变成现实的一生。汤米用自己的真实经历告诉我们，只要勇于尝试，机会就会毫不吝啬地展现在我们面前。作为一个玩爵士音乐的人，或许我的思维方式会有些不受拘束，但我觉得这本书的书名确实反映了汤米总是先人一步的行事风格；他是个不受任何约束，享受文化冲突，是个能够改写准则的人。正是这种精神，让我们在 25 年前第一次会面时，就能够彼此相识相知。

20 世纪 90 年代，如今回想起来，那是一个音乐变革的时代。我还记得当时自己在金曲工厂（Hit Factory）和一些艺术家合作音乐，我女儿琪达达（Kidada）提到她在汤米那儿工作，我这才知道汤米这个人，我答应和他一起共进晚餐。我是个直觉很准的人。那段时期，我感觉嘻哈音乐和整个城市的生活行为方式都无比的契合。我的音乐才能，在音乐工作室以及在《Vibe》做专栏时，都以一种最原始、最真实的方式得到了完全的展现。琪达达自然也受到了我的影响，她作为杂志造型师和汤米的时尚猎人与灵感源泉，帮助汤米获得了很多关注。汤米的服饰系列非常经典，它植根于干净整洁的学院风和工装服饰风格之中，在20世纪80年代繁华尽现的炫目格调之后，他的服装品牌给整个服饰界吹来了一股清风。尽管在此之前，早已有设计师和音乐人合作的先例。摩城（Motown）正是因此而声名远扬。但汤米的这种结合不同于以往，这是一个让音乐和时尚以前所未有的方式进行真实碰撞的机会。请注意，我所说的并不是夸张的演出服，这是人们真真切切能够看得到、摸得着、买得起、穿得出去的衣服。这便是汤米所认识到的、音乐的力量，相对于科学，人们出于对音乐的热爱，能够自内心迸发出无尽的力量，这种力量强大到能够让像我一样的孩子有勇气走出贫民区，树立自己的奋斗目标、并且对未来充满希望。他知道可以凭借音乐的翅膀，把自己的品牌传递到世界各地。音乐就是有这种魔力。纽约的那个晚上，当我们一起坐进我的林肯轿车时，我就知道这家伙是个真正有思想的人，我转向他说："伙计，你肯定会有一番作为。"

汤米和我从认识的第一天起，就发现了彼此之间的众多相似之处。尽管我们来自不同的地方——我，一个芝加哥贫苦人家的孩子，汤米，一个乡下小镇长大的孩子，都是白手起家，但我们都知道应该如何努力工作、发展自己的核心技能，更重要的是我们都怀揣梦想、敢于梦想。坚持不懈地努力让我克服重重困难，建立了自己的事业，我的直觉告诉我，凭汤米的远见和干劲，这个年轻人一定会闯出一片天地。

汤米在纽约州北部长大，作为一个拥有九个孩子的大家庭，汤米的父母深知努力工作的重要性。对音乐的挚爱深刻影响了他所创作的第一套服饰风格，从个性化的补丁牛仔喇叭裤到几何图形的T恤衫，再到色彩缤纷的夹克衫，所有这些都是他向自己喜爱的音乐家所作的致敬。汤米赢得了成功，但后来，公司的运转路线发生了偏离，汤米最初为品牌所设立的初衷和底线遭到了挑战，毕生的经营即将付之东流。就像我常说的那样，音乐是音乐，音乐产业是音乐产业，如果要生存，就必须要了解这两者之间的区别。这个道理对汤米而言也是如此。失败并不可怕，重要的是对待失败的态度。汤米并没有被打垮，他接受了失败的事实，从中汲取教训、搁置恐惧，最重要的是，他重整旗鼓，还在继续前进。

那时候我并不知道汤米是谁，不过每个来曼哈顿（Manhattan）的人，都肯定看到了时代广场（Times Square）中央那醒目的、标识新人到来的巨幅广告牌。它看起来就像个儿童猜字游戏（Hangman）。这是个大胆的举动，有些人甚至会说这种做法很鲁莽，但我认为生活，当然从事商业活动也一样，就是要遵从你的内心、跟随你的梦想、永远大胆去尝试。你不能还没做，就开始担心别人会怎么想。人需要有些冒险精神，才能建立和创造出那些前所未有的东西。如果还有不畏惧失败的决心和不忌惮世人眼光的态度，那么成功的机会就更大了。我不止一次地听汤米说，在他的价值观里，平庸不是一个备选项，以前如此，现在也依旧如此。任凭谁都会觉得这是件很困难的事，但汤米在困难面前，从未退却过。

这么多年来，我亲眼看见了汤米在繁忙工作中抽出时间来陪他的孩子们，鼓励他们找到自己所感兴趣的东西。我看到他为我的女儿也在做着同样的事。汤米给了琪达达凭直觉做事的信心，给她提供了展示才能的平台，让她充分发挥天赋成为商界女能人。

如今，回忆起汤米和我的第一次会面，到后来的那些合作，所有这些经历都让我会心一笑。和所有才华横溢的艺术家们一起，我们创造出了流行文化中标志性的东西并在现代营销中展开了一场开创性的革命。想想看，《Vibe》杂志封面上的流行音乐之王穿着的是汤米・希尔费格品牌的套头衫；安迪・希尔费格（Andy Hilfiger）和琪达达（Kidada）召集着艾莉雅（Aaliyah）、马克・容森（Mark Ronson），还有凯特・哈德森（Kate Hudson）这些时尚名流在全国进行服装巡演；谢乐尔・克劳（Sheryl Crow）、小甜甜布兰妮・斯皮尔斯（Britney Spears）和滚石乐队（Rolling Stones）这些娱乐巨星巡演时穿的也是汤米的衣服，这是多么令人骄傲的成就。我们拥有一个共同的理念，那就是音乐和时尚不仅相互关联，而且对彼此都至关重要，在对于这一观点的领悟上，我们远远超前于其他人。

汤米已经走了很远，几乎算是已经到达事业的巅峰，但我认为汤米植根内心的知恩图报的良好愿望，才是让我们彼此之间友谊日久弥坚的根本原因。汤米是个饮水思源的人，他始终牢记着自己的根本。慈善事业，以前是，并且现在也依然是他生命中的一个重要组成部分。我们曾经一同为支持“生命之声”（Lifebeat）、“我们是一家人基金会”（We Are Family Foundation）而努力，我们所组织参与的“梦想演唱会”（Dream Concert）将全部收入捐赠给了“马丁·路德·金纪念碑基金”（Martin Luther King Jr. Memorial Fund）。他的“汤米·希尔费格基金”（Tommy Hilfiger Foundation）和现在的“汤米关爱”（Tommy Cares），自创立至今，已经使无数人的生活发生改变。汤米所做的并不是简单地在支票上填写数字，他是真正的从我做起，用自己的实际行动感召、带动身边的其他人，他激励和鼓励着他的员工为慈善事业贡献自己的时间，使员工的每一份捐赠都落到实处，是他使劳动的价值得到实实在在的体现。

曾经有人对我说，人生有三个阶段：追求物质、追求权力、最后到达不求回报的付出并且以付出为乐的阶段。这就是美国梦，而汤米·希尔费格，正是生活在这样的梦里。

祝贺你，兄弟！爱你！

昆西·琼斯（Quincy Jones）

目　录

第一章

想象

（敢于梦想！）

我无时无刻不在准备着要从世间逃脱，尽管大多数时候，这都只是梦一场。每逢此时，我的意识会游离于现实之外，进入到另一个虚幻的场所。那天下午，我要怎样才能从学校溜出来？这个周末去哪儿玩呢？在哪举行派对好呢？在梦里，我是健身达人，有车、有女人，会赚钱、更会享受生活，在梦里，我甚至还是个享誉全球的摇滚巨星。我梦到自己徜徉在巴哈马群岛（Bahamas），在这人间天堂感受海风拂面，倾听船帆飞舞，躺在海面上的一叶扁舟里，映入眼帘的是雪白的云和蔚蓝的天。是的，这才是我。

我生在一个大家庭，有八个兄弟姐妹。一个星期天的早上，父亲开车带我们所有人去宾夕法尼亚州（Pennsylvania）丹顿山（Denton Hill）的一个滑雪场滑雪，这是一辆旅行车，说起来真不算小，但后备箱还是塞满了我们的滑雪装备，连车顶上都堆满了东西。车里每个人都想引起别人的注意，大呼小叫得不可开交，在大家的吵闹声中，我的思绪又蔓延开来。望着车外，我忽然发现山旁有个小木屋。于是我开始想象自己在那座木屋里的情景，在我的想象里，这是一座传统的瑞士木屋，石砌壁炉里，炉火正熊熊燃烧。我的滑雪装备已全部收拾妥当，静静地安放在门廊上，随时可以出发。我想加入滑雪救护队，所以我的背包里装了一把瑞士军刀、一套急救装备、一台随身听，还有一顶折叠帐篷。我能闻到松树的味道，看到耀眼的白雪，能感受到那些高耸的常青树。我也惊诧于自己对这些细节的感知；也许是因为对迪士尼电影的沉迷，成就了我的灵感，抑或是《音乐之声》（*The Sound of Music*）剧目长期以来对我的熏陶吧。这些梦是如此频繁地在我脑中循环往复，以至于我逐渐养成了一种图片式记忆的能力。我所看到的那些场景，会深深地铭刻在我的脑海之中，永远成为我记忆的一部分。色彩、感受、光亮、光泽——这一切的一切，都牢牢地印在我的大脑里。

我的父亲理查德（Richard）是个脚踏实地从事钟表和珠宝买卖的商人。他说我必须得学一门手艺，才能有一份可靠的工作，才能赚到钱。

“什么是手艺？”

“你得去学技工，或者去机械厂上班，或者学着做一个木匠。”

我可不想每天早上醒来后都像个机器那样周而复始、毫无悬念地重复同样的事情。去厂里上班要比呆坐在教室里上数学课好，但这还是没什么意思。我得给自己的生活多找些乐子。

家，并无乐趣可言。

我出生于 1951 年，在纽约州埃尔迈拉城（Elmira）长大，当时我们家住在劳雷尔大街（Laurel Street）921 号并排的两套房子里，离宾夕法尼亚大道（Pennsylvania Avenue）不远。我的父亲是德裔瑞士人，而我母亲家基本都来自爱尔兰和苏格兰。我祖母的娘家姓是伯恩斯（Burns），从这一点来看，我们和苏格兰诗人罗伯特·伯恩斯（Robert Burns）应该还能扯上些关系。不过罗比·伯恩斯（Robbie[1] Burns）这个人喜欢玩弄女人，并且还酗酒，所以我们自然对这个声名狼藉的名人亲戚敬而远之，在家里也是闭口不提。我们全家 11 口人，每天晚上都会围坐在一张大桌子旁吃晚饭，晚餐时间向来是家里一天中最吵闹的时刻。记忆里的晚餐，总有几个孩子是坐在儿童座椅里的，我总是在逗我的姐妹们，惹她们发笑；我的某个弟弟会一直在地上跳来跳去。这时候的餐厅简直就是一个沸腾的小型游乐场。不过只要父亲一回家，这一切就会改变，他只要把手捏成拳头在桌子上一捶，家里瞬间就安静下来。父亲总是最后一个坐下来吃饭的人，并且总

[1] 罗比（Robbie）是罗伯特（Robbert）的昵称。——译者注

是一副心情很差的样子。所以只要他在家，我们就会很紧张。不过虽然我们很害怕父亲，但还是会背着他私下里偷笑。我们看起来好像并不在意他，这会让他很生气，他因为我们不在意而生气的这件事又会让我们笑得更厉害，而我们笑得更厉害又让他格外生气。其实每天晚上我们也想要安静些，不要让父亲那么生气，但效果却适得其反。

父亲不在的时候，我们会问母亲："爸爸为什么这么生气？"我的母亲弗吉尼亚（Virginia），一名注册夜班护士，每天工作都很辛苦，早上下班回来后，还得给我们全家做早餐。这样一个严重缺乏睡眠时间的女人，却总能发现事情好的一面。我的母亲非常瘦弱，棕栗色的头发，眼睛像波斯猫一样，一只绿一只棕，性格也很像猫，是一个非常温暖、和善、感性和慈爱的人。在我看来，我的妈妈是个真正的圣人。

关于我们的那些爸爸为什么不高兴的问题，母亲总是这样回答："亲爱的，爸爸的店里有空调，可是家里没有，忙了一天回到家，还这么热，根本不能好好休息，爸爸当然情绪不好了。"这是爸爸夏天生气的原因。"亲爱的，我们家门前的车道没人清理，上面结满了冰，开车的时候容易打滑，爸爸回来的时候要费很大力气才能停好车，所以他有点不高兴。"这是爸爸冬天生气的原因。而事实上，爸爸的心情和季节无关，家里的爸爸，没有晴天。

我的父亲喜欢和他的朋友们一起出去玩，打牌、射飞碟、泡吧、赌球，家以外的一切都让他无比兴奋。在邻居、客户和朋友面前，我的父亲风趣幽默、浑身散发着无尽的魅力。可是没有人知道，家里的他完全是另外一副模样，少言寡语、性情暴躁，稍有不顺就会大发雷霆。对于他来说，家是一个昂贵的地方，要还贷款，还要负责九个孩子的吃穿用度。我的父亲早年信奉基督教，和母亲结婚后，转为天主教并开始遵循天主教的教规。但显然，对于我的父亲理查德·希尔费格（Richard Hilfiger）而言，他的生活肯定是不幸的，我甚至觉得他可能根本没想要生这么多孩子。家对于他来说是艰难的现实，也难怪他会有这副模样。每天晚上当父亲的车驶入车道，我们就作鸟兽状四散开来，家里也随之安静下来。

家里这些男孩子当中，只有我总是被爸爸批评。比如把自行车停在了车道上；比如把鞋子扔在楼梯上，而不是放在自己房间的鞋架上；比如和姐妹们玩闹的时候，无意中踢到她们——从5岁开始直到11岁，基本每个礼拜我都会犯错。每当这个时候，爸爸都会愤怒地解下自己的腰带，狠狠地抽打我的后背，直到打出血。我恨他，也很怕他，我根本不想和父亲有任何交集。我开始变得经常会躲避他，父亲在家的时候，我们基本不会相遇。我像幽灵、像鬼魅一样躲着他。我躲着他，是因为我永远也不知道，自己会做了什么让他看不顺眼的事，不知道自己又会在什么时候惹得父亲突然对我发脾气。

我的母亲是个和善而慈爱的人，她并不喜欢这种体罚。她知道这种做法并不对。不过我能看得出来，她也对父亲有所忌惮，她保护我的方式只是轻轻地对她的丈夫说，“好了，别再打了。”我的母亲一直努力要缓和父亲和我之间的关系，我依旧一直担心自己会惹父亲生气，而我父亲几乎每个礼拜都会用实际行动对我的担忧进行验证。不管我是不是最好的自己，父亲对待我的方式从未改变，他的存在，让我人生的每一天都充满了恐惧。

九个孩子的家庭，一切都变得没那么简单。家里每个人都有自己独特的个性，我也不知道这到底有没有规律可循。姐姐凯西（Kathy），是家里的老大，她是个想象力丰富、品味非凡的女孩。精力旺盛的她，隔三岔五就会重新布置我们的家，这里放个灯，那里摆张桌子，甚至连沙发这种大件也会被她换个地方放。她会让所有东西都保持整洁，是我父亲喜欢的那种好学生。除此以外，她还非常了解金钱的价值，我们并没什么钱，所以不太能体会到这一点；而她却不一样，她会告诉我们别人穿着什么衣服，住在什么样的房子里，过着怎样的生活。“哦，看啊，他们有一辆好车”“他们有一座漂亮的房子，后院还有游泳池”“他们的爸爸是医生。他们肯定很有钱”。姐姐对于财富的认识直接影响了我。看着那些生意人家的孩子，看着那些衣着光鲜、举止得体、住在好房子里的人，我们心里会想，“他们简直是完美的。”

高中的时候，凯西曾经报考过学校啦啦队，当时啦啦队的选拔标准主要还是看长相，那里聚集了学校里最漂亮的姑娘们，当听到自己落选的消息时，凯西非常沮丧。但她体操练得不错，所以他们让她做埃尔迈拉自由学院蓝魔（Elmira Free Academy Blue Devil）的吉祥物。她其实是个很有魅力的人，但她从没觉得自己长得好看，也从没意识到自己有多迷人。

我是家里的第二个孩子，比凯西小两岁，我小的时候，好像什么事情都做不好。在学校，我的成绩一塌糊涂，尽管我非常努力地用尽了各种办法，并且也真的在很认真地学习，但我就是没法取得好成绩。这让我的父亲痛苦不已。莫里 · 柯林斯（Maury Collins）是爸爸的一个最好的朋友，他的儿子查利（Charlie）在运动方面非常有天赋。一谈到查利和他的足球，莫里就像打开了话匣子，根本停不下来，而我身上却没有什么能值得爸爸拿出来炫耀的东西，我觉得这件事一定让父亲感到很恼火。在体育运动方面，教练会说我，“你个子太矮了，不适合打篮球”或“你身材太瘦弱了，不适合橄榄球”，而我又不喜欢打棒球。所有这些体育运动我都不擅长。爸爸会跟我说附近其他孩子的情况：“汤米 · 林奇（Tommy Lynch）很聪明！”“斯科特 · 维里沃（Scotty Welliver）真是个棒小伙！”“吉米 · 罗杰斯（Jimmy Rogers）篮球打得真不错！”每当说完这些，他都会撇撇嘴、轻蔑地看看我。我当时根本不清楚自己到底做错了什么事惹得他不高兴，一直到上初中的时候，我才明白过来，在他眼里我已经是个无可救药的人了，不管我做什么，都于事无补。所以我也不再试着想要去讨他欢心了。

我的妹妹多萝西（Dorothy）比我晚一年出生，家里长辈用奶奶的名字给她取了名，但她喜欢苏西（Susie）这个名字，还要求每个人都叫她苏西。

叫着叫着，大家也就习惯了，从那以后，苏西这个名字就一直这么用了下来。苏西很机灵，对什么都充满好奇，也很喜欢冒险，大家都很喜欢她。她的兴趣爱好非常广泛，唯独不喜欢读书；可是令人不解的是，她的学习成绩却一直很优秀。她机智过人，有一大群朋友，这世上就没有她不懂的东西。因为她小的时候经常生病，父亲对她总是特别怜爱，后来到她十几岁的时候，被诊断为患有中枢神经多发性硬化症。

那个时候的我，是个梦想家。我也只能这样生活在自己的世界里，因为我完全无法理解其他人所学的那些东西。英语、历史、数学——不管是哪门课，我都听不懂。在看书的时候，我会囫囵吞枣地把好几页书并到一起、一目十行地看，会从一页纸的最下面往上看，会跳行看，会从一页的中间开始往上看，有时还会从一页书的右边开始往前看。我没法控制自己。

我其实是想学习的。我对一切都充满了好奇。也许你会觉得我多管闲事，但我确实对自己身边所发生的事情都有着非常浓厚的兴趣。因为我不能像其他人那样获取信息——后来过了很久，我才被诊断为患有失读症。我开始对环境氛围、人们的面部表情和肢体语言变得特别敏感，对于外部世界，我逐渐拥有了自己独特的感知方式。我通过这种方式获取信息，并且假装和其他人一样。

高中的时候，我坐在胡贝尔（Huber）先生的数学课上，脑子里除了代数，有无数天马行空、五花八门的东西。每次只要一上课，我都会被弄得晕头转向——2x乘y、平方、平方根……我不禁开始担心，“如果我把这个弄明白了，是不是就得去学习几何那些更难的东西了！”我没法让自己集中注意力去听老师说的东西；每次我试着要去把一个问题弄明白，结果都是把自己搞得更糊涂。在无数次的努力之后，我终于放弃了，我告诉自己，不要想太多，也不要期待太多，按时去上课，考试的时候碰碰运气，能考多少就是多少吧。

在我看来，好像全班除我以外的其他所有孩子，都听懂了老师课堂上所教的内容。胡贝尔先生分发批改后的考试卷时，我看了看他们的分数，都是九十多分；而我的试卷上全是醒目的红叉，成绩也只有可怜的 35 分。胡贝尔先生讲解答题的时候，我周围的同学都在做笔记、订正错题，以免下次遇到同类问题再错，而我的眼睛却盯着老师脚上穿的汤・麦肯牌（Thom McAn）鞋子和身上所穿的棕色涤纶裤、白色免烫衬衫、免烫领带，心里想，“胡贝尔先生肯定是西尔斯百货（Sears）的忠诚客户！”

不过大多数老师还是很有同情心的，一般不会为难我，因为他们都是好人，而我也只是个可爱的、喜欢逗人开心的孩子。我在学校有很多朋友，我们很清楚老师们的底线，只要不至于被赶出教室，做什么其实都没关系。我非常擅长模仿，每当老师转过身去在黑板上写字时，我都会模仿他的手势或者模仿他的声音来引得大家发笑。既然我在学校成绩不好已经成为一个不争的事实，那就这样吧。我知道他们大概都觉得这孩子无药可救了。

我一本正经地坐在教室里，眼睛盯着黑板，但上面到底写了些什么，我却什么都看不见。这有什么意义呢？虽然我读不了书，但这又有什么呢。我可以准确地告诉你，今天老师都穿了哪些牌子的衣服。

不过，让我感到非常尴尬的一件事，是二年级的时候我因为考试不合格被迫留级了。糟糕的是，我刚好被排进了妹妹苏西的班里，而比这更糟的是，她每次考试都能拿九十多分，而我，能考个五十多分就已经算不错了。

苏西对服装很有品位。她知道应该怎么搭配衣服的颜色，她了解各种服装品牌，也很关注这些品牌，她的衣柜和梳妆台上的东西都收拾整理得井井有条。她会把每件毛衣都叠得很工整，她对自己的所有东西都了如指掌。在我的记忆里，她是最早让我接触库存管控概念的人，并且她也以极大的热忱在保卫她的衣橱；她不想让她的姐妹们碰她的任何东西。家里的那些女孩儿们经常在讨论衣服、讨论穿衣风格以及流行趋势这样的话题，如果没有她们，我可能也不会特别关注这方面的事，但是她们一天到晚没完没了地叽叽喳喳，这肯定对我造成了影响。有五个姐妹的男孩肯定比其他男孩知道的东西更多。

我的妹妹伊丽莎白（Elizabeth），小名贝琪（Betsy），比我小四岁。她看上去就像是希尔费格家的人，红头发、蓝眼睛、小雀斑，她比我们其他人更能引起别人的注意。她不仅特别漂亮，而且可爱、善良，并且也很体贴。她是个做事很有条理，也很讲究原则的人，她和妈妈就像是一个模子里刻出来的一样，她很快成为妈妈的小帮手。每当我从学校回家，餐桌上就已经摆好了香喷喷的、新鲜出炉的饼干、布朗尼蛋糕或者其他蛋糕，贝琪和妈妈一起准备了这些点心。贝琪就像是希尔费格家的历史学家，不管什么时候，不管是家里的什么事情，只要你想知道，她都不会让你失望。

我的弟弟威廉·亨利（William Henry）比贝琪小一岁。他从小就是个细致的小男生，比利（Billy）[1]很喜欢素描和画画，数学也学得很好。工作后的第一份薪水，我和我的姐妹们都拿去买东西了；比利却把每一分钱都存起来。很快，我和我的姐妹们就把挣的钱都花完了。

“比利，你能借我十块钱吗？”

“没问题，不过你星期二之前得还给我，否则我会收利息的。”

比利两岁的时候，鲍比（Bobby）出生了。当鲍比还是婴儿的时候，就已经力大无穷，他会抓住婴儿床的栏杆使劲地乱摇乱晃，就这样弄坏了好几张床，因为他不想待在婴儿床里！

鲍比小的时候一直是个精瘦的、看起来弱不禁风的孩子，初中以后，他开始练习举重，也渐渐开始练得有些肌肉。到大二的时候，他的

[1] 比利（Billy）是威廉（William）的昵称。——译者注

身材看起来已经相当不错了。他是一个天生的运动员，一个无所畏惧的冒失鬼。鲍比是个很有趣的人，随着年龄的增长，他渐渐也开始惹麻烦。我家有一个小型电动摩托车，这是我们这群孩子最喜欢的交通方式，我的父亲会说，“别把这台车骑到路上去。你们只能在家开着玩，可不允许开上路啊。”可是鲍比会骑着它在马路上乱窜。当他回来的时候，我父亲伸出手想要打他，鲍比会一把推开爸爸或者干脆一扭头跑开。我可没法像他那样。

鲍比加入了足球队和摔跤队。初中的时候，他就已经是学校的摔跤明星。高中时，他获得了纽约州摔跤冠军的称号并获得了纽约州立大学德里学院（State University of New York at Delhi）的初级学院奖学金。鲍比是两届德里国家初级学院运动协会全美摔跤手（National Junior College Athletic Association All-American wrestler at Delhi），并且创下国家初级学院运动协会全国摔跤锦标赛（National Wrestling Tournament）的最多获胜纪录。他曾入选20世纪70年代十年摔跤队第三区（Region III 1970s All-Decade Wrestling Team），并且在摔跤名人堂（Wrestling Hall of Fame）里也赢得了一席之地。纽约州立大学德里学院授予他1979年度最佳运动员的称号。他后来转会到北卡罗莱纳州（North Carolina）布恩（Boone）的阿巴拉契亚州（Appalachian State），紧接着赢得了全国锦标赛Ⅰ组（DivisionI）的比赛。我的父亲终于有了个能让他拿出来炫耀的儿子。我为鲍比感到高兴，也为爸爸终于能有一个好心情而感到高兴。

玛丽（Marie）比鲍比小一岁。当时我妈妈的妹妹——安妮姨妈（Annie）和我们生活在一起，帮忙照顾孩子们，她有办法能让玛丽歇斯底里地大笑，只要她说：“亲亲亲亲亲亲亲亲亲……爱的姑娘[1]！”很快，玛丽就成了迪迪（Dee Dee）。迪迪长大后非常招人喜欢，她和凯西、贝琪，还有苏西花了非常多的时间来研究时尚这件事，这也让时尚逐渐渗透到我

[1] 此处为意译，原文中为此处为darling（亲爱的）首字母的叠音，发音听起来与后文所提迪伊的名字非常相似。——译者注

们家里来。埃尔迈拉西部地区（West Elmira）当时流行帅气的学院风服饰。我的那些姐妹们最常会去逛的就是当地的那些服装零售店，比如罗森鲍姆（Rosenbaum's）、戈顿·科伊（Gorton Coy）、斯波特哥（Sportogs）、施瓦兹（Schwartzoy）、伊萨德百货商店（Iszard's Department Store）等。她们喜欢穿韦爵（Villager）、拉迪巴（Ladybug）和诺维奇的约翰·梅尔（John Meyer of Norwich）这些牌子的衣服。她们对这些衣服的喜爱简直超越了一切，我就亲眼看见我的这些亲姐妹们为了互相借出去的衣服而大动干戈。

“你把我的毛衣撑大了！”苏西会对凯西大叫。

“我根本就没穿多久，怎么可能把你衣服撑大！”

“好吧，那你以后再别穿我这件衣服了！”

“行，那你也别想再穿我的裙子！”

这才是重点！

家里不断有新生命降临。我真的很讨厌看到妈妈又穿起孕妇裙，因为这意味着又有一个希尔费格即将到来，妈妈能给我的关爱将会变得更少，家里会变得更加混乱。我们的很多邻居家里都养了一大群孩子，那个时候的天主教家庭好像都是这样，所以就算希尔费格女士在生了六七个孩子之后再次怀孕，也没人会说，“天哪，他们到底有多少孩子？”相反，她很可能会听到人说，“你只有 9 个孩子？席汉思（Sheehans）家里可有 11 个呢！”

我的弟弟安迪（Andy）比我小 10 岁，他是我们家在 12 年里所出生的第 8 个孩子。我猜爸爸大概觉得安迪的到来有点多余。在所有的孩子中，爸爸还是最喜欢我的妹妹维吉利亚（Virginia），小名金妮（Ginny），她比我小 13 岁，是家里最小的孩子。正是因为这个原因，我们叫她“金妮宝贝”叫得最久。她是家里“最可爱的宝贝”。

在家里的这群孩子当中，爸爸对苏西、比利、鲍比、贝琪和金妮都很好，而凯西、安迪、迪迪和我却总是不受他待见。我一直对这件事情感到很奇怪，爸爸为什么会对同样是他孩子的我们区别对待。在我成年之后，曾经去看过一个叫诺贝达·索维诺（Roberta Sorvino）的治疗师，在此之前我从没找过心理医生，我发现她是一个极其聪明而又充满激情的人；我和她无话不谈，自那以后她便成为我的一个挚友和知己，直到35年之后的今天，我们的关系都从未改变。她对于我家中人事关系的一些看法，让我觉得很有道理：所有爸爸喜欢的那些孩子，他们的名字刚好和爸爸家中他所喜欢的家人名字相同，而爸爸不喜欢的那些孩子，他们的名字又恰好和爸爸不喜欢的家人名字相同。可能这些名字从潜意识里就影响了爸爸对我们的感觉，尽管我一直以为他讨厌我是因为我没有变成他所期望的样子。（只是我一直没弄明白，为什么他对我姐姐凯西的态度也那么差。）当我感觉到爸爸开始像当初对待我那样对待安迪时，每天晚上，当他的车驶进家里的车道时，我都会给这个小我10岁的家伙安排些事情来做，让他躲到爸爸看不见的地方，免得给自己招来不必要的麻烦。

我的奶奶也不喜欢我。奶奶多萝西和她的第二任丈夫安德鲁（Andrew）生活在佛罗里达州杰克逊维尔市（Jacksonville Florida），他们时常会开车来看望我们。她对我总是一副颐指气使的态度，但对贝琪就不一样了，她很喜欢我们家的这个大美女。“到屋子外面去，”她会恶狠狠地对我说，“我正和你妈说话呢。大人说话小孩不能听，你快到外面玩去，随便去哪儿啊，但是要在我们能看到你的地方。”奶奶会允许我的姐妹们和她们坐在一起聊天，我就不行。“出去玩儿去。”

“可是外面冷死了，你看外面地上的雪足足有三尺深……”

“我不管。到外面玩儿去。”

我是个听话的孩子，奶奶让我去，我也就去了。但是外面实在太冷，我在外面待了会儿，冻得受不了，就会跑回来“砰砰”地撞门，这时候我的母亲就会开门让我进屋。奶奶会因为自己的权威受到挑战而生气，也就越发不喜欢我。

我 11 岁的时候，奶奶邀请凯西、苏西和贝琪（当时她们分别是 13 岁、10 岁和 8 岁）去佛罗里达州和她一起过暑假。她没有邀请我。我问她能不能带我一起去，她们讨论了好长时间，最后奶奶同意了，一脸的无可奈何。那个时候，小孩们自己坐大巴车去走亲戚是件很稀松平常的事。我们在没有任何大人照看的情况下，坐上一辆灰狗巴士（Greyhound）去奶奶家。我们到达美国南卡罗来纳州（South Carolina）的查尔斯敦（Charleston）的时候，差不多是半夜，我尿急要去上厕所。可当我向车外看的时候，我发现有一群小混混正不怀好意地看着我。我虽然不知道变态是指什么，但这些人让我感到害怕。我飞快地跳下车冲进厕所，飞快地尿完，接着飞快地沿原路跑回到车上。可是当我在车上坐定的时候，我惊恐地发现，我的姐妹们一个都不在车上！我等啊等啊等啊，时间不停地流逝，可是她们始终都没出现，车子已经启动准备出发，我越来越紧张。有一瞬间，我甚至觉得自己被我的家人们抛弃了。终于她们三个从厕所一路小跑了过来。也许在 20 世纪 60 年代的美国，让孩子在没有成人看管的情况下，独自乘坐大巴旅行一千多英里，是能被社会所普遍接受的教养方式，但尽管如此，50 年后的现在，回想起当时的经历，我还是会后怕不已。几十年前的那段经历，至今仍影响着我对子女的教育方式；我总是过于保护我的孩子们，不让他们犯任何错误。即便是现在，我的孩子都已成年，我每天还是要和他们至少联系一次。我知道我的孩子们可能会觉得这是一种负担，但这就是我为人父母的方式。

那个暑假的大部分时间，我们都和奶奶待在一起。她好像每天都会叫我去她的花园修剪草坪。外面一直都是四十多摄氏度的天气（110 华氏度），非常闷热，还有很多的蚊虫，我每次修剪草坪的时候，都会愤愤不平地想，“为什么我要干这个活？我的姐妹们都在屋子里，和奶奶一起，一边吃着糖，一边看着肥皂剧，我却被派到外面来修剪草坪。”我不禁开始好奇，在奶奶家中长大的父亲，他的成长到底是怎样的一段经历。（我从一些亲戚那儿听说，爷爷曾经用鞭子抽打爸爸，以作为对他的惩罚。）

我妈妈的妹妹——安妮姨妈，把家中发生的这一切都看在眼里。她和我妈妈会一连好几个小时坐在厨房里，抽烟、喝咖啡、聊一些别人的八卦。大多数时候，都是安妮姨妈在说话。我很喜欢我的这个姨妈，因为我知道，她是真的关心我。“你要对自己有信心，”她一直这样跟我说，“你很好，是一个很聪明的男孩儿。别听你爸的那些话，离他远点儿。”

埃尔迈拉虽然位于经济发达的纽约州，但对有的人来说，生活在这里，和生活在经济不太发达的堪萨斯州（Kansas）中部城市没什么区别。这就像电影《反斗小宝贝》（*Leave It to Beaver*）里所表现出来的世界一样。埃尔迈拉城西部为富人区，东部和南部地区聚集着工薪阶层，而我的家就在这里。我从小看着《米老鼠俱乐部》（*The Mickey Mouse Club*）和《大卫·克洛科特》（*Davy Crockett*）长大。在我的家乡，所有的孩子都在大街上玩耍。

住在我家隔壁的艾利特家（Elliotts）有三个男孩——汤米（Tommy）、迪基（Dickie），还有鲍比（Bobby）。他们几个年龄都比我大，并且都比我厉害。虽然他们会奚落我，用拳头揍我，会把我摔倒在地，但那时他们都是我的偶像。星期六的时候，我会去他们家看动画片——《大力水手》（*Popeye*）、《米老鼠》（*Mickey Mouse*）、《唐老鸭》（*Donald Duck*）、《兔巴哥》（*Looney Tunes*），然后去外面打棒球、爬树。有一天，他们带我去铁轨上玩，结果被警察抓了起来，警察给了我们“违反通知”的逮捕卡，回家以后，我被家人狠狠地教训了一顿。在我读二年级的时候，他们家搬走了，我非常难过，当时感觉自己被整个世界遗弃。

我妈妈开一辆破旧的1951庞蒂亚克车（Pontiac），仪表盘都是木质的。

按照现在的眼光看，这是辆经典的“伍迪”车（“woodie”）；而在当时，这其实就是一堆垃圾。这车实在太破了，每次我坐在里面都不好意思让别人看到。一天下午，我们从商店买完东西回家时，妈妈开着车从街角转弯，一袋杂货从车后座掉落到平的地板上。地板上锈蚀了一个洞，我们所有的橙子和橘子就顺着这个洞滚到马路上去了。妈妈停下车，跑出去捡水果。我当时觉得这是件很有意思的事！“为什么我们的车地板上有个洞？”我问。

“因为我们买不起新车。”她说。

我的爸爸在史莱伯曼（Shreibman）珠宝店工作。“霍夫曼（Hoffman）先生刚刚给霍夫曼太太买了枚价值5000美元的钻戒。”一天晚上他告诉我妈妈。居然有人能买得起这么贵的戒指。

“他家很有钱，”姐姐凯西告诉我道，“他们住在斯特拉斯蒙特（Strathmont）社区。霍夫曼大街（Hoffman Street）就是以他们家名字命名的。”

我目瞪口呆：“他们怎么会这么有钱？”

“那是因为他们生得好。”

“那我们为什么没有生在这样的家里呢？”

就在那时候，我开始有点明白买得起和买不起的概念。我得出这样一个结论，那些能买得起好东西的人，都住在埃尔迈拉城特定的某些地方，他们要么是医生、要么是律师、要么是专业人士，并且他们的家中大多没有九个孩子。我意识到，如果我想要一辆新的自行车、新的李维斯（Levi’s）牛仔裤或一双新的匡威（Converse）运动鞋，我得自己挣钱去买。

我的邻居里有一个年龄比我大的男孩，叫特里·琼斯（Terry Jones），在我向他表达了想要打工的想法后，他同意让我帮他送报纸。我们会骑着自行车到斯特拉斯蒙特那些我们平时很少去的街道——霍夫曼大街、克林顿上街（Upper Clinton）、福斯特大道（Foster Avenue）、花园道（Garden Road）、法瑟特道（Fassett Road）、埃奇伍德大道（Edgewood Drive）送报纸，我一边骑着车送着报纸，一边心里想着，“哇，真的有人住在这样的房子里！他们居然有好几辆车，家里还有游泳池、园丁，还有穿着制服开门的管家……我希望自己有一天也能住在这样的房子里，也能过这样的生活！”

一想到赚钱，我就心跳加速、血脉贲张。其实在这之前，我已经有一些做生意的经验了，因为我已经知道怎样拿自己不太想要的东西，去换别人手上我想要的东西。我加了点钱，用自己的旧自行车跟一个男孩换了一辆更好的自行车。我和别人换过玩具、换过棒球手套。我会这样跟他们说，“我用我的橄榄球头盔，再加五块钱，换你的头盔，怎么样？”就这样，只要花费很小的代价，我就能给自己的头盔做个漂亮的升级。我为我的邻居们扫落叶、铲积雪，做各种跑腿的差事来赚取外快。我不知道自己是不是足够聪明，能去做个医生，或律师，或自己当老板，但最起码我很勤奋。

当特里高中毕业准备上大学时，他以 15 美元的价格把自己送报纸的这份工作卖给了我，我正式成了一名报童。这份工作不仅让我赚到了钱，而且让我有机会能在每个星期六去敲开这些大富豪的家门，来收取订报的钱，这更让我学会了如何与成年人交谈；而他们恰好也需要像我这样的人。“你星期天有什么安排吗？”他们会问，“如果没什么事，你能来帮我修剪草坪吗？”

就这样，当我的朋友们在运动场上奔跑的时候，我在工作。我开始赚钱。我可以买自己想要的衣服！我可以去看电影！我可以买冰淇淋和苏打水！我想，“也许有那么一天，我也会拥有像这样的一个家。人们真的就是这样生活的！”直到这个时候，我还是不太相信自己所看到的这一切。

一天晚上，父亲下班回家以后，把妈妈叫到厨房里，说：“我们准备准备，搬到埃尔迈拉西部去住。”

“我们怎么住得起那边的房子啊？”我听到她问。

“亚特（Art）准备把他的旧房子便宜卖给我们，我们可以把这边的房子租出去，拿租金来贴补家用。”爸爸解释道，然后还在说着什么，他的朋友亚特·维里沃（Art Welliver）真是帮了他一个大忙之类的话。我当时根本不明白他们到底在说些什么，只知道没过多久，好几辆卡车开了过来，运走了我们所有的家具，一眨眼的工夫，我们就搬到了克林顿西街（West Clinton）第606号，这房子对我们来说简直是一座豪宅。有五间卧室！第一次来到新家，我们这几个孩子都兴奋异常，我们东奔西跑，看看这儿、瞅瞅那儿，凯西对我说："这才是有钱人住的地方！"搬到新家以后，我们的一间卧室里只要睡两个人，而不是像以前那样要三个人挤在一起！

一条小溪从新家房子所在的社区蜿蜒而过。相比之前我们所住的那个社区，这里邻居们的房子更大，街道也更宽阔，这里什么都好，所有一切都比以前的地方好。更大的房子意味着更大的家庭，住在这里的人大多数是意大利人和爱尔兰天主教徒，所以这个街区到处都是小孩儿。住在洛根街（Logan Street）的希恩（Sheehan）家有十一个孩子，没人敢招惹杰克·希恩（Jack），还有帕特·希恩（Pat Sheehan），他们都是厉害角色。帕特尤其不好惹，大家都叫他“巴格斯（Bugsy）[1]”！这个社区里还住着另外一个希恩家族，家里有十个女儿和一个儿子，那家的四个女儿后来都成了我们家的保姆。罗杰家（Rogers）有五个孩子；隔壁的切萨里斯家（Cesaris）有六个孩子。切萨里斯医生是口腔外科医生，他是世界上最好的男人。他的妻子露西（Lucy）对我们像对待亲生孩子一样；她的父母经营着一家面包店，还有一个保龄球场，她过去经常会送给我们一些新鲜出炉的面包和蛋糕。对面的朗维尔斯家（Longwells）有七个孩子，转角的史密斯家（Smith）有三个孩子。门口草坪上有垒球比赛，还有库尔急救站（Kool-Aid）；整个夏

---

[1] 美国著名的黑帮头子。——译者注

天，社区的各个街道上都热闹非凡，像夏令营一样。

埃尔迈拉基督教青年会（YMCA[1]）在附近的五指湖（Finger Lake）办了一个真正的夏令营。我几年前就已经知道这个夏令营了——易洛魁夏令营（Camp Iroquois）！在那儿，你可以露营、划独木舟、游泳，有各种各样的活动，非常有意思。我一直都非常想去，但是我父母没钱送我去。后来我找到一个卖盒装盐水太妃糖的工作，这个工作有一项销售指标，而达标奖励就是去营地免费体验一周。我申请了这份工作，然后去找了我送报路线上所有订报纸的客人，我敲开他们的门，请求他们买一小箱糖果。虽然当时我只有 12 岁，但我很快完成了销售指标，我成功了。我不仅在营地度过了一段美好的时光，而且也明白了那些大人们会尊重，并且也愿意帮助那些奋斗中的年轻人。我很自豪。我的父亲也为我感到自豪。

我的大伯查理·克罗莫（Charlie Kromer）是邻里之家（Neighborhood House）的负责人，这个地方社区中心就在小镇东部，和我打零工的地方很近。社区中心也办了一个夏令营，而这个夏令营是免费的，我是这个夏令营里唯一的白人男孩，在那儿我认识了镇上很多非洲裔的美国孩子。我们在一起玩得很开心。

我的这些住在埃尔迈拉西部地区的邻居们都是走路去上学，所以我们每天早上、中午和晚上都能碰到。我的每个兄弟姐妹们都渐渐开始有自己圈子的朋友。约翰·辛格勒（John Shingler）是我们这个圈子里的老大；不管他做什么，我们都觉得很帅。他有一个哥哥，罗布（Rob），他是我们社区最酷的人。约翰其实是在学他，而我们跟着学约翰。他是第一个看《花花公子》（*Playboy*）杂志和抽香烟的家伙。他还告诉我们避孕套是什么东西。他穿着很酷，有一大堆漂亮的女朋友。除了约翰，安迪·斯利普（Andy Sleeper）、杰夫·布鲁姆（Jeff Bloom）、双胞胎杰克和吉姆·科尔格罗夫

[1] YMCA，Young Men's Christian Association 的缩写。——译者注

（Jim Colgrove），还有麦克·弗伦奇（Mike French）都是我们这个圈子里的玩伴，麦克·弗伦奇在运动方面非常有天赋，也很有女人缘。

六年级毕业后，我们开始在布斯商学院（Booth School）读初中，我们在那儿认识了更多住在埃尔迈拉西部地区的小伙：凯文·德莱尼（Kevin Delaney）、郝谢尔（Hirsches）、思琪波斯（Skibs）、杰罗姆（Jeromes）、唐·诺威尔（Don Nowill）、里奇·坡（Richie Poes）、麦克·斯特雷特（Mike Straight）、提姆·肯尼迪（Tim Kennedy）。当时拉里·斯特莫尔曼（Larry Stemerman）穿着披头士（Beatles）乐队成员的那种靴子，看起来非常时髦，我主动向他介绍了我自己。我心想："我的爸爸永远也不会让我穿那种鞋。"我们俩一拍即合，很快成为朋友。我整天在斯特莫尔曼家玩。我第一次去他家时，看到他妈妈的宝石绿地毯，我感觉自己简直到了宫殿一样。他们还带我去餐厅吃饭，在这之前，我从没去过餐厅。每个逾越节（Passover）[1]和赎罪日（High Holy Day）[2]，我都会和他们一起过，虽然我不是犹太人，但每次我都能了解到一些新的东西：我能尝到自己从未吃过的东西，了解到自己从未接触过的事，听到自己从没听说过的词语，这种经历简直激动人心。他们渐渐成了我的家人——从某种程度上来说，我好像成了他们家"领养"的孩子，成了他们家中的一分子。

拉里和我，还有别的一些小伙们约好星期五晚上出去玩。（拉里虽然是个有宗教信仰的人，但对他而言，享受生活永远是排在第一位的。）为了征求父母的同意，我们一般都会骗他们，说我们要去一个别的什么地方，但实际上，我们都聚在一起鬼混、喝啤酒、和女孩儿约会（前提是我们能找得到对象）。有一天晚上，布鲁姆、法兰奇、辛格勒、双胞胎科尔格罗夫还有我，得到家人的批准，可以留在辛格勒家的木屋里过夜，这其实是个有点像堡垒的地方，不过我们都管它叫木屋（The Hut）。晚

---

[1] 犹太人最重要的上帝的节期，也是初代基督教最重要的上帝的节期。——译者注

[2] 犹太人一年中最重要的圣日。——译者注

上大概 11 点的时候，我们决定溜出去，到街上裸奔……只穿白色三角内裤。忽然我们听到邻居有人在大喊大叫，于是我们躲到一边的草丛里去看个究竟。房间里的灯突然亮了起来，屋子里的人挥动着双臂，互相扭打在一起。我以前从没见过夫妻间打架，我的父母就从来没有打过架。

我们就这样躲在灌木丛里，看着这些和我们一起上学的孩子的爸爸妈妈打架，直到一辆警车开来停在我们后面。有人叫了警察。我不知道他们为什么要报警，是因为晚上吵架扰民，还是因为有邻居看到，一群只穿着白色内裤的初中男孩扎堆蹲在外面？警官们用手电筒照着我们的脸，把我们聚集到一起，打电话给我们的父母，让他们把我们领回家。

我的爸爸恼羞成怒，他阴森着脸、大声地斥责我，让我明明白白地记住什么事情是能做的，什么是不能做的。我发誓自己再也不会干那种事了。

这件事情严重地影响了我的人身自由，直到一年以后，我的父母才再一次同意我去木屋过夜。当然我们晚上还是溜出去了，不过这次我们穿着衣服。我们跑到住在西一街（West First Street）的琳达 · 斯通（Linda Stone）家去找她，她和桑迪 · 范 · 戈德（Sandy Van Gorder）约好了要一起玩个通宵，她们打算偷偷溜出来和我们碰面。当时，我们正往斯通家的车道走，忽然斯通先生和他的儿子迪克（Dickie）从屋里跑了出来并开始追我们。他们在第一大街和霍夫曼大街转角的地方抓住了我们，然后给我们的父母打了电话。

斯通先生告诉我爸爸，他在车道上发现了火柴，他怀疑我们要把那些火柴放进他车子的油箱里。我们根本就没做这件事，我们只是偷偷地在抽烟而已！不过这丝毫也没有减轻我父亲的愤怒。

第二章

制服

my First inspiration

（我的第一个灵感）

我爸爸希望我能成为一个十全十美的年轻人。他希望我能是一名品学兼优的学生，我没能做到。他想让我成为一名伟大的运动员，我也没能做到。我好像一直都不够高大、不够强壮、也不够好，以至于我在学生年代，没能加入任何运动队。相对于我的年龄，我的个头很小，所以当少年棒球联合会（Little League）分发制服时，他们根本都找不到适合我的尺寸，就连最小尺码的制服对我来说都太大。教练把我安排到很远很远的外场，根本都不会有球被打到我那边去。当轮到我击球时，我也很少能打到球。

但我是真的喜欢这些制服。我甚至能闻出印在球衣上的数字，还有衬衫上球队名字的墨水味。我一直觉得，只要你穿着的球衣上有号码，你就显得很重要，所以我一直跟着球队出去打比赛。就算是根本不太重要的比赛，我们也会郑重其事地穿着踩脚裤、卫生袜，穿着装饰有细条纹和印花字母的真正的棒球衫，这些字母可不是印上去的，而是一针一线绣上去的。比赛穿的球衣和平时训练的球衣还不一样，上面还有蓝色和金色的植绒草体字母！我在球队头两年的比赛中都只是替补，一直坐着冷板凳，但我自己一点也不在乎，只要我有球衣穿，有自己的号码，这就足够了。一直到第三年，我才开始代表球队上场比赛，但那时候橄榄球开始流行起来，我一下子就对棒球失去了兴趣。橄榄球球员有一整套完全不同的装束：你得戴上头盔，穿上带护具的裤子，肩膀上还有大大的垫肩，这多酷啊！和橄榄球相比，棒球的一切开始黯然失色。

我超级喜欢克里夫兰布朗队（Cleveland Browns），他们白色球衣上设计有棕色和橙色相间的图案，衣服在手臂二头肌的位置还有条纹装饰，头盔上还贯穿着一道竖直的橙色条纹。球队的 32 号，吉米·布朗（Jimmy Brown），一直以来都是球队打得最好的球员。那时候大家还叫他吉米·布朗，而不是吉姆（Jim）。绿湾包装工队（Green Bay Packers）有吉姆·泰勒（Jim Taylor），纽约巨人队（New York Giants）有蒂特尔（Y. A. Tittle）和弗兰克·吉福德（Frank Gifford）。这些都是当时球队里的主力队员。我的继祖父发现我对这些球星非常感兴趣，后来他送我一本罗伯特·芮格（Robert Riger）所拍摄的名为《名人堂》（*The Pros*）的影集作为我的圣诞礼物，我高兴坏了，抱着这本影集爱不释手地一连看了好几个小时。

橄榄球队在选拔的时候，会把体重作为一项重要指标，体重超过 90 磅才能入选。我的体重肯定不达标。我的一个朋友试着帮我在口袋里塞了好多石头，但就算是这样，我的体重也还是不够。实际选拔的那天，称体重的时候，我的另一个朋友使劲帮我往下拉着裤子，这才让我称出来的体重勉强达标。虽然通过造假，我终于通过了球队选拔，但后来发制服的时候，他们不出意外地找不到适合我的尺码，发给我的制服非常大，但我还是心潮澎湃地立刻把衣服穿在了身上。我的教练、爸爸的朋友米奇·柯林斯（Mickey Collins）是个很聪明的人，他基本不会安排我参加比赛，即便安排我上场，也只会让我待在一些相对安全的位置，因为橄榄球比赛里那些身强力壮的球员，真不是我能对抗得了的，如果真的面对面较量，我估计自己早就不在人世了。我一般都是打安全位，每场比赛，我都会祈祷那些家伙不要朝我这边跑，或者最起码跑的时候悠着点儿。

但我喜欢穿这种统一的制服！像体育明星那样穿着球衣去参加比赛，这件事情，光是想一想，就觉得心里美滋滋的。我把自己球队的全套装备整整齐齐地放在床边，这样想穿的时候就很方便，随时能拿来穿好，这样就能在放学后去球场练习，或者在礼拜天去参加比赛。在我的想象中，奔跑在球场上的我，威风凛凛地穿着肩膀上垫着大垫肩的球衣，橄榄球裤的腰带绑得结结实实，膝盖和大腿包裹着厚厚的护具，赛服上手工缝制的数字和字母在汗水的浸润下格外耀眼。而事实上，我的垫肩太大，一直挤到了脖子；头盔太大，压得我抬不起头；面罩根本感觉和我整个人一样重。但我大多数时间都在假装——通过幻想、做白日梦——自己是一个职业球员。

我真的完全迷上了这项运动。每个星期天，我都会在电视上看美国国家橄榄球联盟（NFL）的比赛，我如饥似渴地翻阅各种有关橄榄球的杂志，想要了解关于这项运动的一切。我会去高中部的橄榄球练习场，在那儿一待好几个小时。我会去做志愿者，给场上的运动员们递递水，在场边帮忙做点事，借此机会观看比赛。我的绰号是“河马”，我知道他们在开玩笑地说着反话，就像你叫一个体重 300 磅的进攻队员为“小不点儿”一样。这以前是我叔叔鲍伯的绰号，后来我爸爸在埃尔迈拉南部地区打球的时候，因为和叔叔的亲戚关系，大家就继续用这个绰号来称呼爸爸了，再后来，这个绰号就落到了我身上，并且一直跟着我，直到我到埃尔迈拉自由学院（Elmira Free Academy）读高中的时候，我猜想这也算是一个传承吧。另一个身材和我差不多的小伙，哈罗德 · 罕拉汉（Harold Hanrahan），就被大伙叫作“跳蚤”，如果没有我们家这种历史性的传承，我的外号估计和他也差不多吧。

九年级的时候，我去报考了高中橄榄球队，这次跟以前不一样了，根本没办法作弊，其他人都太高太强了。整个高中，我都只能打一些篮球类的小比赛，尽管那些打球的人个头都比我高很多、速度也比我快很多，但我还是为自己争取到了一套球队的队服：装饰有白色条纹的皇家蓝缎短裤，印有皇家蓝字母的白色背心，球衣的正反面都印着我的球衣号码——13 号。这衣服不怎么透气，但我觉得它很酷。

当时我非常想要一双匡威（Converse）牌的低帮球鞋，那个时候，这种鞋非常时髦，是真正球员的标志，可是这样一双鞋要 13 美元，我没有这么多钱。我开始拼命努力工作，去更多的人家扫落叶，去修剪更多的草坪，去送更多的报纸，功夫不负有心人，我靠着自己的辛苦工作，最后终于攒够了买一双球鞋的钱。我走进娄·帕尔特罗维兹（Lou Paltrowitz）[1]体育用品商店，结果却失望地发现匡威最小的鞋是7码，而我只能穿5码左右的鞋。尽管如此，我还是买了这双7码的匡威鞋。我把克里奈克斯面巾纸（Kleenex）和卫生纸塞到脚趾的位置，填满鞋子和脚之间的空隙，这样就能正常走路了，我就这样穿着那双鞋，在好长一段时间里，我都是邻居里最酷的家伙，我也是自己那些朋友里第一个拥有匡威运动鞋的人。

在埃尔迈拉这样的小城镇，高中生活除了体育运动也确实没什么别的事可做。埃尔迈拉学院的那些运动员都是很酷的家伙，镇上所有的姑娘们都围着他们团团转，这些运动小伙们是如此受欢迎，他们中的有些人还被推选为学生干部。八年级的时候，我得出这样一个结论，那就是我永远也不会成为那些人中的一员。虽然我非常渴望能和其他人一样参加比赛，但我的身体条件，让我只能做个旁观者。

在我大概十几岁的时候，有一天，我发现自己居然真的可以凭自己的力量买一件棒球夹克，这大概算是我在这个年纪所能得到的最大的惊喜：麦尔顿羊毛呢料、皮革袖套、条纹袖口、对襟的样式，口袋上都有皮质绲边，高中时候最酷的事情莫过于拥有这样一件夹克。我觉得如果自己穿着这样一件棒球夹克走在大街上，人们很可能真的会以为我是个棒球队队员。当时这种衣服很紧俏，不过我还是很幸运地买到一件。这件衣服我到现在还一直保留着。

我是在娄·帕尔特罗维兹体育用品商店买的这件夹克，娄·帕尔（Lou Pal）[2]，这地方简直就是一座宝库。他们不仅有匡威运动鞋、里德尔

[1] 店主娄·帕尔特罗维兹（Lou Paltrowitz）的同名店铺。——译者注

[2] 店主娄·帕尔特罗维兹的同名店铺，后文所出现的娄·帕尔、娄，根据语境分别为店名以及店主姓名的简称。——译者注

（Riddell）橄榄球头盔，还订做学校所有球赛的奖杯，你能在这里买到所有种类的运动装备。有一天我说："爸爸，我真的很想去那家商店工作。"虽然我爸爸好像不太喜欢我，但他还是亲自去找娄·帕尔的人谈妥了这件事，于是 13 岁的时候，我得到了自己最想要的课余兼职工作。

刚开始的时候，我的工作是清扫奖杯上的灰尘。每天抚摸着这些奖杯，我很想知道赢一场比赛究竟是什么感觉。我特别喜欢橄榄球头盔，把头盔捧在手上时，那种沉甸甸的质感；当你站在边线等待上场时，头盔在你怀里，紧贴肘部和肋骨给你的那种踏实感；崭新的、完美无瑕的头盔反射出光线的那种神圣感；张开手掌拍打头盔时，掌心传来的那种结实感；甚至戴上头盔时，下巴托锁扣搭上的声音都让我着迷。我热爱橄榄球头盔的一切！娄教我给头盔安装面部保护罩。头盔运进店里的时候，是没有这些保护罩的，组装的时候，你可以为锋线队员挑选鸟笼状的面罩，也可以为后场球员装上两条杠的面罩使用。我会在头盔上钻孔以确保面罩安装好。有一次，我还试着戴了面罩，这纯粹是为了好玩儿，我太喜欢橄榄球头盔了。

当地的所有球队都会去娄·帕尔买球衣，我会把球衣拿去印刷厂印刷，然后再把他们送回店里。我爱制服所传递的这种精神。它们都色泽鲜艳，极富光泽和质感，款式都很新，都印有很大的数字和标识，让人觉得只要穿上这些制服，你就会变得很重要，你就是赢家。我仔细阅读产品编目，认真地研究它们，我对它们的热情超过了对学校任何一门课程的热情。

娄当时五十多岁。格温妮丝·帕特洛（Gwyneth Paltrow）是他的侄女，不过那时候她还没出生。娄个头不高，甚至还有些秃顶，不过他的身材倒是保持得不错，他总喜欢扯着尖细的嗓子说话。他做过球员、教练、警长、赞助商，还有志愿者。他晚上下班后，会去给一些篮球比赛当裁判，他还当过棒球比赛的裁判，不过就体育用品而言，娄的商店是当地人唯一的选择。他是个性情和善的人，不过一和别人谈判起来，他就会变得异常严肃。我见识过他是怎么谈生意的。

“是的，我要买14个棒球，不过1块钱一个？想也别想。不多说了，75分一个成交！”在这之前，我从来不知道还能这样讨价还价。

只要有客人来，他都会立刻跟上去介绍店里的东西，“嗯，这个篮球10块钱，不过如果你真心想要，我可以给你优惠点，最低8块5卖给你。”其实这个球，他批发的时候只花了5块钱。这是我第一次接触把成本价翻倍加成，然后再打折出售的概念。当娄发现我好像对做生意很感兴趣时，他开始教我卖东西。娄应该算是我商业上的第一位导师。在我心里，他就像我第二个爸爸一样。

不过，我最大的兴趣还是体育运动。埃尔迈拉先锋者队（Elmira Pioneers）是巴尔的摩一个叫金莺队的3A级农场队（Baltimore Orioles AAA farm team）——他们的队服是白色的，上面有橙色和黑色的字母，就像大联盟俱乐部一样。我和我的朋友们会一起去唐恩球场（Dunn Field）看比赛，然后到球队更衣室外面等这些球星，去要他们的亲笔签名。这是我们第一次和真正的球星亲密接触，这经历简直棒极了。厄尔·威佛（Earl Weaver）经营先锋者队有四年之久，创造了很多佳绩，他在帮助金莺队赢得冠军头衔之后，成为金莺名人堂（Orioles' Hall of Fame）的经理。娄·皮尼拉（Lou Piniella）在一场比赛里打了三个全垒打，米奇·麦奎尔（Mickey Maguire）是我们的三垒手。这些事情到现在我都还记得。

哈林环球旅行者篮球队（Harlem Globetrotters）到镇上比赛的时候，因为我们在赛场有熟人，所以我们有机会能进到他们更衣室里面。这些人好高啊，一个个简直都是巨人！他们那红白蓝相间、带有星星和条纹的队服是我所见过的最酷的衣服。梅多拉克·莱蒙（Meadowlark Lemon）和球队里的其他那些队员们，穿着看上去像祖特装（zoot suits）[1]一样的衣服，戴着闪闪发

[1] 骚乱中黑人穿着所谓的祖特装（zoot suits），上衣肩宽、长及膝、高腰、裤口狭窄而华丽的男装。祖特装1930年以来一直与黑人爵士文化相关。——译者注

光的手表，还有很多的首饰。我从没见过一个男人戴这么多首饰，不过我居然一点也不觉得奇怪，当时感觉这些人简直酷毙了。在我十几岁的年纪里，造型炫酷才是最重要的事。

埃尔迈拉最有名的人是马克·吐温（Mark Twain），20世纪七八十年代，马克·吐温每年夏天都会来埃尔迈拉他的弟媳家中避暑，他在那间小小的木屋里创作了《汤姆·索亚历险记》（*The Adventures of Tom Sawyer*）、《密西西比河上的生活》（*Life on the Mississippi*）、《哈克贝利·费恩历险记》（*The Adventures of Huckleberry Finn*）以及《王子与贫儿》（*The Prince and the Pauper*）。

马克·吐温过世后，他的遗体被安放在埃尔迈拉伍德劳恩公墓（Woodlawn Cemetery）。这件事情被写入了教科书，成为众所周知的事。不过我们埃尔迈拉自己的英雄还是要算厄尼·戴维斯（Ernie Davis），他是第一个赢得橄榄球海斯曼奖杯（Heisman Trophy）的黑人球员。他和我在同一所高中读书，在那儿他当选了两届全美全明星的称号，大伙儿都叫他“埃尔迈拉小火车”。戴维斯后来去了美国雪城大学（Syracuse University），在大学里又当选了两届全美全明星的称号，他的队服是44号，他还带领球队打入了全国锦标赛。毕业后，他很快被克里夫兰布朗队选中，球队打算把他培养成下一个吉姆·布朗。然而就在这时候，他被诊断出患有白血病，这对所有人来说，都不亚于晴天霹雳，他甚至还没有打过一场职业球赛。我12岁那年，也就是1963年，他离开了人世，当时他才23岁。这件事情在当地引起了很大的反响，整个小镇都为他感到悲伤。直到今天，想起这件事，我还是会觉得难过。

我在娄·帕尔工作的时候，曾经犯下了人生中最大的一个错误。一天早上，店里运来了好几箱棒球，这是罗林斯牌（Rawlings）的红线拼接真皮棒球，当我把包装盒打开的一瞬间，一股崭新的皮革味扑面而来。每个棒球都用薄绉纸精心包裹起来，单独盛放在一个个小盒子里，就像一颗颗糖果。我立刻下定了决心：我也要一个这样的球。我心里暗暗想着，“这么多的棒球，我悄悄拿走一个，娄根本发现不了。”我偷偷拿起一个棒球，趁着没人注意的时候塞进我的口袋里，把它带回了家。我太喜欢、太想要这个球了。

当然，娄·帕尔很清楚自己店里的库存情况。也有可能是他发现了我扔在那堆货里的空盒子。那天晚上，他去找了我父亲，他说，“我知道你儿子汤米偷偷拿了我一个棒球。这批货进来的时候，我已经检查过了，一个都不少。可是今天晚上，当我清点货物的时候，发现少了一个棒球。当时店里没有其他人。我觉得是你儿子拿走了这个球，你看我说的有没有错？”

尽管我每天都能成功地躲开父亲，但那天晚上，他却把我堵在了卧室里。“你拿了一个棒球？”父亲问。

我羞愧极了，真想打个地洞钻进去。“是的。”我告诉他。我非常生自己的气，生气自己做了这样让人难堪的事。

娄·帕尔也来到我的房间。我把棒球还给他说，“很抱歉，帕尔·特罗维兹先生，是我偷拿了这个棒球。您开除我吧，我一点也不怪您。”

但他并没有这么做。我也不知道为什么。可能他相信我，愿意给我第二次机会。我渐渐长大，不过我始终无法相信第二次机会，我也永远不能原谅自己。在接下来的日子里，我羞愧难当，虽然我仍然在娄·帕尔工作，但在店里的每一分每一秒对来我说都是煎熬，我开始寻找新的工作。娄·帕尔并没有拿这件事大做文章，也没有为难我；是我自己无法解开这个心结。这件事将成为我一生的痛。

我听说镇上那些在赫斯（Hess）车站给车加油的小伙一个小时能挣1美元25美分；而我在娄·帕尔的时薪只有75美分。于是我去车站应聘，并且成功得到了这份工作。

负责加油的小伙通常都聚在一起，有客人来的时候，谁先和客人打上招呼，谁就负责这个客人。所以当有车开进加油站时，我们都会抢着去加油。客人的车子开到窗口的时候，如果他们要加油，你问“加多少”，他们的回答通常都是“加满”。而实际上，并不是每个客人来都会要加油，他们可能只是来买东西。在这种情况下，我们应该要主动问问他们要不要加油，如果要的话，再问问他们“要不要加高品质油”，但大多数人要么就忘了问，要么就根本懒得问。后来为了提高销售额，加油站老板考基（Corky）在工作中引入了竞争机制；对于销售额最高的小伙，会有额外的奖励。在这种工作机制下，我变得非常争强好胜。我会先主动把每辆车的挡风玻璃擦干净，然后再问，“看看还剩多少油？”十有八九的情况下，这些司机的油都不多，这样我多多少少都能卖掉点油。就这样，我的销售额在那帮小伙里最高，自然也拿到了奖励。

我喜欢这种人与人之间的沟通，我喜欢让我的客人感到高兴，他们高兴，我也会觉得很开心。在加油站的工作，对我来说，最棒的体验是穿着发给我们的制服：白色长裤，胸口带有绿色和白色赫斯刺绣标识的白衬衫，永恒的经典。但这份工作真的很累。我每天晚上到家就已经11点半了，然后还得去洗澡，去把头发的汽油味洗掉，在我真正躺上床之前，还有很多事情要做。长期在加油站工作，我的脸变得总是脏兮兮的，纽约州北部的冬天特别寒冷，我的两只手都被冻得开裂流血。本来我想自己可以趁站着等客人的时候，抽空做点儿作业，但实际上，这种做法根本行不通，稍不留神，客人就会被别的小伙抢走。所以我只能更早起床，去学校完成作业。我喜欢学校里的那些朋友们，但是我又打心眼里讨厌上课。我迫不及待地想要自己独立出去生活。但我很清楚，首先要从学校毕业，但我又不确定自己到底能不能拿到学位。如果真的拿不到学位，我也不知道接下来自己该怎么办。

从在娄·帕尔工作开始，我就在为买车攒钱。16岁生日刚过，我就准备考汽车驾驶执照，要自己过自由的生活。我的朋友巴基·坎贝尔

（Bucky Campbell）家是做二手车生意的，他们帮我找了一辆不错的车，1960 版的白色奥斯摩比（Oldsmobile）。我其实想买大众的甲壳虫（Volkswagen Bug），可我没那么多钱。这辆二手奥斯摩比只要 150 美元，我给了他们 100 美元作为订金，这是我靠送报、替邻居们跑腿、修剪草坪和在娄·帕尔打工攒下来的所有积蓄，剩下的 50 美元，我和他们谈好，按照分期付款的方式来支付，以后每个星期付 10 美元，总共 5 个星期付清。

一天，我开着自己硕大的奥斯摩比去上班，突然在一家卡车货运公司附近的停车场，看到一辆破旧不堪的大众汽车。我把车停在一边，走上前敲了敲办公室的门，"那辆大众车是谁的？"

"我的，"办公室里的一个人回答，"怎么了？"

"这辆车你想卖吗？"

"不卖，"他告诉我，"车卖了，我开什么？"

"那你想不想换一辆车？"

"换什么车？"

我用眼睛示意他看向门外。"那辆奥斯摩比是我的。"

他不太相信自己的耳朵。"你的意思是，你想用这辆奥斯摩比和我换？"

"是的。"

这家伙显然一副疑心重重的样子。"呃，我不太明白，"他说，"你的奥斯摩比有什么问题？"

"什么问题也没有！"我回答道。这是我的第一辆车，所以我一直都很爱惜它，我把它全身擦得一尘不染，这样我开车出门的时候，才能显得比较潇洒帅气。"这辆车各方面性能都很好，你可以去看看，车上的里程都是实际英里数。"我的奥斯摩比看起来非常新，而他的 1959 版黑色大众确实有些破旧，但我就是想要那样一辆甲壳虫汽车。我成功说服他直接和我换了一辆车。

当我把大众车开回家的时候，我的父亲大发脾气。“你怎么……”

只有我的邻居切萨里斯他们才懂我，只有他们才知道我为什么要这么做。他们家总是有很酷的车。露西·切萨里斯（Lucy Cesari）的话让我信心大增。“先用羽毛把车上的灰尘啦、泥土啦这些脏东西弹一弹，”她说，“然后用砂纸轻轻地转圈打磨，这辆车很快就会变得很漂亮啦！”

“爸爸，”我告诉他，“我准备给这辆车重新喷漆；我准备把它彻底打扫干净，你等着看吧！”

我亲手打磨整辆车。我用自己攒下来的钱把车喷成军绿色，用软布把车身上所有的金属部件擦得锃亮，还把整个发动机卸下来，抛光打磨，然后再装回去，就像我爸爸打理他那些手表一样。就这样，我拥有了我们家附近最酷的大众车。直到那时候，我猜想，我的爸爸总算应该明白我换车的原因了吧。

几年以后，买跑车这件事在我的邻居中渐渐开始流行起来。我一下就迷上了这种带木质方向盘和真皮内饰的两座敞篷车。它们启动时的轰鸣声，转向时的嗡嗡声，这一切都让我欲罢不能。我想象着自己在阳光下，开着这样一辆敞篷车，奔驰在高速公路上的情景，风声从我的耳边呼啸而过，这种感觉简直好极了。我对于运动用品的热爱转移到了运动型轿车上。

在我还不知道蓝皮书（Blue Book）是什么之前，我是附近每个二手车市场的常客，我会问，“这辆车多少钱？那辆车多少钱？”我最先看上的是美国车：福特野马（Mustang）、福特雷鸟（Thunderbird）。我看着沿路开来的科尔维特（Corvette）眼红得要命，心想，“如果给我一辆那样的车，我真是死也愿意。”巴基·坎贝尔（Bucky Campbell）开一辆海军蓝的庞蒂克博纳维尔（Pontiac Bonneville）四门轿车。我们会一起开车出去兜风，巴基会猛踩油门，在一阵疾驰之后踩着离合器突然减速，让车在地面留下一道道车轮的印记。多酷啊！

弗利·罕拉汉（Flea Hanrahan）和我一起在赫斯加油站工作过，他有一辆考威尔（Corvair）跑车，是拉尔夫·纳德（Ralph Nader）在他的著作《任何车速都不安全》（*Unsafe at Any Speed*）中所提到的死亡之车。这是一辆红褐色的车，带黑色内饰和白色顶棚。弗利当时经济上遇到些问题，需要用钱。于是我说，“要么我拿我的大众车，再加上100美元换你的车吧？”就这样，我得到了一辆考威尔，四轮驱动、旋转轮毂盖。我把它想象成一辆科尔维特，驾驶着它让我感到很有快感。

后来我又迷上了英国敞篷车：名爵（MG）、凯旋（Triumph）、捷豹（Jaguar）。我也喜欢奥斯汀·希利（Austin-Healey）的3000和MGA系列。我们家的朋友，宾尼迪斯（Benedicts）从德国进口了一辆梅赛德斯（Mercedes），接着我们所在的社区开始能看到宝马（BMW）和沃尔沃（Volvo）。我对于车简直到了痴迷的程度，我爱车的一切：外形、声音、速度。

但我想要车的最大原因，还是我希望能离开那儿，离开我的家。在我看来，我的家是个会让人得幽闭恐惧症的地方——有太多的小孩，太过于嘈杂，太过于拥挤和凌乱，更何况爸爸几乎每次回来都是那样一副生气的模样，这一切都让我喘不过气来。我觉得如果有能有辆车，我就自由了。

我的爸爸穿着很讲究。他会穿呢绒猎装、哈撒韦（Hathaway）牛津布纽扣衬衫，系大公鸡牌的领带（Rooster ties），脚穿奥尔登（Alden）牌鞋子，外面再搭配一件哈特·马克斯（Hart Schaffner & Marx）或希凯·弗里曼（Hickey Freeman）的西装，他总是穿着一件伦敦雾（London Fog）牌的风衣，戴一顶多布斯（Dobbs）帽子。在挑选衣服时，尽管我不想穿得太正式，或者显得过分成熟，但我还是总会受到他穿衣风格的影响。我学校的衣柜里放了一件蓝色的牛津衬衫、一条李维斯（Levi's）牛仔裤、一条卡其裤、一两件V领羊毛衫、一件巴拉库塔（Baracuta）夹克、一双匡威运动鞋，有的时候可能还会放一件棉质的高领套头衫，还有一件鳄鱼保罗衫。

就像我所说的，埃尔迈拉的时尚从学生时代就开始了。我看着那些穿着好衣服的学生，真的很好奇他们怎么会一直有新衣服穿。在我的学校，到处都有穿着甘特（Gant）牌衬衫、巴斯维君（Bass Weejun）乐福鞋、系蔻驰（Coach）皮带的学生。（我一直都很有品牌意识。我不愿意穿那些没有品牌的牛仔裤，我想要李维斯牌牛仔裤。我不想要汤·麦肯皮鞋（Thom McAn），我想要乐福鞋。任何没有品牌标识的东西，我都不想要；我认为品牌代表着更好的产品。）

在我所就读的高中，有些非常漂亮的女孩，而她们的美丽在一定程度上要归功于她们的穿着。我很早就发现了这一点。在我读七年级的时候，有个叫帕姆·尤尼斯（Pam Yunis）的女朋友，她当时还在读六年级。她的堂兄约翰·尤尼斯（John Yunis）是我的好朋友，约翰是个时尚达人，直到今天，也依旧如此。我们过去常常会一起到她家听四顶尖合唱团（Four Tops）的合唱，我们会经常在一起玩。帕姆穿着和学校其他人一样的衣服——诺维奇设得兰群岛的约翰·梅尔牌子带一点罗缎花边设计的毛衣，彼得·潘（Peter Pan）衣领的拉迪巴（Ladybug）女衬衫，针织套衫。在那个时候，这对我来说就很性感。她身上的味道还特别好闻——她用了男士的古龙水，英国皮革（English Leather）——而我刚好对气味特别敏感。还有很多其他的漂亮姑娘们，像帕姆·彼得森（Pam Peterson）、帕姆·比彻（Pam Beecher）、苏西·彼得森（Susie Peterson）、珍妮特·墨菲（Janet Murphy）、巴布·肖特（Barb Schott）、盖尔·施瓦泽（Gayle Schweizer）——她们穿的衣服都很好看。我的那些朋友们估计不像我，会把这所有因素放到一起来考量一个姑娘够不够好看，这算起来还是要归功于我的五个姐妹们。其他那些小伙子们顶多看看脸、看看身材，至于这些姑娘们究竟都穿了些什么，估计他们根本就没在意。

1964 年，和大多数孩子一样，我去观看了披头士乐队（Beatles）在埃德·沙利文（Ed Sullivan）所主持的综艺节目上的演出。我超级喜欢他们的音乐，我觉得披头士乐队成员特有的拖把头，还有他们那种玩世不恭的态度简直酷毙了。我有一张披头士 45 转的黑胶唱片:《我愿意》（*Love Me Do*），背面是《附言，我爱你》（*P.S. I Love You*）。我房间里有一台半导体收音机，有的时候我会打开收音机，听听电台里播放的那些音乐——格里和带头人（Gerry and the Pacemakers）、赫尔曼的隐士们（Herman's Hermits）。高中时，我一个朋友的哥哥从加利福尼亚州回来，带来了大门乐队（Doors）和奶油乐队（Cream）的唱片，我一下子就迷上了这些音乐。我非常喜欢这些音乐，也非常喜欢这些乐队成员的装扮。这些音乐都是在讲述一种无忧无虑的生活，用一种独特的方式表达了对无奈的成人世界的嘲弄。

就是在那个时候，学校里的那些帅小伙们开始留长自己的头发。我的朋友拉里·斯特莫尔曼——那个有披头士靴子的人，蓄了小胡子，还修了鬓角，而那个时候，我的胡子还没长出来呢！我也想要像他们一样，可是我一直都在遵循父亲的愿望，循规蹈矩地沿着运动员的成长路线慢慢长大，学校里那些运动员们，都清一色把头发修剪成整整齐齐的海军式短发。所以在很长一段时间里，我都是一副干干净净的乖孩子形象。

这种状况一直延续到我读初中。1968 年到 1969 年间，美国迎来了时尚界和音乐界的变革，我真的很想能参与到其中。可是，问题来了，虽然当时我已经 17 岁，但看起来却还只是一副 12 岁孩子的模样。我渴望自己脸上能长出胡子来，渴望能有低沉的嗓音，渴望能像大人那样长腿毛。我们学校旁边就是埃尔迈拉大学（Elmira College），这是一所女子大学，当时学校很多人会去大学旁边的酒吧玩，很多大学生们也会去，虽然我也会去，但每次我都只能在一边看着。我的朋友们都在和大学女孩约会，但我却没有。不过我们最后还是找到一个地方，比尔的酒吧（Bill's Bar），这家酒吧门禁很松，对进去喝酒的人没什么限制。我很喜欢酒吧里那种播放着震耳欲聋音乐的感觉，最棒的是那里还有很多很酷的女孩。我们胡乱说着自己的年龄，告诉这些女孩我们在康奈尔大学（Cornell）读书。没人会知道我们还在读高中，我们还和自己的爸妈住在一起。

当我告诉爸爸，我想把头发留长的时候，他两只耳朵根本听不进去我所说的任何话——实际上，在我说这话的时候，我已经有一两个月没去理发了。当我告诉他，我觉得越南战争（Vietnam War）根本就不是一场正义之战时，他大发雷霆。我的父亲认为，所有反对越南战争的人，都应该被关起来。他想尽一切办法阻止我把自己弄得像个嬉皮士，但这根本没用。我身体里的反叛因子急速膨胀。我想反抗父亲的一切信仰。

1969 年的夏天，是伍德斯托克音乐节（Woodstock）的夏天，我的一帮朋友都准备去科德角（Cape Cod）找工作。我想，“我也要去！”于是我辞掉了自己在赫斯加油站的工作，和他们一起去科德角找工作。这时候我终于 18 岁了，我已经有了自己的车，已经没什么能把我继续留在埃尔迈拉了。我终于离开了那儿。

当我们的车开进海恩尼斯（Hyannis）的时候，我所注意到的第一件事，就是海恩尼斯那些穿着斜纹棉布裤、印度格子布衬衣的新英格兰运动员，他们这套装束看起来简直是太傻了；而走在同一个人行道里的另外一大群嬉皮摇滚风格的人，给人的则是完全不同的感觉。我希望自己看起来能像那群酷的人。我看了看自己身上穿的衣服，心里暗下决心，我得作一些改变。

第二天早上，我穿着自己的牛津纽扣衬衫、李维斯牛仔裤和匡威鞋，出去找工作。我从主街的一头开始，挨个走进右手边的每一栋商业大楼。不，不行。看来看去，好像都没有我感兴趣的工作，走到街区尽头，我转回头看向另一边的店铺。不，不行。还是没有我感兴趣的。接着在这个街区走到一半的时候，我走进了向日葵商店（Sunflower shop）。

这家店不同于我前面看过的所有店，店里装饰着黑光灯、海报、熔岩灯还有时髦的珠宝，舞狼乐队（Steppenwolf）的音乐透过高保真音箱弥漫在店里的每个角落。蜡烛的味道夹杂着淡淡的熏香，礼品店所特有的那种感觉在这家小店里得到了尽情的展现。我喜欢这种感觉。向日葵商店所有的这一切都是埃尔迈拉所没有的，这里有我想要的一切。我问店里要不要招人。“你以前在商店里工作过吗？”店主肯·海勒伯格（Ken Helleburg）问。我告诉他自己曾经在娄·帕尔工作过。“行，那你今晚就来上班吧。晚上7点。”

我从晚上7点一直工作到半夜。海恩尼斯是个很大的旅游城市，向日葵礼品店对这些游客来说就像一个俱乐部，成群结队的人蜂拥而来又蜂拥而去。尽管我对店里的商品完全不熟悉，但这根本没有影响到我在店里的工作，因为我关注的是人，我等着客户到来，把他们所需要的东西卖给他们，指点他们看店里的商品，和他们交谈，我很享受在店里工作的时光。我也很乐意在店里帮忙，下班之后，其他人可能都着急要回家了，我却能心甘情愿地帮忙做些打扫卫生的工作，这让我深得老板的欢心，所以从我在店里工作的第二天起，老板就给我安排了更多的工作时间；第一个礼拜结束的时候，拉里·斯特莫尔曼和我就已经开始负责整个店铺的经营了。

我们这群来自埃尔迈拉的小伙总共八个人，一起在海洋街（Ocean Street）租了一个小阁楼，我们都住在这个阁楼里。我们的派对从住进阁楼那一刻便开始了，一直持续了整个夏天。我们在这里喝啤酒、抽大麻、吸食迷幻药。以前在家里的时候，我都一直很规矩，从没有放纵过自己。来到这儿以后，我尝过一次美思卡林，感觉很刺激，后来，还试过酸性迷幻剂，这经历让我惊骇不已，太可怕了，可怕得以至于我对毒品变得极其谨慎。我抽过一些大麻，这让我头脑麻痹，整个人都不受控制，我很不喜欢这种感觉。我是一个对工作非常狂热的人，这些东西会扰乱我工作的节奏，这让我感觉很不舒服，为了不让毒品影响我的工作，我很早就断绝了自己在这方面的念头。

不过除此之外，我钟爱20世纪60年代的所有文化！当时我买了一台唱片机，狂热地开始了对唱片的收藏。在那个小阁楼里，我们从早上一起床就会播放大门乐队、滚石乐队（Rolling Stones）、吉米·亨德里克斯（Jimi Hendrix）和舞狼乐队的音乐，我们喜欢把音乐声开得特别响！不单因为音乐本身非常吸引人，还因为我觉得吉姆·莫里森（Jim Morrison）和米克·贾格尔（Mick Jagger）还有亨德里克斯这些音乐人看起来真的非常酷。他们身上所散发出来的那种危险的感觉让我欲罢不能。

我把自己学校的那套行头收了起来，给自己买了人生中的第一条喇叭裤，然后还买了一条厚皮带来搭配这条裤子。我买了长领紧身衬衫，还买了凉鞋。虽然和我一起来的那些人都在戴串珠和手镯，但我其实对首饰并没有多大兴趣，不过我倒是有一件流苏走边的皮夹克，会一天到晚穿着。

我们几乎都不怎么睡觉，早上醒来到向日葵礼品店去上班时，我们的老板会给我和拉里一颗黑美人，也就是传说中的安非他明（一种中枢神经兴奋剂），配着咖啡，这能让我们精神一整天。我觉得在店里做生意特别有意思，以至于当我的朋友，还有其他一些我们碰到的女孩们说，"伍德斯托克音乐节马上就要到了。你想去玩吗？"我会说，"不去了，我太喜欢我的工作了。"

这是一个变革的时代，我觉得如果你没有参与到这些变革中去，你简直就白活了！我当时没有和父母住在一起。我的父亲也没有在我身边教育我什么该做、什么不该做。随便我想留多长的头发，都可以。我自由了！

第三章

人间天堂

The time of my Life

（我生命的时光）

那个人们印象里的，离开埃尔迈拉去海恩尼斯打工的汤米，消失不见了。当我暑假结束回到家的时候，完全是一副嬉皮士的装束，我的头发已经长到肩膀那么长，我的目光也不再像以前那样清澈。我已经18岁，马上就会离开家独自生活。我的父亲已经再也不能左右我、改变我什么了。

高中的时候，我选修了最简单的课程。老师们也不再想让我留级——他们都在尽可能保持教书育人的职责基础上，向我展现出了最大程度的宽容。我只求能通过考试，顺利毕业。

一想到大学我就感到害怕。在世俗眼光中，一个人所受的教育程度是他成功的标志。父母都希望我能成功，但又没钱送我去读书，我也根本不可能拿到学位。我拿什么来付学费呢？就算真的考上大学，我要怎样才能通过学校的各项考评，让自己在那待下去呢？我需要别的出路。

我觉得自己并不一定要从学校毕业，所以我常常会逃课。10月里的一天，拉里和我逃课去伊萨卡（Ithaca）玩，从埃尔迈拉过去，沿第13号公路大概有45分钟的车程。伊萨卡是一个大学城，有着众多国际化餐厅和商业区，看起来比埃尔迈拉要时尚得多。因为在海恩尼斯待过一个暑假，拉里和我一眼就能看出哪家商店比较时尚，我们眼前就有一大片，包括皮革店“起点”（The Beginning），综合用品店，还有一家精品时装店。就算是在海恩尼斯也没有这样的综合用品店！卷烟纸、熏香——伊萨卡的学生们真幸福，有这么多好的选择！我们走进这家精品时装店，店里所摆放的喇叭裤让我们叹为观止。暑假的时候，我曾经买过一条喇叭裤，我把它当作宝贝一样对待。而在这儿，光喇叭裤就有几十条。

拉里和我盯着这些喇叭裤，眼睛都有些发直。“我们来的地方可根本没有这样的东西。”我说。

“你们从哪儿来？”站在柜台后面的经理问我们。

“埃尔迈拉。那是一片鸟不拉屎的地方。你都买不到一件像样的衣服，”拉里告诉他，“你干吗不去埃尔迈拉开个店？那里没有一家像这样的店。”

这个经理没有一点想要开分店的意思。他看了看我们，有些嘲讽地说“你们俩应该去开个店。”

对啊，为什么不呢！

拉里、我，还有一个叫乔纳森·艾伦（Jonathan Allen）的家伙，我们三个在埃尔迈拉是非常要好的朋友，乔纳森是我们第三个埃尔迈拉火枪手（Musketeer）。我是“河马”，拉里是“树干”（Stem），而乔恩（Jon），因为从来不说话，被叫作“大嘴巴”（Blabbermouth）。第二天放学以后，我们在校外闲逛，拉里说，“伙计们，我们干吗不开家店？”这简直像迪士尼电影里的情节：“我们来大干一场吧！”

我有点犹豫不决。“我们要怎么做呢？”我问。

拉里当时在他父亲的靴鞋店（The Bootery）帮忙，这个鞋店的位置相当不错，在城里的一个购物中心里。“我爸爸鞋店那边应该有个地下室在出租，我们去把那儿租下来。”他说。

“你觉得租金大概要多少钱？”

“我也不知道。我们去问问。”

这个地方面积非常大，足足有5000平方英尺。不过房间特别矮。整个楼面都在地面以下，只能从商场后面的停车场绕进去。房间里光线很暗，估计有十几年没刷过涂料，也没有打扫过了。房东爱德曼（Edelman）答应以很便宜的价格租给我们：50美元一个月，而且不需要付担保金。1969年的感恩节，我们租下了这个地下室。

我们着手给整个场地刷上黑色涂料，5000平方英尺的空间要刷漆，那可是不小的工作量。我们把粗布麻袋挂在钢丝上，留出大约400平方英尺的销售空间，包括一个更衣室。接下来，我们马不停蹄地赶工刷墙，不过到了该回家吃感恩节晚餐时，还是没能把楼面粉刷完。

我走进家门的时候，浑身上下都是涂料。安妮姨妈和比尔（Bill）叔叔那天刚好在我家，我知道他们一定对我很有意见。安妮姨妈是个虔诚的爱尔兰天主教信徒，她总是一副气质如兰的模样，头发梳得一丝不苟，指甲精心修剪打磨，妆容完美精致，就连脚上的长筒袜也让人挑不出一丝毛病，简直就是我们家里的琼·克莉佛（June Cleaver）太太。我一直都很喜欢也很尊敬安妮姨妈，我从没想过让她看到我这样一幅狼狈不堪的模样，但是，我就这样让她撞上了，满脸污垢、披头散发、手上和胳膊上到处都是黑漆。他们一定在想，“我们可爱的小侄子汤米这是怎么了？”

“我准备开一家店！”我告诉家里人。

“什么样的店？”我的母亲问。

“有点像综合用品店。”我告诉她。

“那是什么样的店？”

“他们卖熏香、蜡烛还有嬉皮士衣服。”我的一个妹妹插进来说。

“哦，真不错，汤米！”我的妈妈说。

“你知道怎么做生意吗，一点概念都没有还开店！”我的父亲说，“简直是异想天开。”

他没有说“这想法太棒了，我觉得你现在做的这些事挺适合你的”，他也没说“你开始自己做事情，试着赚钱了，这真棒”。我的爸爸不怎么高兴。他想让我去大学读书、毕业、拿个学位，这在他眼里才是正经事，而不是什么去开个店。如果我告诉他，我准备跳进太空飞船和尼尔·阿姆斯特朗（Neil Armstrong）一起去登月，估计他会冷冷地看我一眼，然后说，“你真失败。”过去那么长的时间里，他一直都瞧不起我，我早就已经习惯了他对我的蔑视，我早知道他会是这样的反应，我也为此作好了心理准备，但即便如此，我的内心深处还是隐隐作痛。现在的我，有些能够理解当时父亲的心情了，但在那时，我真的很希望能够得到他的祝福。

晚饭过后，我和拉里、乔恩在店里碰面，把剩下的墙面刷完。接着我们到一家咖啡店去商量店铺开业的事。我们准备一周以后，也就是12月1日正式开业，不过在这之前，我们首先得找些东西来卖。

我们打电话给之前工作过的向日葵礼品店的老板，问他有没有货可以卖给我们，得到肯定答复后，我们第二天便开车去科德角买下了他库存的一些首饰。然后我们又开车回伊萨卡买了20条喇叭裤。

一切都准备好了。

我们开业的那天刚好是周六。在这之前，大家都已经知道这家店的主人是从科德角回来后大变样的那些家伙，我们告诉朋友，“我们准备开一家店！”所有人都很好奇，都跑来看我们到底在做些什么。

我们把这家店取名为人间天堂（People's Place）。

我和拉里负责张罗店里的生意，乔恩·艾伦负责收钱，我还记得当时他静静地坐在门口，拿着一个雪茄盒收钱的模样——这之后过了很长时间，我所认识的人里才有人用信用卡。没多久，店里的所有东西都被抢购一空，一件不剩。我们的那些朋友们都非常喜欢店里的那些商品。我们需要马上补货。现在我们已经有了200美元，去哪儿能马上买到喇叭裤呢？

纽约！

两天以后，拉里和我跳上了他的车，开了四个半小时，去往纽约。

我和纽约市之间还有一个插曲。在我15岁的时候，我们一群人曾经坐灰狗巴士去纽约度周末。临走的时候，我们的父母大概为了让我们一路提高警惕，故意说了些很可怕的事来吓唬我们：“小心点！纽约有绑匪！还有杀手！“

纽约的每条大街上都商店林立、人来人往、车流川息，一幅热闹繁荣的景象。沿街小推车里散发出诱人的热狗和泡菜的香味。你还能闻到，从人行道隔栅下面，冒出来的地铁锅炉热气的味道。我们走到时代广场（Times Square），街上到处都是皮条客，随处可见脱衣舞表演的告示牌，霓虹灯大字幕上滚动着滑稽剧的影片名。我以前从未经历过这样的事！我故意表现得毫不在乎，但实际上，我真的害怕极了。

最后，我们去了布利克街村（the Village on Bleecker Street）[1]，在那儿，我们看到了传说中“垮掉的一代”——这些人戴着贝雷帽，坐在人行道上敲打着邦戈鼓。我不知道他们在抽什么烟，但闻起来味道怪怪的。我们坐在露天咖啡馆里，兴奋不已。

一年以后，我们又一次来到这座城市。我朋友拉里的母亲娘家在布鲁克林（Brooklyn），所以他们会经常来纽约，对纽约也很熟悉。他的姐姐琳恩（Lynn），告诉我们去哪儿能买到我们想要的东西。对我们来说，她是一个超级见多识广的人，她会保护我们，甚至让我们睡在她家的沙发上。

约翰·辛格勒（John Shingler）的孪生哥哥罗布（Rob），住在曼哈顿第二大道第 84 街路口，我们很喜欢和他在一起玩，因为他代表了一种可能性，一种我们以后会变成的模样的可能性。可是，当约翰开始长胡子，拉里开始戴上约翰·列侬（John Lennon）风格的丝框眼镜，并且开始蓄起鬓角的时候，我却还是一副稚嫩的娃娃脸模样。“罗布，我们出去玩吧。”他的弟弟说。

罗布看了看我，摇起了头。

“哦，我不怎么想出去……”他不想让人看到他还和一个乳臭未干的小孩混在一起。我的存在，会让他们身上的那种时髦气质大打折扣。

所以我们自己去了布利克街村。地下丝绒乐队（Velvet Underground）在布利克街的一个俱乐部有演出。我们买了票，找了张圆桌围坐下来，等待演出开始。我以前从没看过演出，第一次看内心还有些激动。桌上摆放着菜单，趁着演出还没开始的间隙，我拿起菜单，仔细看了看，这里的东

[1] 纽约人最爱的悠闲街区，遍布独立书店、咖啡馆、酒吧、俱乐部，弥漫着波西米亚文化。——译者注

西都贵得出奇，就算是最便宜的可口可乐，都要 1.5 美元一杯，在我住的地方，一杯可乐才卖 15 美分。服务员走了过来，问我们要点儿什么，我表示不需要任何东西。“不好意思，先生，”他告诉我，“你必须得有消费才能在这里看演出。”我只好给自己买了一杯可乐。

舞台上勃艮第丝绒幕布徐徐拉起，灯光亮起来，乐队成员背对着观众站在舞台上，音乐突然响起，演员们同时转身，表演开始。就在那一瞬间，我起了一身鸡皮疙瘩。这就是摇滚！这是怎样的一股力量！音乐声振聋发聩、动感十足，有一种无法抗拒的能量。我在收音机里听过音乐，也有最喜欢的唱片，但从没有人告诉我，听唱片和听专业乐队在距离你十英尺的现场演出居然有如此大的区别。我的世界被彻底地震撼！

我再也不想离开布利克街。我想永远徜徉在这种无尽的能量之中，我想永远沉浸在这摇滚氛围里。我一点也不想再待在埃尔迈拉，但我必须回去完成高中学业。

现在，我们又回来了。虽然前后仅仅一年之隔，但我已不再是当年的那个孩子。

我们直奔东村[1]的圣马克广场（St. Mark's Place），纽约的一个非主流购物中心。

对我来说，圣马克广场第二大道和第三大道之间的那一片区域根本就是宇宙的中心。菲尔莫东俱乐部（Fillmore East）离这只有两个街区的距离。感恩而死乐队（Grateful Dead）、吉米·亨德里克斯、飞鸟乐队（the Byrds）、谁人乐队（the Who）、荒原狼（Steppenwolf）、杰思罗·塔尔乐队（Jethro Tull）——那些我们尊敬，却只能在梦里见到的乐队，每天晚上都会在这里演出。街上挤满了

[1] 东村（East Village）拥有数不胜数的超时髦酒吧、书店、咖啡馆、俱乐部和画廊，精品云集，包罗万象。东村在尽情展现它独具魅力的时尚感的同时，还依然保留着轻松休闲的风格。这里云集了各路名流和社交达人，令人眼花缭乱的时尚派对似乎永不停歇。——译者注

人，这些人要么是音乐家，要么就是看起来很像音乐家的人。“垮掉的一代”已经不在了，纽约到处都是嬉皮士。我们该去哪里呢？拉里的表弟山姆·沃策尔（Sam Wortzel）在下东城开了一家儿童服装店，他对这些还是有一定了解的，他建议我们去一家名为地狱（Limbo）的商店。

我们沿着圣马克广场的金属台阶一路走上去，进入一个很大的房间，据说19世纪30年代，这里曾是亚历山大·汉密尔顿（Alexander Hamilton）儿子住所的会客厅。这个地方散发着一股旧衣服、熏香和麝香的味道。喇叭里播放着迷幻摇滚乐。店里有个五十多岁，叫弗雷德·彼勒斯利（Fred Billingsley）的人，是这家店的老板，他一直待在柜台后面。电话铃响起的时候，他会一把抓起电话，用尖锐的嗓音叫着“地狱”！收银台前，和我们年龄相仿的男孩女孩们正排着队准备买单。地狱的另一个老板，马蒂·弗里德曼（Marty Friedman）是个说话轻言细语的人，他站在那些老式的、带木制装饰的玻璃格子间前面，展示着所有不同款式和颜色的衬衫。折叠好的裤装被整整齐齐地放在架子上。房间后面的圆形架子上，堆满了黑色真皮汽车外套、机车夹克、流苏麂皮绒背心、紫色蛇皮靴子，还有祖母绿的天鹅绒夹克。一堆五颜六色的衬衫被悬挂在天花板上！还有数不清的围巾、破洞牛仔裤和那些嬉皮士风格的服饰，店里的每种商品都有人在试穿试戴；店里的那些男孩女孩们，都在眉飞色舞地讨论着这些衣服穿起来合不合身，配饰戴起来好不好看，在决定要不要买某样东西。有个叫安琪儿（Angel）的女孩也在那工作，她戴着一副大耳环，头上扎着头巾，看起来很像吉卜赛人；她特别会穿衣服，她估计是我这辈子所见过的穿着最时髦的人了。

我感觉自己简直到了天堂。我们问老板，店里有没有什么存货可以卖给我们。“喇叭裤。你知道的，我们要买很多很多的喇叭裤。”

地狱每个月都会从一个专门跑西部和西南牛仔表演路线的牛仔那儿买二三百条牛仔裤，他们会对买来的牛仔裤重新进行加工，点缀上刺绣和皮革补丁，之后这些牛仔裤就身价大增。不过，因为尺码问题，他们通常会有 20% 的库存积压。“当然，”他们告诉我们，“如果你们一次性拿 600 条牛仔裤，我们可以给你两美元一条的优惠价格。”

我们当时没有那么多钱。我们只有一天的营业收入——200 美元，这是靠卖蜡烛、熏香、首饰和 20 条裤子赚来的全部钱。我们立刻给拉里的表姐萨米打电话，找她借了 200 美元。带装饰的西部牛仔裤价格超出我们的心理价位，不过我们买了各种不同材质的喇叭裤，有灯芯绒、斜纹布、羊毛、纯棉、条纹、毛呢和格子，真是多种多样。从 26 英寸到 36 英寸腰围的牛仔裤，我们都拿了，尽量把所有的码数配齐。最后我们以 5 美元一条的价格买下了 80 条牛仔裤。我们把这些裤子塞进后备箱，飞车返回埃尔迈拉，以 11 美元一条的价格把这些牛仔裤转手卖出去。娄·帕尔一定会为我们青出于蓝而胜于蓝的销售手段感到骄傲。

周一下午 3 点 30 分，正好是学校的放学时间，我们的店，再一次开门迎客。到周三的时候，我们所有的货物就都卖完了。下午 4 点，我们又一次驱车前往纽约。这一次，我们想把所有能买的东西都买回来。

地狱是大卫·鲍伊（David Bowie）、吉米·亨德里克斯、卢·里德（Lou Reed），还有一些其他明星都会去买衣服的地方。几个星期后，我们也成了这里的常客。马蒂，其中的一位老板，会在柜台后面，用一种非常深沉严肃的语气说：“怎么了，孩子们？”

我们会问，“嘿，马蒂，你有多余的货吗？”

他会爬上梯子，从柜台后面的架子上拉一些货出来，扔到柜台上，有些是二手的，但大多是新的：有男士服装，也有女士服装，有像旱鸭子（Landlubber）和总督（Viceroy）这样的服装厂生产的条纹喇叭裤，也有像约翰先生（Gentleman John）和迈克尔·米利亚（Michael Milea）这种比较好的品牌出产的时髦背心和衬衫。我们在地狱认识了很多服装品牌。我们和老板讲了讲价钱。拉里会要求老板给我们个更低的价格，有时我会说，“别再和他们讨价还价了，直接买吧！”（讨价还价这个词，我一定是从拉里那学会的；在犹太语里，这个词的意思是“大胆主动协商”。）我们付好钱，把买来的东西扔进车里，开车回去。

尽管我们对时尚几乎一无所知，但我们知道这是自己想做的。我们在圣马可广场继续寻找有价值的商品，我们找到一家叫无名（Whatnot Shop）的店，在这里买了他们多余的嬉皮士行头。然后又到菲尔莫尔对面的第 2 大街，在内克格雷普（Naked Grape）进行大采购，听说齐柏林飞船乐队（Led Zeppelin）和杰斐逊飞机乐队（Jefferson Airplane）也来这里买过东西。在去往市区的路上，我们在位于布鲁姆（Broome）和伍斯特大街（Wooster Streets）的一家工厂找到了里奥·布罗迪（Leo Brody），当时苏豪区还是一片不毛之地。里奥的很多剩余货物都供给了陆军海军商店，但除此之外，他还经营了自有品牌不明飞行物（UFO）。他的产品包括牛仔裤、工作服、连体服，还有一系列网眼背心和其他很酷的东西，我们买了不少东西。我们还找到另一个满是蜡烛和熏香的仓库。随着预算的增加，我们的供货商和库存也越来越多。随着时间的流逝，我们对货物更加有选择性。我特别喜欢这种编辑、规划的采购过程。

每个礼拜，我们店里的货物都被抢购一空。这就是 1969 年纽约州的埃尔迈拉。我们店里所销售的并不仅仅是一些服装饰品，而是一种非主流的文化理念，这正是当时人们所需要的。

我们想让我们的小店成为城里最酷的商店。因为店门入口是停车场的后门，所以我们在门口放了一个小的广告牌，这样人们就会知道这个停车场下面还有这样一家店。客人们只要走下一段楼梯，就能进入另一片天地。地下室原有的灯泡装在天花板上，用长长的电线拖吊着，从天花板上悬垂下来，我们又添置了黑光灯和黑光海报。店里一直点着熏香，芳香的味道四处弥漫。这里曾是蒙哥马利·沃德百货公司（Montgomery Ward）的旧址，很多年以前，它是当时国内最大的零售商。百货公司歇业后，木地板和长桌保留了下来。我们把牛仔裤摆放在长桌上。随着库存的不断增加，我们开始在靠墙的位置安装了很多格子柜，用来展示叠好的衣服。我们从干洗店弄了些电线衣架。买了棕色纸袋，并从埃尔迈拉大学请来一个叫朱迪·汉森（Judy Hanson）的女孩，让她在每个纸袋上写下“人间天堂”四个字。朱迪是个漂亮的姑娘，写得一手好字，头发特别长，一直垂到腰间。拉里非常喜欢她。朱迪在店里待了差不多一年，那个时候，她常常会穿一件流苏背心，盘腿坐在店里，在所有东西上写下“人间天堂”，包括我的便携式电唱机。后来她就不见了，我们都不知道她去了哪里，不过她在店里的那段时间，确实给店里的氛围添色不少。

有一天，店里来了一个我们从没见过的女孩，她说：“我想让你看看我的作品。”她的作品集是一系列《爱丽丝梦游仙境》（*Alice in Wonderland*）的画。她很有天赋！从大厅台阶走下来的这一路，光线非常昏暗，就像隧道一样，我们把她手绘的爱丽丝、柴郡猫、水烟卡特彼勒和所有角色的荧光画像挂在墙上，这段阴沉的通道瞬间就有了生气。欢迎来到人间天堂！我买了一台先锋牌唱片机，还有一些扬声器，这样，当孩子们走进来，不同于在其他店，他们在这可以听到披头士乐队、滚石乐队、谁人乐队、十年后乐队（Ten Years After）、奶油乐队和盲目诺言乐队（Blind Faith）的音乐。当我们喇叭裤的库存足够多的时候，我们把其中的一些喇叭裤挂到了天花板上。

事实证明，经营一家商店，能让我们有很多机会认识女人。我最重要的女朋友一直是凯西·威尔森（Kathy Wilson），她是我1969年7月5日在海恩尼斯大街上认识的，当时我们刚好一起从友好（Friendly's）冰淇淋店走出来。我停下来看着她，她也看着我，就好像我们彼此认识，好像她是我学校的同学，又好像她是我姐姐的一个朋友一样。凯西是一个非常非常时髦，又非常非常可爱的女孩。第二天，我们一起去友好冰淇淋店喝了咖啡弗里布斯（Fribbles），他们管这个叫奶昔。那年夏天她和我一样，也在海恩尼斯度假。她是个甜美的女孩，浑身上下洋溢着天真和浪漫的气息，穿着美国风格的衣服，一头金色的长发，笑容很迷人，长得也非常漂亮。我带她去看露天电影和摇滚音乐会，不久我就深深地爱上了凯西。她就是我所梦想的那种女孩。我爸爸也非常喜欢凯西·威尔森。

那年秋天，我拜访了她在纽约费耶特维尔（Fayetteville）的家，就在锡拉丘兹（Syracuse）城外。我开着我的考威尔，穿着件高领毛衣和一件我在圣马可广场买的老式军旅风格大衣，这件大衣非常长，衣摆应该都拖到了地上。我的旱鸭子喇叭裤也非常长，我走路的时候会一直踩到裤角，所以两只裤管都有些磨损并且也非常脏，不过这种裤子的款式就是这样。当时我的头发也非常长，在长辈们看来，可能会有点不正经的模样。当我走到门口时，她的父母上下打量着我，好像我刚从火星上的宇宙飞船下来。他们都是很好的人，但我从他们的肢体语言可以看出来，他们不太愿意我把他们的女儿从那里接走。[我当时还不知道，凯西根本就没有告诉她的父母，我们要开车去看望住在马萨诸塞州（Massachusetts）伍斯特市（Worcester）的朋友。那天晚上以及之后的好几个晚上，她都没回家，可以想象得到，这让她的爸爸妈妈更不高兴了。所以他们对我真的不太满意。]

凯西后来去了佛蒙特州（Vermont）的米德伯理学院（Middlebury College）上学。她到埃尔迈拉来看过我几次，我也去她们学校看过她。我想让她到我这儿来，想让她能多花点时间和我在一起，但她对学业的态度很认真，最终拒绝了我的要求。后来她得了单核细胞增多症，不能旅行。最后我们还是分开了，但凯西和我永远都还是朋友。

现在，每天都有很多漂亮女孩进出人间天堂！如果说以前我还曾经担心过约会的事，那现在这种担忧都不存在了。我认识埃尔迈拉大学校园里的所有女孩，我想和谁约会，就能和谁约会，这完全不成问题。我们晚上有的时候会去大佬特威德（Boss Tweed），在那儿，我开始和讨人喜欢的凯伦·沃尔夫（Karen Wolf）约会，她是个金发碧眼的小精灵，课余过来兼职做服务生的工作。我们会把 25 美分的硬币放进唱片点唱机，然后一遍又一遍地聆听罗德·斯图尔特（Rod Stewart）演唱《五月玛姬》（*Maggie May*），我们会吃免费的爆米花，喝廉价饮料，还有 10 美分的杰纳西牌（Genesee）

啤酒。所有的顾虑都不存在了；如果我想给自己找个女朋友，我就能有个女朋友，这对我根本就是小菜一碟。

漫步校园，看到有越来越多的人在穿着我带到城里的衣服，我真喜欢这种感觉。我希望每个人看起来都能和我们一样。拉里和我开始每周定期去纽约进货。一天课间的时候，我们正往大厅走，整天无所事事的学校副校长菲茨杰拉德（Fitzgerald）先生走向我们。“嘿，孩子们，你们两天没来学校了。”

“是的，”拉里说，“我们去纽约进货去了！”

我们开始变得越来越精明，我们发现其实根本不必找地狱拿货，我们可以从给地狱供货的厂家直接拿货。拉里的父亲鲍勃·斯特莫尔曼，帮了我们一个大忙，为此我真的对他感激不尽：他把自己的信用额度借给了我们。在此之前，我们一直需要用现金进行交易，并且要自己把所有货物运回去，但现在我们可以直接下订单，然后供货商就会帮我们把货物送过来。在此之前，我就已经是斯特莫尔曼家里的常客。拉里的父亲为人非常沉着冷静。他教我怎么思考问题，他告诉我在作决定之前，必须把方方面面的问题都考虑周全。我和斯特莫尔曼先生、夫人和拉里的兄弟姐妹——琳恩、史提夫，还有布鲁斯一起，成了斯特莫尔曼家族中的一员。我非常喜欢这种感觉，这种体验于我而言非常温暖。虽然我也爱我的家人，但在斯特莫尔曼家，这是完全不同的感觉。他们家庭成员之间的关系更加亲密和融洽，而这是我家所没有的。我们家的餐桌，永远充满了混乱、嘈杂，哭泣的婴儿、吵闹的孩子，还有对愤怒的父亲的恐惧；而在斯特莫尔曼家，大家在餐桌上都在用心交谈，并且每个人都很喜欢有对方的陪伴！我真的很喜欢这种感觉。我喜欢鲍勃·斯特莫尔曼思考问题的方式，我想要这样一个爸爸，可是我从来都没有。

1970 年 2 月的一个周末，拉里和我参加了在第 33 大街斯塔特勒希尔顿大酒店（Statler Hilton Hotel）举办的服饰精品展，这是我们第一次参加服装展销会，数不胜数的服装生产商和批发商在这里展示他们的货物，在这里，我们认识了很多服装品牌，如微笑（A Smile）、迈克尔·米莉亚（Michael Milea）、绅士约翰（Gentleman John）、纽约之星（Faded Glory）、布列塔尼亚（Brittania）、弹跳伯莎的香蕉毯子（Bouncing Bertha's Banana Blanket）、比利·维斯科尔斯（Billy Whiskers）、不明飞行物（UFO）、旱鸭子（Landlubber）、维斯罗伊（Viceroy）、廉价牛仔裤（Cheap Jeans）。这是一次视觉盛宴。手工钩编的裙子和背心、扎染T恤、扎染的平绒喇叭裤——一应俱全。《爬行报》（*Crawdaddy*）杂志上摇滚明星穿的衣服，布利克街村那些人穿的衣服，人们在演唱会上穿的衣服，所有这些都有。那个时候我真的什么都还不懂，我多么希望自己能穿越时空回到过去，让现在的自己再走一遍当年曾经走过的路，用自己这些年对服装品牌的理解，再看一看当年的那场盛会。那是一场狂野个性尽情展现，伟大想法极尽绽放的盛会！时尚令人躁动不安，突然之间，我们就能把所有自己想要的东西带回埃尔迈拉！

当年的我，始终认为地狱是世界上最好的服装店，我希望“人间天堂”也能给人那样的感觉，如果可以的话，还要比地狱感觉更酷。当埃尔迈拉市中心的另一家店倒闭时，我买了他们所有的玻璃展柜，本来他们都已经打算要扔掉这些柜子了。我们把它们放在我们的牛仔裤墙前，把我们所有衬衫整齐地叠好放进去。我希望人们看到玻璃柜中的商品，然后说：“请帮我拿一件中号的衣服！那件衣服有小号的吗？”地狱就是这么做的。我把所有衬衫都折叠得非常完美，并且根据不同颜色进行堆叠；这使得这家店看起来很正规，而不是很混乱的样子。我希望一切都整齐有序，像一个真正的专业零售店。我把一些衬衫钉在墙上，在天花板上也挂了一些衬衫，人们一走进来，就仿佛置身在一个时尚的世界里。我们卖的是一种生活方式，一种对于埃尔迈拉来说全新的生活方式。或者换句话来说，对于我们所生活的这片土地，我们创造了一种生活方式。

第四章

把事情做成功

Going Places

（转战各地）

高中毕业时，我的逃离路线就摆在面前。我已经有了自己的生意，并且我的商店在赚钱。妈妈为我高兴。我的祈祷得到了回应：我有事情要做，并且我对自己所做的事充满了热情！

我的父亲对我说，我所做的这件事一定成不了气候，他坚持让我去找一份正经工作，要么去上大学。不仅如此，他还强迫我的母亲也认同他的观点，我的母亲不支持他，他就让我母亲的日子过得很痛苦。我屈服了。我想告诉我的父母，至少我在做他们想让我做的事。

我申请了康宁社区学院（Corning Community College），因为这所学校没有入学考试：只要你申请，就肯定能被录取。我用自己在人间天堂赚的钱交了学费，但我对在那里学习真的一点兴趣也没有。上课的时候，我满脑子都在想着我的生意。这是我一生中活得最没有意义的一段日子。我遇到了一个老师，蒂克·鲁斯（Dick Luce），他是一个有趣的家伙，他的生意伙伴大卫·卡斯特勒（David Kastle），曾帮助我设计人间天堂的第一个店名标识，除此之外，上学根本一点用也没有。他们谈论的是宏观经济学和微观经济学，而我在想，“越快回到我的商店，我就能赚更多的钱，我的生活也会有更多的乐趣。”我做梦都想回到人间天堂，我想去把牛仔夹克重新排列好，想去店里收拾些新的地方，用来摆放新上市的秋款毛衣。我的父母想让我取得大学学位，这样我就可以找到一份好工作，然后赚钱，可是我已经在赚钱，并且我也很享受自己现在所做的事情。这有什么不对吗？

我在康宁的学习只持续了两个月。两个月以后，我背着父母，悄悄地办理了退学。拉里和我合租了一间公寓，开始了我们的派对生活，埃尔迈拉大学的姑娘以及震耳欲聋的音乐陪伴着我们的每一个夜晚。第二天早晨，我们醒来就会去店里上班。

高中的时候，拉里、乔恩还有我每天只能在放学以后和周末开店。现在我们有时间了，全天都可以开门迎客。我们上午 10 点开门，增加了我们的商品种类，增开了一个唱片分部，雇用了更多漂亮姑娘和帅气小伙来店里帮忙。我们开的是一家综合用品商店，不过很多人看着我们的店会觉得我们是卖毒品的。有很多家长会给埃尔迈拉警察局打电话说，“我的孩子要去人间天堂买皮革。那是什么毒品？”［我们确实有一家皮革店，店里有乔尔·莱博维兹（Joel Labovitz's）手工制作的皮带、凉鞋还有背心。但我们从没卖过毒品。］警察们也把我们当成毒贩子，但我们真的不是。相比于毒品，我们对时尚更感兴趣。

我和警察也算是老相识了。高中的时候，我们需要个能带女孩子去的地方，拉里、乔恩和我搬了一张水床到人间天堂，放在粗麻布后面的那片地方，用来寻欢作乐。有天晚上，我们和一些大学姑娘们一起去听演唱会，演出结束后，我们还想找点乐子，但是我们又不能带这些姑娘回家，因为我们没有自己的房子，我们和父母住在一起。“来吧，”我们说，“我们去店里。”

我们分别跳进车子里，往店里开去，拉里第一个到。他以为我已经到了，于是拼命地敲门，“汤米，听到了吗？快开门！”接着，他能记起的是八个警察一跃而上把他扑倒。

“你在干什么？”他们问。

拉里不知道该怎么回答。“我在等汤米！”他只能说。

就在那时候，我也到了。“你好，警官们，”我说，接着打开门，带着他们下楼，好好参观了一下我们的店。警察们目瞪口呆。从那以后，我们和警察一直保持着良好的关系。

随着我们名气的提升以及库存的不断增加，我们没费多少气力就扩大了店里的营业面积。我们只是把粗麻布分隔朝后墙方向挪了挪。乔恩披着长发，戴一顶软帽和一副金框眼镜，抱着他的声学吉他，坐在柜台后面负责收钱；拉里会在店里四处奔走和所有姑娘搭讪；我会站在梯子上创造些新的展示商品的方式，让这个地方看起来更酷。整天都如此，每天亦如此。没有什么地方比这儿更有意思了。

到现在为止，我们每天都能把东西都卖光，每天都能收入几千美元，但我们还是只用了一个雪茄盒来当收银台。店里钱的事情一直都是乔恩在管，不过当我们的抽签号码出来后，这一切都发生了改变。1969年，为了能在短期内迅速扩充军队数量以发动越南战争（Vietnam War），政府恢复了强制征兵制度，采用分配抽签号码的方式来实现兵力的快速增长，我们这个年龄的所有人都在抽签范围之内。签数的高低决定了征兵结果。抽签的第二年，拉里和我幸运地抽到了较高的编号，而乔恩的号码很低，就数额来看，他毫无悬念是需要去参军了。不过乔恩根本没有兴趣去打仗，所以他把自己在人间天堂里的份额卖给了我们，之后去了加拿大。我们很想念他，他人不错，很踏实、冷静，也很聪明。虽然他现在不和我们在一起，我们的生意还是在继续。

乔恩和我直至现在都保持着联系，他还在加拿大生活。我们认识的其他人都去参加了越南战争。那个过去一直吓唬我，后来又邀请我去他们家看动画片的埃利奥特三兄弟也去了。汤米和狄克没能从战场回来。

因为附近没有像我们这样的商店，渐渐的，除了埃尔迈拉本地和附近村镇的客人，整个纽约州南部边陲以及宾夕法尼亚北部的一些富裕集镇的客人也来我们店里买东西，他们那里没什么时髦的东西。一般到星期六的晚上，我们就卖断货了，星期天的时候，我们会开车去纽约买更多的货物回来。每次经过唐人街，我们都会停下来歇歇脚吃个晚饭，这里对于来自埃尔迈拉的我们来说充满了异域风情。店铺的顺利营生使我建立了自信和自尊，这是我之前所未能预想到的。

1972年，店里继续实现着营收，在这种状况下，我去了一趟伦敦。我的理由很简单：英国是我所最忠爱的那些摇滚明星的故乡。那里不仅有着时尚潮流的卡纳比购物街（Carnaby Street），还是现代派和摇滚派，这两股相互对立的青年文化的盛行之地，不过随着岁月的洗涤，或许，现在该像林戈（Ringo）在《一夜狂欢》（*A Hard Day's Night*）中所说的那样，称其为“现代派摇滚”。我想在那里住一段时间，学习英国人的零售方式。我的目标是设计服装、开阔眼界、见识各种各样的人，吸收英国的时尚元素。我打算要住几个月——我希望能融入当地的生活，做到从真正意义上的文化感知。不过我觉得我的合伙人拉里，对这件事感到不怎么高兴，还有他帮我们管账的表兄山姆·沃策尔（Sam Wortzel），估计对这件事情也是一肚子意见，不过这并阻止不了我。

我独自一人去了英国，住在切尔西（Chelsea）和骑士桥（Knightsbridge）的交界处的一个小出租屋里。每天我都会沿国王大道（Kings Road）往返很多次，看看那里的商店、那里的人。英国人真的和美国人很不一样——和我那些生活在埃尔迈拉的邻居们截然不同。不仅如此，他们比我在纽约城所看到的那些人还要时髦。他们的穿着更有型，对款式也更加讲究。他们的喇叭裤裤脚部分张得更开。他们的夹克更短，袖子更紧，肩膀部分处理得更方。他们的头发更长，喜欢戴围巾。他们每个人看起来都很像摇滚明星！在美国，你会看到很多人穿着牛仔裤、凉鞋和T恤衫，你可能会想，“嗯，他是嬉皮运动的一部分，但他没有自己的风格。”对我来说，穿衣不仅要有自己的风格，有型也很重要。

位于伦敦的彼芭（Biba）是针对女性客户的大型百货公司。他们卖祖母裙、宽檐帽以及所有那些很酷的商品。国王大道两边到处都是牛仔裤商店以及那些出售着我从没见过的东西各色精品店。这里有镶满了水钻的牛仔裤，还有马歇尔·莱斯特（Marshall Lester）设计的刺绣。斯特林·库博

（Stirling Cooper）曾经是英伦摇滚音乐的代名词，几乎伦敦所有的摇滚组合和明星都穿这一品牌的衣服。将门（Jump）品牌由路易斯·凯尔林（Louis Caring）经营，后来我有机会认识了他的儿子理查德（Richard）。理查德是菲利普·格林爵士（Sir Philip Green）的朋友，菲利普拥有 Topshop（拓扑肖普）以及其他一些成功的时尚企业。菲利普和他的妻子提娜（Tina）都是我的好朋友。他真的算得上是时装业里的一个天才，代表品牌有 Toshop 和 Topman（陀螺人）。那段时间的重要人物还有汤米·纳特（Tommy Nutter），他是伦敦萨维尔街（Savile Row）[1] 的一位裁缝，曾经为大卫·鲍伊（David Bowie）、埃尔顿·约翰（Elton John）、米克·贾格尔、罗德·斯图尔特（Rod Stewart）等名流做过衣服。

晚上我会去一家叫流浪汉（Tramps）的酒吧，这里给我的感觉就像是伦敦版的堪萨斯城马克斯酒吧（Max's Kansas City of London）。曼哈顿马克斯酒吧里的人们无论男女，都是一种华丽摇滚的波希米亚风格装扮，这和纽约大不相同。总体上来说，美国的音乐人，比如说亲吻乐队（Kiss），他们都有着一套自己的装束，爱丽丝·库珀（Alice Cooper）也是如此。林纳史金纳乐队（Lynyrd Skynyrd）、大胡子乐队（ZZ Top）以及奥尔曼兄弟乐队（Allman Brothers）尽管都是休闲、乡村、朴实的南部风格装束，但也都有各自不同的地方。很多美国的摇滚明星都表现出加州所特有的那种健康向上的嬉皮风。而英国的这些音乐人散发出来的是一种时髦的现代感、一种卡纳比街道的感觉，非常吸引人。吉米·佩奇（Jimmy Page）会穿带铆钉和贴花的平绒高腰裤。皇后乐队（Queen）——天啊，这帮小伙子可真是让人觉得不可思议。暴龙乐队（T-Rex）算是其中的佼佼者。鲍伊非常多变，他改变外形简单得就像换衣服。埃尔顿（Elton）穿着他的套装，搭配着羽毛和巨大的眼镜，浮夸到了极点，他完全就是活在自己的世界里。

纽约娃娃乐队（New York Dolls）用自己的方式对英伦风格进行了诠释，她

[1] 萨维尔街（Savile Row，即裁缝街）是英国伦敦的一条街道，聚集了售卖高档订制男装的店铺。——译者注

们更偏向于中性化的朋客风。卢・里德也对这种风格进行了尝试。不过倘若你认真观察英国的那些艺术家们，像罗德・斯图尔特（Rod Stewart）、小脸孔（Small Faces）、埃里克・克莱普顿（Eric Clapton），还有谁人乐队（the Who），他们不仅是杰出的音乐人，更是时尚达人。

我想对这种风格作一些研究，这里吸纳一点，那里汲取一些，然后放进我的脑子里，把它糅合成自己的东西。我决定要了解关于牛仔裤所有的一切；在我看来，它们是整个生活方式的基础。很多餐厅和俱乐部都会拒绝穿牛仔服的人入内，他们觉得这种服装太过休闲，就像你肯定不会穿牛仔裤去上班一样。但我觉得牛仔其实是整个文化变革开始的标志，并且它将永远成为我们生活的一部分。我想成为一个这方面的专家。

抱着这种愿望，我去了国王大道一家名叫牛仔机器（Jean Machine）的店里应聘。

“你有文件吗？”我压根都不知道那是什么东西。“是这样，如果你想在伦敦工作，而你又是个美国公民，那你首先就要拿到政府允许你在英国工作的相关批文。”

“别担心，”我告诉他们，“我肯定会拿到文件的。”

“那好。你可以明天早上来上班。”

我站在牛仔机器的销售部，感觉自己手足无措。我已经习惯了经营自己的商店，习惯了告诉每个人该做些什么，习惯了把我觉得客人们应该买的东西卖给他们，习惯了用我所喜欢的方式来展示店里的商品。我不是英国人，我也不像英国人。我的销售方式更加随意。而在牛仔机器的销售系统中，客人是不能随意触碰商品的。销售人员负责把牛仔服展示给他（她）的客人看，如果最后没有发生交易，销售人员还要把衣服完美地折叠好放回货架。作为一个时尚仓库，这家商店的经营模式极其死板，对我来说没有任何启发意义。

不过我还是有个很大的发现：天堂制造（Made in Heaven）牛仔，这是我所见过的最不可思议的牛仔服。每条裤子都经过水洗、褪色、拼接、修补等诸多程序的处理，成品非常精美。就连不起眼的标签，天堂制造也是很讲究地用锯齿状的文字绣上去的，让人过目难忘。我找到店主，对他说，“你的裤子简直太棒了，能不能让我拿一些货去美国？我可以放到我的店里去卖，也可以帮你把这些产品推广到纽约。”

在从伦敦回来的路上，我在纽约待了几天，之后才开车去人间天堂。一到埃尔迈拉，我就清楚地发现自己真的不喜欢这个地方。这次去英国所带来的文化冲击对我影响非常大。在国王大道待了几个礼拜之后，我的商店当时在我的眼里，乡土气息十足，简直与时代脱节。我想要找到自己真正的兴奋点。我开始寻找别的目标。我梦想要创立自己的品牌。

我带着天堂制造的样品去了巴尼斯精品店（Barneys），这里在20世纪70年代早期还是一个折扣百货商场，现在摇身一变成为高档时尚精品店。在我们开始有生意往来一年以后，巴尼斯精品店因将乔治·阿玛尼（Giorgio Armani）品牌引入美国市场而一度名声大噪。彼时，《纽约时报》（*New York Times*）将巴尼斯精品店形容成“财大气粗的时尚人士花60美元购买一条浴巾”的地方。我和吉恩·普雷斯曼（Gene Pressman）见了面，他是巴尼斯精品店的老板弗雷德·普雷斯曼（Fred Pressman）的儿子、创始人巴尼·普雷斯曼（Barney Pressman）的孙子。吉恩负责经营第17大街第七大道上的精品店。他看了看我带去的商品，和我签了订单。

天堂制造牛仔裤算得上是巴尼斯精品店第一条真正意义上的英国牛仔裤，这种牛仔裤非常畅销，但续订是个问题，需要交纳增值税，还有关税。当时还没有电子邮件或者传真机，我们生意上的沟通只能通过写信，而信件的传递速度非常慢，通常需要好几个星期。虽然天堂制造牛仔是国外品牌，但这对我们之间的沟通并没有任何帮助。天堂制造和我以及巴尼斯精品店之间的沟通非常困难。补充库存花了太多时间，并且天堂制造也不是个真正意义上的出口公司。他们希望我来做服装进口的工作，之后再把这些服装卖给巴尼斯精品店，但是我又没有足够的资金来做这件事情。

到1972年6月，人间天堂已经经营了两年半的时间，生意一直不错。一天，电台预报有暴风雨，店里没什么生意。拉里说，“反正没什么人，不如我们开车出去转转吧。”我们开车去了哈里斯山（Harris Hill），这里是埃尔迈拉的制高点，从这里可以俯视马头镇（Horseheads）和比格弗拉兹（Big Flats）附近城镇以及整个希芒河谷（Chemung River Valley）。从我们所在位置看下去，我们发现流经山谷和贯穿埃尔迈拉的希芒河已经出现了洪峰。拉里说，“汤米，要出大事了。这些水都要流到城里去。估计马上要发生水灾了，如果这样，我们的店肯定会被淹。”

我们立刻开车回去，拉里父亲的鞋店和人间天堂在同一个购物中心里，拉里问他的父亲，“都已经这样了，怎么大家都还是无动于衷呢？”斯特莫尔曼先生无奈地耸耸肩。我们把这件事情告诉大楼里的其他商户，“马上要发洪水了！”可是那些人根本不把这当回事，他们觉得我们疯了。人间天堂在大楼的地下室位置，一旦发生洪涝，我们首当其冲会受到影响。我们必须要做些什么。

幸好，我们的大楼有一部直通地下室的电梯。而这家建筑公司在顶楼还有一些空地，他们非常友好地同意我们使用顶楼的空地。我们打电话给朋友和家人，开始把我们所有的库存，包括刚刚送来的牛仔裤都一齐打包运送到顶楼。我们的那伙嬉皮士朋友、高中学生、大学姑娘们，以及我的兄弟姐妹们花了整整一天的时间来处理这些满是灰尘的箱子，又是打包，又是搬运、上货、卸货。（就连我的父亲，他知道我已经从学校退学，并且也开始相信，可能开店做生意对我来说确实算是个不错出路，也来帮忙。）我们一直忙到半夜，才终于把最后一箱货物搬到了六楼，所有人都已经筋疲力尽。

第二天早上7点钟，埃尔迈拉被洪水淹没。

飓风艾格里斯（Agnes）袭击了希芒河谷，降雨量达到20英寸。就像拉里所说，这些水必须要有地方可去，暴风骤雨带来的洪水吞没了埃尔迈拉。市区四分之三的路桥被毁，房屋和汽车都被大水冲走，人们不得不从自己的家里撤离。警报声不绝于耳，直升机一直在头顶盘旋。国家出动了全民卫队（National Guard）来进行救援，整个地区都处于警戒状态。救生艇在缅恩街（Main Street）上航行！这情形实在太可怕了。人们在暴风骤雨中丧失了一切。

就在这时候，我们忽然想道：假如说整个山谷里所有商店都被大水冲毁，那么整个埃尔迈拉就没有服装店了——除了我们的。

拉里的祖父在大学道（College）和罗伊大道（Roe Avenues）的转角处有一处房产，这里在洪水中幸免于难。他的叔叔在那里开了一家酒水店，旁边的店面是空着的。“爷爷，”拉里问，“我们能租这块商铺吗？”他的爷爷很乐意帮我们这个忙。

为帮助受损的社区，美国红十字会（American Red Cross）为每个能证明自己丧失全部财产的人发放了100美元，在我们开业的第二天，门口排起了长队。我们也很开心能帮到大家。我们采取了优惠促销的方式。单件5.88美元的牛仔裤，10美元可以买两条。我们卖出去的衣服多到你无法想象。一直到几个月之后，我们还能看到爸爸们穿着扎染的衣服，小老太太们穿着牛仔喇叭裤。人间天堂成为家喻户晓的名字，我们店里所经营的款式，曾经无法被埃尔迈拉主流社会所接受，现在成为当地的普通装束。

经过数月的重建，我们租下了大楼一楼以及二楼的铺位，此前人间天堂一直都只是在地下室。现在我们是一个很大的转角商店。我们有男装、女装、首饰以及时尚配件，主要经营乔尔·莱博维兹手工皮革制品。

楼上阳台有我们的美发沙龙，此前的地下室现在是我们的唱片部，依旧主要经营摇滚音乐制品。我们现在成了一个巨大的摇滚风格百货商店。

我们成为当地经济的支柱，这要归功于拉里。我们加入了扶轮社（Rotary Club），见到了市长、商场总裁和很多我们的长辈。不仅如此：因为我们的商业远见，纳尔逊·洛克菲勒州长（Governor Nelson Rockefeller）为拉里安排了一个纽约州城市发展委员会（New York State Urban Development Committee）的职位。拉里确实也喜欢和这些大人们打交道，但我对开会和听这些人侃侃而谈没什么兴趣。怎么样让我们的商店和我们的生意变得更好，这才是我所关注的，这才是我的热情所在。

这一年，我们刚满 21 岁。我壮志凌云！

摇滚乐团也陆续开始来我们的店里为周末的演唱会置办服装。我对音乐的热爱是深入骨髓的。曾经我花了 70 美元买了一把贝斯——一把霍易福诺（Höfner）小提琴贝斯，就像披头士灵魂人物保罗的那款一样。我自学了奶油乐队的《徽章》（*Badge*）以及《爱的光芒》（*Sunshine of Your Love*），但我的弹奏水平真的很一般，所以后来我把贝斯送给了弟弟安迪，当时他只有 8 岁，我把自己仅有的一点关于贝斯的知识都教给了他。安迪是个对音乐很有天赋的人。他对这把贝斯简直爱不释手，每天拿着它弹奏。摇滚后来成为他的毕生追求。

当我还在家里住的时候，我们整个家就时时洋溢着音乐。我们家有九个孩子，但是只有五个卧室，所以我们都几个人合住在一间卧室里。每个房间里都会有不同的音乐传出来。比利可能会在听尤赖亚·希普（Uriah Heep）和乔尼·温特（Johnny Winter）的音乐，迪伊会听卡洛尔·金（Carole King）的歌曲，安迪会听滚石乐队的歌，而我可能在听大门乐队、奶油乐队、红绿灯乐队（Traffic）或者亨德里克斯（Hendrix）。比利会弹吉他，他在乐器方面也确实很有天赋，和安迪一样。因为我不会演奏乐器，所以当他们年纪稍长些之后，开始组建自己的乐队，我自然就成了他们的经纪人，帮他们联系演出，负责他们的服装。我们在人间天堂举办时装表演的时候，他们就成了我们的演出嘉宾。比利后来加入了一个叫玻璃头颅（Glass Head）的乐队，安迪先是加入了杂耍乐队（Vaudeville），后来去了灵云乐队（Fright）。几年后，里奇·斯托特（Richie Stotts）的通量王乐队（King Flux）与主唱普拉斯马迪克斯（Plasmatics）解约，比利和安迪随之加入该乐队，马基·雷蒙（Marky Ramone）担任鼓手。

1973年，布鲁斯·斯普林斯汀（Bruce Springsteen）和他的乐队在首次巡演时，曾经在我们商场购买过演出服。强生金邦乐队（J. Geils Band）也来过。主唱皮特·沃尔夫（Peter Wolf）是和他妻子费伊（Faye）一起来的，那是位非常美丽的女士，她的妆容非常得体，穿着也很精致典雅。费伊一眼就喜欢上了我潇洒的弟弟安迪，那个时候他只有11岁。很快有人告诉我，这就是著名的女演员费伊·达纳维（Faye Dunaway），曾主演了电影《雌雄大盗》（*Bonnie and Clyde*）。

那天晚上我们去了他们演唱会的后台，对此我无比兴奋。我带了安迪和我一起去，因为我觉得对于一个小孩来说，能去后台一定是件很帅的事，并且他和费伊在店里的时候就很合得来。我们当时坐在舞台的旁边，突然安迪看到我们的兄弟比利和鲍伯在人群里抽大麻。他说，"我要告诉爸爸妈妈！"我不得不说服他打消这个念头。

后来，安迪从一堆仪器旁经过的时候，不小心被一片凸出的金属片划破了手指，血流了出来。费伊飞快地叫人找来了绷带，把安迪抱在腿上，亲自帮他包扎伤口。当时我正有事想和皮特谈，但我发现他一直在仔细观察他的妻子。皮特·沃尔夫居然嫉妒他的妻子对于一个11岁小男孩所表现出来的关心！这件事情真让我觉得好笑。我当时根本就没有意识到，虽然他们都是很成功的知名人士，但演员们也是普通人，也会缺乏安全感。这件事的启示确实值得思索。

我们的高中朋友蒂诺·比桑奈赤（Dino Pisaneschi），同时也是商店经理，深谙音乐和时尚之间的关系。他建议我们组建一家公司来赞助摇滚演唱会的演出。人间天堂可以承办票务，这能极大地增加店里的人流量，是个提高店铺知名度的好办法。我们为公司取名为未来之旅（Further Adventures）。蒂诺担任首席执行官，拉里和我担任主席。

我们的首场演奏会在埃尔迈拉大学运动场（The Domes）举办，主打是著名歌手比比王（B.B.King），因为我们是票务代理，所以吸引了大批客人来店里，演出门票一抢而空。

当比比王乘坐他的观光巴士到来时，他的经纪人找到我们，开门见山地说，“你们卖了多少票？钱呢？在比比上台演出之前，我们想拿到钱。”比比和他的团队都比我们年长很多，我立刻意识到他们都是不折不扣的生意人，特别的沉默寡言。虽然他们玩的是蓝调音乐，但这些人更关注的是做音乐生意这件事，这可真叫我大开眼界。他们有很多艰难营生的遭遇，而我没有。在此之前，我都只是单纯作为一个粉丝在和音乐发生着交集，而这件事情改变了我对娱乐经济的认知，我的整个价值观都实实在在地被撼动。

我曾经错过了伍德斯托克音乐节，但当我听说乐队合唱团（the Band）、感恩而死乐队（the Grateful Dead）以及奥尔曼兄弟乐队（Allman Brothers）都会参加在沃特金斯·格伦大奖赛赛道（Watkins Glen Grand Prix Raceway）上举办的夏季音乐节（Summer Jam）这一消息时，我下定决心，这一次一定要去。沿第 14 条公路，这条赛道距离埃尔迈拉不过一个半小时的车程，这场音乐会被称为“第二个伍德斯托克”，我们和音乐会的筹办单位签订了合同，人间天堂成为正式的票务经销商。

在此之前，我就知道沃特金斯·格伦，因为我和我的朋友们曾经去那里观看过一级方程式比赛。

我和朋友们有时会去沃特金斯狭谷镇看一级方程式赛车比赛，所以我对这个地方还是有所了解的。大奖杯赛道人声鼎沸、热闹非凡。1972年比赛结束后，我们越过几道围栏，跑去赛道旁的汽车维修站，我们径直找到我们最爱的莲花约翰赛车手特别款（Lotus John Player Special）车库。我们在车库里四下溜达，发现身边站着的所有技师和赛车手都穿着黑色棉质约翰赛车手特别定制的连体衣，这简直是世上最酷的连体衣了。当时我心想，“如果我的店里有这些东西卖，那简直太酷了……如果能弄一件来穿，那也不错！”英国人管它叫“连身服”，我曾经看过彼特·汤森（Pete Townshend）穿着这样一套白色的连体衣，在1970年菲尔莫尔（Fillmore）在坦格尔伍德（Tanglewood）音乐节上模仿杰思罗·塔尔乐队（Jethro Tull）演唱《美好的一天》（*It`s a Beautiful Day*），还有谁人乐队的歌曲。他在演唱《夏日蓝调》（*Summertime Blues*）时，一跃而起，腾空离地足足有四尺高，那感觉简直太帅了。我感觉这会成一个时尚潮流。

虽然我很想要这些衣服，但我心里想，“不可能，他们肯定不会把这些衣服卖给我们。”怎么才能弄到这些衣服呢？

我那时候的女朋友叫劳瑞·布朗（Laurie Brown），是个从伊萨卡（Ithaca）来的金发美女。我说，“劳瑞，去找他们问问看，能不能弄一套衣服来。”劳瑞朝其中的一个小伙抛了几个媚眼，他就同意了，问“你想要多少？我们后面还有一大箱。”劳瑞抱了满怀的衣服回来。那年的整个夏天，只要我们穿着这衣服出去，不管去哪，总会有人问，“你们从哪儿弄来的这衣服？这些衣服简直太好看啦！”我们也感觉自己身上的整个气场都变得不一样起来。

我用丹宁（denim）布料做了一些样品挂在店里，我想看看这件衣服在客户中的反响如何，有多少人想买这个衣服——这是我第一次作市场研究的尝试。所有人都对这件衣服很感兴趣，如果我们能找到服装生产商，这种衣服的销量一定会很好。这也是当时的一个教训。

我们卖了好几万张沃特金斯演唱会的门票，每张售价 10 美元，与此同时，我们还制作和销售了上百件夏季音乐节的 T 恤，这让拉里和我成为音乐节的荣誉嘉宾。60 万音乐节的粉丝抵达现场，和伍德斯托克音乐节一样，路上塞满了大众面包车和露营车。我上午的时候还在店里工作，拉里就已经乘坐直升机到后台了，据他所说，后台简直就是天堂。去音乐节的那些普通观众根本都没法靠近舞台，他们全部挤在舞台前面，后台居然有一个地上游泳池，有厨师提供烧烤，还有成包的大麻。那时候虽然还没有手机，不过已经有电话系统了，拉里给店里打电话，“这里车已经堵得不像样了，你想开车过来基本不可能，最后一趟直升机也没了。”

“别担心，”我告诉他，“我有办法。”

经常光顾人间天堂的客人里有个孩子的父亲是名医生，他会经常乘直升机往返音乐会和埃尔迈拉阿诺特奥格登医疗中心（Arnot Ogden Medical Center），护送音乐会现场受伤的病人和过量吸食毒品的人员。我妈妈是护士，所以我很清楚自己怎么能过去。我到医院走进一间储藏室，拿了一套医护工作服，然后登上了下一架开往音乐会现场的直升机。我尾随着其他人一起去了后台。就在这时候，我听到有人大叫，“医生！医生！”有人晕倒了。我不是医生，但是那次在沃特金斯我扮演了一次医生，虽然只一小会儿，直到一个真正的医生到来。我赶紧离开，脱掉我的护士服，露出下面帅气的牛仔服，然后找到了拉里。

我们度过了人生中最开心的时刻！后台到处都是留着长头发、蓄着小胡子的小伙。他们并不像纽约的嬉皮士，更像是加利福尼亚的嬉皮士或者格鲁吉亚（Georgia）的嬉皮士，看起来非常粗俗……脏兮兮的。他们烂醉如泥的模样，感觉和这个世界格格不入。

我们试着尽量远离传说中的音乐会发起人比尔·格雷厄姆（Bill Graham）。比尔身边有一群保镖，不停地把人往后推，以确保每个人都给迪基·贝茨（Dickey Betts）和奥尔曼兄弟乐队腾出足够的空间让他们能登台演出。

我们和一个叫罗比·罗伯森（Robbie Robertson）的人待在一起。当时我还不知道他是谁，后来发现他其实是乐队成员。我很奇怪他也能演出——他在台下的表现和台下简直是判若两人，不过当天这种人其实很多。

据说沃特金斯音乐节是美国历史上参加人数最多的一次盛会。吉尼斯世界纪录（Guinness Book of World Records）称其为“观众人数最多的流行音乐盛会”，我也不知道这是不是真的，不过我能确定的是这场盛会确实盛况空前。

为了让人间天堂能一直走在时尚前沿，也为了让自己过得开心，拉里和我会经常去纽约布利克街村。我们会去波士顿（Boston）和科德角（Cape Cod），去伊萨卡、洛杉矶、伦敦，所有那些能找到乐子的地方。我们开始去纽约精品发布会，去生产商的展销厅。当朋友们都还在上大学的时候，我们已经开始创立品牌。

我在斯塔特勒酒店（Statler Hilton）举行的一场精品展中忽然有所顿悟。斯塔特勒是位于第33大街和第七大道拐角处的一家经典老式酒店，在麦迪逊广场花园（Madison Square Garden）对面，狭窄的走廊，破旧的地毯，只有石膏墙是新粉刷没多久。墙壁因为年久失修而斑驳陆离，但我对此毫不在乎，我很高兴能成为这个行业里的一部分。每个生产商都有自己的独立空间，里面放满了自己的商品。销售人员眼睛紧紧盯着从身边走过的每一个人，随时准备介绍推销自己的商品。我们从UFO买了牛仔裤，从约翰先生（Gentleman John）买了产自印度的拼布格纹西部衬衫，从迈克尔·米莉亚买了带揿纽、印有婴儿睡衣图样的圆形衣领衬衫。印有婴儿的图案，你能想得到吗？我们从尼克尼克（Nik Nik）买了带长衣领的丝绸印花衬衫，还有帆船图纸以及好人理查德号（Bon Homme）那种大圆狗耳朵形状衣领的衬衫。

旱鸭子，一家牛仔生产厂商，曾经是美国海军的喇叭裤专门供货商，当嬉皮士也穿这种衣服之后，一举成名，转而变为喇叭裤生产商中的老大。这个品牌的所有人是马丁·霍夫曼（Martin Hoffman），年轻商人莱尼·鲁宾（Lenny Rubin）只是拥有公司的经营权。旱鸭子变得时髦起来之后，业务进行了扩展，聘请考特尼·陈晟（Courtney Chan Sing）作为其设计师兼创意总监。考特尼一头长发，穿着很时尚。当我知道他的工作具体是做些什么之后，我心里说，“我也想要他那样的工作。”在此之前，我从没有真正想过要去做设计，但在那一刻，这个想法开始萦绕在我的脑海里，挥之不去：“这才是我这辈子想做的事。我想设计衣服。我想成为那个挑选颜色、布料、设计口袋的人。我想成为设计师。”

旱鸭子牛仔裤基本都是低腰裤，臀部包裹得非常紧，口袋开口很狭窄，前裆开口很短，腰带扣被做得很宽，以便于搭配厚的裤腰带。他们的切尔西（Chelsea）牛仔裤有四个贴袋口袋，每条裤子要用掉10盎司的丹宁牛仔布。人间天堂是他们在东北部地区最主要的采购商。我们卖了很多旱鸭子的服装，但我觉得我能做得更好。

每次牛仔裤到货，当把这些裤子摆放到货架上去的时候，我都在想口袋的位置如果能再高一点，或者裤子后面的口袋能够再宽一点就更好了。无论我们是从哪家公司拿的货，我总是觉得我能设计出更好的牛仔裤来。我没有经过任何培训，我只是凭直觉判断什么才是对的。当时的时尚潮人都穿着磨损明显、经过多次水洗的喇叭裤。这种磨损意味着这些人早就拥有了这些牛仔裤，也就是说他们早就已经成为这股时尚潮流的一部分。每个人都想抓住这份时尚的感觉。我忽然想到，我们应该把一部分牛仔裤拿去漂白和水洗，让它们在投入市场时就看起来很破旧，让它具有这种时尚的精髓。这种事还从来没有人去做过。

我们买了一些海军订单里剩余的白色裤子，把他们拿去第12大街（12th Street）的第二大道洗衣店（Second Avenue Cleaners），老板斯坦利（Stanley）会帮我们对这些裤子进行染色。然后他会把这些经过染色的牛仔裤，放进投放了远高于正常比率漂白剂的机器中进行漂洗。每天裤子清洗出来的结果都不相同，但处理效果都一样的令人振奋。有的裤子上布满了斑点；有的裤子一条裤腿比另外一条裤腿要白。我们永远都不知道成品会是什么模样，不过有一点不会变，那就是每条裤子都是独一无二的。当我们把这些牛仔裤拿回店里销售，很快被一抢而空。

后来我想到一个办法，那就是把这些经过漂洗后的牛仔裤再放进机器里，用砖头和石块再洗一遍，让这些裤子真正磨损。我们所做的其实是加速牛仔裤的磨损过程和放大牛仔裤的磨损程度，给那些拥有这些裤子的人一种确实经历过这种生活的感觉。我们在用石头打磨属于我们自己的牛仔裤。

两年后，当考特尼离开旱鸭子时，我想，“好的，现在他们真的需要更多的创意支持了。”在我空闲的时候，我设计过丹宁背心、丹宁连体衣、短裙，还有长裤，我做这些事情的初衷就是希望有一天能把这些设计卖给旱鸭子。我先自己画了一遍草图，然后找到埃尔迈拉的两个女孩——纽约时尚技术学院（Fashion Institute of Technology, FIT）的一个名叫凯瑟琳·麦克弗森（Catherine McPherson）的毕业生，还有一个名叫罗西·拉里默尔（Rosie Larimer）的艺术家，帮我把草图上的内容用更加专业的手法画了出来。我拿着这些设计图找到旱鸭子的莱尼·鲁宾（Lenny Rubin），当时我太想让他采用这些设计了，所以我毫无保留地把所有手稿都给了他。“我希望这些设计能对你有所帮助。”我说，我并没有要求任何回报，尽管当时我真正希望的是他们能继续采用我的设计。

我的设计并没有在莱尼那得到任何共鸣。他草草地翻看了一遍我的手稿，漫不经心地说，“我们旱鸭子早就有背心了。”

这倒是我所没想到的。我只是对他们的牛仔裤比较熟悉而已。我还以为自己给他们提供了一个全新的东西。

我了解其他牛仔裤公司都在卖些什么，我了解年轻人都想穿些什么，我当然也很清楚自己到底想穿些什么，而现在我所看到的市场上的那些东西，明显又都少了些什么，这一切让我的内心躁动不已。我想知道我的想法是不是真的像我自己所想象得那样好，旱鸭子的这次经历告诉我，事实并非如此。但在我内心深处，我知道自己一定是对的。我非常确信，就像音乐家对旋律的把握、厨师对味道的判断一样。这些灵感都是自然天成的。可是那些所谓的专家却告诉我，我错了，这简直让我伤心欲绝，回到家以后，我哭了。

不过，旱鸭子最后还是采用了我的一些设计，虽然都进行了一定的改动。在他们所设计的版本里，丹宁的颜色太淡、款式太死板、布料也太过于厚重、没有经过足够的漂洗。我想要做的是一种非常特别的外观，我也知道要通过哪些方法才能把它做出来。旱鸭子的设计渐渐开始丧失吸引人的东西，他们所设计的衣服缺乏足够的质感，或者说他们的设计没有达到我对于细节处理的期望。

莱尼·鲁宾离开旱鸭子后创办了自己的公司，名为苏克塔实（Succotash），他邀请我和他一起去欧洲寻找新的创意。1974年的春天，我永远也忘不了那次灵感采集的经历，我们在伦敦、巴黎和圣特罗佩兹（Saint-Tropez）寻找一些新的精品店，文化的冲撞让我才思泉涌，一些之前在美国从来没有出现过的、非常特别、非常大胆的创意在我的脑中不断涌现。我们肩并肩坐在圣特罗佩兹塞内基耶咖啡馆（Saint-Tropez's Café Sénéquier）里，我把自己脑子里的这些想法画下来给他看，我一刻不停地画着，好像上帝在拿着我的手作画。我像着了魔一样！当时我想，如果在美国推行这些设计，我们就能拥有全国最好的牛仔裤商店。回国之后，我向他具体说明了我要对所购买的样品进行怎样的诠释和改造，并从而创立一个充满魅力的品牌。

可是，莱尼的合伙人，之前曾经做过百货商店的买手，她也有着一套自己的设计理念。她想做一些经过轻度水洗处理的、带编织样式口袋的牛仔裤，而这种样式在我看来非常过时。但她在这个行业里有经验，而我没有，莱尼最后还是决定采取她的设计。一年以后，他们的公司因为销售状况不佳而倒闭。而在此之后不久，布列塔尼亚公司（Brittania）和纽约之星（Faded Glory）公司采用了与我的创意类似的设计理念，产品推入市场后广获好评并从而取得了巨大的成功。我感到非常沮丧，也非常委屈：是我先创造了这些设计，并且事实也证明这些款式确实得到了市场的认可，但只是因为我没有经验、没有自己的品牌，就此丧失了把它们推向市场的大好机会。直到现在，我还依旧认为，如果当初莱尼采用了我的设计，苏克塔实公司今天可能还依然存在。

这一不幸的经历让我意识到，我必须要自己来做这件事。我收集了木匠和机械师工作时所穿的工作服，对它们进行重新加工处理。我大捆大捆地购买深色丹宁布料，四处物色合适的橙色螺纹线，尽管没有我所希望的那么粗，但也基本能满足我的要求。我找到埃尔迈拉当地的女裁缝，给她们看我所搜集到的这些材料和设计，让她们根据我的设计来制作属于我的衣服。

样品完成后，我感到非常骄傲和兴奋。我向所有到店里来的顾客展示了这些服装，这也是我最早一次为市场调查研究所作的努力尝试——我把衣服挂在店里，下面放上非卖品的标签，我问顾客，“你觉得这件衣服怎么样？”

所有人都很喜欢我的设计。如果当时我有货，肯定能卖掉很多套。我急切地想把这些设计投入到服装量产，但问题来了，我找不到好的服装生产厂家。我根本不知道应该怎样去做这件事。我们只不过是零售商，不是生产商。我挂在人间天堂里的这套“自制”样品就是对我们的一个现实的挑战。

拉里和我四处奔走采购货物，我们需要人来帮忙管理店里的经营。我的妹妹贝琪开始接手打理埃尔迈拉店里的一切，她在这方面确实很擅长，我们不在的日子，她把店里的所有事料理得井井有条。当时，斯科特·帕克（Scott Parker）负责店里的销售，还有一群非常漂亮、非常有活力的姑娘也在做着销售的事，包括玛丽·帕特·斯潘鲍尔（Mary Pat Spanbauer）、黛比·斯坦克（Debbie Stanko）、莉莎帕克（Lisa Parker）、蒂娜·贝特曼（Tina Bateman），还有莎郎·普利查德（Sharon Pritchard）。我的妹妹迪迪是我们的牛仔裤专家，她和她学校的朋友黛比还有达茜·克鲁伯（Darcy Crumb）一起在店里帮忙，她们的名字都以字母D开头，大家叫她们D姐妹。直觉告诉我们，人们在美好的环境里会觉得更加舒服，也更可能会有消费的欲望，事实也确实如此。

随着经营的不断发展，我们开始把生意做到其他地方。我们的第二家分店在纽约康宁（Corning）开业，那时我的妹妹苏西刚从大学毕业，于是我把店铺交给她经营了一段时间。苏西是个有原则的人，非常聪明，做事也很有条理。苏西离开后，我们雇了玛丽·节俐（Mary Chely）负责管理分店，她是个民谣歌手，有着一头飘逸的长发，她会经常坐在店里弹奏自己的民谣吉他。

之后我们在伊萨卡开了第三家分店，这里大部分的客户都是来自康奈尔和伊萨卡大学的学生，他们对时尚有着更为敏锐的触角，因此我们对这家分店的定位也更加时尚和潮流。我们从巴尼斯和萨克斯百货（Saks）购买他们多余的库存。同时我们也联系了里伯斯凯恩德（Liebeskind）家族的人，当时他们拥有女性服饰零售公司安·泰勒（Ann Taylor），我们开着卡车到波士顿，买下他们仓库大减价剩下的商品，这些商品的价格非常便宜，基本上衣服是1美元一件，而配件更是低至10美分一件。我们开车回到伊萨卡，开了一家名叫衣家（The Wearhouse）的折扣商场，销售很不错。我们就是当时的绮念麦斯折扣店（T.J.Maxx），我们的这种销售理念比绮念麦斯提早了很多年！

我们在纽约科特兰（Cortland）开了第四家分店。科特兰比埃尔迈拉要时尚很多，拉里和我都想待在伊萨卡，因此我们轮着去这家分店，都不怎么打理其他店，当时我们都还只是个孩子，做事情全凭感觉，没有想太多。拉里的兄弟布鲁斯成为康宁分店的经理，他真可算是个商界的明星。在刚开始接触店里的管理时，便表现出了卓越的商业敏锐度，我们都觉得终于找到了能够帮我们管理整个人间天堂集团的人选。这能给我们更多的自由去做别的事情！可是布鲁斯决定要去大学读书，这让我们的愿望落空了。

我们还有很多其他想去的地方。因为我们去纽约采购商品的频率非常高，因此，我们从拉里的表兄山姆·沃策尔那儿租了一套位于东村东12大街225号靠近第二大道的公寓房。晚上我们会去酒吧消遣。我们听说派克大街（Park Avenue）有一家叫作瑞金（Regine's）的夜总会，是一家非常别致的私人俱乐部。我们到那边的时候，看到门口停了一大排豪华轿车，车上下来的都是丽莎·明妮里（Liza Minnelli）、侯斯顿（Halston）之类的社会名流。我们敲了敲门，门里有什么人从猫眼里仔细打量了我们一番，然后门就开了。首先让我们感到惊讶的是入场费；这真是让人感到意外，即便不消费，就只是走进这扇大门，就需要缴费，对我们来说，这入场费真的很高。我们像平常那样喝了点东西，我们点的并不多，只是凭着兴致稍微喝了点，结果晚上离开的时候，拿到了一张200美元的账单！我们瞬间觉得意兴阑珊。“好吧，”我说，“我们可不会再来这儿了。”

之后我们发现了54号俱乐部（Studio 54）。

这也并不是个有钱就能进去的地方，我们也不能确保一定就能进去。在还没来这地方之前，我们就听说过那些关于54号俱乐部的故事，这些都是真实的事。当我们到达俱乐部的时候，门口有一大群刚从豪华轿车里下来的人，他们冲着门厅的侍者挥动着钞票，大声叫喊他的名字：“马克！马克！马克！基思（Keith）邀请我来的，他就在里面，让我进去！”但这根本就没用。所有想进去的人都得站在路边的行人道上，接受这个叫马克的审阅，他会瞪着一双犀利的眼睛，从人群中一扫而过，从那些想要参加聚会的人中，挑选出一些幸运儿，他挥舞着具有“生杀大权”的旗帜，示意着他或者她进入到会场中，年龄、风格、外貌以及会所需要考虑的诸多因素都是他的选拔标准。他的工作就是确保参加聚会的那些人是主人史蒂夫·鲁贝尔（Steve Rubell）和伊恩·施拉格（Ian Schrager）所希望的、能够代表54号俱乐部的人。这种做法能使层次相同的人聚在一起。被选中自然是件高兴的事，而对于那些选不上的人，马克也会大声地说，“不行，你不能进去。”被马克否定真的是件很残酷的事情。

不过我们和马克，还有其他那些看门的人关系都还不错。也许他们喜欢我们的装束，这个时候的我们已经不再是嬉皮士的装扮了，不过我们还是和时尚保持了很好的步调。不管是什么原因，我们第一次到这来的时候，就被允许进去。“哦，”我们想，“这简直太棒了。”我们在埃尔迈拉很有自信，但这里是纽约城，而我们也不过刚来这里没多久。我们简直不能相信，他居然真的就这样让我们进去了。

我们第一次走进俱乐部的那种兴奋之情简直溢于言表。音乐声振聋发聩，葛罗莉·亚盖娜（Gloria Gaynor）、黛安娜·萝丝（Diana Ross）、唐娜·桑玛（Donna Summer）、比吉斯乐队（The Bee Gees）、利莱·罗杰斯（Nile Rodgers）、奇客（Chic）、克里姆森国王（KC[1]）以及阳光乐队（Sunshine Band）的音乐响彻全场，让人感觉每个细胞都在跟着旋律舞动。合成电子迪斯科和重金属舞曲已经取代原来的音乐形式成为晚会的主导，尽管我仍然喜欢原汁原味的英国摇滚，但我不得不承认这些音乐形式很有意思。

从那以后，我们几乎每个周末都会去54号俱乐部，也经常会在结束了一整天采购的周一晚上去那边放松一下。我们会走到隔离人群的栏杆处，挥挥手说，“嘿，马克”——不用刻意大声尖叫，也不用作出很夸

[1] KC，King Crimson的缩写，英国1969年成立的艺术摇滚乐队。——译者注

张的动作，引起谁的注意，只需要这样轻轻地挥挥手，然后立刻就会被放行进去。

在俱乐部里面，拉里和我们这一小群人会有个包厢或者聚集围坐的地方，我们会点一些饮料喝，看看那里的漂亮姑娘们，或者跳跳舞。俱乐部里的音响效果非常好，脉动迪斯科闪现着 20 世纪 70 年代的灵魂。当时史提夫·汪达（Stevie Wonder）正处于事业的巅峰时期。哈洛·茂文（Harold Melvin）、蓝调音乐，还有欧杰斯合唱团（The O'Jays）都是当时的经典。

我们能在那看到安迪·沃霍尔（Andy Warhol）、鲍伊（Bowie）、比安卡（Bianca）和米克（Mick）。不过我们还没有和他们正式打过招呼——俱乐部在地下室还有一片场地，我一直没有机会进去，不过我们和侯斯顿倒是搭上了话。侯斯顿有自己固定的包厢，他是个蛮不错的人，所以我们通常会要他隔壁的包厢。不过在俱乐部里，你基本是听不到别人在说些什么的。就算你用最大的声音叫喊，也基本会被音乐声湮没，更何况舞池的灯光如此强烈，以至于人们根本无法交谈。大多数沟通都是通过做手势，一种俱乐部手语。我们凌晨 5 点钟之前都很少到家。这就是我们的生活！

我们花钱如流水。我们在埃尔迈拉举办盛大的聚会，我们身边有数不清的女朋友、男朋友以及各种社会关系的人。我们抽的大麻多到难以想象。我们吸食迷幻药、安非他明和安眠酮（Quaaludes）。当然，我们也尝着服用过致幻蘑菇。我在坦格尔伍德音乐节上曾经吃过一些这东西，这对我来说就像《美好的一天》（*It's a Beautiful Day*）连续播放了 12 个小时。我的灵魂似乎离开了我的身体，远离了人群，飘散到我所无从感知的、另外的某个处所。我无法自已，完全失去了控制。过了好久，最后我终于找到了自己的朋友，但在此之前，我已经失去意志、迷失了好几个小时。我身边还有一些可卡因，但我知道它除了让我牙齿打战，手心出汗之外，对我一点好处也没有。这一整天，我都兴奋异常、无法入睡、烦躁不安，我不停地问自己，“我为什么要做这种事情？”我发现我根本没法给出一个可以让我自己信服的答案，于是我停止了一切吸食毒品的行为。我就是有这种自我控制断绝做某件事情的能力。对于我所未知的某件事情，在一开始的时候，我会愿意去尝试，愿意去满足自己的好奇心，但一旦到达某个状态，我会说："好吧，别再做这种事了。"我就真的能彻底断绝和这件事情的所有关系。我意识到，自己很幸运，能够从这件事情中逃脱开来，在20世纪70年代的毒品文化之中，有很多人没能挺过来，他们要么丧失了心智，要么迷失在假想的世界里，而就此断送了自己的人生。拉里和我都很幸运：虽然我们也都接触过毒品，但我们对赚钱和取得成功这两件事，都抱着非常认真的态度，以至于毒品并没有成为我们生活中优先追求的事物。在那段时间里，我们的父母一定很担心我们，我们的一些朋友们可能对我的做法颇有异议，我能感觉到，有的时候，我们真的已经站到了危险的边缘，万幸的是，我们没有任凭自己堕落下去。

虽然在有毒品的日子里，我们骄傲得好像一个国王，但其实，即便是在没有毒品的日子里，我们也觉得自己不可一世。1977年6月，我买了一辆新的道奇面包车，我和女朋友苏西、弟弟安迪和他的乐队伙伴迈克尔·霍顿（Michael Houghton）一起开车去看在布法罗（Buffalo）里奇体育场（Rich Stadium）举办的蓝牡蛎乐队（Blue Oyster Cult）/林纳史金纳乐队（Lynyrd Skynyrd）/泰德·纽金特（Ted Nugent）/星际（Starz）全天候户外演唱会。在去往演唱会的路上，安迪问我："我们有票吗？"

"没有，"我告诉他，"不过不用担心。"

"那我们怎么进去？"

"我有办法。别担心。"

"你到底打算怎么去呢？"

"我们直接去后台。"

安迪便不再问了，我们都觉得这种方法应该可以。我们直接把车开到后门。

“通行证。”警卫说。

我镇定地看了他一眼，慢条斯理地说，“我们今晚在这有演出。我这车里坐的，可都是要去登台演出的乐队明星。”

他不相信。“你说的是真的？”警卫问。

“怎么不是，”我说，“你自己看。”

他把头伸进车里，车上坐的，是这世上打扮得最摇滚的一群年轻人。

“进去吧。”

我们把车停在那些豪华轿车和公共汽车旁，径直向舞台旁边走去。那些手中握着通行证的人看着我们，一脸的困惑，整个五官都在倾情演出着“这些家伙是谁？”的表情，但没人敢上前来质问我们。我们站在后台右边，望向舞台前密密麻麻的八万人群，我的弟弟鲍比就在前面不远的地方。他是个彻心彻骨的音乐迷，并且无论是什么演唱会，他总有办法弄到离舞台很近的位置。在演出间歇，他冲着我们大叫，“你们怎么在那儿！你们是怎么做到的？”我也冲着他喊道：“我们是和乐队的人一起来的！”

人间天堂赚了很多钱，但我们并没有任何积蓄。我们用全额现金购买了一辆银色保时捷 911 现车。我们包了一架飞机，带着我们所有朋友一起去锡拉丘兹（Syracuse），观看史提夫 · 汪达（Stevie Wonder）的演唱会，我们还租了一辆豪华轿车带着所有人直接去了后台。有一次，拉里和我带着女伴，开着我们漂亮的梅赛德斯 – 奔驰新车，飞奔在去罗切斯特市（Rochester）的路上，赶着去那儿看滚石乐队的演出，结果因为超速被巡逻警察拦了下来。我们按照要求靠边停了车。“警官，”拉里故伎重演，他客气地暗示他往车后座看，“我车上都是要去参加演出的摇滚明星。”我也配合地摇下车窗，一脸焦虑地说：“警官，我们很赶时间，演唱会马上就要开始了。”你能想得到结果，我们不仅没有受到任何处罚，而且得到了警察的一路鸣笛护送。

我们的朋友埃迪·拉夫尔森（Eddie Ravelson）在波士顿经营着一家炫酷的精品店，并且他还和一家叫全球周末假期（International Weekenders）的旅行社有合作关系。他经常能拿到一些旅行团的尾单。埃迪会打电话说：“伙计，想不想去巴西？我们还有两个空位。”或者“你想去马丘比丘（Machu Picchu）吗？”我们只要花60美元，就能到这些地方去旅游。我们会乘坐螺旋桨飞机飞往中国香港，住在一家相当不错的酒店里，并且还有好几天时间来游览这个城市。我们去了游艇俱乐部，而且还见了船长。我们挑选了一艘80英尺长的游艇，说：“我们想买一条船，希望能试开一天，感受感受船的各方面性能。”就这样，我们不仅免费拿到了游艇，并且还得到了一帮配合我们航行的船员。没有什么事是我们做不到的。

第五章

翻篇

Some of our greatest lessons are learned from Failure!

（我们从失败中学到了最重要的一些经验教训！）

当拉里从纽约打来电话的时候，我正在自己的一家店里，他说，“我给咱们找到了一份设计师的工作，你想不想去？”

我说，“太好啦，酷！”

圣克鲁斯进口公司（Santa Cruz Imports）是加利福尼亚的一家公司，在百老汇1407号有展厅，这家公司由一群嬉皮士管理，主要经营印度出产的女性服装：带刺绣和珠子的罗马尼亚式上衣。拉里当时正在那里采购货物，偶然听到他们说起想发布一个男性的针织衫系列，公司老板大卫·贺齐（David Hirsch）说，愿意给我们一个展示设计的机会。我暂时放下了牛仔裤的工作，开始设计衬衫。我们设计了格子纱衣领、马德拉斯棋格纹、格纹对襟的一系列针织衬衫，并且特意选用了印度工厂更为熟悉，且易于加工的布料。我建议把印度织物和一些印度市场并不常见的针织材料相结合。贺齐在看过我们的设计后，同意采用我们的方案。在圣克鲁斯公司有关南加州生活风格的产品主页上，他们把我们所设计的服装系列称为涟漪针织衫（Ripple Knits）。

我们第一个服装系列的成品其实做得并不太好。我们是在宾夕法尼亚州黎巴嫩县的米尔森（Milsan）服装厂制作的这些衣服，这家工厂的主人名叫拉里·格林（Larry Green）。当时，我以为他已经是个上了年纪的人，但实际上，他大概也不过50岁。拉里了解针织行业里的所有事，他有着几十年的服装生产经验，他教我了解不同布料的级别、重量，以及不同服装对于各种不同布料的选取，究竟会有哪些讲究。虽然米尔森之前做过很多男式衬衫，但那些都是高尔夫衬衫。而我的设计更加时尚——衣服身形更加纤瘦、也更时髦。我希望我所设计的螺纹针织衬衫有五爪纽扣、有印花，用包缝机缝合，并且拥有印度风格的拉绒质地，让人感觉像中国香港生产制作的迈克尔·米莉亚针织衫。但是，当我们带着设计图样到达工厂时，老牌米尔森公司的花形师，不知道要怎样制作这些衣服。他们无法理解我们的设计，他们认为自己是经验丰富的、真正懂得如何制作男人衬衫的专家，而我们这些年轻的暴发户孩子，根本不知道自己在说些什么。他们没有意识到，我们是在为那些留了一头及肩长发，身穿紧身天鹅绒喇叭裤和偏向女性风格衬衫，脚蹬高跟蛇皮靴，混迹于大堪萨斯城的家伙们制作衣服。拉里·格林其实是个像父亲一样的角色，我相信他认为我们有潜力，但当他看到我们拿出来的设计样稿时，我觉得他并不喜欢这些东西。

除了设计沟通，我们还有一连串生产上的问题：我们无法拿到那些有我所想要的手感的布料。印度运来的格纹布和格子花呢的发货状况也有所延迟。整个事情的进展都没有严格按照计划执行。在服装生产过程中，一切都要真正顺利才行。我们很清楚自己所期望的东西是什么：设计自己的服装系列、打造自己的品牌。可是，圣克鲁斯团队里的人却整天上网、抽大麻、喝啤酒，不干正事。不仅如此，他们还想要掌握创意上的主动权，就像我们需要控制创意一样。在这一点上，我真的很难妥协，因为过去的经历让我实在无法作出这种妥协，我也不想再走回头路。很快我们就发现，圣克鲁斯进口公司不是适合我们的地方。后来他们发生了财务问题，我们便离开了这家公司。虽然这不能算是一次成功的设计工作经验，但人总是在不断地失败中成长起来的，这段经历也不例外。

后来，拉里·格林把我们介绍给马文·克莱曼（Marvin Kleinman），他是布伦特伍德运动服饰（Brentwood Sportswear）的所有者。我们曾经为人间天堂在他们那里采购过商品。他们纽约州北部的销售员索尔·纳德勒（Sol Nadler）是个很有品位的老头，他会带着毛衣样品来我们店里推销。我们会翻阅布伦特伍德公司的商品目录，从中挑选一些适合我们客户的商品：驯鹿和费尔岛（Fair Isle）毛衣以及其他所有我们觉得可以和喇叭裤一起卖的东西。谈完生意上的事情之后，他会带我们去附近最好的餐厅吃晚餐，比如像皮尔斯（Pierce）或者莫雷蒂（Moretti）这样的高档餐厅，他是个很会调动气氛的人，在吃饭的间歇，他会讲些笑话来逗大家开心，和他在一起总是很愉快。我们都觉得这家伙很棒。

而布伦特伍德公司的另一个销售就不同了。有一天他看着我说："你的高跟鞋是圆的吗？"

我根本不明白他在说些什么。我低头看了看自己脚上穿着的英式摇滚明星风格蛇皮靴子上的高跟。"你是什么意思？"

"我知道你喜欢女孩子。你是不是也喜欢男的？"

"我对男人没兴趣。"我告诉他。

"这种东西，其实你总是有办法试出来的。"

我说，"算了。"

"那是什么意思？"他问。

"谢谢。不用了。"

拉里和我去了费城，找到了布伦特伍德公司，我给他们看我的设计草图。时过境迁，流行了十年的嬉皮士造型，现在已经成为明日黄花，我开始思考更加时尚的客户需求。我想要一些修身的造型；我想要做一些受航海启发的、肩膀上带纽扣的大码毛衣；我想要做高腰的水手裤、条纹T恤、还想把军队上的编号也做到衣服上去。我的品位不断发生着变化，我想设计生产一些自己能穿，并且我的伙伴拉里也觉得确实能卖的衣服。

我的想法并不怎么受欢迎。那个年纪较大的生产商告诉我们，"我们不能改变布伦特伍德运动服饰的风格，它的品牌效应已经建立，如果现在改变风格，生意就会受到影响。"

于是我建议道，“那不如我们来成立一家新公司，专门做这些有别于原品牌的新产品？”

合伙人马文·克莱曼是个很讨人喜欢的人，也非常好说话，他说，“好，那我们就这么办吧。”他让我们自己来定新公司的名字。

1976年的美国，人们已经开始懂得如何打扮自己，他们开始去迪斯科舞厅跳舞，开始生活得更加精致。为了迎合这些人的需求，我们以设计师品牌为名，打造了一个很有抱负的时尚服饰系列。我的中间名字是杰卡布（Jacob），拉里的是阿兰（Alan），综合我们二人的名字，杰卡布·阿兰（Jacob Alan）运动服饰诞生了。

那时候我的梦想是创办杰卡布·阿兰品牌，使其可以和乔治·阿玛尼以及其他一些真正的设计师品牌竞争，但我很快意识到这是一件多么难的事。要以合适的价位制作高品质的服装，你得在欧洲或者亚洲生产你的商品，而我们的服装都是在国内生产的。美国现在的服装厂根本没有能力制作出我所注重的那些细节，很多工厂也没有作出这种工艺水平要求的设备，还有很多服装厂根本就不想做这件事，因为这需要增加很多纯手工的工作量，并且对于加工技巧的要求也很高。那时，美国制造商大多在为杰西潘尼百货公司（JCPenney）和西尔斯百货这种大型百货公司批量生产商品。而我想要的，是更为细致的针脚、更好的裤装褶皱处理方法。我想选用产自欧洲的布料，我想用羊毛、丝绸和亚麻这种相对高档的材质，制作好的针织衫，而在那时候，只有欧洲和亚洲的工厂，才能生产这类商品，因为只有他们才能获得原材料，也只有他们才拥有这种专业技术。如果想要在美国做这件事情，我首先必须要进口这些原材料，然后还要在全国搜寻懂得如何利用这些原材料进行服装加工、制作的裁缝。

我们在纽约和宾夕法尼亚找到了一些工厂，为杰卡布·阿兰开了一个好头。我们的服装主要是毛衣，还有一些裤装以及部分T恤。本杰明·奥特曼百货公司（B. Altman & Co.）对我们非常支持，他们向我们提供了百货公司位于第五大道上的橱窗，并在商场专门腾出一整块场地用于展示销售我们的产品。杰卡布·阿兰在本杰明·奥特曼百货公司发行上市，我们开始逐渐收获市场的关注。

只要是和服装行业相关的东西，我都想了解，我像海绵吸水一样，不断为自己补充着能量。每次去工厂或者去店里，我都想能学到更多的知识，因为我知道，这才只是开始。我们把杰卡布·阿兰的产品卖到了费城的沃纳梅克百货公司（Wanamaker）以及其他一些美国公司。我们给吉恩·普雷斯曼（Gene Pressman）打电话，让杰卡布·阿兰成功进入了巴尼斯百货。接着，我们设计了第二个系列的服装，取得了相同的销售业绩。尽管如此，杰卡布·阿兰还是需要更多的销量才能生存下来，我们需要那些真正能够走出去、敲开所有顶级商场大门的销售人员。这其中所需要的专业素养和关系网络远不是埃尔迈拉那些小伙子们所具备的。

我们在布伦特伍德物色优秀的销售人员，他们刚聘了一个从南部的麦克雷百货公司（McRae's）来的，叫皮特·马可（Pete Markow）的小伙。皮特有一个小册子，上面写满了联系人的信息。1976 年，皮特带着拉里和我，踏上了去往南方的旅途，这真是一次让人大长见识的旅行。皮特介绍我们认识了整个南方百货商圈，我们走遍了密西西比州（Mississippi）的杰克逊（Jackson）地区；阿拉巴马州（Alabama）的伯明翰（Birmingham）地区；还有整个纳什维尔（Nashville）地区。我向所有商家介绍展示了我们的服装系列。有的时候，我们拿到了订单，也有的时候，我们只得到“好，我会考虑一下”这样的答复。

在此之前，我从没去过南方，这次旅行让我感到震惊。我发现这些百货公司的高管们完全符合我心目中对南部地区的印象，都非常死板而固执。而且他们对流行也不太了解。我们所设计的服装对他们来说不够保守，而我作为设计师，对他们来说也是这样，不够保守。

销售额增长了，但另一个事实也逐渐暴露出来，那就是杰卡布·阿兰服装的产品系列不够广泛，并且我们和布伦特伍德公司之间的关系也不太理想。虽然我们已经有了自己的商标品牌，但我们的自由也仅限于此，有太多的规则、条款、操作细节在制约着我们的生产运作，我觉得这些东西太过老旧而且多余。我需要自己制定准则，我不想被那些毫无必要的条条框框捆绑。其中最突出的，就是订货和交货的时间问题。我们需要在7月份就递交设计稿，而样品要到来年7月才会被制作出来。我心里想，“等到1月份的时候，这个设计的样式早就过时了！”我想要缩短生产周期；我希望设计稿出来后，最好第二天就能看到样品，两个礼拜以后就能上架销售。顺便说一下，这是现在Zara（飒拉）、H&M（海恩斯莫里斯），还有Topshop之所以能运作得如此成功的关键所在。我意识到对于市场来说，关键是速度。以前是这样，现在也是如此。

我估计公司里的很多老前辈都在想“这些自不量力的小子都是些什么人啊，居然妄想着今天弄出个设计，下个礼拜就能把它变成商品放到市场上去卖？为什么这些从纽约州北部来的怪人要试图改变我们整个设计理念？他们设计的毛衣，居然故意在手肘的位置打补丁，我祖父才穿那样的衣服！”是的，这就是我们的设计，那是我们想用一种新的方式，向这些经典致敬。

最后，马文找到我们说：“伙计们，我觉得这种办法估计行不通，我们也许不能再继续做下去了。”

我们非常无奈，但也无可奈何，“好吧，不过请把品牌留给我们。”他同意了。布伦特伍德也把库存的杰卡布·阿兰商品卖给我们，这些商品在我们自己的店里卖得很好。马文对我们一直很不错，他是一个很好的家伙，但我认为他的团队拖了他的后腿。

20世纪70年代中期的纽约生活是刺激的、振奋人心的。堪萨斯城的马克斯酒吧彻夜不眠，有参加不完的派对，你也总能在那儿遇到形形色色有趣的人。一天晚上，我们碰到大卫·鲍伊（David Bowie）、黛比·哈利（Dabbie Harry）还有卢·里德在一起。还有一天，我在楼下和卢·里德、纽约娃娃的大卫·约翰森（David Johansen）一起吃饭，然后打车去几个街区外第五大道上的阿什利（Ashley），在那遇到了比利·普雷斯顿（Billy Preston）和罗尼·伍德（Ronnie Wood），还有滚石乐队的其他成员。那段时光真的让人特别难忘！我们看起来像是一个圈子的人，所以我能够去这些地方，而大家也不会拒绝我们。摇滚风格在这段时间变得异常强大，成为当时至高无上的风格标志。

这一时期，齐柏林飞艇乐队、谁人乐队以及其他大乐队的巡回演出，也将英式风格传播到纽约。齐柏林飞艇乐队和罗伯特普兰特（Robert Plant's）的褶边衬衫有着非常震撼的视觉效果。整个乐队被随行人员簇拥着，装束打扮都很中性，非常具有摇滚气息，看起来也很有意思。这是马克·波伦（Marc Bolan）和暴龙乐队（T.Rex）的时代——魅力摇滚的开端。拉里和我采购了许多魅力摇滚的衣服——银色机车夹克、平台靴、褶边上衣，还有很多带着闪闪发光的亮片和富有光泽的东西，我们把这些东西带回纽约州北部的店里销售。

然而事实却让我们大跌眼镜：人们完全理解不了这种时尚。我们也是到那时才对这些问题有些大体的认识，那就是即便是在纽约这样的大都市里，盛行于某个领域的时尚事物，它的接受度其实也并不好。我以为这种耀眼的风格必将在美国其他地方也流行起来，但我错了。在纽约北部的大学城，想要魅力摇滚风格服饰人的数量微乎其微。因为我们在城里的时候，把大部分的时间都花在了晚上去俱乐部消遣，白天并没有很认真地工作，我们所看到的只是夜晚的繁华片段，白天的人们到底有着怎样的需求，我们并不清楚。我们的库存积压成山。并且，当时正值1976年：整个国家都陷入经济衰退之中。折扣零售商们突然醒悟过来，既然喇叭牛仔裤这么好卖，他们为什么不卖呢？于是折扣零售商们开始集体发力，开始以非常低廉的价格销售这种商品。喇叭裤渐渐成为全民装束，曾由我们所引领的那种嬉皮风格，曾经名噪一时的新鲜和时髦感荡然无存。

奇货可居的日子一去不返了，现在满大街都能买到我们店里的那些商品，根本不用专门开车从纽约州其他地方再特意赶过来了。人们对我们店里的那种猎奇的心理也逐渐消失。我不想待在埃尔迈拉，眼看着我们的生意日益萧条。拉里也不常来店里。我们俩都感到厌烦了。整整十年过去了，我需要一个更大、更宽广的发展平台——那就是我的梦想，创立自己的品牌。

在我和拉里对人间天堂的分工中，我主要负责设计和店面的装饰布置，而拉里则专注于采购工作。他也很适合这方面的工作，人间天堂连续六年的成功经营便是很好的说明。20 世纪 70 年代中期的时候，拉里认识了斯图尔特·曼德尔鲍姆公司（Stuart Mandelbaum）纽约办事处的代理人，他们的工作是为商场创造接触众多生产厂商的机会。他们会带着拉里和我去市集，我们在那订货采购。当时我们都还很年轻，能够走进由这些迷人、性感、又年长于我们的女孩所经营的纽约展销厅，这就已经让我们内心充满了自豪；而我们这样两个看起来依旧很稚嫩的年轻人，居然就已经拥有这般出众的商业成绩，这似乎也让展销厅里的那些人颇为吃惊。我们觉得向他们吹嘘我们在商业上所获得的成功是件很酷的事："是的，我们准备在雪城（Syracuse）、罗切斯特（Rochester）和宾厄姆顿（Binghamton）开设分店。我们还准备在纽约市开一家分店！"当我们告诉这些人，我们店里的业务正不断增长的时候，他们心里想的肯定是，"噢，他们每个礼拜估计要卖掉成千上万件商品。"可事实上，我们只能卖几百件。拉里和我的表现，让我们的供应商大大高估了我们的实际经营水平，我们在他们那里所签订的订单数量也远超过我们实际的产品消化能力。我们开始每天从裙装公司和运动服饰公司收到大量的货物，这其中有一部分原因是因为，我们所说的那些话，在我们自己看来也并非完全是大话空话，我们也确实相信事实便是如此。梦想，让我们收获了成功，但是如果梦想太大，脱离了实际，则可能会带来伤害。

其中一些新的供货商提议我们采用存货自动补充系统，而我们碍于面子，基本上也不太好意思说，“嘿，我们的货物已经够多了”，或者“我们不需要那么多货”。就这样，新的货物不断被运到店里，而销量又跟不上，店里的库存不断积压起来。拉里的父亲在纽约奥本（Auburn）有一家商店，他把其中一半的营业面积都挪给我们使用，就这样我们在奥本又有了人间天堂的分店。接着，又有人过来说：“嘿，我们在乔治湖（Lake George）有个商铺，那儿景色很美，非常适合度假，一到夏天，大家都会到乔治湖去玩。你们应该在那也开个分店。”就这样人间天堂又有了乔治湖的分店。

至此，事情的发展已经失去控制。拉里父亲给我们的信用额度已经用完。我们不但无法再从银行借到钱，还被银行的人一直追讨着要按时还钱。而我们所卖出的商品总额已不足以覆盖店里的支出。

为了解决这个棘手的问题，我们请拉里的表兄萨姆·沃策尔（Sam Wortzel）来帮忙，为了让他能真正用心帮我们解决问题，我们给他付了薪水。山姆比我们大 10 岁，是个真正的纽约人：聪明、乐观、有趣，不过他好像不太懂得风格品味这件事。他对这些东西也完全不在乎。当时我觉得这是个很大的问题，不过现在看来，这其实并没什么关系。他帮我们管理经营，为我们的业务开展制定准则，我讨厌这样。我并不想经历这样一个正式的组织重新架构过程，因为我们已经习惯了自己的行事方式，随性、来去自由。萨姆想组建库存管控系统。因为店里出现很多商品被偷的情况，所以我们给衣服挂上先讯美资公司（Sensormatic）的防盗标签。这种做法反而增加了我们的开支，不过，萨姆确实在很用心地教我们，要怎么对库存进行管理控制。我们也为此作出了不少努力。后来，他又从纽约找来马丁・莱文森（Marty Levinson），一个很有资质的会计师，帮我们处理税务问题。

马丁查看了我们的存货水平以及采购情况之后，嗅出了一些问题。他说，“除非你们投入更多的资金，否则，你们就必须要作出一些重大的抉择了。”

我问，“比如说？”

“我们得找律师谈谈。”他跟我说。

“为什么要找律师谈？”

他说话很直接：“当然，你也可以有其他的一些选择。”

但我还是不太理解他的意思。“什么？我听不懂。”

“你可以继续往这笔生意里投入更多的钱……”

“还有别的办法吗？”

“或者你可以转向第二章，翻篇。”

“那到底是什么意思？”

“是一种破产形式。”

“破产？”

“除非你有钱可以一直来补这些窟窿，”他解释说，“否则，在未来六个月里，你所欠的钱将远远超过你赚的钱。你看啊，你要付那些批发商的货款，要给你的员工发薪水，并且还有其他一些开销，以你们现在的营收状况根本无法维持生存。”

我说：“这简直是瞎扯。你在开玩笑吧？你是说我们的销售额不够，对不对？那我们做个打折促销，这不就解决问题了吗？”当时我们正准备开新的分店，这些分店也在给我们带来新的资金收入。这一定是弄错了。

会计师解释说，我们陷得太深，打折促销已经解决不了这个问题，目前看来，短期内没有什么好的办法让公司从困境中解脱。

我们去找银行的人贷款，他告诉我们，“之前你们在我们银行所借的款项还没有还清。很抱歉，我们不能再贷款给你们。”整个国家的经济开始滑坡；商业竞争也越来越激烈；我们的商场里堆积了太多货物，而这些货物的采购也并非都有充分的理论依据。我们也会去精品秀场，采购一些很时尚的东西，这些新的商品，每一件单独看来都有出色的设计、有吸引人眼球的地方，但当我们把这些货物带回来摆放到店里的时候，堆积如山的存货仿佛瞬间就让这些耀眼的产品失去了原有的光芒。这是零售行业的入门法则（Ratail 101）：在预算范围内组织经营活动。对良莠不齐的买卖代理要进行有效筛选。对店里最近所销售的商品要实时跟进了解。因为不了解这些基本的法则，我们已经付出了巨大的代价，我们必须要开始学习这些关乎生存的知识。

公司的经营状况已经到了走投无路的地步，尽管我们心有不甘，但也不得不开始准备全新的第二章。

这对我们来说真是可怕的一天。就像是在众目睽睽之下，被人扇了一记耳光。对于好面子的我们来说，这真是让人极度尴尬的一件事。早上醒过来，我问自己，“我到底做了些什么？如果我们没有像过去那样狂妄自大到目空一切，如果我们能多了解人们的真实需求，如果我们没有因为爱面子而过度采购，如果我们关闭两家生意不太好的门店，如果我们能够对商场进行更好的管理……”真的有太多我们能做，并且也应该去做的事。我们开保时捷、梅赛德斯－奔驰这样的豪车，我们住豪宅，我们成堆购买名牌时装和名贵的手表，我们不惜重金去欧洲和南美旅行。我们过着百万富翁的生活，而事实上，我们根本没有达到那个水平，就连接近都算不上。我花光了所有钱，没有一点积蓄。现在我满脑子都是懊悔，“天哪，现在我到底要怎样才能创立自己的品牌？我不能离开这个行业。我必须留在这里，我必须保证让所有人都能拿到薪水。”沮丧已经不足以形容我的心情，我不知道该说些什么，也许理清思路看看现在要做些什么，才是正确的选择。

我们去找了律师，他们告诉我们，要想继续保持经营，也不是没有可能的，只不过我们需要遵守一些特定的条款和规定。经过这件事，我学会了所有有关优先处理的内容和法庭文件。我的朋友斯图·柯默尔（Stu Komer）曾经经营了一家名为艺术的问候（Artistic Greetings）的邮件销售公司，几年前他也经历过这种破产，他对我说，“别担心，我会帮你的。你要做的第一件事是必须要学会看资产负债表。每天都要了解你的销售和收支情况，每天都要知道自己的营收状态。”每个礼拜，我们都会和他在他的会议室见三次面，从早上7点半开始，他教会我去了解自己的生意，教我怎样来经营这份生意。以前我从没接触过这方面的内容，这也算是我所上的第一堂工商管理课程。

没有了信用额度之后，所有进来的货物都必须以现金的方式进行支付。我们聘请了一位审计师来复核店里的每一笔进出款项。我们的资产减缩到原来的1/4，这让我感到无比尴尬。我们破产的消息很快扩散开来，所有媒体都对这件事进行了报道，我们不得不低三下四地去找那些我们还想继续保持生意往来的供货商，向他们承诺，只要他们愿意把货物批发给我们，我们愿意接受更高的价格。“是这样，我们没法现在就付给你们货款，不过我们真的很需要货物。我们可以接受提价，但能不能等我们资金周转问题稍好之后，再把货款付给你们呢？”有的供货商对我们态度很恶劣；有的相信我们能东山再起，并且给了我们很大的支持。我们在纽约开始用现金采购货物，以前我们每次采购完货物，还会花两个礼拜去享受、去参加派对。而现在，采购结束之后，我们必须马上回去干活。

不过对我来说，最糟糕的事还是面对我的父亲。在我生意风生水起的时候，父亲终于开始尊重我的选择，这让我觉得安心，觉得充满了力量。我开始更多地和我的兄弟姐妹们见面，甚至会隔段时间回家吃一顿饭。我和家里的关系逐渐得到改善。当然，即便是在这样的日子里，我的父亲也一直在说，“我希望你有自己的一套管理体系，你要搞清楚店里的库存情况。”每当父亲说这些话的时候，我都会敷衍地说，“是，是，是，我知道啦，别担心，一切都在我们的掌控之中。”结果，只不过几年时间，事情居然就发展成这样，我简直羞愧难当。我首先想到的是，“爸爸会怎么想？”

没多久，我便等到了父亲对于这个问题的答案。他脸上写满了“我早就告诉你了”的表情。我的父亲终于开始为我感到骄傲，而我却再一次让他失望。对于这件事，我无法为自己找到任何开脱的理由，我没法说服他，也没法说服我自己。

第六章

20 世纪救赎

a Fresh Start!

（一个全新的开始！）

在经营人间天堂时，我和一个叫苏珊·赫罗纳（Susan Cirona）的女人交往过。苏珊15岁的时候就离开了家，后来待在伊萨卡，在拉里妈妈的一个朋友家里干活。拉里的妈妈给他儿子打电话说，“你得给这姑娘找一份工作，她可是个好女孩。”拉里是个孝顺的儿子，他答应了母亲的要求。于是苏珊开始在人间天堂伊萨卡分店里做事，她会帮忙打扫卫生、整理衣服，她是个手脚勤快的人，总是会尽可能主动地在店里找活干。后来我们发现苏珊对于时尚颇有一些见解，于是我们让她做服装搭配和橱窗创意的工作。她是个很有魅力的人——拥有希腊、匈牙利和意大利三国血统的混血儿，她身材娇小、头发乌黑，还有一双棕色的大眼睛，一身健康的肤色，笑容甜美迷人，真能称得上完美，并且她还是个很有品位的人！那时她只有17岁，而我已经25岁了。我对她很有好感，但她并不喜欢我。

不过我们还是会以朋友和人间天堂同事的身份聚在一起，谈论时尚、谈论音乐、谈论我们所处的世界。1975年，是苏珊高中学习的最后一年，我说服她申请报考纽约城的时装技术学院（Fashion Institute of Technology）。“你可以去学时装设计，这样我们以后自己就能为大家设计服装。”我告诉她。她接受了我的建议，报考了这所学校，我为此感到非常高兴。我因为经常要去纽约采购店里的货物，所以我们会经常见面。然而遗憾的是，她并不喜欢时装技术学院的生活。我说，“要不这样，你先把这学期的课上完，然后我们一起回伊萨卡，组建我们自己的设计团队？”她同意了，她仍然在学校学习，一直到学期结束，然后回到了伊萨卡。

1976年2月，我当时正在曼哈顿出差，住在格拉梅西公园酒店

（Gramercy Park Hotel），半夜里，忽然接到了一通电话。“伊萨卡的商场着火了。”

“你说什么？”

原来一群大学生租借了我们商场楼上的公寓，他们晚上躺在床上抽烟，一不小心引发了火灾，整栋大楼都烧得只剩灰烬。第二天早上，我开车去伊萨卡。店里已经被烧得面目全非。整个地方都烧焦了，店里的衣服都被消防软管喷出来的冰水浇成了钟乳石。苏珊和我在前门碰面。

“我能做些什么？我帮你把这里弄干净？”

“没用的，我们得用推土机把整个店推平。除此之外，我们什么都做不了。我们首先得让保险公司的人到这儿来作评估。”我向街对面走去，想从那边看看整个店的烧损情况。我走到停在路边的两辆车中间，这时，其中的一辆车突然启动，撞到了我身上，我的腿被夹在这辆车和前面停靠的一辆小货车的保险杠中间，当场骨折。

我被很快送去医院。苏珊一路陪着我。医生的诊断是股骨骨折，不过幸好送疗及时，没有留下残疾的危险，医生给我从脚趾到大腿都打上了石膏，我几乎没法动弹。我住到拉里和我在乡下租来专门开派对的房子里养病，苏珊也去了，她在那儿一直待了好几个礼拜，照顾我的饮食起居，直到我恢复健康。她对我的照顾非常认真细致，我非常感激她，我们本身就兴趣相投，经过这么长时间的相处，我身体恢复之后，我们相爱了。我们的感情也由此开始。

1978年，苏珊和我在埃尔迈拉城外的派恩市（Pine City）买了一套小房子，这原先是学校的教学楼，都是红色的单间小房子，后来被改造成一个带小起居室、小厨房和两个楼上卧室的套房。我们开始组建一个家庭。我向她求婚，她同意了。苏珊是个很棒的伙伴，因为她和我怀有相同的梦想。我们有聊不完的话题，一个真正好的服装系列应该包括哪些要素，应该满足怎样的条件，应该在什么地方、用什么样的方式进行展示以及应该采用怎样的销售方式，每当聊到这种话题，我们都有说不完的话，能一直聊上好几个小时。

我们都觉得在威尼斯（Venice）结婚会是件很浪漫、很有意义的事，不过我们到威尼斯实地考察了几个天主教教堂以后，才发现要想在那儿举行婚礼必须要提供曾经接受洗礼的记录证明。我们都经历过天主教洗礼，但当时还没有传真机这种东西，根本没办法及时从埃尔迈拉把受洗证明送到意大利。我们在意大利提前度过了一段幸福的蜜月时光，但却没能在那儿步入婚礼的殿堂。

回到埃尔迈拉之后，我们决定举办一场传统的婚礼，1979 年 8 月 25 日，我们在纽约州匹兹福特（Pittsford）的圣玛丽（St. Mary's）大教堂举办了婚礼，我们只邀请了家里的亲戚和最亲密的朋友，我的弟弟安迪是伴郎。

苏珊的父亲吉姆·赫罗纳（Jim Girona）是一个成功而又相当保守的银行家。她的母亲康妮（Connie）是位健谈而又慈祥的女士。也许他们并不满意我们的结合，但他们还是接受了这样的现实。

一次采购途中，我在纽约的一场时装展示会上认识了穆纳·贝格（Muna Baig）。当时他作为服装生产厂商，在展示会上推广他们厂里的连衣裙和一些产自印度的商品，在与我们的交谈中，他提到自己有一家工厂。我问他是否能将我的设计制作成成品，他说，“我什么都能做。”

“我有很多的设计样稿。”

“没问题，带着你的设计来我的工厂吧。”

怎么去？在哪儿？什么时候？我对此充满了好奇。

苏珊的父亲曾经说过，“我会送你们一份结婚礼物，我可以为你们买一样东西，为你们举办一场盛大的派对，或者给你们一张支票，你们自己想干什么就干着什么。”最后我们选择了支票，我们拿着他 1000 美元的支票买了机票，两个礼拜之后，我们一起飞往印度，一起去开发属于我们自己的第一个时尚服装系列。这便是我们的蜜月之旅。

飞机的舱门在孟买打开，我们走下扶梯，上了一辆穿梭巴士去往航站楼。我还清楚地记得，那是1979年9月夏天的一个深夜，我们能看到远处城市里闪烁的灯光。令人感到惊奇的是空气里所弥漫的炊烟的味道。一大群无家可归的印度人，在机场边界区域搭建了贫民窟，就是一些简易的棚屋。这些棚屋的水管都一根根裸露在屋外，瘦骨嶙峋的穷人比比皆是，在这样的环境下做饭，炙热的温度混杂着人群的气味，我有些不敢相信自己所看到的这一切。

从传送带上拿好行李之后，我们突然发现，在到达出口处，密密麻麻地围了成百上千的人，所有人都想挤到前面去，后方的压迫让前面人的脸紧紧贴在窗玻璃上，一双双渴望的眼睛死死盯着每个到达的人。他们当中的很多人看起来都很贫穷、很绝望。我在来印度之前，早已听说了关于这里的事，我也让自己作好了心理准备，但看到这一幕，我还是感到很震惊。

我们的行李箱里装满了设计稿、样品和我们自己的衣服，相信这些东西会让我们的客户感到很兴奋，很快我们走到了人行道上，乞丐们开始团团围住我们，向我们索要钱财。穆纳把他们一一推开。“不行，不行，不行，”他告诉我们，“一定不要心软，如果你给了一个人，所有其他人都会过来，问你讨要更多的东西。”穆纳厂里的一个蓄了小胡子、包着头巾的锡克教工人，开车送我们去穆纳在约胡海滩（Juhu Beach）的房子。

穆纳带我们去房间，这里没有窗帘，没有毛毯，没有任何柜子，只有一张床和一台简陋的吊扇，床上简单地铺了一层床单。门厅的洗手间里也没有卫生纸，只有一个只出冷水的水龙头。淋浴打开后，喷出一个小水柱，也是冷的。淋浴房没有浴帘，甚至连门都没有！穆纳给了我们每人一条毛巾，除此之外，什么都没有。从纽约到孟买，路上整整飞了18个小时，我们都又困又累，夜已经深了，我们洗了冷水澡。我一边冲着澡，一边想着，“这真是段令人难忘的经历。”那晚，我睡得很熟。

天刚蒙蒙亮，穆纳就来敲门了。

“你们想去海边看看吗？”

我们当然想。

我们走了大约两个街区的距离，来到约胡海滩，我们沿着海滩一路走去，经过阳光沙滩酒店（Sun and Sand Hotel）。穆纳说，“很多电影明星都住在这片海滩上。”一大群无家可归的人，看上去也是这里的住户，当太阳升起来、海水开始上涨的时候，他们中的很多人跑下海去大小便。当潮水退去，正好带走他们的排泄物。阿拉伯海（Arabian Sea）就像一个天然的户外大厕所。

我知道牛在印度被奉为神灵，我也听说过它们能在街上随意走动。当然，它们也和人一样分享海滩。海滩上，几只骆驼纹丝不动地捍卫着自己的领地；山羊在四处奔跑；一些鸡在路上神气活现地走来走去或者泰然自若地待在路中间，没人管它们。人们穿着传统的印度纱丽、库尔塔衫、腰布还有睡衣到处闲逛。

太阳升起来后，街道恢复了生气，人流穿梭不息，自行车铃声，还有沿街小贩的叫卖声交织在一起。很多人看着我们，好像以前从没见过白种人；还有人眼睛一眨不眨地一直盯着我们看。在纽约，如果有人盯着你看，你可能会想，“我得小心那人，他是不是想偷我的钱。”我不知道在印度是不是一样，我也不想冒险，所以我们在印度第一天早晨的经历还是有点吓人的。这个早晨，让我对印度这个国家有了更多的了解，这是个令人激动的国度。我热爱它所散发出来的能量。我在这里待的时间越久，就越喜爱这个国家和这个国家的民众。

回到家，我们见了穆纳的父母，他们都是很好的人。他们所有的亲人都住在一起。穆纳的父亲是个身材健壮、有些秃顶的男人，他以前是孟买警署的探员，很会讲故事。他的母亲个头不高，但很健谈，她打理着家里的一切，她安排家里的两个佣人做事，对我们也有问不完的问题。她并不是单纯地问，而且会非常用心地倾听我们所说的事情。我其实通常不太愿意向外人诉说自己的事，但我发现自己对这个极其有亲和力的陌生人居然可以无话不谈。她是个很温暖也很有爱心的人。

吃完早饭，贝格女士说，“现在你们必须要去睡一会儿了。”真的，我们都累坏了。我们睡了一大觉。

睡醒之后，我满身大汗，太阳从窗口直射进来，汽车喇叭的声音和牛叫声更是不绝于耳。我们又冲了个澡，倒不是因为身上又脏了，只是想凉快一下，接着我们就去工作了。

穆纳的工厂就在家里的地下室。他带我们去楼下的样品室，工人们正在那里制作服装。听到缝纫机运转的声音，我整个人一下子兴奋了起来。我想，“好，我们可算来对地方了。这家伙有一个裁剪桌，一个花型机。他还有缝纫机，架子上还有很多的布料，这真不错！”我卷起袖子，立刻开始干起活来。

但紧接着问题出现了，穆纳工厂里的裁缝、花型工，还有样品室的那些工人们没一个会说英语。我要怎样才能让他们理解我的设计呢？莫罕（Mohan），那个在机场接我们的锡克教徒，看来是穆纳的好帮手，他和穆纳开始为我们进行翻译。我把布料平铺在工作台上，样品制作团队开始根据我们的尺寸规格对布料进行裁剪。没过多久，他们就开始制作起样品来。

每天上午，穆纳都会带我们去布料集市挑选、采购布料。下午的时候，我们就能把这些布料带给负责样品制作的工人们，他们会开始裁剪、缝制，我们所设计的服装很快开始初具雏形。短短 21 天的时间，我们制作了大约 50 件样衣。在美国，要想制作这么多样衣，至少要花费两个月的时间。我们远远超过了他们的速度！

穆纳家的所有晚餐几乎都一样，尽管我对印度食物一点也不熟悉，也根本不知道自己都在吃些什么，不过这些东西的味道倒都不错。我还清楚地记得在穆纳家吃第一顿晚餐的情形，我们在餐桌边坐下，穆纳的父母把饭菜从厨房端出来，开始张罗大家吃饭。穆纳家的餐桌上没有刀叉，我们正好奇要怎么吃饭时，穆纳的父亲开始用他的右手抓起吃的东西往嘴里塞，我看向苏珊，苏珊也正看着我，我们开始偷笑，接着不受控制地爆发出一阵大笑，因为我们从没见过有人那样吃东西，我们从小就被教导不能用手吃东西。就在我们笑个不停的时候，穆纳的父亲问，“你们为什么这么开心？你们喜欢印度？你们在这里过得很开心，是吗？”

是的，我们真的感到很快乐！

苏珊和我在穆纳家，和他还有他的家人们一起住了差不多四个星期。这是一段收获颇丰的时光。我们根据20世纪50年代的保龄球衬衫风格，设计了一系列的衬衫、裤装、夹克衫以及后背带刺绣的夏威夷风格衬衫。我喜欢印度工人的刺绣方式：你可以给这些工人一张草图或者一张照片，然后他们就能坐下来，用机器把你所想要的东西绣出来。我们虽然语言不通，但是他们对我们的想法有着超凡的领悟能力。

印度工人非常敬业。裁缝每天都会在大清早乘坐当地摇摇晃晃的小火车，从孟买郊区的村镇赶来上班。他们用的是那种原始的机械缝纫机，要用脚踩传动踏板才能带动机器运转，眼手搭配，真的很辛苦。中午的时候，他们会打开自己装满咖喱的餐盒，就在工作的地方吃饭，吃完再接着干活。

我对印度工人的职业操守充满敬意。在这样喧嚣的城市里，也许正是因为他们所秉持的信仰，抑或是理念，才让他们的内心这样平静，这样与世无争。印度对我来说，是一个精神世界无比丰富的国家，生活在这里，我觉得很自在和惬意。

起初，我们准备给新的服装系列取名为普客（Pook），那是苏珊父母对彼此的爱称，我觉得这个词的几个英文字母拼在一起透露着一种时尚的潮流气息。后来我们想，“为什么不给它取名叫汤米·希尔（Tommy Hill）呢？”有了这样的名字，我们就能以设计师服饰系列为名，推出我们的产品。我也考虑过采用希尔费格这个名字，但我感觉这个名字有些拗口，不太好记。

我们从巴黎转机回纽约，在印度辛苦工作这么多天以后，现在的我们，坐在巴黎街头的咖啡馆里，你应该能想象我们的心情。那种放松、舒畅，这简直就像是苦行之后的一场饕餮盛宴。看着巴黎街头的人们，我脑中的照相机不停地“咔嚓”着，把这些场景全部变成图片印记了下来，就像我小时候所做的那样。我确信自己一定会把这些图画好好地利用起来。我研究了巴黎老佛爷百货（Galeries Lafayete）橱窗的布置方式，想象着有一天，我们自己的服装也能被展示在那里。

我已经等不及要把准备好的这些样品带去给百货公司买手们看了，等不及要接受他们的订单了。我告诉穆纳，对于已经完成的设计工作，我需要他给我付一些酬劳。他告诉我，“这要等我们先拿到订单，把衣服制作出来，等完成发货，我们拿到商店给我们货款，然后我才能给你报酬。”

这起码还要等上好几个月，这对我来说实在是太漫长了，我等不了那么久，我现在就必须要拿到钱。我说，“我不能同意这种做法。”

穆纳告诉我，“如果我们要成为合作伙伴，你就只有这一种选择。”

“我需要钱，这样我才能生存下去，”我说。“我需要工作。”

我极力争取，但他始终没有让步。以目前的情形来看，我们根本没有办法合作，这已经是不争的事实。我需要和能付钱给我的人一起合作。

我认为汤米·希尔服装系列是属于我的。是我创造了这个系列；是我设计了全部的衣服。可是当我去注册汤米·希尔商标的时候，却发现穆纳已经先我一步注册了商标。这怎么可能？那是我的名字！我觉得即便他想这么做，最起码也应该提前和我商量。我们为此大吵了一场。我告诉穆纳，“如果你不给我付薪水，那我们就没法再合作下去了。”就算是这样，他也还是没有改变主意。

我们并没有拟订任何书面的协议，一切都只是简单的口头承诺。我是一个毫无经验的年轻设计师，这是我第一次承担设计工作，我原以为设计师的工作本就应该如此。事后想想，在整个项目开始之前，我们就应该把所有事情都说清楚，而我对这些问题所可能造成的影响根本就没有充分的认识，以至于没有坚持自己的原则。之前每次去穆纳办公室，我都会问，我们什么时候把这些条款定下来，什么时候签个合同。而每次他都会说，“别担心，别担心，别担心。”他所表现出来的坦然和淡定，换取了我充分的信任。就这样，我从没想过我和他之间的合作会真的出现问题。但最后当问题真的到来，我无计可施。

更糟糕的是，穆纳手上有我的样品。他拿着我的设计去卖给了别人。一天，我经过第59大街和莱克辛顿（Lexington）大街的拐角处，无意中发现，我所设计的衣服就挂在布鲁明戴尔（Bloomingdale）百货公司橱窗里的醒目位置。我做梦都想把自己设计的衣服放到像布鲁明戴尔这样的大公司里销售，这本该是个值得庆祝的事情，但我的内心却充满了苦涩，没有人说这些衣服是我设计的，也没有人知道这些衣服是我设计的，更没有人会为这些衣服付给我一分钱。

我和穆纳的合作就此结束。穆纳这个人本质上并不坏，他慷慨地向我们敞开家中的大门，招待我们这么多天的吃喝用度，单纯撇开这让人不快的结局，我此去印度的旅程也算是一段值得回忆的经历。只不过现在，穆纳不仅拥有了一整套印着我名字的服装系列，而且也拥有了我的设计。

我非常沮丧，但我没有对这些损失进行任何追讨。我没有钱请律师，所以我也无法起诉他。穆纳说汤米·希尔并不是我真正的名字，我知道他的意思，即便我真的要起诉，他也一定会胜诉。我不想和他争。

我也不想和他再有任何关系。

至于汤米·希尔，这个系列的服饰在最初推向市场的时候，确实非常成功，但因为没有设计师，后续无法推出更多新的产品，所以没过多久，这个品牌便土崩瓦解了。这件事情并没有把我打倒。尽管非常气愤，但我不想在过去的伤痛中停滞不前，我要重整旗鼓，继续追寻我的梦想，后来我确实也是这样做的。

我们慢慢收拾好了人间天堂这堆烂摊子。破产保护，加上对于店铺经营底线的严格管控，在拉里和我的努力下，我们的生意终于重新步上正轨。这前后花了很长时间，不过我们最后终于付清了所有债务，再获新生。

1979 年，拉里和我结束了长达十年的伙伴关系，我们对店铺所有权进行了分割。拉里拿去了伊萨卡分店的经营权，而我选择了埃尔迈拉，我们关闭了除此以外的所有其他门店，开始独自经营。

我的新目标是尽早解决店里遗留的法律纠纷以及长期以来的库存积压问题，尽快把生意上的事情理顺，然后把店铺卖掉。在人间天堂处理各种事务的时候，我脑子中想的全都是“我不想再做零售业务了，我要去纽约，创建自己的品牌。对这些零售生意上的这些事，我真的已经厌倦了。”

我的妹夫，贝琪的丈夫克里斯托弗·弗雷德（Christopher Fredo），过去曾在埃尔迈拉店里工作过，并且也管理过人间天堂在康宁的分店。我问他，“我想要把埃尔迈拉的店铺卖掉，你有没有兴趣买？”

他说，“好啊，我有兴趣。”

我们谈好了一个双方都满意的价格，初步达成了协议。

20 世纪 70 年代后期，约达西（Jordache）是当时世界上最流行的牛仔裤品牌。它是由三个很精明的叙利亚小伙创立的：拉尔夫（Ralph）、阿维（Avi）

和乔伊·那喀什（Joe Nakash）。在我到纽约为人间天堂进行最后几次货物采购的途中，我找到他们，向他们介绍了我的设计，我说，“你们的牛仔裤真的非常棒，但我觉得它缺乏一个可与之搭配的衬衫系列。我和苏珊做了很多这方面的工作，我觉得你们可以看看，参考一下。如果可以的话，我和苏珊都很愿意过来帮你们做这件事。”他们告诉我，他们很喜欢我的设计，但是至于是否要采纳这些设计，他们还需要再考虑一下。自此以后，他们给我的答复就一直是还需要考虑。我不停地给公司总裁罗瑟尔·哈特曼（Russel Hartman）打电话，“你们准备好做这件事情了吗？那我们就开始吧，开始吧，开始吧！”然而，每一次我打电话，得到的答案都是，“我们还没准备好。”

几个礼拜的时间过去了，我们还是没有得到任何回复，我告诉苏珊，“我得再给这个人打个电话。我真的很想去纽约做设计师。我必须要做这件事。”我倚靠在我们那小小的、红色校舍改造的房间铜床上，百无聊赖却又无比坚定。我的妹夫还没有准备好购买店铺的最终合同，不过我已经完全不在乎了。我说，“你出个价，随便多少，我都愿意卖；我真的想走了。”

苏珊对此的感觉和我不同。那时，我们刚刚买了学校的房子，乡下的这种生活很舒适，也很温馨。我们家里有一个温暖的壁炉，社区里还有一条小溪流过。我们会在泥土地上散步，会在后院烧烤。埃尔迈拉的店铺也管理得井井有条；我只需要隔几个礼拜去纽约进一次货。我们生活得很惬意，从某种程度上来说，可算是相当不错，我们也很享受这种生活。

但是我并不满足于此。我想去纽约，我想开始服装设计工作，我想向那些大人物系统地学习服装的制作方法，然后开始创建我的自有品牌。

苏珊觉得放弃我们现在所有的一切，去纽约重新开始的想法很可怕。这么做意味着我们要放弃平和而又舒适的家，放弃安稳而又闲适的生活，去往充满艰辛和坎坷的、20世纪70年代晚期的、对未来一无所知的纽约。

但她理解我，她懂得我的梦想。她是个热爱时尚的人，我想要追寻梦想，而她也想成为这个梦想生活中的一部分。我们越是讨论去纽约实现梦想这件事，就越无法把这个想法从脑海中抹去。最后，她同意了。

我再一次给罗瑟尔·哈特曼打了个电话，我说，“听着，我们准备去给别人做设计了。”虽然当时我并没有拿到任何公司的工作合约，但这真的不能算谎言；我们确实准备去给别人做设计，只是我还不知道这个人会是谁。

“好的，”他说，“那你试试看吧。”

我给克里斯打电话问他，“你能出多少钱买我的店？”他告诉我，“我没有那么多钱，不过我可以先付给你5000美元，剩下的部分，我可以分期付款。”我们以口头协议的形式商定好了店铺的出让细节，我同意克里斯以分期付款的方式购买店铺的经营和所有权，具体支付方式为每月5000美元，连续支付20个月，总共大约10万美元。

我觉得克里斯一定会把店铺经营得很好。他不是个爱计较的人，为人也比较风趣，喜欢讨大家开心。他的计划是把人间天堂重新定位为男性服饰用品商店，对其进行重新装修，并且将其改名为克里斯朵夫。不过我真的不应该和家里人做生意。克里斯按照我们的协议，给我打了几次钱，后来就没再继续付了。显然他的律师告诉他，人间天堂的资产可能做了抵押，或者人间天堂对外还有欠债，我很可能故意把这些债务留给了他。克里斯开始相信律师们的话，觉得我利用了他，我猜他们想要搜集证据以发起对我的诉讼。他的律师告诉他不要再和我说话，克里斯听从了律师的建议。

就这样，我不再收到任何关于店铺转让的汇款转账。我无法强迫克里斯遵守合同条款，就我个人所遵从的道义准则而言，我也不会起诉我的亲妹夫。虽然我很需要这些钱，但我不会用法律手段强取，所以关于店铺转让的那些费用，我后来一直也没有拿到。没过多久，克里斯朵夫破产了。

店铺的倒闭对我妹妹贝琪来说是个很大的打击。她曾经把人间天堂管理得风生水起，她本来希望能够打造一个男性服饰业务并以此来维持家里的开支。后来，她有了两个儿子，迈克尔（Michael）和乔伊（Joe）。不过，克里斯和贝琪的婚姻并没有持续下去，他们最终还是离婚了。克里斯搬到佛罗里达州生活，几年后，在一次可怕的车祸中丧生。那个时候，迈克尔和乔伊才不过十几岁，父亲的死讯对他们来说是个很难接受的事实，对贝琪也是如此。他们都是很好的孩子，多年以后，也依然记得失去父亲的伤痛。我在过去一直和他们走得比较近，这样可以帮忙照顾他们。迈克尔和乔伊都曾经在我的公司工作过，只要他们有需要，我还是会一直给他们提供帮助。虽然他们现在都已经三十多岁了，我还是能感觉到他们的伤痛；他们和他们的父亲曾经非常亲近，父亲对他们来说是完美的，是神一样的存在。

我和约达西谈好了一份 3 万美元的合同——这是苏珊和我两个人一年的薪水总和。我们在派克（Park）大街和麦迪逊大街之间的东 31 大街 31 号租了一间一室的公寓房，租金是 700 美元一个月。从埃尔迈拉刚来的时候，这个房租对我们来说太高，不过很快我把埃尔迈拉的校舍以 200 美元一个月的价格租了出去，这样才稍稍缓解了经济压力，我们找了个搬家公司，在我弟弟安迪和迈克尔·霍顿（Michael Houghton）的帮助下把所有东西都搬上了车，迈克尔和我们一起长大，就像是我们的亲弟弟一样，我们都亲切地叫他迈克尔·希尔费格。我们在一个倾盆大雨的周五晚上开车去了纽约，把我们的全部家当都搬到第 31 大街，开始了我们的新生活。

到纽约后的第一个周末，苏珊和我哪儿都没去，就待在家中，主要因为没有钱，不过我们确实也需要好好策划一下，怎样在这个新的环境里取得成功。我们认识了和我们住在同一层楼的乔伊和苏珊娜（Suzanne），他们两个都是很友善的人。随着彼此间的熟悉，周末晚上，我们会经常待在家里，一起叫中国菜的外卖。对于外地人来说，纽约有时好像让人难以融入，能很快结识真正的纽约人，这是件令人欣慰的事。

星期一很快到了，苏珊和我梳洗一新，一大清早就去约达西上班。首先，我把自己的设计给一个叫利兹（Liz）的女士看，我给她看了我所设计的牛仔裤、牛仔夹克，还有汤米·希尔保龄球主题的衬衫系列。等我们结束介绍时，利兹说，“我也不清楚约达西是不是需要采用新的男士或者女士服装的设计。让我去问问拉尔夫（Ralph）。”

拉尔夫说，“我不知道，我不知道。”

我告诉利兹，“听着，让我们去你们中国香港的工厂，只要给我们时间，我们就能给你带回来一个全新的服饰系列，这是开始做这件事的最好办法了。”我之前去过服装厂，现在非常想看看他们的服装厂里到底是什么样，他们到底能做些什么。

几个礼拜后，苏珊和我如愿以偿到了中国香港，我们住在香港岛港口边豪华的香港怡东酒店（Excelsior Hotel）。

拉里和我几年前曾经到香港旅游，我很喜欢这片土地。这座小小的城市拥有着无穷的能量！街上车水马龙、商店都营业到深夜，五颜六色的霓虹灯彻夜通明，忙碌的天星小轮不停地往返于香港岛与九龙半岛之间。中国南海上到处都是出海捕鱼的中国渔船。

而这一次，我直接去了市集。那个时候的香港，发展还比较落后，当时的市集其实就是一些小贩在沿街叫卖。市集上什么都有，从活蛇、活鸡到养在池子里的鳝鱼，还有所有其他海产品。药房也是什么都卖，从草药到鹿角到鲨鱼鱼翅，应有尽有。

你还能在这里找到香港时尚业的影子！有的市集会卖世界各地品牌

在香港工厂生产的商品，包括一些设计师品牌的商品，还会卖一些这类品牌的尾单。还有很多品牌的折扣店，这对我来说，简直就像一座座金矿：我可以在这些地方找到很多的设计灵感，可以看到其他设计师都在做着怎样的衣服。在大致看过这些商品之后，我就已经知道，中国人在制作服装时，他们对细节的处理是美国工厂所无法达到的。很快，在香港制作服装，把那种缝合工艺、口袋制作方法，还有设计创新融合到我所设计的服装里去，开始变成我的梦想。

我希望能够开发出一些新的服装生产厂家资源，把我们的产品系列拓展到夹克衫、男士衬衫和女士衬衫上去，但是约达西的中方合伙人李先生和李太太明确表示，他们不想让我们去任何其他工厂，或者设计任何其他款式的服装，他们只想在自己的工厂生产目前已有的服装款式——牛仔裤和短裤。他们已经尽量表现得很客气了，但我们能感觉到，他们对我们其实非常不满。

我们双方的关系开始陷入僵持，但我不愿坐以待毙，我开始为这些牛仔裤设计其他替代的刺绣样式。约达西只生产一种款式的牛仔裤，也就是在后裤袋的位置缝制一个约达西小马标识而已。我觉得这种设计过于单调，于是我找到负责人，对他说，“我认为你们需要采用更加多样化的牛仔裤设计，还有裤袋的设计也应该更丰富些。”虽然他们很不情愿，但还是用我的设计做了一些样品。

我设计了带犬牙花纹内衬的牛仔裤；卷起裤脚的时候，内外两种不同布料形成鲜明反差对比。裤袋的设计和裤脚卷褶相呼应，我还设计了用来搭配这种牛仔裤的牛仔夹克，袖口和领口位置也采用了犬牙花纹内衬。李氏夫妇对于制作我所设计的服装样品一直有所迟疑，因为他们服装厂的设备都是全自动的，而在衣服的不同部位添加内衬，这件事情单靠机器是无法完成的。但我到香港来的目的，就是要做出些和其他人不一样的东西，他们虽然很不情愿，但最后还是勉为其难地按照我的要求去做了。样品完成后，看着自己努力和坚持的结果，我感到非常骄傲。不出意外的话，我想等约达西公司的那些人看到这些样品，他们一定会觉得这些设计很了不起。

苏珊和我在香港待了两个礼拜，正好赶上回家过感恩节。我们先开车去伊萨卡，到苏珊家里过节，然后再去埃尔迈拉我的家。家的感觉真好，我们都很怀念这种简单的生活。我们想，“只要我们努力奋斗，就一定会成功，等以后有钱了，可以在这买一套房子，周末回来和家人团聚。”我们在湖边看到一栋造型非常现代的大楼，这是为纪念天文学家卡尔·萨根（Carl Sagan）所特别建造的，我们想，也许我们不需要在城里建立设计工作室，把工作室建在这里也可以，这样还能降低租赁房屋的成本。这个大楼距离伊萨卡机场不远，我们可以直接飞到拉瓜迪亚机场（Laguardia）[1]，一个礼拜里，花三天待在纽约，剩下四天待在家里！我们总是在幻想。

星期一的时候，我们沿着第七大道，向位于第35大街的约达西样品间走去。苏珊的直觉一向很灵验，一路上她一直说自己有一种奇怪的感觉。我们走进办公室的时候，整个地方寂静得让人窒息。“很好，”我沉思地说，“大家都度假回来了。”

苏珊说，“我觉得他们要炒我们鱿鱼。”

我告诉她，“不会的，不会，不会。”我不希望受一点点消极情绪的影响，我也不愿听到任何负面的消息。

我一直就是这个样子：我不喜欢谈论任何不好的东西，如果在和他人的交谈中，有任何不好的话题出现，我都会试着要转到别的事情上去。或许你会好奇我为什么会这么做，因为我童年所经历的一切都是负面的、不好的，所以我迫不及待地要从儿时的阴影里走出去，要积极

[1] 拉瓜迪亚机场，纽约市三大机场之一。——译者注

乐观地面对所有的一切。我一直在寻找把事情做成的方法，并且我也相信，这是我之所以能取得成功的原因之一。如果碰上堵车，我相信道路很快就能恢复通畅。酒店里的饭菜不好吃，我会说，“好吧，这里的食物味道虽然不怎么样，不过环境倒是很不错。”如果在机场遭遇麻烦，我想的是，“航班虽然延误了，但最起码我们能按时赶上明天的会议。”

我不喜欢把不、不行作为问题的答案。我相信总有方法可以成功。我认为这种眼界和精神是神灵对我的一种恩赐，我真的这样认为。

“我得和你们谈谈。”约达西的总经理罗瑟尔·哈特曼说。我想他可能要告诉我们，他马上要去参加一个会议，明天再来看我们的设计。我们走进他的办公室。他在我们身后关上了门。

“看来这种方法行不通，”他说，“我们目前不需要新的设计师，我们的牛仔裤卖得不错。我觉得我们现在还没有准备好进入到其他领域里去。不过还是非常感谢你们。”罗瑟尔说这些话的时候，语气里透露着深深的歉意和真诚。至于公司的那几个兄弟所有人，却根本不见踪影。

回到第七大道，苏珊不停地说着，“我早告诉你了，我早告诉你了。”她害怕极了。

“你说得对。”我说。我们在纽约只待了短短三个礼拜就失业了。“我们别再浪费时间了。我得去找个工作，你也得找个工作。”苏珊翻看着《女性时装日报》（*Women's Wear Daily*）后面的用工专栏，很快为自己找到了一份位于第 87 号大街和莱克辛顿大街蒙太奇女装（Ms. Montage）商店的工作，周薪为 200 美元。而我的工作却依旧没有着落，我还继续徘徊在街头为自己的工作奔波着。

一天晚上，苏珊和我在回家的路上，发现我们位于第 31 号大街的房子被警察用警戒条带封了起来，联邦调查局和穿着执法夹克的人把这里包围了。我们想上楼去，但他们不让我们进去。一名政府官员模样的人出示了他的证件，要求查看我们的身份证，问我们是什么人，住在哪里，是否认识我们的邻居。我们说，“当然认识，他们是邻居乔伊和苏珊娜。”

“那不是他们的真实姓名，”审查我们的官员说，“那个男的是联邦调查局头号通缉犯，而那个女的是同伙。他们现在已经被抓起来了。”警察们在他们房间里发现了枪支、消音器还有很多各种各样的弹药。原来乔伊是个大毒枭，天知道他都做了些什么。

联邦调查局的人仔仔细细对我们进行了盘问。“你们认识他们多久了？你们知道他们的真实姓名吗？他们有没有什么不寻常的举动？”

然而我对这一切一无所知！我确实和苏珊提过，觉得他们有点问题，但又说不出来具体是什么问题。我们告诉联邦调查局的人，乔伊，不管他真名到底是什么，这个人最近刚刚做了拉皮手术，因为这看起来很明显。还有这两个人一直都很神秘，他们白天的时候从来不出门，都只是晚上才出去。

最后，当我们被准许进入大楼后，我们看到大楼里四处都被警察用警戒带围了起来。乔伊和苏珊娜家的大门被撞开，很多探员在里面检查，搜寻他们的犯罪证据。我们家的对面就住着毒贩子——不可思议！这件事情让苏珊寝食难安，她本来就对于来纽约心存疑虑，现在又出了这么多事。我们想马上搬出这套公寓，一分钟也不能耽搁，可是，我们又凑不到足够的钱来租新房子。我们只能继续住在这里。

大概两个月以后，我们接到了苏珊娜的一通电话。她想要找我们借钱。我说，“我们没有钱，并且我们也不能掺和你的事情，因为我们根本不知道到底发生了什么。很抱歉，我们真的无能为力。”

两天以后，所有新闻都报道了一个女人伙同一名共犯，假装以游客身份租借了一部直升机，飞行途中用枪支胁迫飞行员改变路线，把飞机降落在大都会惩戒中心的楼顶，用钢丝钳剪断楼顶钢丝网，她用枪逼退那些想要一起逃跑的犯人，企图帮助她的男朋友越狱。这个人就是苏珊娜！

我们现在所经历的人和事，显然已经大不同于埃尔迈拉了。

卓悦牛仔（Bonjour Jeans）的哈特莱·戈德斯坦（Hartley Goldstein）负责儿童服装部的运营，他们需要一位设计师、一位商品经理。我从第34大街乘坐地铁赶去面试。

戈德斯坦住在中央公园西侧临近第68大街的一栋装修豪华的新大楼里，这个大楼配备有穿着整齐制服的门卫。刻意挑高的大堂、环绕四壁的落地长镜，让整个大厅看起来格外气派。我有些紧张，但恐惧从不是阻止我追求自己梦想的原因。在和戈德斯坦的谈话中，我大致介绍了自己的经验，我没有多说什么，“我一定能胜任这份工作。就是这样。如果被聘用，我肯定会帮您把这件事做好。”

我们又接着谈了一会儿，他说，“好的，你被录用了，让我们一起来试试看。”

这是一个下雨天，天气很冷。当时我身上只有50美分，来的路上为了买地铁票，我已经花光了所有钱，现在我身无分文。在向他道别的时候，尽管感到有些难以启齿，但我还是鼓足勇气问道，“我的钱包忘带了。您能不能借我几块钱买回去的地铁票？”戈德斯坦打开钱包，给了我一张崭新的20美元纸币。20世纪70年代早期的时候，我其实真的赚了不少钱，但那个时候的我，挥霍无度，过着国王一般的奢侈生活，而现在，拿着这20美元，我居然有些欣喜若狂，“哦，老天，我们晚上有饭吃了。”在拿到新工作的第一份薪水之后，我把借的钱还给了戈德斯坦先生。

哈特莱·戈德斯坦先生体型有些胖，看上去像个正统的英国人，但实际上，他是个厉害的、嗅觉灵敏的纽约商人。我想，“我会从这人身上学到些真本领。”事实也确实如此。不过，我觉得戈德斯坦和卓悦的所有人，包括马大洋（Dayan）兄弟之间关系并不怎么好。大洋兄弟已经在商业上取得了很大的成功，有些唯我独尊，不爱听取别人的意见。因为这层原因，戈德斯坦先生在公司一直不太得志，他从公司离职后，我也随之失去了支持者。

卓悦又是一家并非真的想找个设计师的牛仔裤公司。我所做的工作，除了数据分析和计算之外，还要回答诸如，“根据某一花型的尺寸，制作一定数量的牛仔裤需要多少布料？”这类的问题。但我想要做的，是设计出让世人震惊的款式，并且把它们销往世界各地，我可不想整天坐在生产车间，日复一日计算不同尺寸的衣服到底需要多少布料。我找到核算部门的主管说，“让我去做设计吧。我真的想为你们创造出一些全新的产品！”但他们对此根本不感兴趣。

我需要这份工作来维持生存，但这份工作对我来说又是如此的无聊。我不停地问自己，“到底要怎样，我才能做自己想做的事情呢？”虽然很不情愿，但为生活所迫，我必须保留这份工作。不过卓悦为我作出了决定，此时距离我拿到这份工作，也不过才几个月的时间，他们说，“我们不再需要你了，是时候让你再去找份其他的工作了。”我又被赶到了街上。

我来到百老汇第1407大街的服装中心总部，我觉得这里可能会有工作机会。这栋大厦应该有40层楼。我乘坐电梯去了顶层，在走道里挨个敲开每家公司大门，问他们是否需要设计师。

“不需要。”

“不需要。”

“你在哪读的设计学校？”（而我根本没有上过设计学校。）

“你会做花型吗？”（不会。）

“你会缝纫吗？”（不会。）

我非常清楚自己所想要的衣服是什么样，我也非常清楚市场需要的衣服是什么样。但如果需要文凭这类的东西，那他们一定不会选择我。我无法证明自己的能力。大部分设计学校的毕业生都掌握服装行业某些特定领域里的相关技能——花型制作、商品制作、销售规划、纺织设计。虽然我没有任何传统技能经验，但我想做一名创意总监，并且我知道自己一定可以！我不停地推销自己，因为我知道，总有一天，我会遇到一个相信我的人，到那时，我一定能够证明我自己。

我一层接着一层，敲开了那栋大楼里每个办公室的大门，整整 40 个楼层，却一无所获。

我从一开始就知道自己有独特的设计才能。在零售行业摸爬滚打的这十年，我练就了一身洞观服饰产品的本领，只要看一眼，我就立刻能说出什么衣服好卖，什么衣服不好卖。我深知，好的设计，是产品在激烈的市场竞争中处于不败之地的关键所在。我了解所有品牌，了解每种品牌的所有款式。我了解每个设计师，了解每家店的风格。苏珊和我周末会去苏豪区（Soho）购物，去研究那里的每家精品店，然后我们会乘坐地铁，去逛富人区的布鲁明戴尔百货公司、萨克斯百货、梅西百货、帕朵百货（Bergdorf）、巴尼百货商店，还有亨利本德尔等知名百货公司，去学习、了解时尚界所正在发生的一切。我想作出更好的设计。

我太想把自己的设计推销出去，我一分钟也坐不住。我完全清楚真正时髦的牛仔裤应该是什么模样，我到位于第 34 大街的 Gap（盖璞）专卖店，花光了身上的所有钱买了六条简单干净的牛仔裤。那时候，他们的牛仔裤纽扣上还没有 Gap 的商标标志。我从春天大街（Spring street）买了天秤座皮革（Libra Leathers）的皮带，回到家，把它们剪裁成细条，然后把这些细条整齐地排列成弧形，缝在裤袋四周。瞧，流苏牛仔裤！这种设计是受洛杉矶罗迪欧大道（Rodeo Drive）高档服饰和西部牛仔混沌世界两种截然不同风格的冲撞启发，我说，“我打算叫它们罗迪欧（Rodeo）牛仔”。我有一种感觉，那就是西部牛仔的风尚很快就会流行起来。我还买了红色和白色的运动衫，也给它们加上流苏。

我们的朋友艾迪·福尔戈达摩（Eddie Virgadamo）和帕蒂·杨（Patty Young）负责缝纫；苏珊负责铆接。我把自己新创作的样品，放在一个圆筒旅行袋里，然后去找Gap、布鲁明戴尔百货还有第五大道的萨克斯百货，一家家地推销我的设计，希望能拿到它们的订单。事情突然有了转机。布鲁明戴尔想要订一百条牛仔裤！加拿大皮草（Canadian Fur），第34大街的时尚商店也下了订单。尼曼·马可斯（Neiman Marcus）百货公司喜欢这些设计。艾伦·萨尔兹曼（Ellen Saltzman），第五大道萨克斯百货的一位时尚总监也认可我的设计，对于当时的时尚界，她的影响力就像黛安娜·弗里兰（Diana Vreeland）[1]或者安娜·温图尔（Anna Wintour）[2]，她的意见能影响诸多设计师的命运，她的认可让我大受鼓舞，让我觉得自己正在做着正确的事情。当务之急是想办法把这些衣服做出来。经人介绍，我认识了艾萨克（Isaac），据说他有牛仔裤制衣厂。一个周六的早上，我去了他家，这是我们的初次见面，他套着短裤，脚上趿拉着拖鞋，挺着一个大肚皮，上身的T恤紧紧地绷在身上。他浑身上下满是自大和傲慢，但我丝毫不在乎，我需要的只是一家工厂。

我向他表明了来意。“是啊，”他告诉我，“我能做这些衣服，没任何问题。”

我一直想要把价格压下来，我们就交货和付款方式谈了好久。我说，“你看，这是我已经拿到的订单，只要你按照我的要求把衣服做出来，我会按照收益给你提成。”

---

[1] 著名时尚专栏作家与编辑，曾任《Vogue》与《时尚芭莎》杂志时尚编辑及纽约大都会博物馆服饰研究院顾问。——译者注

[2]《Vogue》杂志美国版主编。——译者注

“别担心，别担心，别担心。”他说。我以前就听过这样的话。我本应该知道会有怎样的结果，但迫切追求成功的心愿冲昏了我的头脑，我居然像以前那样，再一次选择了相信。

我把订单给了艾萨克，星期一的时候，我去他的办公室，跟进服装制作的进展情况，他不在公司；他的合作伙伴说他飞去香港了。“太好了，”我心里想，“他正在安排工人做我的衣服。”

我不停地问他的合作伙伴，“他什么时候能回来？他什么时候能回来？”十天后，艾萨克回来了，我正在办公室等他。

“你准备好做这些衣服了吗？”

他说，“三十天的时间太短了，我没法完成订单。要把这些衣服都做完，我得需要四个月时间。”

“把订单还给我，”我告诉他，“我们之间的协议就算了吧。”

我去找了大卫·舒尔斯特（David Schulster），我和他是在一家酒吧里认识的，他以前曾经向我提到过，他的表兄有一家工厂，我们在他位于百老汇 1407 号的办公室见的面。舒尔斯特的表兄利昂·卡里克（Leon Calick）年纪稍长于我们，他确实有一家工厂。我见了他们穿着讲究的销售代表罗纳德·盖琳（Ronald Gellin），他个头很高，长相很俊美，看起来像个好莱坞明星，但骨子里却是个服装行业的万事通。他整个人的气质都和时装行业很合拍，并且也深谙时装生意上的那些门道，是个很懂行的人。我告诉利昂，我有很多的设计想法，我跟他说到人间天堂，说到我最近在约达西和卓悦的遭遇，还说到我想要创建自己的服装品牌。他说，“对，对，对，我有工厂。”可是当他把那些工厂制作的服装拿给我看时，我有些失望：涤纶面料的百褶裙、仿丝褶皱女士衬衫、松紧腰带的涤纶短裤，还有些模仿美联航（American Airlines）空中小姐制服的廉价连衣裙。都是些很难看的东西。

我说，“我已经从布鲁明戴尔百货公司和其他一些地方拿到了订单。

如果我能借用你的一间工厂，我就可以设计并且制作出整套的服装，而且马上就能卖出去。我认识一个印度人，他也有工厂可以生产制作我所设计的服装。”［这不是那个抢了我汤米·希尔品牌的人，是另一个叫作苏巴什·苏芮（Subash Suri）的人，我是通过朋友亚伦（Allen）和多琳·戈尔曼（Doreen Gorman），还有他们的鲜花公司（Flowers）认识他的。我还去见了一个叫普莱米（Premi）人，他在新德里的劳伦斯路上有一家工厂，这家厂是由他的兄弟巴特瑞（Batra）所经营管理的。］“但是我没办法付款给他们，我也没有办法从印度进口商品。”

利昂说，“好的，我们可以做。”

我们达成了一种合作关系，我们把所有权分成四份：大卫、利昂、罗恩，还有我，各占一份。我负责设计，罗恩负责销售，利昂负责生产制作，而戴维负责销售和对外的交际。

我们该叫新公司什么名字呢？我觉得当时的时机和市场都很适合军事题材的服饰——迷彩服、超大工装裤以及连体衣，表现劫后余生的那种感觉。演员沃尔特·马修（Walter Matthau）的弟弟亨利，在百老汇靠近坚尼街（Canal Street）的地方经营了一家出售陆海军过剩军需品的商店，我以前经常会去那搜寻创作灵感。当时正值1981年：伊朗人质危机（Iranian hostage crisis）[1]刚刚结束，罗纳德·里根（Ronald Reagan）和教皇约翰·保罗二世（Pope John Paul II）都遇刺身亡，艾滋病病毒首次被检测出来。我说，“我们就叫它20世纪救赎（20th Century Survival）吧。”这个名字刚好也和我这段时期的人生经历相契合，经过这些痛苦的磨难，此时的我，确实在寻找一种身心的救赎。

但我不满足于只创造一种样式的衣服。我觉得现在的市场，也适合海盗主题的服饰，带荷叶边的衬衫、造型夸张的裤子以及其他一些被我称为盗侠罗宾汉（Robin Hood）遭遇小飞侠彼得·潘（Peter Pan）的设计，这些设

［1］伊朗伊斯兰革命后，美国大使馆被占领，52名美国外交官和平民被扣留为人质的一次危机。——译者注

计运用到了更丰富、更浓烈的色彩以及更性感的织锦布料。亨利·莱尔(Henry Lehr)是第三大道(Third Avenue)上的一个零售商，他们给美国带来了欧洲最时尚的服装系列。他出售的连体衣和夹克是由伦敦设计师凯瑟琳·哈玛尼特(Katharine Hamnett)所设计；他的店里不仅有来自瑞士圣莫里茨(St. Moritz)的优雅飞人(Jet Set)公司的衣服，还有塔韦尔尼蒂牌(Taverniti)牛仔裤。苏珊和我在那家店闲逛的时候，无意间发现了一件高田贤三(Kenzo)牌的女式衬衫，这件衬衫大量地运用了荷叶边的设计，非常好看，也非常昂贵。“你也应该做一件这样的衣服。”她说。这是个不错的主意，我把它记在心里。

我们有订单，但以20世纪救赎的能力，根本无法完成这些订单。利昂位于皇后区(Queens)的工厂，对于加工尼龙类的布料毫无问题，但没法处理迷彩服和牛仔裤所用到的那种厚重的布料。他们也不知道怎样才能把流苏缝制到裤子上去。除非我们能够找到有能力加工这些布料的工厂来生产我所设计服装，否则所有订单的供货都必须得推迟。我们辗转了很多方案，最后，还是决定去印度生产服装。

我凑到足够的钱，去印度设计制作整个系列的服装，这次我们选择了巴特瑞(Mr. Batra's)先生的新德里工厂。我的机票包含在伦敦的一次免费停留，这样我可以在伦敦住几天，之后再飞往印度。这就是1981年的伦敦。我径直去了国王大道，然后问一些朋克风/华丽摇滚/乔治男孩(Boy George)[1]模样打扮的年轻人，“你们觉得，在伦敦去哪儿听音乐最好？”他们告诉我苏豪区的红菜头俱乐部(Beetroot Club)是全伦敦最适合听音乐的地方。

我沿着红菜头俱乐部狭窄的楼梯一路走上去，屋里播放着文化俱

[1] 乔治男孩(Boy George)是20世纪80年代英国新浪漫时期最具号召力的流行偶像，一个男扮女装的漂亮人物，疯魔万千乐迷的英国乐队 Culture Club 的灵魂人物，世界名牌时装店 Boy London 的老板。——译者注

乐部乐队（Culture Club）、杜兰杜兰乐队（Duran Duran），还有警察乐队（The Police）的音乐。这里到处都是穿着夸张的年轻人！这是后朋克、后华丽摇滚、后迪斯科的时代。屋里透露着浪漫的气息。人们所穿的上衣衣袖都有着非常巨大的荷叶边，羊角形袖筒变得更为蓬松，裤脚的卷褶也变得更大更长了。他们在灯笼裤和短裤膝盖下方的位置扎了松紧带，搭配又大又厚的腰封，营造出一种夸张的戏剧效果。高筒袜成了场中的主角，我还看到搭配吊裤带的高腰裤。这些装扮和感觉对我来说是全新的。我没有带相机，不过我已经把这些装扮深深地印记在大脑里。我立即就反应过来，"这是我接下来要设计的东西。"

我在设计的时候，曾经想到过海盗主题，而它们就已经在这里！这是设计界所正在发生的事情——这种需求散布在空气之中。那正是为什么在时装周（Fashion Week），你会看到普拉达（Prada）和古驰（Gucci）会有类似的产品出现。设计师可能受电影中的某个场景、某种穿着所启发，受某位明星的街拍照片或者某种沉寂已久的复古风样式所启发，他们会说，"哇哦，这种款式真不错。我打算以这个基础，设计出一套新的东西来！"又或者因为上一季军旅风格服饰的影响很强劲，这一季他们想做些完全不同类型的衣服。

另外，当设计师去工厂采购他们所需要的纱线和布料时，他们会看到这一季新出的颜色，还有早期阶段的纱线，甚至能看到它们未被染色之前的模样：玫红、紫红、湖绿还有芥黄。伊夫圣罗兰（Yves St. Laurent）怎么会和迪奥（Dior）选择相同的颜色？因为他们都在厂里，他们都看到了这种相同的需求。

几天后，我再次乘坐飞机前往印度，从伦敦希思罗（Heathrow）机场起飞开始直到降落在新德里机场的整个飞行途中，我把自己这几天看到的所有东西，把那天晚上在酒吧所感受到的所有东西以及所有我能记住的、值得记录的东西都画了下来。

我在酒店办好入住，放下行李、拿着我的样品背包去了巴瑞特先生的工厂。这个包里装着我全部的设计心血：超大尺寸的衣服、我从世界各地精品店淘来的物品、我记录创意的速写本、我所收集的布料、杂志图册的剪辑、色卡以及我所有的创意想法。我把它们全部摊放在桌子上，和一个花型师、一个裁缝师傅一起投入了工作。

我的设计草图大多很简单和直截了当，内容涵盖基本的测量数据——袖长 32 英寸；后片正中到底，27 英寸。我会给这些参数取名、编号以作为参考。我会给工人们提供采用了某种缝纫技巧的样品，会给他们看我所想要采用的那种纽扣。我给了他们十种款式的设计稿，在他们剪裁缝制的同时，我穿梭在旧德里月光市集（Chandni Chowk）迷宫一样的窄小街道，找寻我所需要的布料。那里的老商人会连续好几个小时保持着莲花坐姿，悠闲地喝着茶抽着印度比弟烟。等你挑选完毕，他们会拨弄算盘，计算你买了多少东西。我找到了品质上乘的锦绢棉绒，还有人造丝布料——带刺绣的、带植绒的，还有花缎。这些布料的颜色非常丰富、色泽也非常鲜艳。穿着宽大衣裤的赤脚工人会爬上架子，把成卷的布料搬下来。他们会用棕色的包装纸把布料包好，用绳子绑起来，然后放进我的人力车后座，方便我运回工厂。月光集市的另一块区域，有卖丝线、纽扣、编带还有绲边等配件。我把在月光集市买到的所有东西搬回样品室，为 20 世纪救赎创造了一个海盗风格的装束。

样品完成之后，我们找了些适合这些衣服尺寸的人来进行试穿，然后根据试穿的情况，对这些衣服进行评定、调整和修改，有时我们会把这些衣服拆掉重做，直到我对它们感到满意为止。在这过程中，我会不断地产生一些新的想法，“我应该给那件衣服加个帽子，”或者“我应该把那件衣服的衣领做得更大，”或者“我应该给那件衬衫下面加个半裙，把它做成连衣裙。”没有什么是不可能的。我不停地在试验，想要做出一件，全世界独一无二的东西。

我发现，在印度，其实你只要买白布就够了，染坊的匠人只需要一个晚上，就能帮你把它染成任何你想要的颜色。他们会把白色或者米色的棉布放到一个大染缸里，加入染料和非常烫的热水，用一根棍子不停地搅动，然后把染好的布料挂在晒衣绳上晾干。当然，你也可以不染色。我用浪漫的白色创作了很多军旅风格服装，也一样很时尚：带波浪形状荷叶边衣袖的女式衬衫搭配迷彩色的下装，以及其他一些军旅风格的配件，妩媚中透露着帅气，塑造了一副英姿飒爽的形象。我们还设计制作了受超大军装以及在亨利・利莱所购买的凯瑟琳・哈玛尼特系列服饰（Katharine Hamnett line）启发的连体衣。我们把我对高田三贤以及其他荷叶绲边衬衫的诠释融会到新的设计中，用白色棉布制成了名为 008 号诗人的女衬衫（008 Poet Blouse）：莎士比亚遇到海盗船长虎克（Captain Hook）。这件衬衫取得了巨大的成功，成为我们最畅销的单品。

我对于服装系列的销售推广颇有一番见解：建立合适的颜色分类、合适的上下装配比、合适的新款和基本款的配比、合适的长袖和短袖服装的配比、合适的大号服装和小号服装的配比、合适的新潮服装和更易理解的款式的配比。我会把衣服都挂到墙上，然后盯着它们，仔细地看上好几个小时，不停地琢磨，“我还能对它们做些什么改进？有什么多余的东西？我要怎样才能让它们看起来更有吸引力？我应该对它们进行怎样的调整，还有什么需要改进的地方？”最后，当我把所有自己能想到的问题都考虑清楚之后，我会在某个时候说，“好的，我完成了。”

这和在录音棚制作音乐专辑有些相像。你创作好和声、设置好节奏、安排好高潮，然后将这些组合在一起，你需要一遍一遍地播放这只曲子，不断地加以调整优化，最后让各种组合达到让你满意的某种平衡，这才完成了一首乐曲的录制。对于每个具体的服装系列，我都设定了一个专属的主题，都有一个具体的关注点。我会基于这些主题和重点对我的每个服装系列进行优化，以使其达到我心目中的完美。

在两个礼拜的时间里，我创作了 75 款服装。

我和一家叫作夏希时尚（Shahi Fashions）的服装厂做了不少生意，这家厂属于阿胡加（Ahuja）家族。阿胡加女士，被众人亲切地称为“妈妈”，她有两个非常乖巧听话的儿子，哈里什（Harish）和苏尼尔（Sunil）。他们的爸爸是个很冷静的人，不过他并没有参与妈妈服装厂的生意。这家服装厂有十台缝纫机，还有一位花型师帕拉米特（Paramjit）先生，工厂的样品间很小，缝纫车间和样品间在同一层楼上，工厂有些脏，不过妈妈会为每个人准备餐食，并且对每个人都照顾有加，这和我之前去过的那些印度服装厂有很大不同。妈妈平时总是穿白色莎丽、凉鞋，戴着些简单的首饰，她是个热心肠的人，对所有人都特别好，简直就是大家心里的救世主，我和他们家的关系在相互的合作中慢慢变得密切起来，现在也依旧如此，现在印度规模最大、水平最高的服装制造厂就是由妈妈的儿子哈里什所经营。

不过，我对于印度的那些记忆，也并非都是令人愉悦的。一天上午，我正在一家工厂办事，忽然肚子疼了起来，头一天晚上我在玛如雅酒店（Maurya Hotel）的布卡拉（Bukhara）餐厅吃了一顿印度烧烤，这是我最喜欢的餐厅之一：印度烤鸡肉、印度烤羊肉、印度烤虾、印度烤饼、小扁豆，还有很多其他美味的蔬菜。这顿饭一直吃了三个小时。大概我吃得太多了，早上醒来的时候，我的肚子就有些不舒服，不过这对我来说也并不算什么值得大惊小怪的事，因为印度的食物比我平时吃的东西都要辣很多，我在印度的时候，肚子经常会有些不适。我吃了一些中和胃酸的药，想着身体上的这些问题应该很快就过去了。

当我和厂长谈到关于样品制作问题的时候，忽然我的肚子剧烈地痛了起来。我说，“你们这儿有厕所吗？”

“有的。大厅尽头左转就是了。”

我走到大厅的尽头朝左转，找到了厕所。可是，这个厕所里只有一扇窗户，除此之外，别的一无所有，没有水池也没有厕纸。我别无选择，只能这么将就了。可是这里没有厕纸，怎么办？我不能不把自己收拾干净就回去工作。我心想，“我就用自己的内衣吧。”

这次腹泻真的很厉害。看着那一大堆排泄物，我发起了愁，接着要怎么办？我没法把他们冲掉；但我又必须把他们弄干净。我打开窗户，看到外面有一片瓦砾堆，我心想，“我用内裤把这些收拾干净，然后把脏内裤扔到那堆瓦砾里，没人会发现的。”于是，我把那条满是污秽的内裤扔到了窗外。

就在我在厂长办公室正襟危坐和他大谈工厂的产能以及缝纫方式时，有人敲开了门。他的一个佣人拿着被我扔掉的、现在已经被整整齐齐叠好的内裤走了进来，他问道，“您是不是丢了这个？”我一把抓过内裤塞到包里面，脸上像火烧云一样红，这段令人羞愧的经历，恐怕我是永生难忘了。

飞回纽约后，我直接去了“办公室”。马克·沃尔曼（Mark Warman）的公司狐狸小姐（Foxy Lady）在百老汇 1407 号经营女式连衣裙的生意，我在他的样品间以 200 美元一个月的价格租了一张桌子和一部电话，这就是我的办公室。那天上午，我给纽约市的梅西百货、金贝儿百货（Gimbel's）、萨克斯百货、布鲁明戴尔百货、邦威特·特勒百货（Bonwit Teller）、亨利·班德尔公司（Henri Bendel）、波道夫·古德曼（Bergdorf Goodman）百货商场、巴尼斯百货商场，还有一些其他服装专卖店打电话，希望能约他们的负责人看我的设计样品。当时我不认识任何人，也没有任何人的联系方式，我只能用最原始的方式，一家公司一家公司地打电话确认。我所拥有的只有我的产品。

很多以前没有给过我任何回复的买家，现在也依旧没有接听或者回复我的电话。1981 年的时候，应答机还没有普及，尽管如此，我还是成功找到一种让所有买家都能够看到我的商品的方式。很多外地的零售商都在美国设有办事处，比如内曼·马库斯（Neiman Marcus）百货公司，这里还有很多为商场服务的采购代理。如果在电话里遭到了拒绝，这种事情常有发生，我会把样品放在旅行包里然后亲自去办公室拜访他们。有一天，我坐地铁去布鲁明戴尔百货公司，走遍了整个销售部寻找采购负责人。幸运的是，那天我受到了很好的接待。

当第五大道青少年运动服饰的首席买手安琪·克罗尔（Angie Kroll）从我这里签下850件衣服的订单时，我非常的激动，这对于一个刚刚起步的公司来说是一个巨大的订单。这个订单代表了对我所设计服装的一种认可。安琪是个要求很高的人，这在服装界广为人知，但她对我很不错。她在纽约和旧金山的萨克斯百货为我安排了设计师见面会。百货公司还在《纽约时报》周日版上刊登广告，对下周即将到来的个人见面会作了宣传。设计师见面会当天，我和两个模特站在百货公司青少年服饰用品部和顾客见面，还为一些客人亲笔签名，把我所设计的服装系列卖给客人。

萨克斯百货为我们敞开大门之后，我们的商品开始被加拿大的哈德逊湾百货（Hudson's Bay）、内曼·马库斯百货公司和梅百货（May Company）所接受。我往返于印度设计我的服装，渐渐地，在所有大型百货公司里，都开始能够看到我所设计的服装——20世纪救赎爆发了！海盗系列的棉质衬衫非常畅销。姑娘们穿着它搭配各式牛仔裤，搭配各式军装裤。海盗风格的服装占据了旧金山梅西百货的每个橱窗、每个货架！这种装扮风靡全国，成为当时最时髦的服饰，就像音乐排行榜上排名第一的打榜歌曲一样。这巨大的成功让我充满自信，让我确信自己正在做着正确的事，所以我继续发展浪漫风格的服装。

我接下来的想法是做拼接系列的产品，这源自于我对20世纪70年代流行时尚的热爱。我做了拼接背心和半裙，然后我用织锦布料做了一只金色的袖筒，一只深红色的袖筒，至于衣服的前片，一半选用了翠绿色的布料，一半采用了黑色布料，然我后把这些部件拼接起来，这样完成的整件衣服看起来非常有诗意，也很浪漫。

随着时间的推移，我创作了一系列不同风格的服饰，比如航海风格、海上女神卡吕索普风格、童子军风格、活跃的运动风格、海滩风格，开创了游艇创意、码头工人创意、糖果条纹的服装，我还做了中国风连衣裙，以及受《鲁滨孙漂流记》（*Robinson Crusoe*）启发的户外穿戴。后来在一次去印度班加罗尔（Bangalore）的途中，我认识了拉贾恩・咯科尔达斯（Rajan Gokoldas），他和他的弟弟共同拥有咯科尔达斯时装（Gokoldas Fashions），我们开始一起开发套装、夹克、针织衫。我非常努力地工作，不断为服装业输出新的设计，非常努力地扩大我们的服装系列。

终于，20 世纪救赎开始盈利了，我们搬到百老汇 1466 号一个崭新的展销厅。我们的合伙人罗恩・盖琳的副业是木匠，他负责展销厅的装修。这个高大的、看起来很像好莱坞明星的家伙，居然真的很会用锤子和锯子这些工具，手艺不错！我们平整了地面，还做了平台，我们为整个地方铺设了木炭灰的地毯，把墙壁粉刷成高级的灰色。展销厅被装修得很时髦。我们雇了一个厨师给前来考察洽谈的客人提供午餐。我们还有一个补给丰富的茶水吧。一切进展得非常顺利！

除了所有这些表现浪漫风情的服装，我还想创作一系列偏中性风格的服装。我想要做更多的牛仔服，不过不是用丹宁，而是用其他布料。我想做些更为实用的衣服；我觉得这种实用类型的服装应该很快会流行起来。在苏珊的鼓励和帮助下，我在公司组建了一个新的分部，我们把它叫作 54321。玛丽莎（Marithe）和弗朗科・吉尔柏（Francois Girbaud）夫妇的设计团队在巴黎曾有个叫霍尔斯・卡彭（Halles Capone）的精品店，他们的设计非常出色，还有名为 11342 以及完结（Closed）的其他服装系列。我喜欢用数字给服装系列命名的这种做法；这听起来很正式、很严肃、很有军事风格。就像火箭升空时的“5-4-3-2-1，发射！”我们的公司名就让人有这种感觉。

邦尼·达钦（Bonnie Duchon）担任20世纪救赎的销售总监时，我们从服装中心雇了朱迪·辛赖希（Judy Sinnreich），他是个非常优秀的销售员。我开发了一套军工服饰系列的牛仔服，采用了四合扣、拉链、口袋还有扣环的设计，还有搭配的T恤衫以及夹克。我设计了男性服饰条纹、中国风条纹的橄榄球衫、棒球服、印花T恤、毛巾和刺绣的海军风格服饰，并把产品拓展到长裤和短裤系列。

我开始四处旅行以寻找灵感。除了去印度工厂的路上在伦敦的短暂停留外，7月的时候，我会到圣特鲁佩斯（Saint Tropez），这是当地一年之中景色最美的季节，我会去逛逛那里的商店，去欣赏那里的人。圣特鲁佩斯港口的帆船和法式乡村建筑，让整个城市散发出一股浪漫的气息。这个小镇有着你在纽约、伦敦或者巴黎所看不到的那种时髦、休闲的风格。同样是海滨风格，但却有一种真正的时尚氛围。女士穿着性感，有的穿着超短裙、有的穿着飘逸的长裙，有的穿着溜肩女衬衫、罗马角斗士凉鞋和华丽的珠宝。男士穿着布列塔尼（Breton）条纹上衣、靛蓝法式水手长裤，戴着贝雷帽，表现出粗犷的海军风。他们在咖啡馆里悠闲地抽着高卢香烟（Gauloises），看起来和碧姬·芭杜（Brigitti Bardot）电影里的背景一模一样。

20世纪救赎和54321，我的这两个品牌，诞生在休闲服饰革命刚刚兴起的时期。当时美国并没有多少品牌在做休闲服饰的设计。卡尔文·克雷恩（Calvin Klein）当时刚刚和Puritan Fashions的卡尔·罗森（Carl Rosen）就其牛仔裤的经营授权达成了一项协议。我记得当时在新闻里看到，罗森每卖出一条牛仔裤，需要给Calvin Klein公司1美元的提成。这是授权经营的一种独特方式，对我来说也很容易理解。通常设计师会从商品的销售额中进行提成，这种提成有着一套复杂的计算方法，而现在，根据这项新的协议规定，Calvin Klein 的提成变得非常简单明了，每条牛仔裤可以拿到 1 美元的提成，按照销量统计，最终的收益会相当可观，这是个很机智的方法。当 Calvin Klein Jeans（CK 牛仔）出现以后，整个设计师牛仔裤世界才真正受到了撼动，而在此之前，根本就没有专门设计牛仔裤的设计师。

市场行情不断看好，而 20 世纪救赎却开始危机四伏。我们只是一个设计和销售公司；我们无法生产制作自己的产品，因为我们没有资金，我们无法提前把工厂生产所需要的费用付给他们，无法让他们把产品制作出来。我们通常的做法是直接把具体的订单信息转给厂家，由这些厂家向我们支付一笔定金，然后等服装生产制作完毕后，由厂家将货物运送给买家。可是，大卫和利昂会把订单给两个不同的供货商，拿到两笔定金。先完成产品制作并且发货的厂商才能真正拿到订单，另外的一家供货商只能白白遭受损失。他们的这种做法毫无商业操守可言，虽然对我们自己公司来说拿到了两份定金，但这种贪小利的行为，却让我们丧失了供货商的信任。

按照时装业的惯例，印度人负责我们所设计服装的生产和交运，从各大百货公司拿到货款之后，他们会从中按一定比例给我们提成。除了利昂所告诉我的，我感觉公司的收益应该比他实际所分配的总额要多。我们有个叫皮特·库克尔加（Peter Kukreja）的印度供货商，我们彼此之间互相都很信任。皮特对我说，“你干吗不离开那些家伙，和我一起干？你感觉不到吗，那些家伙在合起伙来骗你。”皮特的这番话让我对我的合伙人起了疑心。

我一直都很信任我的合伙人们，我相信他们对公司事务所作的安排，我也从来不插手过问这些事。虽然我不清楚利昂和大卫到底在做些什么，不过我确实知道他们总是会关着门窃窃私语。有一天我走进办公室的时候，刚好碰到他们俩在一起，桌子上放满了一叠一叠的百元大钞。“有家工厂刚刚用现金给我们付了款。”他们告诉我。我心里虽然觉得很奇怪，但也没有多问。他们有些慌乱，匆匆忙忙地整理了一下桌上的钱，然后说，“喏，刚好，这一份是你的。我们正准备把这些钱分一下，因为这些钱大家都有份。”我的直觉告诉我，这里面有些什么见不得光的东西，但我说不出到底是什么。他们是表兄弟，只有我是外人，他们之间的这种亲戚关系让这一切显得格外可疑。我觉得利昂是主谋。我当时才不过二十多岁，而利昂应该快到60岁，或者已经60岁出头。他年轻的时候，曾经在服装生意上取得过成功，后来因为经营不善，又把所有赚到的钱全部赔了进去，所以这可能是他第二次或者最后一次再捞点钱的机会。我们的公司终于开始盈利，收益应该是不断增加的，但我却感觉不到自己薪水的增长，公司的账目一定被他动过手脚。这整件事情让我觉得恶心，我需要彻底把自己洗干净。我讨厌那种感觉。

1981年，我认识了安妮塔·嘉露（Anita Gallo），她是位于第五大道、第34大街的巴尼·奥特曼百货公司的时尚总监，是一位杰出的女性。安妮塔给了我巨大的支持和帮助，她和20世纪救赎签下了一个很大的订单，并且为我安排了一次设计师个人见面会。巴尼·奥特曼百货公司有个分部的采购员伊迪丝·杜拉克（Edith Drucker）对我同样也很亲切，很支持我。我们的关系相当不错，我向她透露了我在20世纪救赎所遇到的一些问题。“如果离开公司，我能拿到自己应得的收益吗？我还有没有能力继续我现在所正在做的这些事情？”我问，“这种模式是没什么问题的，问题出在和我一起合作的人身上——我是应该留下来还是离开呢？”

伊迪丝和我一起聊了很久，她给了我一些很好的建议和指导。她告诉我，“不要留在一个对你有害的环境里。要往前走、向前看，去发现一些真正美好的东西。你非常有天赋。挺起胸膛，相信自己，不要被你所经历过的这些过去打败。”和她说话，就像和我的安妮姨妈聊天一样。

我觉得我们的第四位合伙人罗恩·盖琳不像是个没有诚信的人，但遇到分钱、处理授权费这些事情，他好像不愿意过多的干预，从某种意义上来说，这也就默许了利昂和大卫的行为。所以我开始认真考虑这些问题，“我知道自己有天赋、有能力。我不仅要和时尚总监、公司总经理还有各种杂志社打交道，还要负责所有的服装设计工作。我真的希望能够进入到一种更加专业的工作环境中去，和那些我真正能够信任的人一起工作。”

我觉得正是因为有我的存在，才让这整个公司成为可能。而那些人之前都一直不过是贩卖材质低劣的涤纶女式衬衫还有其他一些难看的衣服的小贩而已，如果不是我，他们现在很可能还在做着同样的事情。现在我们是青年服饰品牌中崭露头脚的一颗新星，我们正在引领着时尚的潮流，所有买手都蜂拥而来，购买我们的商品，所有的时尚杂志都在介绍我们的服装，所有大型百货公司都在出售我们的商品，所有商店的橱窗都摆放着我们的商品。我们现在所处的状况，真可谓东风正盛。而在我看来，大卫和利昂本应该为公司寻找一些新的服装加工厂，但他们却根本没有去做这件事情，而是整天坐在办公室，算计我们赚来的那点钱。

我打算向他们提出公开的反抗，可是一想到要去和他们对质，我就感到口干舌燥。我本来就不是个爱争执的人，遇到这种事情，我真的很生气，我确定这是他们的问题，我根本就没做错什么，但即便如此，我还是很紧张，我感到内心无比焦虑。

“听着，”我对罗恩说，“我觉得这不公平。所有的事情都是我在做，可我们却拿着一样多的钱。”

“嗯，这种方式确实糟透了。”他说。

“你真的这么觉得？”

“这么说吧，我们是合作伙伴，这意味着我们之间是平等的关系。不论我们做了多少工作，我们就得按照这种平等关系对收益进行平均分配。”

“话不能这么说，这不公平。大卫根本就没有努力工作。关于这一点，我相信大家都能看到，他基本上什么事情都没有做。销售、市场、设计、生产，这四个环节的工作，他都没有作出一丁点的贡献，他每天就只是在外面闲逛。利昂可能在管理着公司经营上的事，销售上的事情确实是你在张罗，但我真的是什么事情都要做。我不仅要去印度和中国香港的工厂盯生产，还要帮忙去做销售。我还要去和那些百货公司的人打交道，并且我还要负责设计所有服装，这还不算，我还在做着所有的市场和推广的工作。我觉得这种分配方式不公平。”

“那你打算怎么办？”利昂挑衅地问。

我气得发抖，简直失望到极点。“好吧，那我要告诉你的是，如果你们不——如果我们不能建立一种更公平——我觉得我应该拿到更多……”极度的气愤，让我语无伦次，我让自己冷静下来，“如果我们不能达成一个更好的协议，那么我准备离开。”

利昂根本没有退让，他依旧挑衅地说，“那你走吧。”

我转过身走了出去，一刻也没有回头。

利昂居然会如此决绝，这让我感到很震惊，我本来以为他会作出更聪明的选择。现在我变得更加生气，也更加失望。如果就算我已经这样把话挑明，他们也不懂得珍惜和感谢，如果我不能信任他们，如果我们之间不能建立起一种更为专业的、正直的合作关系，那么我就是和错误的人在一起，这对我、对公司未来的发展都毫无裨益。

这件事情就这样了结了。我们从此不再说话，我也再没有拿到过薪水。他们保留了我的设计，并且雇用了我的助手戴娜（Dina），一个年轻女人担任公司的首席设计师。我离开后只不过短短 18 个月，公司便倒闭了。

第七章

成长的烦恼

Introducing Seasons Jeans

（引进四季牛仔）

再说回 1978 年，当时我还经营着人间天堂，米琪·达钦（Micki Duchon）是当时业内的一位知名人士，她告诉我，有个超级棒的牛仔品牌叫作四季牛仔（Seasons Jeans），她觉得我应该从那里进一些货。于是，我给四季牛仔的办公室打电话说，“我想要买你们的产品。”

电话那头的人，声音听起来和我年龄差不多，但说话方式显得有些粗暴无礼，但服装行业就是会让他们的销售人员慢慢变成这样。他的名字是亚历克斯·加菲尔德（Alex Garfield），通过交谈，我才了解到他是四季牛仔的所有人之一。

“你想要什么？”他问。

“我在纽约州北部有五家服装店，我想要一百条你们最好的三款牛仔裤。”

“每款牛仔裤你想要三十三条半，还是每款牛仔裤各一百条？”好吧，这是个爱挑字眼、自以为是的家伙。

“每种款式都要一百条。”

“那可是很多条牛仔裤。”

我笑了。我们在电话里聊了一会儿，我们聊了我的服装店，还有他的公司，我发现他是个很好的倾诉对象，聊着聊着，我就不由自主地把一些细节的事情都讲了出来。他语速很快，让人感觉是个热心肠的人。有时候人与人之间的交往没有太多的道理可讲，凭的主要还是一种感觉。他甚至还给我唱了四季牛仔的广告歌曲！

我只是说要买三款最好的牛仔裤。最好，而不是最好卖的。他其实可以随便卖给我些什么——他想要甩掉的存货，或者利润较高的款式——我根本不可能分辨出来。亚历克斯也许没有接到过很多这样的电话。我觉得大部分买家都不会像我这样任由卖家摆布。

“你这个北方的爱尔兰天主教徒啊，”他说，“你知道吗，你是在和一个纽约犹太商人谈论这些东西，你就这么相信我吗？你就不想先看看这些牛仔裤吗？”

“不用了，”我告诉他，“我知道你们的这些裤子非常棒。米琪办公室的那些人这么说，她的儿子弗兰克也在这么说。”我们都笑了。“行了，米琪告诉我，你是个值得信赖的人，我相信她，我也相信你。”

米琪是对的。亚历克斯帮我挑选了很棒的款式，这些牛仔裤在人间天堂卖得很好，我们经过这次交往，成为很好的朋友。当我们终于在他的服装展示厅见面时，他依旧幽默、开朗、诚恳，让人不由自主想亲近，和电话里的那个人绝无两样。

苏珊和我搬到纽约后没多久，亚历克斯和他的合作伙伴请两个Gap的采购商去罗克西（Roxy）溜冰场玩，他邀请我们一起去。亚历克斯给他的客户买了票，接着提出要帮我们买票，票价大概需要3美元。我向他表示了感谢，最后还是婉拒了他的好意。

罗克西是纽约最老牌的旱冰迪斯科舞厅。溜冰池里的整个地板一片雪白，炫目的灯光在地板的映衬下，把整个溜冰池照得格外通亮，舞厅很冷，音乐声震耳欲聋，有些穿着迪斯科舞蹈服装的人在溜冰场里不停穿梭着，一会儿倒滑，一会儿转圈，一会儿做着空翻，大方地展示着自己的溜冰技艺。我小学开始就没玩儿过溜旱冰了。但这好玩儿极了！特别是和亚历克斯在一起，他真的很会照顾我们，会刻意地去迎合我们的需求。并且他是个很风趣的人，总能逗我们发笑。

溜了一会儿，我们都停下来休息，亚历克斯去溜冰场里的小卖铺买了一些零食。他注意到我没有和他一起去。

“你怎么不买些东西吃呢？”他问。

“我没钱了。”我告诉他。

亚历克斯给我们买了可乐还有巧克力棒，他做得非常自然，根本没有让我们感到有一丝的难堪，他也没有趁火打劫，想要利用我目前的困境，为他自己作些生意上的打算。我知道我遇上了一个好人。

三年以后，他再一次向我证明了这一点。在20世纪救赎还没被拆分以前，一天，苏珊告诉我，她感到肚子特别疼，就在她向我描述这种肚子疼痛的各种表现的时候，我们的销售员朱迪·辛赖赫（Judy Sinnreich）说，“我觉得你可能是宫外孕。我的一个朋友之前也是宫外孕——那是一种输卵管妊娠——你说的这些症状和她很像。如果我猜得没错，你得赶紧去医院了，不然输卵管会爆掉，你会死的。”

苏珊和我对纽约还不太熟悉，我们甚至都没有自己的专属医生。虽然我们之前曾经商量过要孩子的事，但在那时，我们都还没有考虑这个问题。朱迪给她的妇产科医生打电话，我们赶紧去了她的办公室。

果然，朱迪说得没错。“你需要马上做手术。”医生说。苏珊和我忽然之间乱了手脚。我们跑到附近最近的医院，在唐人街，苏珊当天晚上就做了手术，而负责手术的医生我们之前甚至都从没见过，幸运的是我们有医疗保险，否则以我们当时的经济状况，真不知道该如何应对。苏珊手术的时候，我等在外面，心里非常害怕，早上的时候，一切还和往常一样，而晚上的时候，苏珊就有可能会死掉。

医生穿着手术服飞快地从手术室向我走来。我真的不想从他那里听到任何坏消息。

他说，手术很成功；苏珊现在在恢复室，等她醒来以后，我可以进去看她。我紧绷的神经这才松了下来，忽然觉得两条腿有些发软。我向他表达了深深的谢意。

“你有没有神经衰弱的毛病？”他问。

“没有，”我说，“怎么了？”我以为他要向我描述手术过程。我很愿意倾听这位医生向我夸耀，他是如何解救了我妻子性命的这些恐怖细节。

“看。”

他拿出了一个小金属托盘，里面放着他刚刚从苏珊身体里取出来的孩子胚胎。它看起来很像一个宝宝，只是个头比虾还小。我非常震惊，我感到很想吐。我不知道他为什么要这么做，我永远也忘不了那幅场景。这本来也许会是我的孩子，我想。直到今天，每当我想起这件事，还会觉得后背一阵阵战栗。

苏珊睡着了，麻药的药效还没有退去，我需要找人聊聊天，我给亚历克斯·加菲尔德打了电话，我们一起去唐人街吃了一顿饭。我想要形容这些离奇事件当中的回转曲折，但大多数时候，我都只是在毫无条理地乱说。我还没有从那种震惊的状态中恢复过来，不过我知道，亚历克斯会在我需要的时候陪在我身边。所以当我在找新的商业合作伙伴时，我非常清楚应该先给谁打电话。我们那时候像亲兄弟一样，直到今天，我们依旧保持着紧密的关系。

苏珊慢慢恢复了健康，让我感到欣慰的是，这次宫外孕以及手术都不会影响苏珊以后的生育情况。

1981年，我开始寻求自我突破。当时我在波多黎各一家商场内的销售20世纪救赎服装的时装店做了一场设计师个人见面会和时装表演。我向这家店的店主威尔玛·斯坦因（Wilma stein）提到了我的合作伙伴，提到我和他们在一起开始觉得越来越不舒服，她说，“我觉得你应该认识我的丈夫，盖博（Gabor）——也许他有兴趣和你一起做生意。”盖博·斯坦因是一名传统针织衫服饰的专家，他的工厂为鳄鱼（Lacoste）和衣佐德（Izod）这样的公司生产服装。盖博说，“好啊，我愿意做这个生意，我在纽约还有其他合作伙伴，完美文胸（Splendor Form Brassiere）公司的所有人，德尔曼（Delman）

家族的人也想做内衣以外的生意。”

我的想法是做一个简单、干净的现代服饰系列。日式浪潮正在兴起，像山本耀司（Yohji Yamamoto）、川保久玲（Comme des Garcons）这样的品牌正在做一些不对称的设计。欧洲设计师的美学理念也开始转变。卡尔文·克雷恩、乔治·阿玛尼还有设计师罗恩·沙马斯柯（Ron Shamask），后来他们都成为我的朋友，都在设计受日式风格启发的服装系列。我感觉到一种极简化的设计浪潮即将到来，但这种设计需要使用高档布料，并且饰面也会比较讲究。

盖博立刻明白了我的意思，我们决定一起做生意。

过去的那些坎坷经历让我意识到自己必须取得业内人士的专业建议。这次我准备签一份合同，并且像以前那样，我需要找一个熟识的、值得信任的人来帮我做这件事。

人间天堂的店铺经营到有五家分店的时候，我们的库存要求开始变得很庞大，为了填满这些分店的货架，我曾经去过第五大道的萨克斯百货，因为我知道那家百货商场有很多过剩的时尚物品可以买。当时我在那儿谁都不认识，所以我去了销售部，到处问人。他们告诉我，“你得去和莫斯（Mr. Moos）先生谈。”

埃米尔·莫斯（Emil Moos）是第五大道萨克斯百货公司的执行副总裁和销售总经理。当时他已经七十多岁，是个非常严肃、充满智慧的人。坐在他的办公室里，我真诚地解释道，我只是想买他们已经不再销售的商品，丝毫也没有要和萨卡斯百货竞争的意思。他和我谈了很久，来回地在房间里踱步，操着他浓厚的德国口音不停地喃喃自语，最后说，“我不知道要怎么办！”他们当然不希望我把他们的商品再转手卖给他们的竞争对手，或者打着他们的旗号在别的地方贩卖他们的商品。不过，没过多久，我还是成功地说服了他。

我曾经告诉莫斯先生，我真正的梦想是创建自己的品牌。“你知道这有多难吗？”他问。“是的，”我告诉他，“我知道这很难，但我确实有很多很棒的想法想要去实现，我自己也对做这件事非常有兴趣，不管什么困难，我都愿意克服。”

“那你打算怎么做呢？”

说实话，直到那天早上醒来之前，我想都没想过我会和萨卡斯百货的执行副总裁讨论我的设计愿景，但我已经为此作好了准备。“我准备开发一些新的男装和女装，不过要采用比现在市场上所有款式更加经典和现代的造型，比如……”我如数家珍般地谈起那些我所熟悉的品牌——它们的名字、它们的定位、它们的价格，现在萨卡斯百货的哪个楼层在出售这些商品。我觉得这些让莫斯先生对我留下了很深刻的印象，如此年轻的一个人，居然已经了解这么多业内的知识。他告诉我，只要我需要，他愿意给我提供我所需要的任何帮助。“我就在这里等着你，”他说，“我了解这个行业里的一切。如果你需要任何建议或者帮助，告诉我。”

几个月之后，我去找他，告诉他我要开始创建自己的品牌，我需要找一些服装厂来帮我把设计好的服装生产出来，他说，“我明年就退休了，我打算给一些客户做咨询工作。9月份的时候你再来找我。”

9月初，我去了莫斯先生位于第39号西大街40号的小办公室，我详细说明了自己当时的处境，告诉他我没能拿回属于我自己的汤米·希尔和罗迪欧牛仔裤品牌，我本来已经找到了一个能为我生产服装的厂商，但最后因为供货时间的问题而没有谈成，我告诉他，我已经把我的商店卖给我的妹夫，而他没有把我应得的钱付给我。并且我还欠了政府一些钱。长话短说就是：我现在不仅没钱，欠着债，还有税务上的问题。

莫斯先生马上理清了这些事情的头绪。“先把最重要的事情解决掉。”他说，“我们必须要把税务的问题先解决掉。你得找一个好的会计。你需要认识安吉洛·罗萨托（Angelo Rosato）。”

安吉洛曾经和莫斯先生一起在萨克斯第五大道的母公司巴特斯（Batus）工作过，公司全称为英美烟草公司（British American Tobacco Company）。安吉洛是个典型的意大利籍美国人，身高大约1米8，体重180多斤，是个非常聪明的人。我们第一次会面的时候，他就告诉我，“你要做的第一件事就是付清所有的税金，接着你需要把美国快递的账单付清，恢复你的信用额度。你还需要一名律师。我会介绍你认识汤姆·科廷（Tom Curtin）先生。”

我第一次见到汤姆时，就有一种似曾相识的感觉。他是一个穿着讲究、机智敏锐、非常友好的人。汤姆不仅平易近人，而且很会替人考虑，是个充满智慧的导师，他很快成为我最好的辩护律师之一，也是我在这世上最好的朋友之一。我和他、莫斯先生、安吉洛·罗萨托一起开始创建我们的事业。他介绍我认识了很多跟他合作过的、非常有能力、很有魅力的人，比如篮球选手比尔·布拉德烈（Bill Bradley）、马拉（Mara）家族、纽约巨人（New York Giants）的所有者以及罗伊斯大酒店（Loews Hotels）公司的汤·提许（Ton Tisch）。他带我去看当地的球赛和在他的母校圣母大学（Notre Dame）举行的比赛，我们在那儿见了教练、球员，还有大学里的那些大人物。不过最打动我的，还是汤姆的个人魅力。他是我所认识的人当中，最诚实、最正直的人。

现在我有一个律师、一个会计、一个业务咨询师，我组建了一个团队。

当时我生活拮据，赚的钱只够勉强维持生存。为了开始新的事业，我花了好几个月的时间来解决资金问题。当一切准备就绪，到了需要和新的供货商盖博·斯坦因拟订最终的合作协议时，我知道是时候来找专业的人帮忙了，我请莫斯先生去帮我谈合同的事。

那天早上，我非常紧张。苏珊和我住在东村（East Village）第9大街一栋两层的小洋房。（要知道，在那时候，第一大道和A大道之间的联排别墅和上东区的联排别墅可是完全不同的两个概念。）我从纽约大学乘坐地铁，到第五十六大道和第六大道上的纽约马球健身会所（New York Health and Racquet Club）。那时候我每天都坚持锻炼身体，体形很完美，身上没有一点赘肉。从健身房出来时，我感到后背有阵阵的灼痛感，后来回忆起来，那应该是我当时的压力所造成的，我太过于担心这次见面的事了。

盖博·斯坦因住在上东区一栋格调高雅的房子里。卡尔文之前在那里有一套公寓，给我留下了很深的印象。我提前到了约定的地点，我焦虑地在第一大道上来回走着，等待着莫斯先生的到来。他和我在一个让人不由自主就会感到害怕的大厅见了面。

盖博·斯坦因的公寓很现代，也很时髦。我坐在他的起居室里，心里想，“这家伙这么有钱，这么成功。我真希望他能投资我。”我向他介绍了我的商业计划蓝图，我以一个合作伙伴的身份介绍了亚历克斯·加菲尔德，我把他形容成一个超级棒的销售员，一个对所有百货公司都了如指掌的商人，而我负责设计创意。

在介绍完我们的团队后，莫斯先生开始和他们讨论合同细节。在我和莫斯先生之前的交往中，我一直觉得他是个脾气很好的人，个性也非常和蔼友善。而这次面对盖博·斯坦因，他表现得很强硬，尤其是他的德国口音，让他的说话方式显出一种震慑人的力量，甚至有一种威胁的意味。“我的客户，希尔费格先生在没有正式签订合同之前，不会为你们做任何事。他是个非常有才华的年轻人，作为对他所做工作的酬劳，你们需要按期付给他薪水。我们要就所提供的服务签署一个双方协议。对于协议的签署，这个是必须也是必要的，没有任何商量的余地，要知道，以他的设计才华，他的价值是不可限量的。”

听着这些话，我有一种不祥的感觉，莫斯先生肯定会毁了这笔生意。斯坦因先生愿意和我合作，愿意为我提供支持和帮助，这就已经很好了，可莫斯先生却把我说得好像是什么超级巨星，是个众所周知的重要人物。斯坦因先生会怎么想？他会不会觉得这些狂妄自大的家伙根本不值得信任，根本不能作为合作伙伴？我的内心忐忑不安，但我还是一言不发、故作镇定地端坐着。我尽力控制着脸上的肌肉，做到面无表情，但我知道，斯坦因先生随时可能会说，“算了吧。”

不过盖博，这个匈牙利籍的男人，真的是个很大度的人，他只是轻描淡写地回答道，“没问题。我们来拟订一份合同，让我们用一种非常公平、公正的方式来完成这笔交易。现在让我来见见亚历克斯。”

亚历克斯很快得到了盖博的认可，接着他把我们介绍给完美文胸公司的杰克·德尔曼（Jack Delman）。（就像亚历克斯后来开玩笑所说，“我们有一个强大的根基，还有来自各方面的支持。”）

杰克·德尔曼是个看起来有些吓人的家伙。他看了一眼盖博说，“我们要做些什么？”

我心里想，“要是莫斯先生和这帮家伙待在一个房间里，那一切就全完了。”不过我再一次低估了他。安吉洛、汤姆·科廷还有莫斯先生为我制定了一份到目前为止都依然是对我最有吸引力的合同。汤姆负责交际，莫斯先生负责谈判，而安吉洛负责整个合同具体细节的编订。值得一提的是，我所签订的合同特别说明我可以同时参与其他项目，并且我能按时拿到报酬。

能和这些人在一起合作，我感到很骄傲。让身边充满专业的、诚实的、智慧的、见多识广的、正直的一流人才，这一直都是我的目标，这让我感觉自己正进入一个一流水平的团队。

我们想给公司取名为检查站（Checkpoint），但这个名称已经被人注册了，我们经过讨论，最终将公司名称定为衔接点（Click Point）。1982 年 6 月 15 日，我签订了协议，此时距离我离开 20 世纪救赎整整三个月。

斯坦因和黛尔曼还有另外一个合作伙伴，鲍勃·斯特罗姆夫（Bob Strompf）。他和盖博一起为衣佐德生产保罗衫、毛衣以及其他一些衣服，它们的生意做得很大。这让他们有很多机会接触亚洲的服装厂。他们在香港开设了一家采购办公室，由斯特罗姆夫的儿子理查德管理，这是个非常聪明的家伙，我们公司刚刚成立的时候，他主动来给我们帮了不少忙。

20世纪80年代早期，在中国香港做衣服和在印度做衣服还是有所不同的。中国香港的制衣水平工艺熟练，干净明了，而印度产出的服装看上去就有粗糙的手工缝制痕迹。中国香港对我来说是一片全新的、让人倍感激动和兴奋的一个地方，我很乐于去那工作。

我从中国香港飞往东京。我想住在原宿（Harajuku）商业区，但那里的酒店房间价格对我来说过于昂贵，所以我只能选择住在涩谷（Shibuya）。我在下午抵达东京，把行李放到酒店后，我便去街上寻找灵感了。

每到一个新的地方，我都能马上感知到时尚的所在之地，我能很快找到这些地方。我徜徉在涩谷、新宿（Shinjuku）、原宿的街头。我走进一家叫拉法叶（Laforet）的百货商场，这里到处都是一家家杂货铺，还有很多小店铺，每家店里都堆满了令人不可思议的时髦商品。我发现，这里居然有如此多精妙绝伦的想法，这让我兴奋得简直无法呼吸。我看到带有印花的布料，看到很多未经加工的原始毛边，看到很多不对称图形以及很多不常见到的构造。我一边看一边买，脑海中不停地构想我所即将要设计的新的服装系列会是什么样。

回到中国香港后，我正式开始设计工作，我对自己所开发的服装感到非常满意。回到美国后，我开始拿到第五大道萨克斯百货安吉·克罗尔（Angie Kroll）、内曼·马库斯百货、巴尼斯百货的订单，我知道我拥有了别人所没有的东西。

衔接点和20世纪救赎的不同之处在于它现代、时尚，并且做工非常细致。通过鲍勃·斯特罗姆夫和盖博·斯坦因的关系网，我们在一些生产男性服饰的工厂生产女性服饰。不仅如此，我还把一些通常在男性服饰的制作中才会选用的布料——比如制作高尔夫衬衫和保罗衫的双螺纹弹性编织布料——运用到女性半裙、连衣裙和上装的生产制作上。我们还设计了一种被我们称为锁边的设计：我们没有做镶边，而是用针脚进行简单的缝合，这样它们就会自然形成很好的卷曲弧度。

我会关注那些在旁人看来可能是微不足道的一些细节。我设计了一种小锁边——这种锁边很小，是一种毛边的缝纫方法。通常锁边的宽度大约是 1/4 英寸；我会把它们缩减到 1/32 英寸或者 1/16 英寸，这样看起来好像边部被剪断后自己卷了起来。我开始做商标，我把商标的标识单独印在一块布上，然后把它缝到衣服内侧。

亚历克斯和我都会在展销厅推销我们的产品，但他真的比我做得好多了，我们的销售工作大多由他所完成。班德尔百货（Bendel's）、伯格朵夫百货（Bergdorf）还有萨克斯百货的那些女士们，对他所施展的魅力根本没有任何招架之力，他轻而易举地就拿到了她们的订单。很快，我们开始不停地拿到订单、不停地发货、拿到订单、发货，我们的生意开始源源不断。

苏珊也想做设计的工作，所以后来当卢比（Ruby）和罗杰（Roger）这两个印度商人找到我，希望我帮他们设计一个系列的服装时，我说，“很抱歉，我太忙了，实在抽不出时间，不过我的妻子苏珊非常有才华，她一直以来都和我一起工作，给我提供了很多灵感，她倒是想能自己独立做些东西。”他们看了苏珊的作品，同意了。莫斯先生、安吉洛和汤姆也帮苏珊起草了她的合同，我想确定她能受到保护。后来她去了印度，设计开发了她的个人服装系列——东京印象（O'Tokyo）。

这个系列的服装非常不同凡响！水洗丝绸，褶皱丝绸——她所设计的服装系列有一种非常时髦精致的日本风情。这些服装被放在伯格朵夫百货公司、巴尼斯百货和萨克斯百货的橱窗里展示！第二年时装周，我们租下了时装大礼堂（Fit Auditorium），共同举办了一场时装表演。我首先展示了自己最新设计的服装，等我的设计部分表演完毕后，舞台灯光全灭，再次亮起时，她所设计的服装已然成为全场的焦点。她赢得了全场的掌声和赞美！她的设计理念无拘无束，成衣风格梦幻迷人，而我的更加商业化，阳春白雪，各有所长。我为她感到高兴，她也为自己感到高兴。

生活往着好的方向发展。我一直往返于中国香港、日本、中国台湾还有菲律宾，衔接点的设计和生产给我每年带来大约 10 万美元的收入。这是 1982 年，我们发展的势头真的很好。

我们的这种运作中，唯一的缺憾是杰克·戴尔曼的儿子理查德就像我们的保姆一样，对我们所做的一切密切关注。杰克、盖博还有鲍勃想要保证他们的投资使用情况，所以从一开始，理查德·戴尔曼就对我们的资金管得很紧。我们本来试着要解释说生意刚开始的几年可能不会有盈利，不过一旦我们开始盈利，便会有非常可观的收入，但这并没有用。这种锱铢必较的资金管理方式，直接导致了我们无法购买足够的库存，从而导致我们无法对现有服装系列进行扩充。我们的发展受到了制约。我想和那种会说“让我们用正确的方式来做这件事。让我们来投资。让我们用专业的手法来操作，让我们去向那些大牌看齐”的人合作。这个梦一直都萦绕在我的脑海里，但这一次，和以前一样，这个梦不是我所能够左右和实现的。

一天，在百老汇 1407 号，我遇到了老朋友亚伦和多琳·戈尔曼，在人间天堂的时候，我会从他们那里采购商品。他们告诉我加州文身（Tattoo of California），洛杉矶一个专做加州风格年轻女性运动服饰的公司，他们的老板理查德·摩尔金（Richard Mirkin）正在寻找一名设计师和一个设计团队。多琳准备去那工作，但她想要找一个合作伙伴，他们问我有没有兴趣加入？我和衔接点的合同明确规定我可以有其他的工作机会；那份合同条款对我来说很重要。我同意了。

但我有些担心亚历克斯的反应。“是这样，”我告诉他，“我会继续在衔接点工作，但我想赚更多的钱，我也想要有更多的机会，我准备去加州文身工作。这两份工作我都会做。请你支持我的决定。”他不怎么高兴，但还是同意了。

我去找了杰克·戴尔曼和盖博·斯坦因这两个很有钱的人，我说，“我想要和你们一样成功和富有。我想赚很多的钱，但我没法在衔接点实现这个梦想，因为这里对于生产预算有太多的制约。我想让你们知道的是，我要去加州文身工作了。但我保证不会和我们自己的公司竞争，我还会继续在这里工作，我只是想让你们知道，我真的想抓住这次机会。”他们犹豫了一下，但最终还是没有阻止我。

那时候，衔接点已经开始盈利。亚历克斯是拿佣金的，几个月后，他找到戴尔曼说，“我觉得你欠我 5 万美元。”杰克·戴尔曼对他说，“你给我滚蛋。我在你这个年纪，每个礼拜只能赚 27 美元。”亚历克斯一气之下离开了公司。他是个非常优秀的销售，他清楚自己的价值，与其在这里任人摆布，不如自己出去寻找更能体现自己价值的工作。亚历克斯走后，我继续工作了一个月。我是拿薪水的，所以他们对我不同，但我在这里做得并不开心。我想充分发挥自己的才能，而这里有太多的束缚，让我无法施展自己的拳脚。

第八章

时装业没有发明家

Remember Coca Cola jeans?

（还记得可口可乐牛仔服饰吗？）

我的团队为我拿到了一份加州文身年薪10万美元的合同。加上我在衔接点的收入，每年能赚20万美元。我感觉自己成了千万富翁。我第一次对合约中的细节给予了极大的关注。我了解到合同中的有些条款相当重要，它可以让这个合同成为一个闭口合同，也可以让它成为一份开口合同。我开始了解时间框架、担保设置，以及如果双方之间所产生的争议需提交仲裁，仲裁的合法性问题。在为衔接点和加州文身做设计工作的过程中，在和盖博·斯坦因、亚历克斯、戴尔曼还有理查德·摩尔金打交道的过程中，我渐渐学会了这些东西，有的是从我的代理人那里学会的，还有的是我自己的切身体会。

我开始往返于洛杉矶和纽约两地，我一般会在洛杉矶待一个礼拜，不过这取决于工作需要，有的时候我甚至会在那儿待上一个月。我每周七天都在工作——当做自己喜欢的事情时，这根本不能算是工作，而是兴趣爱好——并且我喜欢挑战。苏珊对我经常不在家感到很不满，虽然我也曾经提出过让她和我一起到洛杉矶去，但她不喜欢独自一人往返加州，所以她就只是待在家中等我。我到洛杉矶后，下飞机第一件事就是去福瑞德西格尔百货（Fred Segal），这家商场位于梅尔罗斯大道（Melrose Avenue），那时还是由弗雷德自己在经营，店里都是时下最时髦的东西。（而现在就不一定是这种情况了，有的时候他们店里会有最时尚的商品，而有的时候又没有。）我在麦克斯菲尔德精品店（Maxfield）采购能够对我有所启发的商品，我在整个洛杉矶寻找能够给我带来灵感的东西，我尽情地呼吸、肆意地拥抱这里完全不同的时尚气息。纽约的人们大多穿着比较正式，看上去就很像公司职员；而在洛杉矶，人们的穿着则比较随意，有种海滩度假风的感觉。

这里的一切，对于在寒冷而又充满约束的埃尔迈拉长大的我来说，充满了魅力，我热爱这里的天气，热爱这种比弗利山庄（Beverly Hills）/好莱坞（Hollywood）的氛围。这里到处洋溢着艺术的气息，这是个热情奔放而又时尚雅致的城市。这里的美好随处可见！开车驶过罗迪欧大道，经过日出时分的比弗利山庄酒店，这景色真是美极了。我喜欢这里修剪整齐的草坪，喜欢这里的餐厅，喜欢在这里购物，喜欢这里的海滩。从某种意义上来说，洛杉矶就是我逃离现实的桃花源。

不过，所有主要的时尚巨头还是聚集在纽约。派瑞·艾力斯（Perry Ellis）的影响力正在不断增大。卡尔文·克雷恩、拉尔夫·劳伦（Ralph Lauren）、侯斯顿（Halston）和比尔·布拉斯（Bill Blass）已经形成气候。他们都是我比较关注的设计师，这些人正在创建自己的设计师品牌。我心中暗想，“衔接点永远做不到那样。加州文身也永远不会达到那个水平。”要想和那些大牌同台竞争，首先你要有一名设计师，一份关于这个设计师的简介，要有以这个设计师的名字创建的品牌，这个品牌要拥有与众不同的、符合市场要求的产品。

我虽然身在洛杉矶为加州文身做着设计，但我的心已经飘到了其他地方。

1983年的一天，当时我正在加州工作，百老汇百货公司（Broadway Department Stores）的一名买手，我的朋友米吉·弗雷泽（Midge Fraser）给我打电话说，“你有没有去找灵婆算过命？”我告诉她没有。

“你想去见识一下吗？”

当然，为什么不呢？虽然我是无神论者，但这听起来好像是件很有意思的事。

我们开车去了棕榈泉（Palm Springs），找到灵婆兹薇雅·霍尔姆斯（Zvia Holmes）的家，她是以色列人。我们在她家厨房坐下后，她给我准备了一杯土耳其咖啡。“把这个喝了，然后把杯子倒过来放好，”她告诉我。我按照她的要求做了。兹薇雅口音很重，她看着我说，“你左腿是不是有点问题？”

“没有，”我告诉她，“我的腿没有问题。”

“你的左腿一定受过伤，”她说，“我觉得你的左腿有点问题。”

“没有。”

但其实她是对的！7 岁的时候，家里咖啡桌上的玻璃垫板碎了，我的母亲曾经把破碎的玻璃搬到地下室，和晚上准备丢掉的垃圾放在一起。我当时正在地下室奔跑着扮演牛仔和印第安人，一不小心碰到了玻璃锋利的尖角，腿上被划开了一个大口子。我失声痛哭。我的妈妈抓起一块尿布，帮我把伤口包扎起来——家里一直有小宝宝，所以不缺这种东西——把我带到她工作的医院进行治疗。当医生把布拆开时，我的腿就像一根木头一样裂开来。直到现在，我依然记得当时血如泉涌的状况，我的腿被缝了 50 针。从那时起，我的左腿和右腿就有些不太一样。尽管腿上留了一个大疤，我好多年都已经不记清这件事情了，可是兹薇雅却知道这件事。

她说，“你结婚了，对吗？”

“是的。”

她问，“你的妻子是印度人吗？”

我说，“不是。”不过这一点很诡异，因为当时苏珊正在印度，设计她自己的服装系列。

“好吧，我感觉她和印度有些什么关系……你来自一个很大的家庭，对吗？”

“是的。”

“你的母亲身材很矮小？”

“是的。”

“你和你的父亲关系并不好，对吗？”

从那时开始，我渐渐有些相信她所说的话了。我从没对米吉说过我家里的事情，她不可能提前知道这些。

“我能看到你在做一些和服装还有时装业有关的事情。”

这一定是米吉告诉她的，我当时想。不过后来，当我找到米吉核实这件事情的时候，她发誓说她从没告诉兹薇雅任何事。

兹薇雅说，“我看到你将会变得非常非常成功。”嗯，我很享受听到这样的话，因为我也觉得自己以后会非常成功。

她说，“我看到你和我的另一个客人之间会有某种联系，但我还不清楚这是种什么样的联系。她的名字叫罗森（Rosen）。她丈夫是 Calvin Klein 牛仔裤事业部的重要幕后人物。我还看到很多的文件资料。你这一生，有非常非常多的文件资料需要处理。”

这真让人觉得有些毛骨悚然。

第二天我飞回纽约后，接到了维维安·达罗（Vivian Darrow），一个猎头的电话，她说，“我知道你手头正有几个设计在做，不过我正在为 Calvin Klein 品牌寻找一名设计师。”

“你说什么？”

“他们需要一个人来负责所有休闲装和所有牛仔系列服饰的设计。”

“我就是他们要找的人。没错！”

鲍勃·萨斯娄（Bob Suslow）和卡尔文面试了我，鲍勃在出任 Calvin Klein 总裁之前曾是第五大道萨克斯百货的总裁。见到卡尔文本人，这让我感到很激动；当时，他即将成为或许是美国最重要的设计师。他表现得有礼有节，但我知道，他根本没兴趣深入了解我的设计理念以及我在设计方面的经验。从我们仅有的几句交谈中，我能感觉到牛仔 / 休闲服饰并不是他商业计划中的重点。一些要求更高、更为复杂的东西应该更能吸引他，比如他自己的服装系列或者推销他的香水。我觉得他大概只是想让品牌后面能有一个设计师，我对这倒是没什么意见。鲍勃和我聊了很久生意上的事，之后我被介绍给设计总监切斯特·韦恩伯格（Chester Weinberg），我和切斯特一见如故。

面试结束后，他们说，“你被录用了。”我激动得说不出话来，除了一句“棒极了”。

“你要做的第一件事就是下个礼拜去中国香港，”他们告诉我，“我们在设计一个全新的服装系列，我们需要有人来帮我们领导这个团队。”我非常兴奋！

我给兹薇雅打电话，告诉她这个消息，她的回答让我感到很意外。打这个电话，完全是出于好奇，我不知道自己会得到什么样的答案。她可能会因为自己准确的预测而沾沾自喜、自以为是，也可能会很冷静，又或者会为自己的先见之明而开心。可是她的反应完全出乎我的预料，她说，“不要这么快。”

“你什么意思？”我本来以为，她可能已经打电话把我的事告诉了她的另外那个客人，之后这位客人又告诉了她的丈夫，这可能对我在卡尔文的录用产生了影响。但事实却并非如此。

“不要这么着急，过不了多久，会有更好的事情发生在你身上。”

现在我明白，她是真的是疯了。还能有什么比这更好的事情发生呢？我就要为自己心目中的偶像工作，我可以从他那里学到我所想要的东西，之后我就可以开始我自己的生意。我已经厌倦了小打小闹；我想做大事情，我想变得更强大。我想向卡尔文、向所有人证明自己的能力。更何况，这份工作给我的报酬相当可观，我为什么要放弃这种机会呢？

“你在说些什么，你知道这意味着什么吗？”

“虽然我现在还不知道会发生什么事。我在为你进行占卜的时候，确实看到非常多的文件资料。放弃这份工作，你会遇到更好的。”

很显然，她有些不正常。我说，“我已经接受这份工作了。”

希尔费格夫妇

我的奶奶多萝西·希尔费格·格雷加

希尔费格家族

希尔费格夫妇

与比利、安迪·希尔费格在一起

弗吉尼亚·希尔费格女士

希尔费格家族在纽约州埃尔迈拉城的家

安妮姨妈

1992 年，比利和
迈克尔 · 弗雷多

金妮和鲍比

我和弟弟比利

鲍比·希尔费格在家中

我妈妈弗吉尼亚·希尔费格

2001年，妈妈、安妮姨妈、迪迪和她的孩子们

苏西·希尔费格

妈妈和姐姐凯西

妈妈和妹妹贝琪

鲍比和乔安妮的婚礼

和妈妈在马斯蒂克岛

我和妈妈

朱利安、亚历克斯、伊丽莎白、凯瑟琳和塞巴斯蒂安·希尔费格

金妮、迪迪和贝琪

我和妈妈、妹妹贝琪在一起

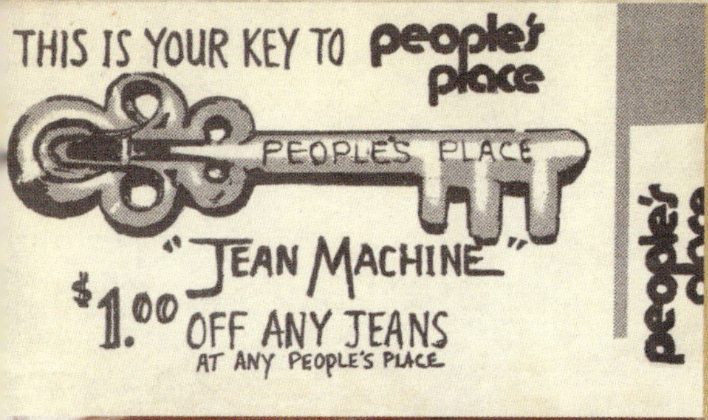

THIS IS YOUR KEY TO people's place

PEOPLE'S PLACE

"JEAN MACHINE"

$1.00 OFF ANY JEANS
AT ANY PEOPLE'S PLACE

Larry Stemerman (from left), Tom Hilfiger and John Allen, owners of The People's Place.

Bell Bottom Business Booming

'Mod, Mod World' for 3 Youths

By DICK MITCHELL

"To the old, anything new is bad news."

This is the philosophy of three "mod" youths—Larry Stemerman of 86 Greenridge Drive, Thomas Hilfiger of 856 W. Clinton St. and John Allen of 600 Cornell Road, all seniors at Elmira Free Academy.

They parlayed a $400 investment into a thriving downtown business known as the People's Place.

Despite their profit making venture the long-haired, mod dressed youth say they have not joined "the establishment"—nor are they fighting it.

Stemerman said that as proof, the three youths aren't conforming to the established procedures of business.

• • •

"What business would hire youths with long hair?" he asked. "We're not white collar conservatives."

Other youths describe the People's Place as more of an experience than a chore—what with the odor of incense, leather and suede and sounds of the latest records.

Discussing this environment Hilfiger commented, "The members of the establishment are committed to their generation and we're servants to ours."

"I'm my own boss," added Allen. "I don't have the hassles older, established store workers and bosses have, because of my age."

Long-haired mods sometimes are harassed by the older generation, the three agree, "because they think this makes us degenerates."

• • •

Stemerman recalled that he and Hilfiger recently sat at a coffee shop next to two women.

"Do you have jobs?" one of the women asked the two boys.

The other woman laughed and commented "Who would hire them with hair like that?"

Hilfiger recalls that at this point they told the two women they owned their own business. "It really blew their minds," he said with a chuckle.

He said it will be necessary for his generation to suffer disrespect and humiliation from older persons until they discover that "some youths really have something going for them."

• • •

The three plan college educations but will wait until they consider themselves mature enough for the experience.

"Kids are rushed into college when they are not mature enough to understand the responsibility of a college education," Stemerman contends.

Who would buy a pair of striped bell bottoms, Peter Fonda glasses, white lace body shirts, flutes or strobe candles?

Quite a few people would.

For example, since they opened Dec. 1, they have sold more than 300 pairs of bell bottoms and more than 70 body shirts.

They say that the entire stock has been sold three times and their investment has grown 10 times.

During the Christmas season they averaged $600 a day in sales.

They are doing so well, they have enlarged the store to twice its original size.

人间天堂纽约
埃尔迈拉店

我和拉里·斯特莫尔曼

安迪、比利·希尔费格与
迈克尔·霍顿

我和拉里·斯特莫尔曼

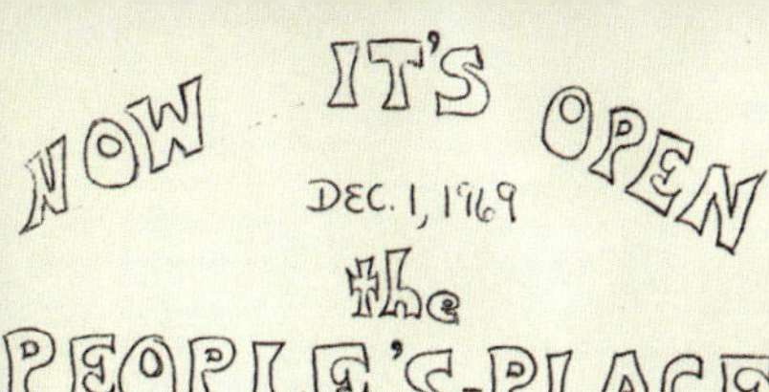

DEC. 1, 1969

the

PEOPLE'S-PLACE

ELMIRA'S ONLY BASEMENT BOUTIQUE

ON THE CORNER OF MAIN & GRAY STS.

ENTRANCE ON THE MIDTOWN PLAZA IN BACK

Bells Jewelry Jackets Blankets Suedes Incense Leather Posters & Shampoo much, much more

PROPRIETORS: L. STEMMERMAN, T. HIPPO, J. BLABBERMOUTH

人间天堂标识

人间天堂纽约埃尔迈拉店

搭便车去巨石阵

further adventures ltd

用演唱会推广公司

Further Adventures Ltd. presents

B. B. King

with Special Guest

ESTUS

FRIDAY MAY 11 AT 8:00 P.M.

AT ELMIRA COLLEGE DOMES

Tickets — Advance $4.00

At Door $4.50

№ 470

人间天堂广告

CLICK-POINT FASHION, INC.

by Tommy Hilfiger

TOMMY HILFIGER

1441 Broadway New York, N.Y. 10018 Suite 1490 (212) 382-1441

20 世纪救赎服装店

印度的工厂

蒂娜·贝特曼在人间天堂

我和苏西·希尔费格

★O T O K Y O★

全日本暴猫連合なめ

苏珊个人服装系列“东京印象”

CLICK POINT

by Tommy Hilfiger

我和彼特·汤森

THE 4 GREAT AMERICAN DESIGNERS FOR MEN ARE:

R<u>alph</u> L<u>auren</u>

P<u>erry</u> E<u>llis</u>

C<u>alvin</u> K<u>lein</u>

T<u>ommy</u> H<u>ilfiger</u>

THIS IS THE
LOGO OF THE
LEAST KNOWN OF
THE FOUR

In most households, the first three names are household words. Get ready to add another. His first name (hint) is Tommy. The second name is not so easy. But in a few short months everybody in America will know there's a new look in town and a new name at the top. Tommy's clothes are easy-going without being too casual, classic without being predictable. He calls them classics with a twist. The other three designers call them competition.

282 Columbus Avenue
at 73rd Street
New York, New York 10023
(212) 877-1270

© 1985 MURJANI

猜字游戏广告

可口可乐服饰

时代广场上的猜字游戏广告牌

汤米·希尔费格赞助的
彼特·汤森之夜

乔·弗雷多和仙农

内奥米·坎贝尔

拍摄：道格拉斯·基弗

花格平角裤广告

汤米·希尔费格男性运动服饰广告

伊森·布朗尼代言的汤米·希尔费格男性运动服饰广告

VH1 时尚颁奖典礼

西蒙·雷蒙代言的汤米牛仔广告

汤米夏令营

汤米服饰赞助的小甜甜布兰妮·斯皮尔斯的“……宝贝再来一次”巡演

1999 年汤米牛仔广告

我和内奥米·坎贝尔

杰森·刘易斯和伊森·布朗尼拍摄的广告

苏珊和我的名气渐渐大了起来。纽约亚伯拉罕·斯特劳斯百货公司（Abraham & Straus）授予我美国设计精神奖（American Design Spirit Award），以奖励我成为美国最受欢迎的本土设计师之一。典礼上，苏珊穿着一套香奈儿礼服，戴了一顶水手帽，搭配香奈儿首饰，看起来光彩照人，而我穿了一套半正式的西服。我们的照片被刊登在《纽约邮报》（*New York Post*）和《女装日报》（*Women's Wear Daily*）上。汤姆·科廷和莫斯先生还在帮我和 Calvin Klein 就合同细节进行最终的协商。我要放弃在衔接点和文身公司的工作，Calvin Klein 的这份工作薪水比我之前两家加起来的总和还要多。

1984 年的时候，我认识了莫汉·穆尔詹尼（Mohan Murjani）。1982 年，我在香港为衔接点工作时，认识了从事服装生意的印度哈利勒拉（Harilelas）家族。大卫·哈利勒拉（David Harilela）介绍我认识了同样做服装生意的比娜（Bina）和德普·穆尔詹尼（Depu Murjani）。穆尔詹尼集团非常庞大，他们拥有当时世界上最畅销的牛仔裤歌莉亚·温德比牛仔裤（Gloria Vanderbilt jeans），比娜和德普坚持让我见他们的兄弟莫汉。

莫汉个头很高，大约有 1 米 97，40 岁出头的模样，头发修剪得很整齐，五官很端正，脸上蓄的大胡子倒是显得他很亲切。我们聊得很投机。他说，“我听说了很多关于你的事。”他问我想做什么，我告诉他，我的梦想是创建自己的品牌。“那现在你在做些什么呢？”他问。

“我刚刚接受了一份 Calvin Klein 的工作。”

“哦，真的？你什么时候拿到这份工作的？”

“嗯，其实我还没有真正开始工作，”我告诉他，“我下周一正式上班。”

他说，“不要去那工作。”莫汉的口气非常坚定，“我们为什么不做汤米·希尔费格这个品牌呢？”

他是说我应该拥有自己的设计师品牌？“听起来不错！”我马上接下话来，就好像我们已经决定好要去做这些事情，好像已经达成了某种共同的协议。“不过你真觉得人们会愿意买这个叫汤米·希尔费格品牌的衣服吗？你觉得他们会读这几个字吗？”我不想丧失这次机会，而这个问题，也是我一直以来所担忧的，我抛出这个问题，就好像我们已经谈成了这件事，而现在要做的就只是给公司命名而已。

莫汉完全没被吓住。“你真的以为有人知道伊夫圣罗兰到底应该怎么读吗？”他说，“好多人也都不知道我的名字应该怎么读，那又怎么样，这根本不是问题。如果真的要做这样一个品牌，你有什么打算？”

“我能为自己设计整个套系的服饰。”我告诉他，“我会从男装开始入手，设计一个既经典而又现代的服饰系列。”我一直在为加州文身公司做设计，在加州时穿过很多非常休闲、放松的衣服，不过在我心底，还是有一种重塑学院风的情结。所以我把这两者结合起来。我告诉他，“这个品牌必须要很经典，但和经典又要有所不同。”

当时我身穿一件海军蓝的翻领毛衣，里面搭配了一件蓝白相间的条纹衬衫，下装是吉尔柏（Girbaud）卡其色长裤，搭配白色盖世威（K-swiss）运动鞋。穆尔詹尼问，“你的毛衣是在哪儿买的？”

“安德丽安·维塔蒂尼（Adrienne Vittadini）。”

“你应该做像这样的衣服。”我已经喜欢上了这个人。“你什么时候能开始工作？”

我立刻给汤姆、安格勒还有莫斯先生打了电话，回去之后，我告诉Calvin Klein 的人，我不打算要这份工作了。我从没想过自己会做这样的事情——Calvin Klein 给我提供了一份工作，而我居然没有接受？——但穆尔詹尼让我拥有了能够实现梦想的机会，我必须要抓住这个机会，追求我的理想。

我们双方在一起商讨了合作细节，安格勒和汤姆代表我，穆尔詹尼的个人律师普力马·格鲁克（Freema Gluck）代表他。我们谈得非常仔细、非常深入。穆尔詹尼想永久拥有我姓名的独家使用权，但我不想放弃自己的名字。我们都很坚持自己的立场，谈判在一段时间内陷入了僵局。

我们讨论了很长时间，最后建立了一种授权合作形式的伙伴关系。我授权穆尔詹尼对我姓名的使用权，而作为回报，穆尔詹尼需要根据货物的实际销售额按比例给我分成。除此之外，我的设计工作酬劳则需要另外支付——包括25万美元的预付款加上5%的权利金，相当于奔驰S级轿车的交通工具以及头等舱的差旅待遇。其他品牌的设计师可能会要求拥有公司的实际股权，这样，除薪水外还能获得股票收益，但是考虑到我的财物状况，我把姓名的使用权转换为现金额度和让我能做所需要做的事情的机会。

苏珊和我从阿尔法城第9大街（这个区域虽然很有意思，但还是不太安全）搬到了苏豪区的核心地段居住，我们在王子大街和春天大街的中间地段租了一套顶楼的公寓。我在新小区附近的商店采购出行所需要的物品，为去香港作着准备，我感受着这里的不同，我的内心欣喜若狂，我马上就要开始汤米·希尔费格系列服装的设计了，我终于第一次有了尽情发挥自己创作才华的机会。

6月30号，莫汉——我们彼此之间是如此合拍，以至于我几乎立刻就开始叫他的名字——请我去他的办公室，他说，“我想介绍你认识乔尔·霍洛维茨（Joel Horowitz）。”霍洛维茨是穆尔詹尼集团最大的分公司歌莉亚·温德比牛仔裤的总裁。“乔尔会负责管理你的品牌。”

在此之前，乔尔对我一无所知，但是那天，当穆尔詹尼和他的公司总裁艾伦·吉尔曼（Alan Gilman）领着我走进他的办公室，告诉他，“来吧，他是你的人了。”从那以后，我们就成了最好的朋友。

我们在一起聊了大概两个小时，很快乔尔和我就成了无话不谈的好兄弟。我们的经历，我们的性格，我们对于服装行业的看法以及对于我这份事业的未来发展前景的设想，都惊人的相似。那天，我深刻地认识到：在寻找合作伙伴时，想法一致是关键。这对我来说，是改变我一生的一课。

乔尔在长岛湖景镇（Lakeview，Long Island）长大——这是一个非常非常小的地方，靠近洛克维尔中心市（Rockville Centre），只不过是个人口“普查规定的居民点”，连小镇都算不上！他父母最好的朋友，恰好是拉尔夫·劳伦妻子瑞奇（Ricky）最好的朋友。拉尔夫·劳伦开始做领带生意的时候，想要找一个知道如何制作领带并且他可以信任的人来帮忙。而乔尔的父亲在曼哈顿有一家领带制作工厂，他们之前在一些社交场合有过会面，所以乔尔的父亲很自然地成为拉尔夫·劳伦的第一位雇员。

乔尔当时还在读大学——俄亥俄州迈阿密大学（Miami of Ohio），蔻驰（Coach）的发源地。他1969年入学，攻读工商管理专业，但他真正想学的是音乐专业，他想攒够钱，然后去欧洲环游一年。乔尔觉得，做这件事最好的办法，就是住在家里，然后给自己找一份工作。当时他能找到的最高报酬的工作就是邮差。他在公务员考试中考出了非常高的分数，然后被指派到家附近的邮递路线，一个礼拜能赚250美元。就他自己而言，这一切都很完美。

就在他准备去上班的那一天，他的父母跪在他的面前说，“我们的儿子不能只做一个邮差，我们的儿子不能只做一个邮递员！”他的妈妈说，“你就试试看去你父亲工厂上班吧。他们刚好需要帮手。就去试一试，好吗？”

第一次到拉尔夫·劳伦办公室的时候，乔尔穿着他受戒礼时所穿的衣服，满脸的络腮胡须，一头披肩长发。拉尔夫·劳伦把他拉到一边说，“去把你的头发剪一下，胡子剃掉，我这里有几套衣服，你拿去穿穿看合不合适。”事实证明，乔尔是个完美的模特身材。回到家后，他简直像变了一个人。他是拉尔夫·劳伦的第五位、也可能是第六位员工。当时，这还是一家很小的公司。

乔尔1969年开始在拉尔夫·劳伦Polo衫分部工作，整个20世纪70年代都在为这一品牌效力。后来他结婚了，有了一个儿子达斯汀（Dustin）；离婚后又一次再婚，生了个女儿利（Leigh）；一直到这时候，他才发现自己到了需要赚钱养家的人生阶段。他想要找一份富有创造性、挑战性的工作，但一直不能如愿，最后他决定，“我就去做自己所能找到的薪水最高的工作好了。”结果就是现在穆尔詹尼公司的产品（Head of Merchandising）和战略采购（Sourcing）总监。但他对这份工作并没有什么特殊的感情。如果他能找到薪水更高的工作，那他肯定会离开这里——或许，新的工作会更有意思。

在这种背景下，我走进了他的办公室。那是1984年的6月30日。

我坐在乔尔旁边，说，“你看啊，我不想一直坐在这里，就只是单纯地把我的想法画出来，或者只是简单地做一些创意。我能把这个服装系列制作出来的唯一方法就是去香港，去找合适的布料，去把这些布料染成合适的颜色，去找到所有的配件，比如纽扣、拉链等，然后我需要待在厂里，等着工人们把我的设计制作成一件完整的衣服，我需要在厂里解答工人们的问题、解答样品师的问题，需要去找人试穿这些衣服，需要对它进行各种调整和改进，只有这样才能创造出一件让人满意的作品。”

乔尔完全赞同我的观点，但是问题有些复杂。首先是公司名称的问题。我以为这个问题已经得到了落实：汤米·希尔费格。而事实显然并非如此。仅穆尔詹尼集团内部，就对这个品牌名称的推广是否过于困难持有不同意见。大家会不会把它错看成是别的品牌？毕竟这个名字不太常见。“或许我们应该把这个名字改掉。或许我们应该叫它……汤米·希尔？”

但我表现得很坚定。我强烈地感觉到莫汉最开始对我所说的话很有道理。我想用我自己的真实名字。我们也确实这样去做了。[我们后来还把汤米·希尔品牌从穆纳·贝格（Muna Baig）那里重新买回来，以保护汤米·希尔费格品牌。]

持续一周的男装交易展在8月举办，众多买手会在此选购下一季度的商品。现在已经是6月30日。即便是运作成熟的品牌，也需要大约六个月的时间，才能完成一系列新的产品。而我们不仅要设计开发新的产品，还要从无到有建立并推广一个全新的品牌！我们需要有一整套具体的产品来卖给客户，除此之外，我们还需要创建对品牌的一种远景、一种让人能够理解的美学概念以及对于我们到底是谁的一个明确定义。

第二天，我出发去了香港，整个7月我都待在那里，设计制作我们的服装。

从和穆尔詹尼签订合同的那一刻起，我脑子里就一直在想，我们究竟要做些什么、能做些什么，这些东西必须要不同于别人，必须要能引起人的注意，必须要有趣、好玩，并且充满创意。我在飞机上连续画了几个小时的草图。现在的我，已经和全世界很多家服装生产厂商都打过交道，我已经形成了一套完整的设计流程。各种图片、布样、色谱、服装样品等和服装设计相关的东西，塞满了我的手提箱。在穆尔詹尼香港的办公室，我把手提箱里所有的一切都摊开来。我们讨论了衬衫、长裤、毛衣。我知道开发一套新的服装系列需要做些什么。最重要的还是想法和创意，是时候制作出些新的产品了。其实在我内心深处，我早已知道自己想要什么样的东西。

我把设计的重点集中到两大主题上：航海和游猎。

我一直都很喜欢航海主题的装束，喜欢那种扬帆远航的洒脱和情怀。它唤起了人们内心对远航路上充满温情的浪漫之都、对预示财富和激情的抱负之地的向往。纽波特（Newport）、南塔基特岛（Nantucket）、波托菲诺（Portofino）、圣特罗佩兹（Saint-tropez），这些都是能够给人以无限灵感的地方。就像我儿时的那些梦，航海是对于现实的一种逃避。并且它还是一种品位和地位的体现。这让人不由自主地想起杰克（Jack）和杰姬·肯尼迪（Jakie Kennedy）。美好的生活是每个人都所为之神往的。

而对于设计受军旅题材启发的游猎主题，只是单纯的因为我觉得这种穿着很潇洒帅气。闭上眼睛想象一下，深浅不一的卡其色、橄榄绿、象牙白，这些颜色被放到不同质地的布料上。只要把这些布料拿到手上，你就立刻能知道它想要表达些什么。我想，“让我们来做这种设计吧，不过要以一种完全不同的形式，把这种新鲜感展现出来。”

这两种风格的服装都要适于穿着，这才是最重要的一点。我希望我的服装系列时尚，希望它们看起来和其他品牌的服装不一样，但我还想让我的客户都能买得起，也确实都会去穿这些衣服。曾经对于迷幻摇滚乐的痴迷，让我对此颇有领悟。那就是，汤米·希尔费格的品牌不能只面向一小群特殊群体，而是应该考虑到绝大部分人的需求。从设计一开始，我所重点考虑的问题就是产品质量是否过关、产品剪裁是否合身、产品外形是否时尚、服装所采用的布料是否恰当、是否注重了对细节的处理、是否向客户传达了正确的态度、是否顾及了潮流要素以及设计理念是否年轻。

当时我对这一点就有强烈的感觉，直到现在这种感觉也依旧没有改变：当人们拿起一件衬衫，他（她）肯定想看到一些特别的东西，否则这就只是一件很普通的衬衫。我在脑子里整理了一份清单，每次设计时，都要核对清单上的条目是否达到了要求：产品款式是否经典？打钩。设计创意是否独特？打钩。创意是否新颖？打钩。理念是否有趣？打钩。造型是否时尚？打钩。穿着是否合身？打钩。功能性是否强？打钩。对关注时尚的客户是否具有吸引力？打钩。对长期客户是否具有吸引力？打钩。对普通客户是否具有吸引力？打钩。是否不同于相同领域内的其他产品？打钩。是否看起来比实际要贵？打钩。是否有可以将其与其他产品相区别的独特细节？打钩。做工是否精良？打钩。是否与流行趋势相符？打钩。设计是否顺应时代要求？打钩。设计并没有太超前？打钩。设计没有过于落伍？打钩。每件衣服的设计都必须经过这些层层检验。

最重要的是，这个服装系列必须看起来和其他系列不一样。这是我所考虑的重点。就像我所说的，我所设计的服装必须很经典，但又要不同于经典。

我聘请了琳迪·唐纳利（Lindy Donnelly）作为我的助手，她对我的帮助非常大，绘制技术草图和很多具体的工作我都会交给她，这使我能把全部的精力集中到设计工作上。我会看着同一件衬衫不停地喃喃自语："这个颜色不应该那样；应该这样。我们应该把口袋做得更大一些。应该把袖子改得更短一些。"琳迪会一边画图，一边记下我所说的话，再进行修改。

对于每一件单品的思考，我都会具体到每个细节。我不停地在做着各种创新。我在衬衫衣领位置设计了一个对比色的内衬，内衬绕衣领一周，宽度是两个纽扣的间距。之前还没有人做过这种设计。这种设计使基本款的白衬衫变得很特别——虽然它其实也还依旧是一件普通的白衬衫。衣领的纽扣扣起来之后，它和那些更加昂贵的衬衫根本就让人难以分辨，但只有穿这件衣服的人，才知道自己到底有多时尚。解开纽扣，隐隐约约透露出来的衣领内衬让时髦感扑面而来。为了让衣服穿起来更舒服、更柔软，我还特意对衣服的衬里进行了改良。

我在衬衫内侧缝制了"V"形的商标标识，这是我在从纽约飞往香港的途中想到的。在此之前，衣领后面的位置从未被利用过，这是不同于传统标签印记法的、全新的商标标识方法——一块"V"形的布料被缝合到衬衫内侧，从背后也能看到这个形状。低调而内敛，即便看不到商标，人们也能立即识别出我的品牌。

开始的时候，我为每件衬衫设计了一个绿色的扣眼；后来我在袖口上做了个对比色的扣眼，然后又把袖口本身也做成对比色。我设计开发了带对比色内衬的衣袖，当人们挽起衣袖时，除了露出自己的手臂，还在不经意间展现出衣袖上的这一小细节，让人充满遐想。所有这一切的努力，都是为了让一件衬衫显得很特别。我希望自己的所有衣服都能与众不同。

我的裤装系列也和其他品牌不一样，拥有很多细节上的设计，不过这丝毫不影响它的舒适性。我们的裤装提供了多种花型、颜色和材质的组合，水洗工艺的处理、款式的变化、纽扣的选择都非常恰当。裤腰采用对比材质。裤装的口袋被做得很深，后裤袋采用扣纽扣的翻盖设计。裤绊的位置也非常有讲究。我们还非常注重裤装腰身、裤裆等各个细节的剪裁，合身一直是我们设计的关注重点。

我们知道作为男装品牌，领带是必不可少的。我们开始和曼哈顿工业（Manhattan Industries）的老板赫伯·阿罗森（Herb Aronson）谈论合作的事，曼哈顿工业是一家从事颈部服饰制作生产的公司，赫伯说，“汤米·希尔费格是谁？”他戴着罗林斯公司的棒球手套，坐在写字椅上，手上一直把玩着抓投棒球的把戏——啪、啪、啪……他看上去像个真的完全弄不明白我们在做些什么的老人，所以当他表示自己不愿意合作时，我丝毫不觉得意外。大约一年以后，汤米·希尔费格开始成为一个相当具有知名度的品牌，他们这才觉得，把我们的品牌商标印在他们的产品上是个不错的主意。后来我们再次和曼哈顿工业商议合作的事，他们这次终于决定要做我们的授权。

意大利的科莫（Como），是世界上颈部服饰、围巾和阔领巾的大本营——拥有丝绸印花工艺，这里所产出的颈部服饰产品真的是非常精美。我和阿罗森一起去了那里，这是我第一次到科莫。科莫湖有一些经营艺术家工作室的家族企业，像拉蒂（Ratti），还有蒙特罗（Montero），他们在这里有很多漂亮的别墅。我们拜访了制造商罗马诺·博塔（Romano Botta），一起在他家吃了意大利面，还挑选了制作领带的布料。但我不需要他们来设计我的领带，我想要自己设计。我非常清楚自己想要什么：军旅风格的条纹、苏格兰风格的格子、戴徽章刺绣的立方体，所有领带的颜色都要由我来选择。我希望这些领带能够独树一帜，能够和其他品牌的产品有明显的不同。

我脑子里对这些设计有着非常具体的想法。我希望这些领带从正面看，就是一条普通的领带，但我想在后面的尾巴上做些特殊的处理，让它能产生一种对比的效果。以前也从没有人这样做过，开始的时候，工人们说他们做不了这种领带，但我不接受这种说法。当我有想法时，我就想要去做，没有什么事是做不到的，只要愿意去想办法。我所遭遇到最激烈的对抗，是生产人员告诉我，他们没法做某件事情，而我明知道他们能够做到。在那时候，我变得有些歇斯底里，甚至有些疯狂，因为我已经可以在自己的头脑中看到它的模样，可是这些人却以各种借口要阻挠它的诞生。

我明明已经看到了这条领带的样子，可是阿罗森先生却以各种理由推脱，说无法做到这件事，这让我气愤不已，我说，“你为什么不把后面的这部分领带直接缝到前面那一半上去呢？”

“哎呀，那样要多花好多钱。”

这根本不能构成不做这件事情的理由，我不停地督促他，让人感到欣慰的是，最终我们还是解决了这个问题。我们在颈部服饰中破天荒地缔造了一个标志性的印记。现在，当人们系上汤米·希尔费格领带，就会发现它的与众不同。这只是一点点小细节上的变化，它非但不会吓跑它的客人们，并且还能从根本上把我们的领带和商场中的其他领带区别开来。

我们把领带制作的授权从赫伯·阿罗森的曼哈顿工业换到了絮佩巴颈部服饰公司（Superba Neckwear），这家公司的所有人是默文·曼德尔鲍姆（Mervyn Mendelbaum）。默文和我一起去了科莫湖。默文是个愿意想办法把事情做成的人，而不是像有些人，一遇到困难就缩手缩脚的不愿意作任何尝试。这一点和我非常相像。我们的合作，让汤米·希尔费格颈部服饰系列大获成功，营业额得到了爆发式的增长。这个系列的产品在26年后的今天，依然拥有市场。人们不断地对它进行模仿，不断在此基础上推出其他版本，但这最初的创意源自我们。这成了我们品牌的一个标志，也是让我深感高兴的一件事。

因为曾经做过店铺的经营，我对零售行业有着非常深入的理解，我知道如果把服装投放到百货商店里，那么它很容易就会被淹没在汇聚了众多品牌服装的汪洋大海之中，在这种情况下，如果你的衣服和其他品牌衣服看起来又非常相像，那么它们就很难会有市场。这和音乐行业一样。如果你写了一首歌，而这首歌听起来和其他20首歌都差不多，那么它就不会引起众人的注意。但如果它的旋律让人觉得很熟悉，但却又有一些特别的、与众不同的地方，那么它就会一鸣惊人。这一直以来都是我的人生哲学。老鹰乐队（the Eagles）之所以这么成功，就是因为他们的歌词大多源自生活——“这些夜晚中的某一天（One of These Nights）”“镇上来了个陌生人（New Kids in Town）”“长此以往（The Long Run）”——他们对这些日常的语言进行了加工，使其成为他们自己的东西，然后再谱上精心制作的、富有启发性的音乐。他们就是通过这种简单的方式，卖掉了几百万张唱片。

在时尚界，一直以来都有着这种可能性，那就是设计师会重拾某个主题，对其进行些许改变，或以此为基础，进行发散式的再创作，我们都反复做过某个主题的服装，有的时候是刻意而为，而大多数时候只是凑巧。在设计服装的过程中，细节的构思与处理是否精妙非常关键。这就像厨师烹饪一份菜肴，要往菜里添加多少调味料才合适呢？假若菜做得太辣，食客们就可能囫囵吞枣，无法细细品味菜肴原本的味道；而假若菜不够辣，口感又会太过平淡，你的食客们可能又无法得到满足。

我很早就发现，对于大多数人而言，特别是男人，他们不愿接受过于特别的东西。他们不想自己显得很突兀，或者穿着太超前。在服装行业的这么多年，我经常都会有在踩钢丝的感觉：如果平衡掌握得不好，随时可能跌入万丈深渊。你必须时刻保持这种平衡。我们有很多次没有把握好，不过幸运的是，我们的正确次数远高过错误的次数，而每当我们达到这种平衡，我们的产品就会大获成功！

如果你可以引领潮流，这自然很棒。但做这件事情的时候，风险也非常大。我经营人间天堂时，在选择魅力摇滚风格服饰时所遭遇的失败，便充分说明了这一点。所以我宁愿跟随潮流，而不是引领它。不过，即便是跟随潮流，我也想创制出我自己的版本，这就好比是冲浪，时尚的浪潮只不过是我前进的方向，我依然是浪尖上与众不同的那个我。

这是我的核心信仰之一：在时装业，没有发明家。没有人在创造着裤装，没有人在创造衬衫、毛衣，或者夹克。设计师的工作只不过是将时尚回炉重造。我们摄取一些早已存在的东西，以现在的眼光对其进行加工再造。这就是一个创新的过程，那些能够在这方面做得很好的人，就是大赢家。

品牌的真正价值在于它的商标标识。一个有效的标识，对客户来说，它所意味的远不止“这是一件好看的衣服”。撇开商标不谈，放眼望去，你会发现好看的衣服其实很多。商标标识所要表达的是“这才是你应该要穿的衣服”。它是一种自信和意愿的体现。想想劳力士（Rolex）和它的皇冠标识，梅赛德斯－奔驰和它的星星标识。再想想香奈儿、古驰、万宝龙（Mont Blanc）、路易威登、宾利、劳斯莱斯。看看滚石乐队那红唇中探出舌头的标识。看看匡威的星星标识、耐克“嗖的一声”动作标识、企鹅公司的企鹅标识、苹果公司的苹果标识。有的时候，我看到有的品牌甚至连自己的标识都没有，我就觉得这家公司不够聪明。我会觉得不管是谁创建了那个品牌，都还少了点什么。在超市琳琅满目的麦片里，家乐氏（Kellogg）的麦片和一种不知名麦片放在一起，你会买哪一种？你肯定会选择家乐氏的，因为它有自己的品牌，这代表着历史和声望，并且家乐氏的卡通代言人汤尼虎都在说，“这麦片好吃极啦！”

当开始考虑设置我的品牌标识时，我想到了鳄鱼（Lacoste）公司短吻鳄标识的保罗衬衫，鳄鱼公司自1933年起，便已开始使用这一设计。保罗·拉尔夫·劳伦（Polo Ralph Lauren）有它的小马标识。特别要提一下耐克公司“嗖的一声”标识，以声音形象生动地表现了品牌的运动特征，它的影响非常大，阿迪达斯有三叶草，彪马有美洲狮。如今我们生活在一个充满商标标识的身份主义社会。而在那时，为品牌设计标识的风气才刚刚兴起。

莫汉·穆尔詹尼介绍我认识了兰道（Landor）公司的人，这是加州一个图形制造公司。我告诉他们，我喜欢旗帜——国家、帆船、重要的建筑物，还有政府车辆上都有旗帜，我喜欢红色、白色还有蓝色。我觉得可以把我们的品牌标识设计成旗帜的形式，如果能有自己的旗帜，这将是一件很酷的事情。

我告诉他们，我想要一种海上航行的感觉、一种高雅的感觉，兰道公司综合我的意见，设计了一种字母旗——一种航海字母旗。这种结合真是太完美了！设计师用我名字的首字母组成了一个长方形，然后把汤米·希尔费格品牌名安置在海军蓝条纹上下的位置。我只看了一眼，就说，“就是它了！”

我的梦想是即便去掉品牌，人们也依旧能认出我的商标标识，依旧知道这代表了什么，就像耐克“嗖的一声”标识。我想让我的旗帜标识成为美国的一种象征。

我还想到用类似于总统印章或者家族饰章的东西，来让我的品牌拥有一种时代感和历史感，这会让人感觉很时髦，很有风范。我不停地想，“我的那些瑞士和德国的亲戚们可能会有饰章”，就这样我创造了自己的饰章——一头荣誉加身的佩剑狮子。我曾经在某个雪茄品牌上看到过这个图案，稍作改变之后，我把它变成属于自己的东西。我把旗帜商标标识放在衣服的后面，饰章放在衣服的前面。

我对于颜色的选择也是别出心裁的，我特别选用了红色、白色还有蓝色来创造这整个概念。爱马仕有亮橙色，蒂芙尼有浅蓝色，而我的颜色暗示了航海和美国精神。

身边的那些竞争，对我来说，渐渐显得有些无聊了。一点有趣的细节，一个很棒的标识，我们的衬衫一下就引起了轰动。这正是我们所需要的，让一件衣服变得很酷，让一件衣服符合时代要求的方法。拥有了标识、饰章还有这些设计，我的每个客户都成了公司的广告牌。我想听到人们说，“哦，那是汤米 · 希尔费格牌的衬衫！”然后自己也会出去买一些我们的商品。

我在香港完成第一个服装系列的设计之后，回到纽约，和乔尔一起投入了汤米 · 希尔费格品牌的建设。汤米 · 希尔费格是我们心血的结晶。我们的合作关系很神奇。乔尔做事情很讲究策略，考虑问题很周全，他也是个很勤勉的人。他总是知道什么时候能放手一搏，什么时候该去踩油门，什么时候要松一把。

我和汤米 · 希尔费格品牌密不可分。我从一开始就知道这两者是你中有我、我中有你的统一关系。我唯一和这个品牌分开的时间，就是我陪伴家人的时间，那时候我的身份是一个父亲，是一个丈夫。

我们推出了汤米 · 希尔费格 1985 春季服饰系列——以我的名字推出的第一个服装系列，这是件多么让人激动的事情！这些衣服被挂在乔尔办公室的衣架上，开始对外销售。零售商们都很喜欢这个系列的衣服，纷纷和我们签订了订单。之前的这些环节都很顺利，但在订单的处理上我们遇到了一些问题。

在流行服饰的生产过程中，有太多会出问题的地方：缝纫出错；颜色出错；因为印度雨季来临、工厂拿不到付款、工人罢工；中国新年或者印度光明节放假等原因造成的发货延迟问题；有时是布料的问题；有时是剪裁不合身的问题；有时是在一些服装款式做染色处理的时候，发现染色不均匀的问题。

由于整个设计、采购和生产过程都非常匆忙，香港工厂的成品做工都比较粗糙。我们正处于品牌创建的关键时刻，可是发来的货物上却残留着线头、满是褶皱、完全没有经过熨烫。当你打开一箱满是问题的货物，那种感觉是灾难性的。我们没有时间把所有货物发回工厂去作调整或者重新生产；如果这样的话，我们会收到大量的撤单。我们紧急召集了一群临时工来剪掉线头、熨烫衣服、修补衣服上所出现的问题。在这次危机出现之前，乔尔对整个公司的管理都是建立在严密而系统的组织规划之上，所有事情都按照日程，尽量准时完成。但令人意想不到的是，厂家居然临时给我们抛出了这么个大难题。不过谢天谢地，经过连续数小时的奋战，我们终于解救了这个服饰系列，成功渡过了难关。

乔尔对这个服装系列的推出起到了非常关键的作用。他的首要贡献是对于价格的判断。我们第一次把服装展示给零售商的时候，他观察了零售商的反应并从而得出服装定价过高的结论。

他说，“汤米，这些商场觉得那衬衫卖75美元太贵了，我们把价格降到50美元吧。”我对此并没什么意见。我很乐于听从乔尔在商业上的决定。我的目标就是赚钱。不过，如果我们只是把利润降低，而又没有增加订单量，那么我们赚到的钱就会变少。乔尔对此说法倒是很有一番见解，我们的首要任务是创建品牌，一旦拥有了知名度，我们就可以逐渐增加销量。虽然从短期来看，我们的利润受到了损失，不过从长远来看，利大于弊。我们决定把每件衣服降价25美元。我们讨论了很久，最后商定了49.5美元这个绝妙的价格。

当然，我们需要寻找能够降低损失的方法。我们回去找那些工厂里的人，去找我们的布料供货商、纽扣供货商，问他们“如果我想要以这个价格做成这种质量的服装，我们应该怎么做？”纽扣供货商会说，“你可以用有珍珠光泽的纽扣来替代珍珠贝纽扣，这样会比较省钱。”工人们告诉我，“缩短服装水洗时间，比如从原本的 20 分钟降低到 60 秒，这样会比较省钱。”“你可以通过水路来运输，而不是像以前那样用空运，这会比较省钱。”“如果你减少布料的用量，这样就能减少些成本——你每件衣服真的需要用 3 米 2 的布料，要用这么多吗？”“如果你提前买好 100 万份商标……”

在和供货商不断打交道的过程中，我们逐渐变得老练起来。过了一段时间，我们学会了怎样向这些厂家提问。到工厂之后，我会说，“我想要制作这种设计的衣服，但是我们的预算只有 30 美元。我们该做些什么？哦，你不能用那种线？我们可以去中国台湾买这种布料，而不是去意大利购买？”我们发现可以在中国内地做这些衣服，而不是去中国香港做：这两个地方采用的是相同的缝纫机、相同的针头、一切都是相同的，而价格却低很多。我们发现可以用印花布料而不是色织布来做一件衣服。我们发现，降低成本的方法其实有很多。

不过，我坚持要维持产品的质量水平。这就好比，好的厨师永远都不会用人造奶油来代替黄油一样。我也永远不会用凯马特（Kmart）或者沃尔玛超市里所卖衣服用的那种粗棉布料。我喜欢用 80 针精梳或者 120 针精梳的双织绵。我永远也不会用低劣的布料。我不会用没有弹性的纱线——我想用那些在拉扯之后，还能恢复原样的布料。我永远也不会用质量差的丹宁布。口袋、拉链、纽扣以及其他小细节，在我眼里都不算小事。

我们的决策是正确的。零售商喜欢我们的产品，汤米 · 希尔费格品牌逐渐为人所知晓，我们开始逐渐收到各大百货公司的订单。

当时给我们最大支持的，是霍华德 · 索科尔（Howard Socol）所经营的迈阿密布尔迪尼（Burdine's）百货公司。我们在停车场搭了一顶帐篷，在里面举办了汤米 · 希尔费格品牌的第一场时装表演，当时的热播剧《迈阿密风云》(*Miami Vice*)的主演唐·约翰逊(Don Johnson),还有菲利普·迈克尔·汤姆士(Philip Michael Thomas)都参加了这场演出。这些活动结束后,我亲自走进商场,到汤米·希尔费格品牌的销售门店举行设计师见面会活动,对品牌进行推广。

然而,那并不是一次大获成功的推广活动。我站在一片服装的汪洋大海中,过道里只有很少的人在走动,根本就没人注意我。我们为创建品牌做了这么多工作,却似乎丝毫没有得到世人的认可,挫败感让我喘不过气来。但是乔尔安慰我说:“我们才刚刚开始,这其实很正常。别担心!很快我们就能到达更高的水平。”其实在我内心深处,我相信这种情况只是暂时的,我们最终肯定会获得成功,只是我没有足够的耐心。当时我还意识不到他所说话的正确性。

开始的时候,我们还遇到了衣服不合身的问题。我们的裤装在大腿位置过于宽松,腰部不合身,臀部也太紧。这其实真的不是生产制作上的问题,大部分是因为设计的问题。我们试着对相关尺寸进行了改进,但在第二批货中,这些问题仍然存在。这在我的商业之旅中,算是个很大的教训:你可能做了世上最好看的衣服,你可能有最棒的商标标识,可能做了最好的市场推广,可能选择了最合理的价格定位,可能设计了最流行的款式,但假如你的衣服穿起来不合身,那么所有的这一切都是枉费工夫。

所以我们得让衣服穿起来合身。

我们聘请了一位这方面的专家,西岚·塔尔兹(Siran Tarzy),一个亚美尼亚籍的花型工,她是个完美主义者,一个非常有原则的人,她对我以及整个设计团队都提出了非常严格的要求,她要求我们设计出合适的尺寸,要进行成衣的试穿,要对尺寸具体到每一厘米。汤米·希尔费格之所以能在这么长时间内都保持如此好的销量,其中一个原因,就是我们终于弄明白了一个道理：每个人的身材都是不一样的，我们需要保证门店销售的尺码能符合大部分人群的穿着需求。腰围为 91 厘米的人，身高可能是在 1 米 56 到到 1 米 95 之间，我们的裤装应该能让这两种身材的人穿起来都很合身。要想能满足这一点，秘诀是在臀部和大腿的位置都留有一定的空间。

在我们逐渐熟悉生意上的事情之后，我们建立了一套设计流程。首先我会有某种设计创意，接着我会拿出在某家复古风格的精品店或者欧洲买的样品、图画或某个粗略的草图给我的一个设计助手，他会对这个草图进行修饰加工，然后我们会把草图寄给亚洲的一家工厂，通常都是香港的工厂，他们会随便选一种布料制作出设计原型寄给我们。接着我们会在乔・皮尔维斯基（Joe Pilewski）的身上试穿。

乔是个模特，长相酷似布拉德・皮特（Brad Pitt）。他来自俄亥俄州的托莱多（Toledo，Ohio），是个真正的球迷，喜欢户外运动，也很讨女人喜欢。他是个对工作非常认真、很有耐心的小伙，有着完美的标准模特身材：身高 1 米 83，体重 77 千克，81 厘米的腰围。做服装试穿的时候，乔能接连站好几个小时，在此期间，我们会仔细研究衣服的尺寸是否合身："这里太大了，那里太小了，臀部这里应该再大些，裤绊应该再高些，口袋应该再低些。"接着，乔会像个普通客户那样做出坐、蹲的动作。他会告诉我们，"这个裤脚不能盖住我的脚踝，"或者"我每次坐下来的时候，胯下都拉得很紧，"或者"口袋都太深了。"我们学到了宝贵的一课：在人体模型上进行试穿，效果没有在真人身上试穿好，真人会动，会给我们更加客观具体的穿着体验。西岚会把这些意见记下来，用别针重新固定尺寸，有时直接剪裁出新的尺寸。

每种样品我们都会做四个不同的版本：一件稍大，一件稍小，一件某些部位稍大，一件某些部位稍小。有点像《金发女孩》（*Goldilocks*）故事里所描述的那样，小女孩走进一个房间，房间里有完全一样的东西，却是不同的尺寸。我们会把衣服拿去水洗，看看衣服缩水后会变成什么样。我们会再三研究所有细节。反复修改衬衫的衣领，历经数十次的重新制作，直到得到满意的作品。我们会选用不同重量的布料来做牛仔裤，因为一条14.5盎司的牛仔裤和一条10盎司的牛仔裤相比，穿着时的合身程度和悬垂效果都不同。口袋的设计也必须要完美。我们希望衣服的口袋足够深，而又不至于太深，实用性是首要的考虑。还有一点很重要，这些裤装和牛仔裤清洗过后，它们的口袋不会产生很严重的缩水情况。

布料厚度的选择也很重要。对于裤装而言，口袋和裤腰的内衬要足够厚，但又不能太厚。我们会在裤装内部进行平缝（先折叠再缝合）处理，大概是每英寸32针的双针缝合方法。并且确保选用了最佳尺寸的针线和重量、尺寸最为合适的拉链。对于衬衫，我们会确保衣服在穿上身后，从肩膀上方往下看时，衬衫的肩线距离肩部会有1.5英寸的悬垂，抵肩要恰好落在正确的位置。衬衫上身效果要修身，但又要留有足够宽松的余地，袖孔的位置要适合每个人的需求。一切的细节设计都必须要刚刚好。

乔尔专注于公司整体的发展方向和发展策略。他说，“我们需要一些基本款的东西。”如果我们能开发并销售一些男性服饰的必需品，如果我们能成为男人们一站式购买所有基本款的地方，如果我们不但能给他们提供他们所想要的东西，还能把这些东西做得非常出色，那么我们不仅满足了一种需求，还将就此占据一大块市场份额。

那么男人们到底需要些什么呢？我们对当时的男装市场进行了仔细的研究，开发出了一系列的新产品。卡其裤，我们有大众裤装（Public Pant）；短裤，我们有军官短裤（Officer Short）；保罗衫，我们有纽波特保罗衫（Newport polo）；毛衣，我们有预备团员（Prep Crew）；夹克衫，我们有常春藤夹克（Ivy Jacket）；牛仔裤，我们有峡谷牛仔（Canyon Jean）；我们的衬衫是哈弗衬衫（Harvard shirt），我们的产品有细条纹衬衫、格子衬衫、条格布衬衫，还有丹宁衬衫。这些产品构成了我们的核心基础系列。

我在一开始就给所有产品都取了名字，因为我是个控制狂。我希望所有事都能按照我的方法去做。有五个口袋的峡谷牛仔，就像是西部牛仔们会穿的衣服。常春藤夹克是我们的巴拉库塔（Baracuta）夹克衫，就是那种大学校园里常能看到的、非常轻便的拉链夹克外套。纽波特保罗衫象征着帆船运动，纽波特港，以及新英格兰学院风。大众裤装适合所有人——这种裤子穿在谁身上都好看。军官短裤有军旅风格的复褶设计。预备团员系列服饰非常学院风——我想让世上所有热爱时尚的孩子都能穿上它。这些名字都是我经过慎重考虑的结果。随着对新英格兰、常春藤联校风格服饰的思索，我想要设计这一基本款系列的念头愈加强烈起来，越是沉浸在这种渴望之中，我就愈发感觉，这是一种能够提升整个品牌的行为。市场中的这个大“蛋糕”，我也想要一块。

我们开始把这一系列的产品推向市场。我们会根据每一季的流行元素对所有核心基本款进行配色，给它们加上条纹、格子和其他花型。我们称其为核心加（Core Plus）。

我们构建了一种金字塔形的商业模型。按照这种模型，核心基础款至少占我们业务的50%。核心加占40%。再往上是根据每一季的不同主题所特别设计的流行款式——航海主题、板球主题、卡利普索主题，占据剩下的10%。金字塔底端的那三大块，每天都会给我们的品牌带来稳定的收益，是公司运营等各项开支的主要资金来源。正是因为我们如此倚重于这种产品配比，我们必须保证每件衣服穿起来都非常合身，每样产品的定价都非常合理，每件衣服都能给我们带来实实在在的收益。

核心基本款的好处在于，它可以一直上架销售而不会被淘汰，也不会有降价打折的问题。我们只要每年顺应时尚潮流，给它加入一些流行元素的细节即可。基本款确实构成了我们商业的核心。它让我们有时间和精力，可以在其他方面作一些冒险和尝试。在刚开始没有进行任何产品配比安排的时候，一旦某个时尚系列市场反响不好，我们所有人都会说，“哎呀，不妙。”这有可能会造成非常严重的后果。但有了核心基本款之后，我们的盈利基础得到了稳固，即便真的出现某个时尚系列的产品销量不够好，不受市场欢迎时，我们也不会像以前那样惊慌失措，这并不是世界末日。

乔尔总是会未雨绸缪地为以后作些打算。他会问，“我们以后的发展方向是什么？我们的目标是什么？我们需要哪些人来帮我们实现这些目标？我们需要些什么，我们怎样才能实现这些目标？”他相信发展必须要有冒险精神，但与此同时，他在展望及发展的道路上也能做到坚持原则、张弛有度。他完全理解我所在做的事情，一直给我提供各种帮助，让我不断成长，不断变得更好。他总是会有一些和我不同的想法。每次他说，“汤米，你有没有试过这个？”我都会觉得很开心。他做所有事都很讲究策略，无论是做广告、推广还是销售，他都有自己的一套方法。他非常了解要怎样和律师、会计还有设计师打交道。并且在有件事情上，乔尔做得比谁都要好，那就是他只要看一眼，就能告诉我们，一件商品究竟应该怎样定价。零售商都非常尊敬他，因为他们知道乔尔的每句话都不是乱说的。如果我们是滚石乐队，那么乔尔就是鼓手查理·沃茨。他击打着鼓点，保持着公司不断前行的节奏和步伐。

1985年后期，就在汤米·希尔费格生意刚刚起步的时候，莫汉来找了我和乔尔，他说，“我要签下可口可乐的服装授权，我觉得这会是一笔大生意！你们觉得怎么样？”

我心想，“可口可乐的衣服？谁会穿这个衣服啊？他们要做成什么样呢？红白的T恤吗？这对我来说不算是什么让人感到兴奋的事，一点也不酷，我想要做的是高档服装，而这显然不是。”

看到汤米·希尔费格已经开始取得市场的关注，莫汉对我们团队的执行力充满了信心。他说，“我真的很希望你能帮助我设计和推广可口可乐的这一服装系列。”我们不知道他是不是在以此作为威胁，如果我们不同意加入可口可乐的服饰计划，那么他就会减少对汤米·希尔费格品牌的支持，但这其中隐含的信息非常明显，那就是如果我们帮助了他，他一定会用行动报答我们：如果我们愿意为他做可口可乐的服饰，他会保持对汤米·希尔费格品牌的支持。乔尔和我商量了一下，同意了。

乔尔把3月1日设定为可口可乐服饰设计的最后期限。我从我的团队里挑了几个很有天赋的设计师，我对他们说，“我们来好好想想，可口可乐的衣服，到底应该是什么样的？”我们给不了什么承诺，但我们会尽力。

我想到一个办法，那就是把所有我想穿的衣服都找来，在上面放一个可口可乐的商标标识，看看它会是什么样。我开始去不同的店里买各种衣服，我会去精品店，也会去大卖场。把可口可乐的衣服放到那样的架构中去，会是什么样？我开始想象可口可乐商标标识在所有这些衣服上的模样，刚开始的时候，这就像是在为一个老板找合适的衣服穿，渐渐的这种做法好像产生了某种共鸣，原本模糊的概念逐渐变得清晰起来。

那时候，贝纳通（Benetton）是一个全球性的时装品牌，总部设在意大利，因善于运用鲜明的色彩和面向年轻客户而知名。贝纳通在美国曾经轰动一时——20世纪80年代的美国，每家商店橱窗的显要位置都悬挂着贝纳通的样衣。我们当时还住在苏豪区，苏珊和我在西大街的百老汇，无意中看到了这个品牌的衣服。我们立刻被他们的橄榄球衫所吸引。印在一块细平布上的贝纳通标识被缝制到衣服的前襟上，就像很早以前真正的橄榄球衫制造工艺，那时候球员的球衣号码就是先被印在一块布上，然后再缝到针织衫上。这种做法还原了竞技运动服饰的本真性，让人感觉很酷。苏珊和我几乎异口同声地说，“设计一件可口可乐的橄榄球衫，这想法是不是很棒？”我买了一件贝纳通的衣服，把它带回办公室仔细研究，推敲其设计上的每个细节，再对其进行重新设计，就像我之前在印度和中国香港对很多其他衣服所做的那样。我们终于找到了设计的方向。

可口可乐的商标标识是红白两色的，我们依照众人的期望，做了红白色的可口可乐橄榄球衫，不仅如此，我们还做了蓝白色、黄白色，还有橙白色的颜色搭配。这是我们所要设计的这套服饰系列的基础。

那年春季，我去了欧洲，我发现圣日耳曼（St. Germain）、雷阿尔区（Les Halles）以及巴黎周边很多其他地区的牛仔服饰公司，开始采用在摇粒绒上印花的工艺制作了水洗摇粒绒外套、摇粒绒连帽衫，还有很多其他工艺更为复杂的摇粒绒产品。回到美国后，我开始研究工厂在T恤上印花时所采用的各种不同技巧，我对他们说，“给我看些不一样的东西。你们在印花时，除了用墨水外，还有没有用过其他材质的东西？”我发现了毛毡印花，还有各色不同种类的立体印花方法，在这众多的工艺制法中，我找到一种特殊的印花方式，用这种方法处理出来的字母看起来有点像橡胶，又有点像海绵，这正是我所想要的效果。

我们给汗衫、橄榄球衣还有保罗衫都印上了这种海绵外观的可口可乐标识。我开创了一种在天然斜纹织带上连续印花的方法，我用这种方法在织带上滚动印制可口可乐的字样，然后把这种织带用在衣服的前襟上。这个系列的所有服装都使用了这种织带以打造统一感；我希望我的设计能够认真看待，并且不放过每一个细节。这种斜纹织带被缝制到衣领下部以及衣服接缝的上面。我设计了一种带浮雕图案的按扣，把它用作球衣的第一颗纽扣，按扣的图案正是可口可乐的商标；我们模仿真正的橄榄球衣，设计了带橡胶纽扣的暗门襟；我们把可口可乐商标图案印在细纹织布上，缝到门襟的条带上，再滚涂上不同的颜色。我在汗衫上也进行了相同的处理。我用海绵印花的方式做了一整套T恤衫，还做了牛仔裤、短裤、保罗衫和摇粒绒产品。我把可口可乐的商标融入对所有服装的设计中去。各大商场对此表现出极大的欢迎——可口可乐系列的服饰大获成功！

我每天会花半天时间在可口可乐设计工作室工作，指挥克莉丝·布莱克威（Krissy Blakeway）为首的团队进行设计工作。克莉丝是一位极具才华的英国女设计师，1987 年，当我们想要对汤米·希尔费格品牌的产品种类进行拓展时，我们选择了她作为希尔费格品牌的首位女性服饰设计师。我不停地给她输入一些新的设计想法，她每次都能很好地领会，然后完美地将其呈现出来。我们建立了一个年轻、时髦的团队，每隔一周我们就会去一次香港，以延续这种产品的动能——制作新的样品，形成新的想法，创造新的技巧。我们在极短的时间里便收获了巨大的成功。

克莉丝是个工作狂，她会连续数小时不间断地工作，不知疲倦地亲手完成每个细节的设计。我会给出设计方向——“把它再做长些，把它改短点儿，用这种方法来做，用那种方法来做”——她像个执行机器，无论我的要求有多困难，她总是能把工作完成。商家们喜欢她所设计的产品，顾客们也很喜欢。希尔费格女装开始崭露头角。虽然它的影响力不像男性服饰那么大，但发展的势头很好。

1986 年，我们在第 73 大街和第 74 大街中间的哥伦布大道开设了一家占地 400 平方英尺的汤米·希尔费格专卖店，地方虽不大，但装潢布置得非常时尚，没过多久，我们在隔壁又开了一家女装店。当第 73 大街和哥伦布大道拐角处的一个商铺空出来后，莫汉问，“我们要不要开一家可口可乐服装专卖店？”我说，“好啊，不过这个店一定要非常特别，要和其他所有商店都不一样才行。”我知道他肯定愿意这么做，莫汉特别热爱那种原创性的、新的东西。他自己就有很多异于常人的想法，这就是我喜欢他的一个原因。他在时尚方面非常有远见。我说，“我们来把这个店设计成咖啡馆的形式，怎么样？大家就像在自助餐厅用餐一样，拿着托盘，排着队去挑选自己想要的东西，只不过把吃的都换成衣服，T恤、橄榄球衫、汗衫、棒球帽、双肩包、腰包、袜子、运动鞋！”

“你不觉得这很酷吗？”我接着说，“我们还可以在门外放一台自动贩卖机，就像加油站里的那些可乐贩卖机，晚上商店停止营业之后，如果有人想买衣服，他可以去贩卖机购买，刷一下信用卡，在屏幕上选择想要买的东西，然后直接从卡槽里拿到他所买的东西，就像买一瓶可乐那样，是不是很方便？我们能连续24小时不间断的营业。”

莫汉说，“这主意简直太棒了！”

可口可乐服饰专卖店的开业是一个巨大的成功，在当时引起了相当大的轰动。我们制作了一个电视广告，有点像迈克尔·杰克逊歌曲《战栗》的音乐视频，舞者们穿着可口可乐的衣服疯狂地舞动，展现着动感与激情。至于服装贩卖机，这个想法本身不错，但是实际操作情况却有些差强人意。这机器总是出问题，根本没办法用。

可口可乐系列卖得不错。两年后，产品的销售额约达2.5亿美元。时装业就是这样，每隔一段时间，就会有一些荒诞不经的想法冒出来，而它恰好又能引起市场的共鸣，你永远也不知道真正的原因是什么。我觉得很多购买可口可乐服装的客人，应该是到美国旅游的游客，他们觉得在这买一些能代表美国、很有意思的东西带回去，会是件很酷的事情。这正是我从不担心设计可口可乐服饰会影响我自己品牌的原因。可口可乐服饰是很商业化的产品，我希望汤米·希尔费格能够成为档次更高、制作更加精良的商品。可口可乐服饰是如此成功，或许它会掩盖我们的锋芒，但汤米·希尔费格的势头才刚刚起步。

第九章

猜字游戏

四位最杰出的美国男性服装设计师他们是：

R A L p h L A u r e n
P e r r y E L L i s
C A L v i n K L e i n
T o m m y H i L F i g e r

THIS IS THE LOGO OF THE LEAST KNOWN OF THE FOUR

In most households, the first three names are household words. Get ready to add another. His first name (hint) is Tommy. The second name is not so easy. But in a few short months everybody in America will know there's a new look in town and a new name at the top. Tommy's clothes are easy-going without being too casual, classic without being predictable. He calls them classics with a twist. The other three designers call them competition.

282 Columbus Avenue
at 73rd Street
New York, New York 10023
(212) 877-1270

The Genius Vision of George Lois

（乔治·路易斯天才的广告创意）

我们的衣服做得很好，但要把这些衣服卖出去，我们还需要知名度。1985年末，莫汉把我和乔尔叫到他的办公室说，“我认识了一个叫乔治·路易斯（George Lois）的人，他真是个广告界的天才，我想让你们也见见他，和他聊一聊，说不定他能帮我们想出一个好的广告方案。”尽管我们的服装已经取得了一定的市场份额，但还是有质量和交货的问题，目前所取得的成绩离我想象中的成功还有一段差距。我们需要帮助。

路易斯是《绅士》（*Esquire*）杂志的艺术总监，他是个高大、强壮、自信的男人，他曾经把拳王穆罕默德·阿里（Muhammad Ali）作为封面人物，在那期杂志中，阿里的身体被乱箭射穿，就像殉葬的圣塞巴斯蒂安（St. Sebastian），他为布兰尼夫航空公司（Braniff Airlines）创作了“无与伦比的飞行体验，值得炫耀的飞行体验”，还有“我想要我的美博麦片（Maypo）”以及“我想要自己的音乐电视”等诸多口碑甚佳的广告作品。我熟悉他的作品，不过我并不认识乔治·路易斯本人，他也从没听说过我。他管我叫“孩子”。

其实在此之前，我早已考虑过我们的广告宣传问题，我告诉他，“或许我们可以选择一个海边的场景：阳光、沙滩，英俊潇洒的模特穿着我们的衣服投入地享受着假日，他的衬衫随意敞开着，但他却毫不在乎，差不多就是这种感觉……”

他说，“孩子，这样你永远也不会成功。你会为此花掉好几百万美元，结果呢，还是看起来和其他人差不多。”这世上我最不愿做的事，就是和其他人看起来一样。

路易斯拿来了一些广告牌，这是所有那些知名的服装设计师品牌公司曾用过的广告，他去掉了这些公司的名字和商标。卡尔文·克雷恩和拉尔夫·劳伦的广告是由布鲁斯·韦伯（Bruce Weber）所拍摄的，他们的广告中都出现了马，这些广告看起来确实非常相像，还有阿玛尼以及所有其他品牌的广告，都是如此。他说，“说说看他们谁是谁，看你能不能分得清。”在时装业中摸爬滚打这么多年，几乎没有我所不知道的事情，我也一直为此而感到骄傲，但面对这些广告，我却真的无法从中区分出不同的品牌。

“你有什么想法？”我问。他说，他有一个创意。

几天以后，他把这份广告创意摆在了我们面前。这看起来很像小孩玩的那种猜字游戏。

美国最伟大的四位男性服装设计师，他们是：

R____L____

P____E____

C____K____

T____H____

这是它的商标标识，是以上提到的四个品牌中，最不为人知的。

> 在大多数人的印象里，前三个名字早已经家喻户晓。现在准备好加上另外一个名字吧。他的第一个名字（提示）是汤米。第二个名字念起来有点难。不过几个月以后，全国人民都会认识这个新的面孔，都会看到这个新的名字。汤米的服装随性、但又不过度休闲，经典、但又出人意料。汤米称其为对经典的重塑。而另外的三位设计师称其为竞争。

接着他把第二个版本放在我们的面前，用了拉尔夫·劳伦、派瑞·艾力斯、卡尔文·克雷恩还有我的照片。

我说，“这合法吗？你真的能这么做？”

乔治对此非常确信，以自己天才的方式。“当然可以了，”他说。“他们能把我们怎么样？”

我终于从惊愕中缓过神来，这时，莫汉和乔尔说，“这想法简直棒极了。”

乔治说，“你会一夜成名。不过要想实现广告上所说的内容，这得需要你20年的努力，还有200万美元的广告费。”

我感到非常的不安。准确说，是非常的恐惧。我猜想人们看到这个广告后会说，“他以为自己是谁？”然后会嘲笑我。我猜想他们会觉得我很自大，只会夸夸其谈、自吹自擂；他们会觉得我所做的衣服根本就不能算是创新，更谈不上高级定制，或者高街时装，而只是对经典的重新设计。更糟糕的是，人们可能根本就不会去买我的衣服。

我对那三位设计师充满敬仰，我也不想被他们列入黑名单。一年前，我还参加了卡尔文·克雷恩公司的面试，接受了他给的工作机会，但之后又反悔，拒绝了这份工作。他一定觉得我是一个出尔反尔的疯子。我对拉尔夫·劳伦有着最高的敬意，虽然我还从没见过他本人。在我心目中，他曾经是，并且现在也依旧是世界上最成功的设计师之一。自从品牌创立以来，他便维持了一以贯之的品牌形象，并且创造了一种绝无仅有的品牌认知。更重要的是，他一直坚守着自己的信仰。派瑞的品牌刚开始走红。他是个很有品位的人，曾经举办过一些大型的服装表演和广告投放工作，他的品牌主打时尚和潮流特色。我曾经见过派瑞——他带点南方口音，说话轻声细语，头发很长，总爱穿一条卡其裤，有点嬉皮士的味道。我也很尊敬他。

这个广告显得我好像觉得自己和这些设计师是同一阵营中的人物，而我根本就不属于那行列。

不过，从某种程度上来说，我知道乔治是对的。这是一个非常大胆的举动。

我曾经无数次地对自己说，“行了，我有什么可失去的？又要重新从头开始吗？那又算什么，我失败过，但不都挺过来了吗，大不了再来一次，我肯定能行。”但现在不一样，我已经拥有了太多不愿失去的东西。

回到家，我和苏珊商量这件事。那个时候，我们已经搬到上西区，位于哥伦布大道和中央公园西部的第68大街居住，就在我们服装店附近。我刚满34岁，已经有了孩子亚历山大（Alexandria），小名亚丽（Ally），她还不到一岁。我们的生活刚刚开始有了起色，我们愿意拿这一切来冒险吗？我犹豫了。我在家中不停地踱步，我的大脑飞速运转，我根本停不下来，我控制不了自己，这不像平常的我，但潜在的风险让我焦虑不安。乔尔对我说，他觉得这广告没什么问题，他和莫汉是我最为信任的人，我考虑了很久，最后还是决定采用这个广告。

苏珊也对我的决定表示赞同，这让我感觉很高兴。她觉得这广告的确有些大胆，但也许这种奇招真的会有让人意想不到的效果，也许真的能对我的品牌起到很好的宣传作用。我们决定了。

这则广告开始出现在各类杂志上，出现在时代广场的户外广告牌上，“正对着对面办公楼里的那些大佬。”乔治·路易斯说。就像他们所说的，要么就做大，要么就回家！

我们的电话开始不停地响起来。

所有人都在谈论这件事。什么说法都有，有的说，“他以为他是谁？”也有的说，“他根本不算个设计师！”（很显然，我是不配拥有这种头衔的，因为我根本就没有去设计学校上过学。可是拉尔夫和派瑞也没有读过设计学校，也同样没有设计专业的学位，但这丝毫没有影响到他们在服装设计行业的优秀表现。）《纽约邮报》（*New York Post*）、《纽约时报》（*New York Times*）、《纽约》（*New York*）杂志——几乎所有的报纸和杂志都在发出同样的声音，拉尔夫、卡尔文还有派瑞都是资深的设计师，我怎么敢把自己和他们放在一起相提并论，并且还敢和他们一样，把广告投放到两层楼高的广告牌上！如果我是拉尔夫、卡尔文或者派瑞，我想，我可能会好奇这个自命不凡的家伙到底是谁，但我肯定不会太担心他的出现会对我有什么影响。但显然，他们并没有像我所想象的那样，任之由之，他们选择了反击。

广告的效果几乎是立竿见影，我们注意到哥伦布大街门店的品牌知名度得到明显的提升。在广告投放之前，我们店里已经有了一定的人流量，而这份广告使店里的顾客数量激增，这让时尚界的一些人感到更为恼火。

在这种形式下，莫汉更加坚定地让乔治做了一条10秒钟的电视广告，广告中一个低沉的男中音说着这样一句话，“先有杰弗里·比尼（Geoffrey Beene）、比尔·布拉斯（Bill Blass）和斯坦利·布莱克（Stanley Blacker）。后有卡尔文·克雷恩、派瑞·艾力斯和拉尔夫·劳伦。现在，我们有汤米。”这要么是锦上添花，要么就是致命一击。

开始的时候，那些时尚媒体的人都表现得非常傲慢。卡丽·唐诺文（Carrie Donovan）在《纽约时报》上公开说，“我觉得不会有人真的把他当作是个设计师来看待。”他们当中或许有些人也觉得我的服装系列不错，但没有一个愿意站出来替我说话，我觉得他们也担心会惹恼主流媒体。卡尔文和拉尔夫·劳伦就像是服饰界的披头士和滚石乐队——而我，充其量只能算是飞鸟乐队（the Byrds）。毕竟他们都被比作“美国披头士”。我觉得记者和编辑们都担心，如果他们支持我，这也许会为他们招致其他几位大咖的怨恨。

我去了设计师大会，没有一个设计师愿意看我一眼，没有一个设计师想被人看到和我说话。除了奥斯卡·达拉·伦塔（Oscar de la Renta），他一直都很谦和，是位真正的绅士。1986年，《纽约》杂志在“汤米什么希格（Tommy Who-figer）？”的大标题下这样写道，“时尚界的羽翼显然已被弄乱，那些不为人所知的无名鼠辈为出名简直是不择手段，居然把自己和毫无可比性的时尚巨头们放在一起同年而校。”年设计学院（FIT）的男性服饰及时尚营销咨询总监杰克·海德（Jack Hyde）告诉记者，“这就像皮娅·扎多拉（Pia Zadora）把自己和芭芭拉·史翠珊（Barbra Streisand）、丽莎·明妮莉（Liza Minnelli）放在同一阵营一样……汤米·希尔费格不是一个设计师，而是时装行业中的一个产物。我在时装业40年的从业经历中，还从没见过如此狂妄自大且毫无品位的广告。他的产品没什么问题。那些样式的衣服，别的设计师也都做得不错，他做得好，这本来无可厚非。只是他为什么不说，我们的服装系列取得了非常好的市场反响？而是要歌舞升平地赞颂一个新设计师的诞生？在时尚界，不是你自己或者你的广告代理人说你好，你就好。这要《GQ》、《新闻纪事日报》（*Daily News Record*），还有你的批发商们说你好才行。”不过即便如此，《纽约》杂志也不得不承认我们的产品很受欢迎。“对于那些，”他们写道，“依然热衷于购买这个品牌衣服的人，大多不过是希尔费格的热心粉丝罢了。”

看到这篇文章，我完全被打垮了。我想，“现在，我成了所有人的笑柄。我应该转行，为自己找些别的出路，我永远也不能在这个行业里取得成功了。我曾经有过机会，但我亲手毁了它。我做得太过分了，完全没希望了。天哪，我到底做了些什么？”

在此之后没多久，海德邀请我去设计学院讲课。我接受了他的邀请，结果发现这份邀请，只不过是让他有机会能够当众羞辱我。他彻底将我摧毁。“你以为你是谁？你根本就不能称自己为一位设计师。你甚至没资格待在他们的教室里。”

我深深地低下了头，心想，“时尚界里的每个人都认为我是个自命不凡、终日生活在幻想之中的人。”但紧接着，我又想，“哇哦，你知道吗？他是一位受人敬仰的教授，他在这个行业也已经很长时间，他所说的也许确实是对的。或许我应该叫停这个广告？如果现在我不撸起袖子，加倍地努力工作，以确保我所设计的衣服能够继续受到市场欢迎，那这一切可能就真的完了。”我如坐针毡，感觉自己好像又回了儿时的数学课堂，我迫不及待地要离开教室，一分钟也等不了。

然而就在此时，事情出现了转机，乔治·路易斯的话应验了。汤米·希尔费格的名字一夜之间家喻户晓，人们出于好奇，都跑来要看个究竟。而这些人之中，又有相当数量的人在看过我们的衣服后，决定要买。媒体终于开始重新认识我，因为我在市场中创造了一片新形势。我的服饰系列专注于更为年轻的人群，并且在这一群体中有很好的接受度。我一直觉得专注于年轻人是更为有意思的一件事，因为他们是最先接受流行趋势的人，是他们推动着时尚不断演变，是他们让时尚充满无穷的魅力。一场新的休闲服饰变革正在发生，我所设计的服装既不僵硬刻板，也不老旧保守。我们的设计对年轻人来说更有吸引力！我们成为继拉尔夫·劳伦和卡尔文·克雷恩之后，人们的又一选择。我们在哥伦布大道有自己的商店，我们的服装在布鲁明戴尔百货、萨克斯百货、内曼·马库斯（Neiman Marcus）都有销售。现在我们必须要成功。

时尚界的很多人都会瞧不起那些追求商业价值的设计师。他们觉得，“我的作品充满创意和艺术气息，并且非常昂贵，值得在博物馆收藏。而你的作品很廉价，适合普罗大众。”好吧，我所设计的衣服适合所有人，全世界千千万万的人都在穿，我们赚了很多钱，做这件事情也让我们觉得很开心。并且，顺便说一句，我们的衣服也充满了创意。用400美元一码的羊绒制成的衣服，无论怎样都是美的，哪怕是最简单的、最毫无设计的款式。同样，能够把并不昂贵的普通布料，不落俗套地做成每天都穿的普通款式，这也是伟大的艺术。这正是我一直向我的助手和设计团队所强调的：“我们不仅要设计一件大家都能买得起的衣服，还要制作出一种东西，让人一看到就会说，‘哇哦，那正是我所需要的！’”

20世纪80年代后期和垃圾摇滚盛行的20世纪90年代早期，时尚界的很多人士都喜欢那种极度严肃的精英风范以及著名的海洛因颓废时尚，喜欢采用一些面无笑容、骨瘦如柴的模特，用空洞的目光凝视远方的形象。而我正相反，推崇的是一种快乐时尚。汤米·希尔费格的服装让人感到快乐、无忧无虑、活力充沛、健康向上以及浓郁的美国特色！我们表现了一种正面的、积极的和向上的精神——这与我们的那些竞争恰恰相反。

这一整个猜字游戏的广告宣传活动给了我这样的经验教训：我应该把时间更好地用在努力工作、培育我的品牌上，而不是担心行业里的人会如何看待我。为此，我必须要感谢乔尔·霍洛维茨，因为他的无私相助，我才有了这样的体会。在那段苦不堪言的日子里，我经常找他聊天，倾诉我的苦恼，每次一聊就是好几个小时，我会问他，“你是怎么看这件事的？大家是不是真的会相信媒体所说的那些话？”

乔尔告诉我，“不用担心别人会怎么想。你需要考虑的是下一个系列服饰设计的问题。好了，让我们把这些无谓的担忧抛到脑后，来想想什么时候开新店，怎样把衣服做得更合身，怎样把价格定得更合适这样的问题吧。”

乔尔是完全正确的：其实到最后，人们说些什么真的不重要。只要你有好的产品、有一以贯之而又充满凝聚力的营销、有正确的定位、你的身边有正确的人、有合适的地段、有商店、有流转的产品——如果你有独特性，你就有机会在市场中存活下来，并且发展你的产业。有的时候，我能做到这八大要素中的六点，有时能做到七点，但是要一直把这八点都做到，真的是件很难的事情。这也没关系。我知道完美是不存在的。只要我在这一行中所做的事情，大多数时候能是正确的，那就可以了。

第十章

组建新乐队

The Fab Four of Fashion

（时尚界的四大巨头）

尽管汤米·希尔费格的业务开始腾飞，但我们很快发现自己已经处于一种岌岌可危的境地之中。广告刚刚投放没过多久，我们正遭遇众多的批评指责。我们还没有完善分销渠道，也还没有得到我们所想要的产品质量，而就在这时，穆尔詹尼又遇到了麻烦。歌莉亚·温德比牛仔在1985年时就气数已尽，可口可乐服饰系列也处于危机之中。

1987年，莫汉·穆尔詹尼接到人事处打来的电话。“南部的工厂、学校还有一些机构把可口可乐的机器从办公场所搬出去了，因为亚洲也在生产可口可乐的衣服！”

服装生产是南部地区主导产业之一，现在工作被国外工人抢了去，这使得南部的服装生产业遭到重创。可口可乐是美国的标志性品牌，总部位于亚特兰大，当南部的那些人们发现，这个美国本土知名大品牌居然在亚洲制作衣服，他们非常气愤。穆尔詹尼飞到亚特兰大去见厂里的人，结果发现可口可乐的人非但没有找寻合适的应对措施，反而对这件事采取了敌对态度。他要求可口可乐公司出资在美国建设工厂，以保住工人的工作。

对于公司而言，保持可口可乐产品是美国本土制作的属性是如此的重要，而所有地方的可乐机器都会被搬出来，这个想法又是如此的让人难以忍受，他们却同意了。不过，穆尔詹尼在美国发展可口可乐营利性生产的同时，也在加速亚洲地区的生产，以维持品牌的动能。这是典型的供大于求的案例，当门店开始因为库存过剩而退回货物时，公司业务开始遭遇滑铁卢。我凭经验就知道这件事最后会发展成什么样。

穆尔詹尼两大生产线同时受挫，这使他无法继续支持我的品牌。此时，汤米·希尔费格还只是个创业中的小企业，我们非常需要商品，但却又无法承担商品生产所需要的费用。我们的品牌渐渐为人所熟知，人们都很好奇我们的品牌到底都在做些什么样的产品，而就在这关键时刻，我们却遇到了无法拿到货物，无法完成订单的情况。

拉里的妹妹，当时已经结婚，以林恩·斯特莫尔曼·萨里（Lynn Stemerman Surry）的身份工作，她在公共关系方面资源非常丰富。本来穆尔詹尼想用公司自己的人力资源团队，但我觉得他们对于我作为设计师身份的关注度不够，在这种情况下，我去找了拉里的妹妹，请她来帮忙，她同意了。我一直都很感谢她。但遗憾的是，遇到穆尔詹尼所遭遇的这些事情后，我们的资金变得紧张起来，为了维持公司运营，我们不得不缩减开支，去除了对她还有其他人的预算。

我又一次觉得，我们要破产了。乔尔和我开始绞尽脑汁思考应对的办法。假如我们把汤米·希尔费格的授权从穆尔詹尼那重新买回来，会怎么样？我们公司的运营应该还是比较稳固的，我们的服饰系列还有增长的潜力，我们品牌的公众认知度正在提高。我们会把他对于公司的所有投入都还给他，然后再重新开始。他肯定是需要这些钱的。

但问题是，我们都没有那么多资金。我们认识的人当中，谁会有这些钱呢？

我们首先想到的是银行。我们去华尔街见了高盛集团（Goldman Sachs）、美林证券（Merrill Lynch），还有其他一些公司的人。一听说是时装业的生意，所有人都失去了兴趣。“风险太大，我们是不会投资这个行业。”“这个计划对我们来说不是很有吸引力。”“你们有多少现金？你们的资产是什么？你们的库存是什么？”

乔尔和我去拜访了法国农业信贷银行（French bank Crédit Agricole），向他们的银行代表讲述了我们的故事。会谈结束后，这位银行代表送我们去乘坐电梯，他问乔尔，“你是犹太人吗？”

“是的。”乔尔告诉他。

这位高大的法国银行家转向我，用法国人所特有的那种语气，坚定地说，“你知道，做这一行，你需要一个犹太人。”

这是公然的反犹太主义？还是一个别有用心的暗示？还是两者兼具？乔尔和我面面相觑，随后爆发出一阵大笑。这是我们对于偏执的回应：大笑。作为行业里少有的非犹太人之一的我说，“乔尔，感谢上帝，我的团队里有个犹太人！”直到今天，乔尔和我都会学着用法国口音向对方说，“你需要一个犹太人！”然后开始大笑。

不过那次会谈之后，我们看着对方说，“这家伙不会借钱给我们。”

筹集资金，这真不是一件容易的事情。

我和苏珊这时候已经搬到了康涅狄格州的格林尼治（Greenwich，Connecticut）。我的隔壁邻居皮特·希曼（Peter Seaman）毕业于哈佛商学院，是个相当聪明的人。周末我们在一起聊天的时候，我向他提到了目前所处的困境，他说他愿意帮我们想办法筹钱，从穆尔詹尼那儿把公司买回来。他还说我们可以合伙来做这件事。

“首先，”他说，“我们需要制订一份商业计划，然后把这份计划书呈给那些潜在的投资人。”皮特把我们介绍给大卫·杜宾（Dave Tobin），大卫是个做事非常讲究策略的人，对数字非常敏感，曾经效力于沃纳克（Warnaco）集团，他告诉我们需要展示给投资者看的数据应该包括：有多少家商场在卖我们的产品？我们的价格定位是多少？每个商场能卖多少衣服？“只要我们做这样一份商业计划，那么我们肯定就能筹到钱。你只要告诉他们你的收益就行。”

而与此同时，乔尔和我正为公司的事焦躁不安，因为我们必须要按时交运下一季的产品，必须要向商场保证他们一定会收到我们的商品，可事实是我们现在根本没法把这些货从厂里拿出来，因为穆尔詹尼根本就没钱付给工厂。

他们在电子表格上制订商业计划的时候，皮特说，“要知道，我这可不是免费服务。你们得为此付给我酬劳。”要付多少呢？他曾经说过，我们可以合伙来推进这件事。“是啊，”他说，“可是我还有一家公司要养。”他需要我们先预付2.5万美元，然后每月还要给他2.5万美元的薪水。我拿自己的钱付了这笔预付款，我有一个刚刚出生的孩子需要抚养，每个月还要付按揭，拿这笔钱真的不算容易。

乔尔和我飞到香港去应付厂里的工人。我们住在尖沙咀（Tsim Sha Tsui）的假日酒店，为了省钱，我们只订了一个双床的标准间，酒店的条件非常差，地上铺着锈红色的地毯，床上铺着看上去很脏的棕色床垫。天色很暗、很阴沉，我们用信用卡付了房费，回到房间早早睡了，希望这一切快点过去。

我们去拜访了生产商，他们所有人都想在发货前要么直接拿到货款，要么拿到信用证。我在毛衣制造商南洋针织厂（South Ocean Knitters）认识了塞拉斯·周（Silas Chou），我听说他在我们罗迪欧大道的比弗利山庄（Beverly Hills）专卖店买过衣服，他也想认识我。我很乐意去和他见面。

塞拉斯·周是一个纺织世家的第三代传人。他的祖父创建了这门产业，之后由他的父亲掌管。塞拉斯高中毕业后急于要摸到这个行业里的窍门，所以他没有去上大学，这在当时是很不为众人所接受的一件事。他从在仓库做小工开始，扫地、整理库存。他到店里上班的第一天，他的父亲对他说，“儿子，你这一生中都必须要牢记：永远也不要把股票抓在自己手上，要去清偿变现。对于服装生意也是一样，每一码、每一块布料都要能被用上，而不是毫无用处地堆着占地方。”

塞拉斯20岁的时候告诉他的父亲，“爸爸，我要把这个厂做成全世界最大的服装厂。”（他成功了。在我写这本书的时候，南洋针织厂已经是全球最大的毛衣生产商。）我没有上过大学，乔尔也只读了一年多的大学。我们都没有大学文凭，但也都有了自己的事业。命运的相似，让我们之间油然而生一种惺惺相惜之情。

塞拉斯认识到设计师品牌开始变得很流行。随着财富的不断积累，他不再购买股票，而是转而购买股本，购买这些公司本身。他曾经和皮尔·卡丹（Pierre Cardin）有过接触，但这家公司只愿意给他很少一部分商品的授权，因此塞拉斯购买了和皮尔·卡丹同档次的另一个品牌泰德·拉皮迪斯（Ted Lapidus）公司的授权。他将这一授权品牌名称广泛地用于各种产品，把生意做得很大之后，再将授权转手卖出。这成为他的商业模型。

塞拉斯有个合作伙伴名叫劳伦斯·斯特罗尔（Lawrence Stroll），劳伦斯的父亲拥有皮尔·卡丹在加拿大的授权。劳伦斯也没有上过大学。他拿到拉尔夫·劳伦童装加拿大的授权之后，在去中国香港制作毛衣时认识了塞拉斯。后来，他们成为很好的朋友。几年以后，当劳伦斯拥有了去获取拉夫劳伦在欧洲的授权机会时，塞拉斯建议他尽全力去拿到这个授权。两年以后，塞拉斯成为斯特罗尔的合伙人。欧洲拉尔夫·劳伦发展得很成功。当乔尔和我敲开塞拉斯的大门，告诉他我们付不起工厂的钱时，他们这时候已经是千万富翁了。

“出了什么问题？”他问。

我们把事情的经过原原本本地告诉了他。接着我说，“如果你能让厂家给我们发货，让我可以向客户交付订单，我保证一定会把钱款如数偿还给你。穆尔詹尼遇到困难了——他现在没钱来付款。可是我们的经营没有任何问题，我们手上握有布鲁明戴尔、萨克斯、内曼·马库斯还有梅西百货的订单。你应该和我们的合作。”

塞拉斯和我一样，大概三十多岁接近四十岁的模样，在听完我所说的这些话后，他把手往桌上一拍：“我们就这么做！给穆尔詹尼打电话！”

塞拉斯和莫汉讨论着是要和我还有乔尔合作，还是直接给我们投资。我非常兴奋，心中充满了希望，但同时又感到深深地担忧。如果塞拉斯想找合伙人，外面有大把的机会，我们当时所面临的情况很复杂，局面又很混乱。要知道，皮特·希曼（Peter Seaman）此时正和穆尔詹尼商量着去筹钱来保证生意不受影响。时间一分一秒地过去——如果我们不能按时把货物送到各大商场，等我们再回去的时候，可能就没有生意可做了。我焦虑万分，寝食难安，状态简直糟透了。

几天以后，塞拉斯告诉我们，“听着，要想我做这件事，你们必须要满足我一个要求，你们得去找我的合作伙伴劳伦斯·斯特罗尔，让他也加入进来。不过你们必须去巴黎见他才行。”

只要能让我的公司继续运作下去，我愿意做任何事情，我拨通了他的电话说，“嗨，劳伦斯，我是汤米·希尔费格。塞拉斯说我们应该见个面。”

“好，好，好，不过我现在很忙。”他说着便挂掉了电话。

在我们被劳伦斯胡乱打发掉之后，塞拉斯给他打了电话，显然他之前正在睡觉。“听着，”塞拉斯说，“我们准备收购汤米·希尔费格。”

“汤米什么？谁？”他压根就不知道汤米·希尔费格是什么。尽管如此，劳伦斯还是很不情愿地答应第二天和我们在巴黎见面。

乔尔和我当晚便搭乘了香港的班机，飞往巴黎。和在香港一样，我们选择了巴黎城外一间破旧的索菲特酒店（Sofitel），放下行李后，我们坐车去往位于玛德莲娜广场（Place de la Madeleine）的保罗拉尔夫劳伦办公室，我们的会谈约在上午十点钟。我们根本没有时间倒时差，我们忐忑不安，都很担心这又会是竹篮打水一场空。为了拯救公司，我们已经见了太多人，而所有人都在说，“我们有兴趣收购你们公司，不过现在还不是时候，过几年你们再来找我们。”或者“我们有兴趣，不过可惜我们不投资时装业。”

劳伦斯是个身材魁梧的男人，随着他的到来，整个环境的气氛也随之改变。那天，他在众人簇拥下走了进来，他说，“我需要来点茶。马上给我泡杯茶来！”他的助理立刻一路小跑着去准备了。劳伦斯抽着一支杜莫里哀（Du Maurier）牌的香烟，他个子很高，非常潇洒帅气，他浑身上下都穿着名牌，显得很有品位，我从他的举手投足间便能看出他已经习惯了这种生活方式。那年，他才刚刚 27 岁。

“嘿，发生了什么事？”

乔尔和我简要向他说明了情况，他听完之后说，“好，我几个礼拜之后会去纽约，到时我会去看看。”这根本就算不上是个承诺，不过他倒确实问了几个很聪明的问题，尽管他表现得有些虚张声势，但从他所说的那些话里，能看得出他是个精干的人。更何况，他可是掌管着 Polo 欧洲区运营的人！他肯定知道自己都在做些什么。

那天晚上，劳伦斯邀请乔尔和我去他家做客，他的家位于塞纳河畔，是巴黎最富庶的讷伊豪宅区，这是一座品味优雅、安保等级非常高的大楼，他家装修得非常时尚、十分奢华。我们喝了很多酒，彼此之间相谈甚欢。劳伦斯对于他的生意十分严肃而谨慎，而在社交场上则是个十分有趣的人。

他后来的确到纽约来见我们。他快速翻阅着我们的样品，就像翻看一本过期杂志，“这都是些什么？”

我说，“我们去布鲁明戴尔和梅西百货看看吧。那儿有我们整个系列的产品，你会有一个比较直观和全面的印象。”然而这并没有起到我所希望的效果。

我们乘坐他的黑色豪华大轿车去百货公司，劳伦斯的父亲里奥 · 斯特罗尔（Leo Stroll）和我们同行。他生于斯特鲁洛维奇（Strulovitch），在我看来，他是个完美无瑕的人，是卓越一词的完美解读，是那种你绝对想要认识的人。

梅西百货和布鲁明戴尔百货公司都没有为汤米 · 希尔费格品牌设置专柜，我们的这次努力，显然没有给劳伦斯留下深刻的印象。我觉得这笔交易可能不会成功。回到办公室，我给塞拉斯打了电话，把这边的情况告诉了他。

“我们一定能找到做这件事的方法。”他告诉我。谈判还在继续。

我们觉得塞拉斯之所以会这么说，是因为他看到了汤米·希尔费格品牌的潜力，而我们没想到的是，他在自己家中已经进行了消费者调查研究！塞拉斯的妻子是犹太人。在他们的儿子路易斯 13 岁的成人礼上，塞拉斯想让他的儿子穿拉尔夫·劳伦的衣服，但遭到了路易斯的拒绝。“不，爸爸，这个牌子的衣服太紧了，一点儿都不方便活动。我想穿件 T 恤——那种超大尺寸的——还有宽松的裤子！”塞拉斯当然不会同意他的要求，不过通过这件事情，他注意到，他自己家中拉尔夫·劳伦的既有客户开始有别的诉求。作为南洋纺织厂的所有人，塞拉斯注意到他们厂为我们所生产的毛衣比其他设计师品牌多用了 20% 的面料，因为我们希望做一些超大码的衣服。同时，他还发现我们的产品定价比拉尔夫·劳伦低，物美价廉在他看来是非常好的一种经营策略。更何况他自己的儿子都不想穿拉尔夫的衣服；他想穿的可是汤米的衣服！

随着谈判的不断进展，乔尔和我开始求莫汉让塞拉斯和劳伦斯买回我们对汤米·希尔费格品牌的授权。我一直不断告诉他们，“我们得给莫汉一些什么，要对他公平些，这样他才不会觉得你们是想从他手上把这生意抢走。我总觉得我们欠了他，我也不想总觉得我们占了他的便宜，而不给他任何回报。”经过多番商讨，塞拉斯想到了个主意，那就是向莫汉提供汤米·希尔费格品牌在印度地区的永久授权。塞拉斯认为要发展印度市场，还有很长一段路要走，但假如公司能够成功经营下去，那么这一权利一定会带来很高的回报。[印度区的授权最后确实发展得很成功，几年后莫汉把它卖给了菲力士泛优逊公司（Philips van Heusen），并从而赚了一大笔钱，我感到很欣慰。]

我们之间的交易前后经历了三个月的时间，虽然困难重重，但我们还是跌跌撞撞地走了过来。而令我没想到的是，最大的挑战刚刚来临，塞拉斯对我说，“汤米，等我们从穆尔詹尼那儿拿到授权以后，你得把你的名字送给新公司。”

我从没想过这个问题，面对这个提议，我也高兴不起来。时装业中的常规做法是，设计师会把自己的名字租借给投资人，但实际上所有权仍归自己。

塞拉斯告诉我，“汤米，你真的想要成功吗？”我想要成功。“你真的想要变得富有，想要创建一个大品牌吗？”我确实想要这么做！“那好，”他说，“你必须要明白，伙伴关系要想取得成功，我们必须要在同一条船上，朝着同一个方向努力才行。就算我们已经这样做了，能不能成功，这也要看命运的安排。如果你不够专注，如果你们的利益不能统一的，那么这条小船注定不会到达终点。”

“大多数授权经营都不会成功，”他继续说，“因为最终利益不匹配。在授权关系中，拿到授权的人（在我们这种情况下，也就是我）更感兴趣的，是构筑长期的品牌价值，”是以出售公司为最终目的，“而授权人（塞拉斯）所关注的是短期价值，也就是立时的销量和收益。这其实是两股相反的力。这也就是为什么授权人与被授权人之间的协议很少能维持下去，换句话说这两者之间很少有最成功的模型。当然也会有例外，那就是当两边的利益都相同。”

他说的话很有道理。

塞拉斯总是会给我家里打电话，要么是在深夜，要么是清晨。通常都是苏珊先接听电话，塞拉斯和苏珊通过电话上的你来我往倒是建立起不错的关系。有一天，苏珊对我说，“那个每天早晚给你打电话的人，虽然我不知道他是谁，但我感觉他对你肯定有帮助。按照他要求的去做，肯定没错。”这对我的影响很大。

我拿到了公司 15% 的股权，而不是像以往那样按照销量的 3% 或者5%提成。塞拉斯和劳伦斯共同持有65%的股权——每人持32.5%的股权，毕竟是他们的资金在维持着公司的运营。莫汉可以保持15%的股权，乔尔拥有5%的股权，这是他努力工作赚来的。就在我们的协议即将达成之时，塞拉斯找到我和乔尔说，“这是你们最后一次为自己争取更多股权的机会了，这些股权你们要找穆尔詹尼那去拿。如果你们想要这些股权，那么现在就去争取。”我们按照他所说的去做了，并且成功拿到5%的股权。乔尔和我平分了这些股权。这样我的股权合计占公司总股本的17.5%，乔尔持有公司7.5%的股份。塞拉斯告诉乔尔，“这会对你的人生产生非常大的影响。这多出来的2.5%的股权，你必须要拿到。”事实证明，他所说的果然是千真万确。

1989年3月20日，我们达成了最终协议。此后的一年里，当公司需要更多资金以维持运行，而莫汉又无法作出任何贡献时，塞拉斯和劳伦斯买回了他剩余的10%的股份。他们保留了5%的股权——每人平分2.5%，并且非常大方地把另外5%的股份送给了我。“这可以让我们的团队更加协调。”塞拉斯说，“每个人都朝着共同的目标而努力。”

至此，我总共拥有汤米·希尔费格22.5%的股权，乔尔拥有7.5%。塞拉斯曾经问我，“你是想要芝麻，还是想要西瓜？”我说，“我选择西瓜。”我不再拥有我的名字，但我拥有了一块西瓜。

第十一章

更强更好

摄影：道格拉斯·基弗

Bigger is not Always Better!

（更大的并非总是更好的！）

在时装业之中，有四个领域是同等重要的：设计、营销、生产和执行。作为设计师，我的工作是对市场所需要的东西进行预测，并将其固定展现出来。塞拉斯不仅拥有南洋纺织厂的背景，而且有拉尔夫·劳伦欧洲区产品的生产经验，他在生产和采购上表现出非常专业的成本控制能力。他在财务运作方面也很有策略，不断研究出可以让公司获利的新途径。他把我们公司的注册地从香港转移到巴巴多斯（Barbados），而后又转移到英国维尔京群岛（British Virgin Islands）以取得税务上的优惠政策。他知道怎么和银行家打交道，以取得最高的信用额度。他建立了我们自己的香港采购办事处，并且把它发展成我们最主要的利润中心。他建立独立的分支机构和部门来负责授权、运作及生产方面的工作。他创建了欧洲运营部。当我们想要进入丹宁时装市场时，他主导了伦敦佩普牛仔裤（Pepe Jeans）的收购计划，将其作为汤米·希尔费格的授权工具，我们经营打造佩普，并且最终将其卖了一个非常不错的价格。塞拉斯是个财务工程领域的天才。

劳伦斯·斯特罗尔让我们学会了怎么做大事。敢想、敢做是他的一贯风格。他决定了我们什么时候、用怎样的方式扩展业务版图进入欧洲市场，扩展我们在美国百货公司的足迹、扩展我们的全部系列服饰。劳伦斯还教会了我们怎样更好地生活。我们都过得不错，但劳伦斯的生活完全是在另一个水平之上。他只吃这世上最好的食品，只喝最好的酒。他拥有全球最奢华的私人喷气式飞机和私人游艇，是拥有法拉利最多的富豪之一。他有很多架直升机。他的很多房子和地产覆盖面之广、设计之奢华、花费之高昂，都是令人难以想象的。他甚至还有自己的国际汽车赛道！他品位非凡，永远都只要最好的。年幼时，我曾经梦想过要变得富有，但我从未想过会有人富到这种程度；我甚至从来无法理解这种程度的富有究竟是什么，直到我和劳伦斯合作。

当我们考虑对欧洲市场进行扩张时，劳伦斯和塞拉斯带来一支欧洲全明星团队，这支团队由弗雷德·格林（Fred Gehring）带领。这些人之前都曾经在劳伦斯麾下为保罗拉尔夫·劳伦品牌工作。他坚持让我们挑选最佳的零售地址，在他的坚持下，我们在伦敦哈维·尼克斯（Harvey Nichols）百货公司对面开设了一家豪华的门店，自此开始了骑士桥（Knights bridge）斯隆街（Sloane Street）奢侈设计师品牌汇集的潮流。我们以这种模式在邦德街（Bond street）也开了一家漂亮的门店。接着我们在慕尼黑、阿姆斯特丹、柏林和杜塞尔多夫都建立了认知度很高的门店。

当我们开始汤米·希尔费格在美国百货公司的扩张时，我们的产品最初是被放在男装区，被与我们形成竞争关系的产品系列所包围。劳伦斯走进来说，“我们需要能充分展示产品的商店！”当我们开始想象这些商店应该是什么样子时，我们的想象在劳伦斯的眼里总是不够宏大；劳伦斯想要更加漂亮的红木、更加厚实的立柱、更加高档的地板、更加诱人的照明效果。他总是想要更好的、最好的。因为我的过去，我总是害怕花太多的钱，但劳伦斯会说，“不，不，不，不，不。我们需要做得更大更好。更大更好！”他是对的。正是因为劳伦斯对于这种场面上的坚持，外界对于我们品牌的认知才变得越来越大、越来越好。

我们在市场中的定位是“买得起的奢侈品”。在一段时间里，我们曾经把自己定义为运动服饰设计师，我们的产品都是大家能够买得到，买得起，并且也想要去买的。但“买得起的奢侈品”抓住了我们的产品精髓，所以我们保持了这一理念。现在，我的所有合作伙伴都已准备好。我们会成为面向广大受众的知名品牌。即便是在深陷经济危机囹圄的2008年，我们依然做得很好——事实上，那一年我们创下了最好销售纪录，因为我们做的是大家买得起的奢侈品。

作为公司的首席执行官，乔尔·霍洛维茨夜以继日地维持着公司的发展势头。他精心挑选、组建了一个公司发展策略团队，他和这个团队一起深入钻研公司经营，推行规范、稳定公司秩序和安定。在他的系统管理下，我们的工作井井有条。他建立了设计、生产、定价、交货的具体时间节点。日复一日、年复一年，在他的领导下，汤米·希尔费格的引擎才得以持续转动。

塞拉斯、劳伦斯、乔尔和我之间经常联系。我们会一起吃饭、一起聊天、一起旅行。我们会定期在香港丽晶酒店（Regent Hotel）聚会。当时，塞拉斯就居住在香港，他会赶来参加我们在劳伦斯丽晶酒店顶楼套房的聚会，这间房号为1100的套房是酒店最好的房间，也是唯一能被劳伦斯接受的房间。我们会坐在一起共同谋划商量我们应该做些什么，应该怎样去做，我们应该雇谁，应该解雇谁，下一步要做些什么。

我的偶像是拉尔夫·劳伦和卡尔文·克雷恩。我觉得这些人就像是设计界的劳斯莱斯和梅赛德斯－奔驰，而我和他们相比，就只能是奥迪。我想，"如果我继续扩展产品系列，把它们放到正确的商店去销售，改进我的设计、合身程度还有产品质量，我就会逐渐变成一辆保时捷。"

我的二十岁之前的几年，以及整个二十几岁的时光都在人间天堂度过，这段经历让我具备了这样一种特殊的能力，那就是只要走进一家商店，随便看一眼店里的商品，我就能立刻说出哪些商品好卖，哪些不好买，哪些东西好，哪些东西不好。我了解销售，时装业的零售说到底也就是销售。所以我开始对这些商店进行研究。我研究和我们有竞争关系的品牌，研究他们的产品系列、品牌定位，研究他们的价格、配色，等等。

很显然，拉尔夫·劳伦是他们当中做得最好的。拉尔夫受英国上流社会启发，他创造了一种生活方式。他相信最好的质量、最好的店铺设计以及最好的形象。在我心中，他一直是个至高无上的完美主义者，直到现在也依旧如此，他是我一直以来都无比敬仰的偶像。我热爱经典，而他对经典的演绎更是无人能及。

拉尔夫做得非常好，但在我看来，他的设计创新意识不够。他的服装系列都很漂亮，但却谈不上让人感到兴奋或者感到很特别。他们的款式看起来和布鲁克斯兄弟（Brooks Brothers）非常相似，只不过在产品和广告环境方面更具优势。他之所以能够取得巨大的成功，这要归功于他在产品中所注入的品位、质量和气度，所有都必须是最好的。他为自己把标准定得很高。

有很多次，我的助理设计团队直接复制了拉尔夫·劳伦和布鲁克斯兄弟的设计，以作为对其所取得成功的回应。我会这样告诉他们，“不，我们需要些不一样的东西。我们必须要创造一种前所未有的产品，”要有优势、有潮流元素。我希望我的产品能够独树一帜，无论它是一件衬衫、一条裤子，还是一件夹克。为了让我的客户能够真正爱上汤米·希尔费格的产品，我下定决心要制作出物超所值的设计，要制作出这样一件能够表明立场、具有独特个性的衣服！

这也意味着我们每隔30天都会有新的产品发布——每年12个系列——并且重要的是，这些产品都不能重复。我们需要对一些基本款进行改进，增加一些潮流单品，还要增加一些能够满足所有人要求的产品。我们必须与潮流同步，不能太超前，也不能太落后。我们每次都要能够做到正中靶心。我的灵感来自我对美国人文风情、户外生活、新英格兰、好莱坞、阿斯彭（Aspen）、迈阿密、马里布（Malibu）、运动、音乐、流行文化、旅行、电影以及街头巷尾正在发生的事情的热爱。一直以来都是这样，以后也会一直延续下去。

1月份的时候，我们会发布一个早春服饰系列：我们会采用经典造型，但会运用到一些更加轻盈、明亮、春天般的颜色搭配。只是接近春天，但不尽然是春天，因为这只是早春时节，美国大多数地区依旧非常寒冷。2月时，我们会发布一组采用适宜重量布料制成的服饰，所有这些都围绕着某个固定的主题——也许是旅行，或是衬衫式夹克衫，又或者是军装装备。

进入到4月，我们可能会做一些更加有加勒比雷鬼乐风格的东西，我们会用到紫红色、橙色、浅黄绿色还有花卉印花。6月时，我们会开始作一些转变，所以，在这段时间你可能会看到“走出非洲（Out of Africa）”——马德拉斯格子、卡其裤还有橄榄色，非常适合这个季节，并且也符合秋季的主题。

7月份的时候，我们会开始设计秋季服饰。秋季一直是我个人最喜欢的季节，因为这时候天气已经凉爽下来，你可以运用羊毛、花呢、灯芯绒以及其他一些厚重的布料，可以选择更为丰富的设计元素。我可能会在七月开始做一些大学系列服饰，非常有常春藤联校的感觉。我会运用到深蓝色、深紫红、金色、米白色还有深绿色。我们会在这个系列里加上饰章，彩色阔条、格子呢、会有梅尔顿大学夹克衫、连帽粗呢厚外套以及一些品位高雅的、学院风格的美式运动服饰。但所有这些服饰都必须要有一些别出心裁的、让人看到能够会心一笑的设计。

什么样的设计？这也许是在你打开一件锁扣大衣时，意外地发现衣服内衬上时髦的大学徽章印花。也许这种锁扣大衣本身就是你在传统服装中从未见过的款式。又或者这是一件格子呢的锁扣大衣，或者带有军装特有的条纹。经典服饰的设计制作公司会为这一系列的服装选择深蓝色、黑色以及法兰绒灰的配色，而我们可能会把它们做成番茄红、深绿和芥黄色。非常醒目、非常不同凡响、非常时髦炫酷！想象一下穿着这样一件芥黄色的锁扣大衣，走在校园里那种明快的感觉！我希望我的设计让人觉得熟悉，但同时又有新鲜感。

8月份是返校季的开始，当学生和家长们为了在返校时能有让人眼前一亮的感觉或者为了去上大学而进行采购准备时，他们依旧可以从我们的店里买到常春藤联校系列的服饰，但与此同时，我们会推出一些，比如《田园和小溪》（*Field & Stream*）风格的服装，你可以穿着这些衣服去远足、去采摘苹果，或者搭配长筒靴去玩飞蝇钓鱼。秋季的佛蒙特州（Vermont）是去乡村享受周末假期的时节。

到了 10 月和 11 月，我们会开始转而设计一些更为考究的服装，比如你会穿去参加圣诞节派对的黑色或者深蓝色天鹅绒夹克衫，搭配褶皱礼服衬衫和礼服长裤。我们也许还会在这些服饰系列中，搭配加入一些闪亮的小物件，比如圣诞的小礼品。我们还会转变风格，准备一些更为轻便的服饰，我们称之为假日风情，人们可以买来在去温暖的地方度假时穿。可能会有印花和泳装系列，会有你能在游艇或者海滩上穿着的一些东西。

除此之外，我们每年会有四次核心基本款的货物交运：Polo 衫、高领衫、羊毛衫、棉毛衫、斜纹布裤、长裤、牛仔裤以及夹克。这些产品保证了我们业务的正常运转。没有哪家商店会出现基本款断货的情况，他们会一直保持相应的库存。对于这些基本款我们从来不做降价促销，而是会不断增加新的配色。

劳伦斯把核心基本款的设计引入了另一个高度。他看了我的设计之后说，“不要只做这 10 个颜色，去做 20 种颜色！不要只做 6 种颜色的灯芯绒，做 12 种颜色的！这种布料材质太差了；我们要用更好的布料来做。只要你愿意，用细棱条和粗条纹的灯芯绒，甚至用天鹅绒布料，我都没意见！”这就是劳伦斯，总是想把事情做大。在他的推动下，我们每个服饰系列的质量水平都得到了很大的提高。我真的非常喜欢他的这种行事风格！

这么做有没有什么问题？当然有，要知道，你永远也不可能把所有 20 种颜色的衣服都卖出去；总有一些不太受欢迎的配色。不过劳伦斯深知只有配色齐全，才有可能避免出现颜色短缺的问题，当这样的一个系列呈现在顾客面前，它所表现出的能量是无比巨大的。劳伦斯的生意经是：只要我们的设计师和生产厂商相信，我们的产品完全可以用倍数形式来表现，我们的客户也就自然会认可这种方式。而大范围颜色选择也给了我们的客户很多的自信，他们就不会像以往那样只买一件产品，而是会去买四件。

我们创建了一种营销理念，在这种理念的推动下，我们的品牌不断向前发展。我们研究竞争对手并从而找到了产品的最佳价位；我们研究各大生产厂商并从而获得了最大的利润空间。

设计师和生产厂家都明白，每个从亚洲进口服装的公司都需要一个采购代理，这可以是个人，也可以是一家公司，他们在这片区域内，起到品牌和工厂之间纽带的作用。采购代理用当地的语言和厂商进行沟通，检查产品质量，每天和生产厂商就各种细节、价格、变动以及其他所有可能发生的事情进行沟通。这不是随便谁都能胜任的，你需要一个懂行的人来做这件事。以前我们用的是穆尔詹尼的采购办公室，但随着新机构的建成，塞拉斯说，“不如成立我们自己专属的汤米·希尔费格采购办事处吧？”

采购办事处的团队领导是个至关重要的角色。你需要找一个对生产流程、货运过程和产品定价过程都非常了解的人，这个人还得知道怎么和所有这些工厂、布料供应商、零配件供货商打交道，并且最重要的是，要懂得怎么把这些林林总总的东西组合到一起。这需要花费大量的时间和艰辛的努力。有的时候布料来自意大利，拉链来自中国台湾，纽扣来自英国，内衬来自中国大陆，而缝纫又是在新加坡完成。只要有一个环节出现差错，整个生产就会陷入一片瘫痪，我们需要一个能够顺利协调各方要素、保证生产的人。

我们最后选择了巴博斯·博特（Bubbles Bott）。巴博斯是一个带印度血统的女士，会说五种语言，曾经在伊夫圣罗兰工作过，对服装行业非常了解。1986 年，我们在一次设计师门店见面会上见过，当时我们聊得很投机。她是个让人印象深刻的人，有着一双棕色的大眼睛，戴着夸张的首饰，一口美国口音，总是带着阳光般的灿烂笑容。我们需要有人来引领产品的开发和生产，乔尔觉得她是个完美的人选。

巴博斯很可能是我们所聘用过的表现最好也最重要的员工。她开始帮助我做所有事情，从采购到制订计划，简单来说，她帮助我把所有事情都做好。当我说，“我们来对软绸印花进行复染处理，让这些印花有一种生动逼真的感觉，”她能马上反应过来要怎样去做这件事，就算不知道要怎么做，她也一定会找到解决办法。她负责我所设计的所有服装原型、样品的交运、生产以及优化。她要和全球的生产厂家打交道，需要制定商品流转的系统制度。巴博斯是我们能够在休闲运动服饰上取得如此大成功的重要原因之一：我们一起创造了这一史无前例的服饰系列。

巴博斯会把所有事情都清清楚楚地用电子表格列出来，整日像空中飞人一样穿梭于亚洲和纽约之间。作为服装生产制作的负责人，她花费了大量时间和我待在一起，来弄清楚应该如何制作每件衣服，究竟是应该用棉布还是绵羊绒的布料，是不是应该在每英寸的长度上，用标号 14 的线缝制 22 针。我们谈论的可是每年成千上万的设计，每一种设计都要经过这样的讨论过程。最棒的是，她完全懂我的意思，并且也非常热爱我们正在做的这些事。

克莱格·雷诺兹（Craig Reynolds）是我们的产品总监。他主导采购和对产品系列的管理。克莱格在伯丁斯百货商店（Burdine's）工作过，对产品定价颇有研究，也非常清楚每个门店都需要哪些类别的产品。他是个很有眼光的人，对人对事一丝不苟，并且还拥有着让人无可挑剔的品位。

我集合了一支超级明星设计团队：针织毛衣专家沃拉·索伦诺斯（Voula Solonos）；针织 Polo 衫和高尔夫衫设计师苏珊·威廉姆斯（Susan Williams）；我们的运动服饰创意总监迈克尔·松达格（Michael Sondag）；克里斯托弗·考

克斯（Christopher Cox）、艾登·卡西迪（Aidan Cassidy）、查尔斯·泰蒂（Charles Teti）、凯尔·麦克唐纳（Kyle McDonald）、萨拉·汉德（Sara Hand）、爱丽丝·弗琳（Alice Flynn）、迈克·蒙贝洛（Mike Mombello）、路易斯·泰森（Lois Theisen）、育碧·辛普森（Ubi Simpson）、马尔科姆·克鲁斯（Malcolm Crews）、罗根·格利高里（Rogan Gregory）、达斯汀·霍洛维茨（Dustin Horowitz），还有罗伊德·波斯顿（Lloyd Boston）。瑞德·克拉考夫（Reed Krakoff）让我们成为仅次于蔻驰的设计师品牌，是我所见过最出色的创意总监之一。在他之后，苏珊极具组织力和创意的表兄斯蒂芬格·赫罗纳（Stephen Cirona）担任创意总监一职。我的弟弟安迪负责营销；我的妹妹金妮也进入我们的设计团队，在汤米牛仔开发之初，负责领导相关设计团队，之后转到女装服饰的设计。我们的设计工作室每天都有天才的想法诞生，这是一个创造奇迹的团队。在这个团队内部，流传着这样一句玩笑话，“我的愿望就是巴博斯的命令”。我会和助手们一起构思出非常棒的想法，不管这个设计是多么的不着边际，巴博斯总有方法把它们展现出来。

我一直不断努力着为自己身边挑选合适的人选，挑选那些能够填补我知识和专业空白的人才。我也在不断寻找那些为人正直、具有强烈道德修养的员工，因为我永远也不想做任何有违法律规定、有违道德准则、有违公正道义的事。我不希望做任何有损我和他人之间关系的事情。这在时装业中其实是很少见的——对于影视行业、音乐行业以及其他很多行业也是如此。但我所长大的环境让我相信当你看着镜中的自己，你所得到的关于自我的认知要远胜于其他人。也许这听起来有些俗套，但我就是这样。

我的挑战是把我的设计理念有效地传达给我的团队，让他们能够把我的想法展现出来。我们会以故事板的形式开始新一季服饰的设计，可能会用到美国海军的图片，也可能会是一艘漂亮的大船；当你乘坐一艘豪华快艇航行在地中海之上时，你会穿什么样的衣服？我会接连不断地想象出一些场景，形成一些想法，然后通过我们的整个团队，把这些灵感凝固下来，使其成为一件件商品。到1月的时候，我们又会重新开始，变换主题，重复这一相同的设计过程。

为了更好地把我们的产品呈现给客户，我们的展销厅到处都有播放动态效果的显示屏。在某一季的产品里，我们会把展销厅的某一个区域布置成游艇的甲板，用舰轮来作为装饰，给人体模特穿上我们的样衣，把这些模特摆放在甲板上的合适位置。我们会在展销厅播放相关主题的音乐，甚至会邀请乐队到场表演，让这场景看起来更真实。我们为客人所准备的用来盛放饮料的杯子都有船锚图案作为装饰，我们对展厅的布置，用心到每一个细节，力求让来自布鲁明戴尔、萨克斯或者梅西百货的客人有身临其境的感觉。我们会提供几个场景以供选择:《田园和小溪》向右，常春藤联校径直向前，摇滚世界向左。除此之外，我们还会有一个区域全部用来展示核心基本款，以劳伦斯的方式，用20种不同颜色来呈现我们的产品。

我想把汤米·希尔费格做成一个超级大品牌，这意味着我们的每件商品都要有其标志性的东西。那我们要怎样才能让自己从众多其他品牌中脱颖而出呢?我热爱徽章、热爱数字、热爱一切和运动或者体育竞技相关的东西。我热爱真实性。我热爱旗帜——美国旗帜!我在美国象征主义的环境中长大。在我身上找不到影响了诸多美国人的，那种20世纪60年代人所特有的愤世嫉俗。我的感觉从未改变,“我们都是美国人，我们生气蓬勃，我们热爱享受生活，我们是时髦的一群人”。我收集了很多关于旗帜、美国历史、乔治·华盛顿、亚伯拉罕·林肯、汤玛斯·杰弗逊、美国独立宣言、自由钟的书——我一直在想,“我要怎样把这些东西运用到我的设计上呢?”

我从红、白、蓝三色入手，开始我的设计。我所设计的衬衣领内衬是小星星的图案；我的裤装腰带内衬是条纹。我们还会在衬衫上印满旗帜印花。艾比·霍夫曼（Abbie Hoffman）曾经因为在《梅里·格里芬秀》（*The Merv Griffin Show*）访谈节目中穿着一件印有美国国旗的衬衫，从而引起公众的批评，不过他很可能是从我们的店里买（或者偷）了这么一件衬衫。时代不同了，我所做的是赞美我的国家，而不是批判它。我们希望我们的衣服有时代感，就像昔日荣耀（Old Glory）所展现的那样，所以我们刻意作出茶渍的效果。如果我们希望服装看起来更新潮、更现代，我们会把他们染制成更为明亮的颜色。沃拉（Voula），我们的毛衣设计师，创造了一系列以手工编织旗帜、在衣袖上编织旗帜以及在服装上编织汤米·希尔费格品牌缩写英文字母 TH、美国缩写英文字母 USA 以及美国汤米·希尔费格字样为特色的毛衣。

这些毛衣的市场销量非常好，以至于我开始思考，"如果把这些设计用布料的形式来进行表现，我能做些什么？"我设计了这样一件衬衫，一只衣袖上布满了星星，另外一只衣袖上全部是条纹，我开始做一些拼接和补缀的工作。我选择了星星和条纹，因为我想要拥抱美国！我想成为能够代表美国的设计师，我希望我所设计的衣服能让所有美国人产生共鸣。这种设计一炮而红。我们的这一服装系列中诞生了很多热销和畅销品，我们的美国旗帜服装系列为我们取得了数百万美元的收入。

我们在美国主题上的设计势如破竹。在这一季的产品中，我们运用到了美国纪念碑；另一季的产品中，用到了诺曼底印花（Norman Rockwell）；下一季，马撒葡萄园（Martha's Vineyard）；再下一季，南塔克特岛（Nantucket）。前线题材的餐具、珠宝、床单、被子——我把美国精神融入服装设计之中。接着，我们设计了带旗帜补丁的牛仔裤，红－白－蓝，还有星条旗。这些产品变得非常时髦，因为像布鲁斯·史宾斯汀（Bruce Springsteen）这样的摇滚乐超级巨星也在穿这种带有国旗内衬的牛仔夹克。

零售批发商们会对我们的每组产品进行选择性的购买，他们会错开这些产品的交货时间。1 月一个订单、2 月一个订单、3 月一个订单。6

个月之后，他们会采购下一组主题的产品，这个买5000件，那个买1万件，另外一个买2.5万件。接下来的事情就全是我们的了。六个月以后送到他们店里的衣服必须和样品看起来一模一样。甚至要更好！

我增加了泳装系列服饰，之后又增加了运动装。一季又一季，新的设计想法、新的设计主题不断诞生，这是让人无比愉悦的一件事。我知道我们正在引领潮流，我明白这整个市场都在追随我们，都想要和我们的步调保持一致。男性服饰报纸《新闻纪事日报》（*Daily News Record*）中的一篇文章描述了光鲜的美国主流社会群体（WASP）的消亡。我告诉他们，“学院风和美国主流社会群体服饰之间其实并没有很大区别，只不过学院风多了一股幽默的意味而已”。他们称我为“新的杀人蜂”。我们卖出了很多衣服，赚了很多的钱。

几年以后，塞拉斯分享了他对我们所获得的成功的看法——其中有一点，是我当时所没有想到的。他觉得20世纪80年代后期以及20世纪90年代早期时候，美国社会从工业时代转入信息时代。他说现在看来这很明显；但在那时候，人们并没有意识到这一点。个人电脑使用率的攀升——微软、苹果、互联网——这一切催生了休闲服饰时代的出现。

为什么会发生这种情况？因为工业时代是一种命令经济：老板通过各个等级的领导阶层向你发号施令，他让你做什么，你就得去做什么。在工业时代，不管是蓝领还是白领，都得穿着制服，系着领带。为什么要穿白衬衫？因为老板让你穿白衬衫。而在信息时代，这种可能性被大大降低；你变得更加独立，你的工作变得更为自由。微软是第一批发起校园办公模式的企业之一；它是最先倡导休闲服饰穿着的先锋。

在这之后，休闲服饰变革的影响扩大开来。即便是在银行业，这种等级制度极为森严的行业，穿着也逐渐变得随意起来，人们不需要终日穿着一成不变的套装。休闲星期五成为一种惯例。当时，我和我的合作伙伴们都没有想到这一点；我们并不是咨询顾问，也不是人类社会学专家。我只是有这样一种感觉，那就是美国是一个休闲的民族，他们想要宽松些的、没那么正式的服装。现在看来，这一切其实很明显，那就是在我们刚刚发起这股休闲服饰之风时，社会正处于巨大变革之中。

这就是塞拉斯所认为的，成就汤米·希尔费格的真正原因：美国进入了信息时代。

乔尔·霍洛维茨和我在物色办公楼地址的时候，无意中发现了第39西大街25号的一座建筑，位于第五大道和第六大道中间，这里有一个曲棍球俱乐部。以前这里曾经是工程学会大楼（Engineering Societies Building），是安德鲁·卡内基（Andrew Carnegie）1907年所赠送的一份礼物。当我们走上这栋建筑的第13层楼，看到25英尺高的天花板和大落地窗时，我们相视一笑，不约而同地说，“就是这儿了！”

我们在这层楼里做了很多展示厅，在展厅后面设置了一间会议室，把阳台改建成一个设计室。当塞拉斯、劳伦斯、乔尔和我需要一个公司总部时，我们对阁楼进行了翻修。随着我们生意越做越大，我们租下了这栋楼里的另外一层楼，对其进行了重新装修，接着我们又租下了一层楼，然后又是一层，直到我们买下了整栋大楼。第39西大街25号成为我们的公司总部。整整16层楼都是汤米·希尔费格的展销大厅。男装、女装、童装以及我们的授权产品。这栋大楼还有一个巨大的宝藏：停车场！我们在那里举办时装表演、派对以及新产品的发布会。那座大楼里，无时无刻不在发生着时尚前沿的事情，它所具备的能量和所营造的氛围简直是前所未有的！

随着业务的不断发展，我们开始租借了第五大道485号的场地，这里距离纽约公立图书馆（New York Public Library）仅有一步之遥。同样，我们不停地租借翻新，一层楼接着一层楼，直到我们最终买下了整栋建筑——这又是一个绝佳的房地产投资项目。我们把设计和生产部门转移到新的办公楼，在这两栋散发着无尽创意的办公楼之间往返办公。

百货公司内部的销售场地是一个相对独立的领域，在这方面我们并没有取得很大的进展。要想取得很好的销量，我们需要绝佳的毗邻位置，也就是说，我们的销售场所必须要在拉尔夫·劳伦和Calvin Klein的旁边。

一个星期天的下午，塞拉斯、劳伦斯、乔尔和我躺在香港丽晶酒店劳伦斯的套房里。像往常一样，我们预订了芝士汉堡、薯条和一些中式餐饮的客房服务，在酒店房间里讨论着工作上的事情。劳伦斯穿着他的诗阁（Ascot Chang）纯手工定制衬衫、卡其裤和托德鞋（Tod's），说，“我们需要找一种能够让我们大范围地进驻百货公司的方式。”

“嗯，我们需要投放更多的广告，并且扩展我们的产品系列，”我说。

乔尔补充说，“我们在交货上还有些问题。我们需要对生产和交货制定更多的约束措施。”

塞拉斯一拳砸在桌子上。“我们需要一个知道如何打入百货公司内部的人！谁和这些百货公司的关系最好？谁是这一行里最优秀的销售人员？”

“埃德温·路易斯（Edwin Lewis），”劳伦斯说。埃德温是拉尔夫·劳伦公司第三号人物，仅次于公司副总裁皮特·斯特朗（Peter Strom）和拉尔夫本人。他因手段强硬而声名远扬，他对于服装行业的一切都洞若观火，他和美国所有大型百货商店的所有人、首席执行官以及负责人都维持着非常好的关系，并且都有过授权交易。埃德温就像是一个传说。

“埃德温和Polo衫是共生的关系，”乔尔说，“他已经为拉尔夫·劳伦的Polo衫系列工作了十七八年，他不可能会离开那儿。”

我表示赞同：“他是永远也不会离开拉尔夫的。”

劳伦斯重复着我的话：“他是永远也不会离开拉尔夫的。”

塞拉斯不喜欢这样的答案。他说，“我们来试试看。”

“好吧，”劳伦斯告诉他，“我来给他打个电话，但我觉得他不可能会离开 Polo。”

“他不会离开 Polo 的。”我又说了一遍。

我们一直讨论着这个话题，直到塞拉斯说，“劳伦斯，你给他打电话。你现在就打电话。”

然而，令我们感到意外的是，埃德温竟然同意和我们会面。

塞拉斯说，“在这行里，一个人能拿到的最高薪水是多少，以前的人最高拿过多少？”

“我不知道，”我告诉他们，“也许是 50 万美元一年？埃德温很可能每年能赚到 50 万美元，说不定还会更多。我不知道，他已经在那儿——”

塞拉斯说，“我们给他 100 万美元。”

乔尔和我同时说，“给他 100 万美元的年薪？”

我接着说，“得了吧，那可是一大笔钱——”

劳伦斯说“我还是觉得他不会过来。”

“我们给他一些股份，让他做我们的合伙人，“塞拉斯说，”另外再加上 100 万美元的年薪。”

这时候，我的态度就不仅仅是犹豫了，我甚至开始有些反对这个建议。为了和我的合伙人分享收益，我已经放弃了很多，但这没关系，只是我不想再失去什么了。

我们讨论了很长时间，最终我还是被说服了，因为埃德温所累积起来的经验和能量，能够极大地推动我们公司的发展。

埃德温同塞拉斯及劳伦斯见面后，了解到我们会给他自由发挥的空间，让他去做所有他需要做的事情，另外还有丰厚的经济奖励，他同意加入我们公司。而当时我们所不了解的是，尽管埃德温在拉尔夫·劳伦成绩颇丰，但他也触碰到了事业发展的瓶颈，无法在现有成绩上再有作为，这一切让他痛苦不堪。

我们都格外努力地投入到工作之中，这样埃德温可以在拿到公司股份的同时，还能获得一份极其丰厚的薪水。1992 年，在多次会谈和协商之后，我们让他坐上了汤米 · 希尔费格总裁的交椅，向他奉上了汤米 · 希尔费格公司的指挥棒。他的工作是把汤米 · 希尔费格的产品卖到大型百货公司。劳伦斯把自己第 39 号西大街 25 号转角的大办公室让给了埃德温，他开始了在汤米的工作。

我非常努力地让自己去喜欢埃德温，但我们两人性格迥异。他是个盛气凌人、狂妄自大的家伙，感觉自己无所不知。也许他确实有着过人的学识，毕竟他曾经为一个宣扬一种生活方式的美国设计师品牌，打开了全美所有最大的百货公司的大门，获得了所有顶级零售商的尊敬。他在这方面确实是个天才，他也确实让人看到了他的能力。

我会特别注意自己待人处事的方式，会去顾及他人的感受，但埃德温 · 路易斯却并不会这样去做。他有一些自己非常偏爱的亲信，除了他们小圈子里的那些人，其他人压根听不懂他们都在说些什么。他会说一些这样的话，“上帝啊，那条该死的领带看起来简直是个古董。”他会用审视的眼光看着一位女士说，“我的天！姑娘，你穿的这条裙子可真是难看到极点！”

埃德温 · 路易斯，这个穿着整齐得体却满嘴脏话的南方人，会经常把两只脚架在办公桌上，倚靠在办公椅里。当有人进来的时候，他会上下打量着对方，然后说，“你是从什么鬼地方弄到那双鞋的？”

“在巴黎。我刚买的鞋。”

“我才不在乎你在哪买的这鞋呢。它简直是我这辈子所见过的，最难看的东西了。”

大家会带着自己的想法去他的办公室，可是他们刚开口要说，“我觉得……”埃德温就会打断他们说，“我才不管你在想些什么。我们就是这样做事的，你要么用我们的方式去做，要么就别再回来了！”开会的时候，我们会提出很多的建议——比如我们或许应该在男装部后面再开设一家店，而不是把这个店放在电梯旁边，或者我们应该用木纹作为装饰而不是用白色喷漆——而他会说，“我们不可能那么做。”“为什么呢？”“因为这事就不是这么做的。我们不会用你的方式来做这件事的，所以就别多费口舌了。”有的时候，我感觉自己马上就要失去控制了。

埃德温来了之后，把我们的所有产品都看了一遍，说，“产品系列不够大，不足以来做我们需要做的事情。”“显然，我们在劳伦斯管理下所作的产品拓展，在他眼里也还是远远不够的。“要想和保罗拉尔夫·劳伦竞争，你需要的不是一种或者两种格子，”埃德温说，“你需要的是25种格子的花形。”

我们开始在他的指令安排下工作。我们雇了更多的设计师，雇了更好的面料人员。我们知道，只要我们听从埃德温的领导，制作出更多更好的产品，我们就能把产品卖到更多更大的百货公司。扩大生产的效果是非常明显的：希尔费格品牌爆发了。在我看来，埃德温根本就是在威胁那些百货公司的管理人员。“你去告诉他们那帮混蛋，如果不把旧金山商场保罗拉尔夫·劳伦旁边的位置给我们，他们以后就别想有汤米·希尔费格的产品卖。你听到了吗？我们会把它交给他们的竞争对手。”他说话的口气和态度，看起来简直就像是电影里出来的角色！他告诉那些人，“汤米·希尔费格是新一代的拉尔夫·劳伦，未来他将会成为最重要的设计师。我们想要更大的商店，更好的位置，你的那些顾客们肯定会从你这儿买更多的产品。”这种方式奏效了。

我并不讨厌埃德温所做的工作，他做了很多有益的事情，也为我们打开了很多商场的大门。我只是不喜欢他那种盛气凌人的态度和傲慢不羁的待人方式。

时间确实可以检验一切，我们发现，从保罗拉尔夫·劳伦来的很多人都表现出这样一种傲慢自大、唯我独尊、我们知道自己在做什么、除我们之外没人知道的态度。拉尔夫毫无疑问确实造就了很多的天才，其中的一些人组成了非常棒的团队，但他们当中还是有很多人的做事方式真的让我感到非常不安。

不过，在我们向埃德温表明，他不会拥有绝对的管理权力之后，他的嚣张气焰收敛了很多。我们非常感谢他为公司所作出的贡献；如果不是因为他如此的优秀，我们不会进入到那么多好的大商场之中，也不会拿到那么多好的位置。

既然我们已经进入了这些商店，当然，我们最好能表现得好一点，能把自己弄得漂亮一点。以前我们在搭建百货公司商店的时候，用的是染成红木色的松木，用的是看起来很昂贵但其实很便宜的地板材料，货架和照明设备可能直接是从家得宝（Home Depot）买来的。劳伦斯来看过之后说，“不行，不行，不行，我们不能这么做。我们得去把杰瑞·罗迫逊（Jerry Roberston）请来，他搭建了第72大街上的拉尔夫·劳伦商店，他帮拉尔夫·劳伦设计了很多商店，他的品位是最适合我们的，也是最好的。”我不希望被人指责，说我们的一切都在模仿拉尔夫·劳伦，并且我还是偏向于那种传统的红木格调；对我而言，这意味着财富和奢侈。但杰瑞和埃德温说服我，我们应该把它做得更现代。

杰瑞是个完全不按照预算做事的家伙，但他为汤米·希尔费格所做的门店绝对是很漂亮的。他采用了最好的白色喷漆木材、结实的货架组合、巨幅的招牌，他打造了一个白色的、现代气息十足的汤米·希尔费格品牌形象。不过这些杰作所需要的花费之高，实在让我大出所料，不过在我向大家表明我的观点我们或许可以在这里削减一些费用，在那里削减一些费用……后，劳伦斯说，“不，我们要这么做。我们需要最好的。”

好吧，劳伦斯！

于是，杰瑞开始搭建我们的办公室和展销大厅。

这么多钱花得值吗？虽然我也曾经有所怀疑，但现在我觉得值。我们的展现形式，我们的存在，可以让我们这个品牌看起来很重要也很强大，可以让人们能够把我们当作一个值得信赖的公司来看待。

1992 年至 1993 年间，拉尔夫或许会对我们感到非常不满。我从来没有要抄袭他的任何想法。我所想要做的是更现代、更新鲜、更年轻、更时髦和更酷的东西。只不过我们都很喜欢拉尔夫的商业模式：包括了基本款、经典款以及定期发布的时尚单品的产品系列；包括了在百货公司内部设立的专柜以及独立于百货公司专卖店的销售形式；通过广告进行宣传；传播一种生活方式的形象。

我特别喜欢他在百货商场中所采用的货物补给方式，我们也学习沿用了他的方法。打个比方，店里每卖掉一条 32 英寸腰围的卡其裤，第二天或者一旦有货，另外一条相同尺寸的卡其裤就会被运送到店里以填补库存。这是一种电子数据交换系统，由计算机进行控制，这样每当店员结算一件商品，信息就会自动传递给我们，以激活更多的货物被输送到商店的流程。百货商场喜欢这种运作方式，因为在这种方式下，存货实际是由我们在进行管理；我们也喜欢这种方式，我们可以快速把更多的库存转为货架上的商品，因此我们完全相信我们的业务就会发展得更快。

在创意方面，我们会组织召开所谓的纳贤会。我们所有的设计师都会把他们的想法以写字板、布样、素描和样品的形式拿到桌面上来进行讨论，我们会对这些设计进行点评，然后再协同设计每一件单品。

“我们为什么不把衣领从那件衣服上拆下来，然后装到这件衣服上呢？”

“让我们来把曲棍球衫和橄榄球衫结合在一起看看。”

“让我们把滑雪服和牛仔服组合在一起。你能想象有尼龙带的牛仔服吗？”

我会给出大体的设计方向，然后这些年轻的、聪明的、充满天赋的设计师们，最小的只有 19 岁，最大的可能将近 40 岁（我是这个屋子里年纪最大的），会往其中加入一些具体的元素，使设计变得更加丰盈饱满，然后，再根据这一季的主题，对核心基本款以及核心加系列的服饰进行扩充。刚开始的时候，这个会议只有很少的 3 人—5 人参加，随着公司的不断发展壮大，参加会议的人数增加到 10 人、12 人、20 人，直至现在的一大群人。

我们的纳贤会就像一列火车。创意会谈是引擎，紧跟其后的是展销、执行、定价、贴身剪裁、发布会，最后是市场推广会。这些过程环环相扣，每一步的顺利展开带动了下一步骤的开展，就像火车托运货物一样！

创意工作是一件充满乐趣的事情，因为它是开拓性的、新鲜的、试验性的活动。我们有一个衬衫团队、一个毛衣团队、一个针织衫团队、一个牛仔团队、一个裤装团队、一个夹克团队。我会走到他们中间，查看他们的设计，给他们提出一些建议，比如，“我们在这一季的服装上加一些风帽吧？我们干吗不给风帽做些内衬呢？”如果衬衫团队作出了一些非常棒的设计，我会说，“我们为什么不把这种设计也运用到毛衣上去呢？”我可能会看到针织衫团队有些很棒的创意，然后会说，“我们为什么不把这个想法也用到衬衫的设计上去呢？”或者“我们干吗不把这种装饰也放到夹克衫上去呢？”我们一直在做着这种融会贯通的工作。

这些工作完成之后，我们需要把注意力转移到现实问题上来：“好，我们真正能卖掉多少件这种设计的衣服？它的成本会是多少？我们要去哪里进行生产制作？最快多久能够交货？明年生意还将会有多少增长？”销售团队需要从百货公司中拿到更多的销售面积，而我可能在另一个房间里，和建筑师讨论着我们的店铺应该做成什么模样。

接下来，我要去参加公关会议：“我们要怎样把这些产品呈现给杂志以及媒体？”在这之后，是参加研究应该以何种广告形式，进行产品推广的会议。再然后是研究所有这些事项的开支，以及我们需要雇多少人来推进这些事项的会议："有多少城市在卖我们的商品？有多少商店在卖我们的商品？这其中有多少家布鲁明戴尔百货？多少家梅西百货？我们有多少存货？我们自己开了多少家专卖店？我们在广告投放上的花费有多少？"

与此同时，我开始建立样品档案馆——我在旅行中所收集的东西以及那些我们制作了样品但最终并未投入生产的样衣。20 世纪 90 年代早期，我们为这些收藏品设置了一个自动货架（就像干洗机用的那些一样），我们的设计师、助理员以及产品人员，只要按下某个按钮，就立刻能看到相关的一个具体物件。现在，我们的档案馆里已经有 25 个这种货架，保存了来自世界各地的成千上万件样品。如果我们在设计某个系列的产品时，想要看看机车夹克的样品，我们可以找到夹克货架，所有机车夹克马上就能全部出现在你眼前。有的看起来像丹尼斯·霍珀（Dennis Hopper）所穿的，有的像彼得·方达（Peter Fondaer）所穿的，有的像詹姆斯·迪恩（James Deanae）所穿的，有的像贾斯汀·比伯（Justin Bieber）所穿的。档案馆是我们最具价值的资产之一。

那些创意会谈之中，最棒的部分是我们团队成员之间的头脑风暴。我们会和劳伦斯以及整个团队连续开好几个小时的会议。劳伦斯，当然，会放大一些小细节，他会以他的方式，让所有人都明白他的观点。他会说，"衣领太短了，把它再加长 0.15 英寸。"他说的可能会是对的。我会转向团队说，"让我们把它再加长 0.15 英寸。不如这样吧，我们来把这个衣领加长，做三个版本，一种加长 0.15 英寸，一种加长 1/8 英寸，一种加长 1/16 英寸，我们把这些衣领都制作出来，然后试试看，哪种效果最好。我们在做这件事情的时候，不如顺便再多做几个稍大些的衣领？"

我会拿出一个新的样品。"劳伦斯，你觉得这个怎么样？"我问。

"我永远也不会穿那样的衣服。你别想让我穿那种东西！"最终，他会看着我们说，“我必须得离开这儿。我一分钟也待不下去了。我得去喝杯马提尼！”劳伦斯的办公室里有一个酒吧，每天下午5点45分的时候，他的助手艾米会为他准备一些马提尼酒。我们还有一个特别的雪茄屋以及一个我们自己的厨师。

劳伦斯的加长豪华轿车就停在外面，我们会去周先生的餐厅（Mr. Chow）或者普莱利餐厅（Cipriani）和四季饭店（Four Seasons）边吃饭边谈生意，或者就是不停地谈话，“我们要不要把业务先拓展到墨西哥或者南美？或者先去巴西而不是委内瑞拉？英国怎么样？我们要先去英国，还是法国？”我们每个人都为这个团队作出了巨大的贡献。我们感觉自己的组合就像甲壳虫乐队。身处于这个团队之中，我们感到无比的快乐！

劳伦斯谋划着怎样做得更大、更好，塞拉斯思考着怎样从财务上对公司的运转进行控制，使我们获得更多的利润、交更少的税、从银行拿到更优惠的政策、可以建立新的盈利中心。乔尔负责执行并协同执行团队做好策划工作，埃德温不停地为我们打开更多商场的大门。我操控着公司的设计——新的想法、好的产品、下一季的主题是什么、什么是最新潮的、最新鲜的？并且，最关键的是，保持品牌的核心和完整。

到20世纪90年代初，我们已经成功地在时装业占据了相当的市场份额，年轻服饰更是成为我们的囊中之物。

第十二章

孩子们真不赖

Being a father is the greatest joy in my life

（成为一名父亲是我人生中最开心的事）

回到1984年5月，那时苏珊和我都还住在苏豪区，我们发现苏珊有了身孕。当时我们结婚已经五年，我们高兴极了。苏珊当时正和卢比还有罗杰一起做她的东京印象服饰系列，但这份工作弄得她心力交瘁，她不能按时领到自己的薪水，货物的交付出现了各种延期的情况，样衣的制作也变得越来越困难。她的这份工作让她终日处于一种很焦虑的状态。我觉得最好让她能够放松下来，享受孕期，先把孩子生下来，以后如果她还愿意的话，可以再回去工作。

那时候苏珊刚刚怀孕，我还可以在7月的时候，去香港设计汤米·希尔费格的首个服装系列。我们在西百老汇租的公寓房即将到期，我从香港回来以后，我们开始寻找新的住所。因为家中马上就要有小宝宝出生，我们想着，靠近中央公园的上城区应该比苏豪区更安全，也更稳定，当时这一片还是个开派对的热门之地。我琢磨着，我们可以推着婴儿车在华盛顿广场公园（Washington Square Park）散步，只不过在20世纪80年代，那一片还有很多毒品贩子。

我们在第68西大街25号找了一栋有门卫的公寓楼，这是位于哥伦布大道和中央公园西大道中间的一个很不错的街区。当初，我们打算在哥伦布大道上开设汤米·希尔费格门店的时候，就已经考察过这个街区的情况。约翰·列侬（John Lennon）就住在不远的达科他。派瑞·艾力斯（Perry Ellis）在附近也有一套房子。这里还有一些不错的餐厅和商店。逗闹（Charivari），一个非常棒的成衣店，就在第81号大街。我们租住的公寓距离公园只有半个街区的距离。

我们把房子粉刷成墨绿色并衬以白色的装饰，从布利克街（Bleecker Street）

的皮耶尔杜克斯(Pierre Deux)买了一套法式乡村餐桌椅放在新家。超声波结果告诉我们，即将迎来一个女宝宝，我们把婴儿房布置成白色，并用粉色调进行装饰，家具也用从麦迪逊大道的儿童用品商店穿靴子的猫(Au Chat Botté)买来的粉白相间竖条纹作为装饰。我们已经为新生命的到来作好了准备。

1985年1月，我正在设计下一个系列的产品，也刚开始在穆尔詹尼办事处做可口可乐的服饰系列，忽然接到苏珊打来的电话，说她感觉到宫缩了，并且她的羊水已经破了。等我乘坐地铁赶到家时，她似乎马上就要生了。我四下看了看，心里想，“不知道我们什么时候才能回来，”所以我迅速地把冰箱清理干净，因为我不想有蔬菜烂在里面。

“你在干什么？”苏珊问。

“把冰箱清理干净。”

“什么？你疯了吗？”

当时我觉得自己做这件事的理由很充分，不过事后想想，这确实有点奇怪。现在这件事成了希尔费格家里大笑话。

我们跳进出租车，火速赶往医院。司机开车穿过公园，朝着第二大道的下城区疾驰而去，我真担心他会掉进地上的大坑里，担心孩子在还没到医院之前就会出生。我一直对这家伙说开慢点开慢点。苏珊倒是毫不在乎，她一心想的就是早点到医院。

我们在上午大约11点钟的时候到达纽约大学医疗中心(NYU Medical Center)，下午5点20分的时候，我们的女儿诞生了。当医生把她抱给我时，我简直不敢相信这一切。这小东西紧紧依偎在我的怀抱里，触碰到我内心最柔软的地方，我忍不住流下了激动的泪水。

亚历山大·苏珊(Alexandria Susan)——亚丽。哦，她特别喜欢笑，时而微笑、时而大笑。她像苏珊一样，有一头乌黑的头发，一双棕色的大眼睛以及希尔费格家族特有的嘴和鼻子。她特别招人喜欢，是个精力充沛、充满爱心的小家伙，我看着她的眼睛就知道我们心灵相通。

苏珊为了把这小家伙生下来，耗尽了体力，现在她睡得很香。我觉得自己比她还要紧张。第一天晚上我们就把亚丽带回了家，我们把她放在床边的婴儿摇篮里，每过几个小时我都会醒过来，把手指放到她鼻子下去探探她的鼻息，看看她是不是还活着。

第二天苏珊的父亲来看望我们。还有苏珊的表兄史蒂芬·赫罗纳。他一直都特别时髦，总有那些最新潮、最酷的东西。那天，他穿着一件高田贤三的黑白千鸟格夹克衫来看我们——别问我为什么还记得这些！拉里·斯特莫尔曼来了。乔尔带着妻子安也来了。穆尔詹尼也来了。前来慰问的访客络绎不绝。苏珊终于忍不住说，“我真的没精力再招呼客人了。”我把大家带出去吃晚饭，等我回来时，苏珊和亚丽都睡着了。我再一次把手指放到女儿的鼻下，去试探这完美的小东西是否还活着。

我们有一个爱尔兰籍的保姆玛吉·曼根（Maggie Mangan），但只要我有空，就会亲自帮忙带孩子。我会帮着换尿布，苏珊和我会抢着给小宝宝洗澡。

“今天轮到我了。”我会说。

“不，这次轮到我来给她洗澡了！”

“不行，让我来！”

就只是摸摸这小东西，我便感觉激动不已。我对孩子充满了无尽的爱意，苏珊更是欣喜若狂！这开启了我们生活的新篇章；我们的另一个梦想变成了现实。我们组建了一个家庭，我们有稳定的收入，我创建事业的梦想也正在起步。

那年夏天，我们在纽约布里奇汉普顿（Bridgehampton）租了个度假别墅。亚丽还只是个小不点儿，我会带她去游泳池里游泳，紧紧地抱着我的女儿，徜徉在阳光下的泳池里——这是我一天中最美好的时刻。我儿时的玩伴迈克尔·弗兰奇带着他的妻子维吉尼亚也来了，吃早饭的时候，我抱着亚丽，和他们一起吃着麦麸蛋糕，我们一起聊天、欢笑，就像学生时代那样。我的妹妹贝琪和我的母亲也来了。我们一起去海边，去农产品市场，去和朋友们一起出去玩——那真是一段令人愉快的时光。

我的父亲也来了，他好像完全变了一个人，变得非常和蔼、友善，一点儿也不挑剔。我觉得这可能是因为他看到我开始变得成熟，开始结婚生子，并且开始创建自己的品牌，他终于开始想，“嘿，我儿子成功了。”

我当然是下定决心要做个和他不一样的父亲。首先，我永远也不会打我的孩子们。我想要做个关心孩子成长、能够参与孩子成长过程的父亲，不管我会有多少孩子，我都会让我的孩子们知道我会支持他们，无论他们选择了怎样的人生或者职业。

那年秋天，我们开始觉得住在乡下应该是个不错的选择。城市固然很好，但整整一个夏天待在海边，住在这样一个带院子的房子里，有更大的活动空间，这从情感上来看更为重要。能在一个宽敞的地方养育孩子是件让人感到心安的事情。

我们去新泽西看了房子，但我们不喜欢那里。我们肯定不想再回到纽约上城区，既然已经搬出来了，就没有理由再搬回去。就这样，康涅狄格州成为我们的目标，我们开车去看了格林尼治的房子，然后又去了新迦南，去了西港，几乎跑遍了所有地方。

有一天，我们在友谊冰激凌店吃午饭，坐在我旁边的女士正好在看一本房地产概况目录。我问她是不是在房产中介工作。结果发现，她的确是房产中介，然后她作了自我介绍：珍妮特・米利根（Janet Milligan）。我们一起翻看这本目录，苏珊和我同时看上了环山路（Round Hill Road）的一栋漂亮小洋房。这套房产价值75万美元，在当时，这对我们来说着实不是一笔小数目。不过，幸运的是安吉洛・罗萨托（Angelo Rosato）帮我拿到了银行贷款，并且他自己还借给我一笔钱。汤姆・科廷帮我处理了合同等文件。真要感谢我的这帮家伙们。

亚丽就像是来自上帝的一份礼物。搬到康涅狄格州之后，我们会在树林里玩耍；我会躲在树后面，然后突然跳出来把她逗得哈哈大笑。我们建了个游戏室，在里面做了娃娃家的杂货店，她会在店里买一些塑料的小苹果、胡萝卜还有西红柿，我们会假装算账收钱，然后把她买的这些东西装在袋子里。这样的游戏，我们能玩上好几个钟头。她喜欢听我所有的经典摇滚乐。下班后，我会从城里赶回家，这样我就能在她上床前，给她讲故事，哄她睡觉。虽然还只是个孩子，但亚丽表现出了一般小孩子所没有的那种成熟。我甚至觉得自己前世就已经认识她，只是我们的这段记忆都已模糊。

苏珊和我对于要搬到康涅狄格州这件事兴奋不已。我们在埃尔迈拉小树林里的校舍曾度过了一段美好的时光，这感觉像是又回到了过去。只是现在我工作的时间变得更长了，要经常去纽约，这并不是件令人开心的事。不过我还是习惯了这样的生活。我喜欢生活在有树的地方。

在亚丽开始上幼托班之后，苏珊又开始了工作。我申请了一份银行贷款，这样她和我们的朋友南希·西曼可以在帕特南大道（Putnam Avenue）上租下一小块店面，她们在那里开了一家非常棒的婴幼儿用品商店，名为比彻姆广场（Beauchamp Place），以伦敦的街道命名。

她们把地板涂成黑白色，细工家具涂成皇家深蓝色，营造了一种浓郁的英式风格，极具时尚气息，店里出售来自欧洲各种儿童服饰公司的产品。她们做得相当不错。

不过，南希和苏珊都忙于照顾孩子，这家商店渐渐成为她们的负担，所以几年以后，她们决定关闭这家店铺。又过了几年，苏珊再次头脑发热，她和帕梅拉·法尔（Pamela Farr）、艾伦·基奥（Ellen Keogh）合伙买下了格林尼治下城区孩子们的店（The Children's Shop）。苏珊对百思特康（Best & Co.）一直很着迷，这是一家位于第五大道的老式儿童服装连锁店，从 1879 年直到 1971 年都开在圣保罗大教堂旁边。经过几个月的调研，她发现这家店的店名并没有注册商标，她可以注册并且宣布对其所有。

这毫无疑问是世上最出色的儿童服饰精品百货商店。琳琅满目的精美商品，温馨浪漫的购物环境，是住在附近的父母为孩子挑选衣服的绝佳去处。她在格林尼治开了家更大的商场，之后又在伯格朵夫（Bergdorf）开了一家分店，接着开始生产制作她个人设计的产品。她终于又重新回到了服装设计行业！

后来这个儿童服饰商场被史瓦兹玩具店（FAO Schwarz）收购，他们特聘苏珊为创意总监并承诺会另外再开设一家分店。不过很遗憾，分店的事情最终还是不了了之，苏珊决定离开百思特康。没过多久，这家店便倒闭了。

1989 年 7 月 4 日，我们和南希还有皮特一起在南塔吉特岛（Nantucket）的海滩度假，南希对我说，“恭喜你，汤米！苏珊又怀孕了，这真是个好消息！”

“你说什么？”

南希有些尴尬。“哦，你还不知道吗？”

我转向苏珊。“你怀孕了？”

“是的。”显然我的妻子第一时间把这个消息告诉了她的朋友和前商业伙伴，而不是我。

“那你为什么不告诉我？”

“嗯，我不太确定，所以就先和南希说了这件事，后来我做了个检查，发现确实是怀孕了。”

“哦，”我说。“好啊。太棒了。”这很奇怪。我觉得苏珊好像有什么事情想要瞒着我，但我实在想象不出来她为什么要这么做。直到现在我还是不清楚这件事情的答案，我不知道她有没有意识到，这件事情对我的伤害有多大。

我的父亲后背有些疼痛，他觉得可能是肌肉拉伤。后背的疼痛一直好不了，他去医院拍了个片子。检查结果让他大吃一惊，医生告诉他，他的右肺部有一个癌性肿瘤。父亲一辈子都没离开过香烟。医生几乎是立刻采取了手术措施，切除了父亲一部分病变的肺，但癌细胞还是扩散了。紧接着便是放射治疗，但还是没能阻止肺气肿的发生。短短一年的时间里，他病得越来越重，他的身体也越来越虚弱，只能靠着氧气瓶勉强维持生存。他的心脏功能也逐渐衰退。我们都知道他将不久于人世。

幸运的是，在我父亲病重之前，我早就有了让我的父母去做一些他们从未经历过的事情的想法。我让他们去乘坐了邮轮，让他们去意大利旅游，我为他们在汉普顿斯租了一套房子。看到他们在辛苦忙碌了半辈子之后，还能够享受生活，这让我感到很快乐。自从离开埃尔迈拉之后，我和父亲就没怎么见过面了，但现在我们全家都尽可能的陪在父亲身旁。我的母亲很坚强，但还是很难过。在父亲生命里的最后几个月里，我们基本就是在等着他的离开。

父亲生命的最后这段时光是在氧气面罩里度过的，我所有的姐妹和弟弟们都陪在旁边，他的大脑已经不太清醒，说话语无伦次，沉重的呼吸声让听到的人于心不忍。我的妹妹和母亲不停地哭泣，我的兄弟们都很难过。护士说："他的时间已经不多了。"我们全家走到病房外面的走廊上，留下我坐在他的身边。父亲用力睁圆了他那双蓝色的大眼睛盯着我说，"我为自己过去对待你的方式感到抱歉。"他用尽浑身的力气，艰难地说道，"请照顾好你的母亲，我的母亲，还有我们全家的所有人。"

我感到心头一阵阵的刺痛，巨大的悲痛让我简直无法站立。我年轻的时候一直都很恨他，虽然他在年老后，时常对我表现得非常和善，但我还是无法理解或者接受他曾经对待我的方式。我们从来都没有谈论过这件事；他不是那种会让我主动想提起这个话题的人。他比我高大，也比我强壮，就算是我长大以后，我也还是一直会担心，他什么时候又会发脾气打我一顿。1989年12月21日晚上，我的父亲过世了，再过四天就是圣诞节。我一直都很害怕我的父亲，直到他去世的那一天。

终于，我和父亲的关系得到了和解，我也终于理解了我的父亲。现在我自己也是一名父亲，我才终于意识到父亲所做的一切，都只是希望我能成为最好的自己。

然而祸不单行，我父亲的弟弟罗伯特也先他一天离开了人世。我给奶奶打了电话。虽然她以前对我不好，但接连在两天时间里，先后失去自己的两个儿子，这对她来说，会是多么大的打击啊。我到杰克逊维尔（Jacksonville）看望了她。当时她已经卧床不起，由几个看护轮番照顾。我说，"奶奶，我的爸爸让我来照顾你，我会按照他说的去做。"

在顺着走廊去厕所的路上，我听到她对护士说，"你知道我孙子汤米吗，他可是个百万富翁，他会好好照顾我的！"

我心想，"现在我成功了，你才想要对我好？"不过我什么都没说。

当我开始负责奶奶的开销后，我发现她其实已经没钱了。我想，"她年纪已经很大了；又刚刚失去了自己的两个儿子。以前的事情就不要再想了。现在就好好照顾她。"我一直赡养我的奶奶，直到七年后她离开人世。

1990年3月，就在我们准备睡觉的时候，苏珊感觉有些异样，于是赶紧给她的妇产科医生打了电话，医生了解了情况之后说，"到医院来。"我们赶往格林尼治医院。这一次我没有在产房陪产。医生出来后说，"是个男孩。一个胖小子！"

我给我的儿子取名为理查德，以我父亲的名字命名。我们早就知道这次怀的是个男孩，父亲生病的时候，我们和他一起坐在埃尔迈拉家中的沙发上告诉他，"爸爸，我们打算让孩子用你的名字！"尽管他以前对我一直很不好，但他当时身体状况已经很差了，我想尽量做点能让他感觉快乐的事情。既然说到了，那我一定就要做到。

从抱起理查德的那一刻起，我就感觉到我们之间的那种亲情的纽带，理查德和我之间有一种言语无法表达的爱意存在。我知道这听起来很荒谬。

尽管非常热爱康涅迪克的生活，但我们还是决定搬回纽约，这样我可以照顾我的家人，并且也不会把过多的工作时间浪费在两地的交通上。我们卖掉了康奈迪克州环山路上的房子，在纽约第 80 东大街 123 号租了一套 5 层楼的联排别墅，虽然这只是租来的房子，但苏珊和辛迪·林弗雷特（Cindy Rinfret）还是把这里布置得非常漂亮。

亚丽第一天上幼儿园，当她走进第 91 东大街的圣心教会学校（the Convent of the Sacred Heart）时，浑身都发抖。她不肯放开我的手，不过一个修女让她相信，一切都会变好的。我看着她那穿着条纹棉布的小小的身影沿着走廊一直走下去，心里想，“这是她成长的开始。”看着她这么难过，我的眼睛也变得湿润了。不过没多久她就适应了学校生活，这让我感到很安慰。

每天早上 6 点，苏珊和我都会起床，绕着中央公园的水库晨跑。我们会在麦迪逊大街和第 80 大街的亿特咖啡馆（E.A.T）喝一杯卡布奇诺，再散步回家，回去后我会陪理查德玩一会儿。他穿着蓝白条纹的睡衣坐着看动画片时，我会去洗澡、换衣服，然后在等待吃早饭的空档，我们会聊一会儿天。每个礼拜的五天中，有三天我得去工作，理查德会大叫，“爸爸，不要走，不要走！”我是他的好伙伴，最不想离开他。任何一个曾把哭泣中的孩子关在门后的人，都会了解这种煎熬的心情。

我最高兴的事就是回家后还有时间和孩子们一起玩耍：军队、特种部队（G.I.Joe）、金刚战士（Power Rangers）、汽车和卡车。我给他穿上橄榄球衣带他去看巨人队（Giant）的比赛，去看骑兵队的（Rangers）比赛时，则给他穿上帅气的曲棍球衣。我们在格林尼治度暑假时，租了一套房子，我们会去树林里徒步、会搭建堡垒。有一个儿子，让我们的家变得完整——理查德就像是我们之间所缺失的那条纽带。我对苏珊说，“我们家现在的人数刚刚好。”我们晚餐的餐桌上很平静，不像我小时候所经历的那样。我的小家庭很平衡，也很幸福。

第十三章

高品质生活

摄影：佩奇·鲍威尔

What an Xperience!

（多么难忘的经历啊！）

广告是汤米·希尔费格品牌成功之路上的关键因素之一。1986年的时候，我们还没有和穆尔詹尼分开，当弗朗西斯科·斯卡乌洛（Francesco Scavullo），知名杂志《世界》（*Cosmopolitan*）的封面摄影师接受我们的广告邀约，同意为我拍摄名为“弗朗西斯科镜头下的汤米·希尔费格”的广告系列时，我感到非常荣幸。这是我们为提升品牌形象，为了向那些知名的大公司看齐所作的另一种尝试。

在去往弗朗西斯科位于上东区的工作室路上，我一直在想，“哇哦，他给戴安娜·罗斯（Diana Ross）、席尔威斯特·史泰龙（Sylvester Stallone）、伊丽莎白·泰勒（Elizabeth Taylor）和格蕾丝·凯丽（Grace Kelly）都拍过照……这一定很有意思！”他的搭档，肖恩·伯恩斯（Sean Burns）让我彻底放松。弗朗西斯科个头不高，戴一顶希腊渔夫帽和一副镜片很厚的眼镜。他看起来非常谦逊、温和，但又有点古怪，是个挺有意思的人。他工作的时候非常专注。我们在一起吃了顿非常健康的午餐，我能记起来的，大概就是一份小扁豆和橄榄菜沙拉以及苏打水，我心想，“这是我想要的饮食方式。”他的家给我留下了很深的印象，这里装修得时尚而不张扬，灯光像流水一样洒在木质地板上，墙上挂满了他曾经拍摄过的名人照片，我的注意力完全被这些照片所吸引。

我穿了白色牛津衬衫、峡谷牛仔裤（Canyon jeans），戴着父亲留给我的皮带扣摩凡陀（Movado）手表，光脚穿着一双奥尔登（Alden）乐福鞋站在白色屏风前，他跳进了一个洞里开始了拍摄。我从没这样拍过照片。以前摄影师都是站在我的面前，从来没有人像这样从洞里跳进跳出。这感觉就像现实版的安东尼奥尼（Antonioni）的电影《爆发》（*Blow-Up*）！

弗朗西斯科不停地拍啊、拍啊、拍。“站起来……好的，好，好，好。再把那条胳膊露出来，放到边上……好的，转向我。看镜头……现在看别的地方……现在看向天花板，然后再往我的方向看一眼。”我本来就不是一个专业的模特，每当站在镜头前的时候，我都会表现得特别不自然，但弗朗西斯科有办法让我尽量展现真实的自己。

弗朗西斯科给我们送来一套丝网印刷的照片。我说，“哇哦，这照片让我看起来好像沃霍尔（Warhol）！”

弗朗西斯科说，“我还教过安迪怎么来做丝网印刷。”他绘声绘色地说起带沃霍尔去宾夕法尼亚州的一个工作室学习丝网印刷的事。我没有向他打听更多。我了解安迪，不想搅进任何关于谁在什么时候做了什么事情的八卦中去。做广告本身是件很有意思的事，但说到要推动生意，就不是那么回事了。

我知道自己要承担一些来自外界的压力，无论是作为公司所有者，还是作为我个人。在我看来，拉尔夫·劳伦是西式和英式的结合体。卡尔文·克雷恩是极简主义者。女性服饰设计师唐娜·凯伦（Donna Karan）因其标志性的七件装而著名。奥斯卡·德拉伦格（Oscar de la Renta）的服饰很别致，富有拉丁风情。卡罗琳娜·海莱娜（Carolina Herrera）同样也是别致和拉丁风情。比尔·布拉斯（Bill Blass）是纯正美国品位，候斯顿（Halston）是极简主义。所以我开始思考，“我想要的是什么？”

我想要做美国经典学院派的东西，但又要区别于传统的学院派——这一点从未改变——但我还想要做成很时尚的东西。我编了个口号，F.A.M.E.，这是四个英文字母首字母的缩写——时尚、艺术、音乐、娱乐（fashion，art，music，enterainment）——这实际上也是流行文化的精髓。我想把流行文化融入我们所设计的所有产品中去。

1985年，乔治·路易斯的广告让我名声大噪，三年以后，他的想法是把我和美国的两大经典拍到一张照片里去：古董哈雷机车（Harley）和

1957 雷鸟汽车（T-Bird）。在拍摄的时候，乔治说："好的，孩子——站到雷鸟前面来，然后斜靠在它上面，尽量显得自然些。"我为自己选择了拍摄的衣服，工装裤、高领套头衫，衣袖随便往胳膊上一推，搭配一块爱马仕手表和奥尔登乐福鞋斜靠在雷鸟汽车上。在哈雷的拍摄中，我穿了同款的上衣，搭配我们的史普林斯汀（Springsteen）牛仔夹克，峡谷牛仔裤，光脚穿一双奥尔登鞋。为了让整个感觉更为炫酷，我在哈雷马鞍包的位置随意搭了一个汤米·希尔费格行李袋。我们把这次广告称为"汤米·希尔费格：一个美国经典"。

这条广告投入的效果和我们早前所经历过的非常相似——"他以为他是谁啊？"只不过这次又多了一句，"他又来了"。所有人都觉得我是个自大狂，但这个时候的我，已经学会了如何应对指责和批评。所有知名人士都有些自负；如果你没有，那你就不可能在这个行业中生存。我从来没想过让我的自负主宰我的人生，但我想，"好吧，我就大胆地去上广告，去让我和我的公司成为人们眼中的美国经典。"那份广告为公司后来的更多成功打下了很好的基础。

1992 年，我们准备让公司上市。我们的公司规模不断扩大，为了能和更大阵营里的对手竞争，我们需要资金。

在我所处的年代，除了丽资·克莱本（Liz Claiborne）之外，还没有设计师品牌能做到上市公司的水平，所以我们也算是有了新的突破。乔尔、塞拉斯还有其他所有人都在热血沸腾地和银行的人一起为上市作着各种准备。当一切准备就绪，我们都去参加了路演。

我们向众人讲述了一个不同于任何公司的成长历程。我们的汤米·希尔费格核心业务板块年营业额接近 1 亿美元。我们有一个专家团队，我们有香水和内衣授权。我们在所有知名百货公司中都有绝佳的销售位置。我们正进入男装成衣、腰带以及皮革制品的定制领域。塞拉斯、乔尔和劳伦斯每天都在研究公司的各项数据，我们展示了公司整个金字塔构架下的各种成长机会。

这个过程持续了一年半之久，最终我们撼动了市场。1992 年 9 月，汤米·希尔费格公司（Tommy Hilfiger Corporation，TOM）成功上市，14 美元的发行价飞速增长至 40 美元。我们将募集到的资金再次用于业务拓展，在商场中开设门店，设置独立的专卖店以及投放广告。突然之间，我有了很多钱。

从能记事起，这就一直是我的目标——这个目标甚至比我们在埃尔迈拉开车经过斯特拉斯蒙特那些大房子，我的姐姐凯西说“这是有钱人住的地方！”这句话时还要早。从送报纸、到人间天堂、再到后来我所工作过的那些公司，我的目标都一直是要赚到足够多的钱，让我可以住到斯特拉斯蒙特的那些大房子里。现在，我已经完全拥有做这件事情的能力。

我有了比自己想象中还要多的钱，我想要用正确的方式来打理这些财富。我希望自己能做一些谨慎而理智的投资。我想要保证我所做的每件事，从税务角度看都是毫无问题的，我希望自己没有任何负债——没有信用债务，也没有贷款。我想要购买房地产，我觉得这应该是个安全的投资渠道。苏珊和我以前从来都没有为紧急情况准备一些缓冲资金，我想要有这样一笔资金以备不时之需。我还要确保我的合同非常完备，没有任何漏洞或者问题。公司上市之后，我希望能得到真正的保护。从没有人教过我要怎样理财。我的父亲在离开人世的时候，没有留下任何积蓄，他也从来没有和我谈过任何关于此类的话题。

在公司上市之前，我们和我的律师汤姆·科廷以及他的团队有过很长时间的接触。他的一位年轻律师，乔·拉马斯特拉（Joe Lamastra）是我们之间的关键人物。我授权他代表我，处理我的所有合同和文件。

乔·拉马斯特拉比我整整小十岁，是新泽西州一个中产阶级家庭出生的孩子。他在维拉诺瓦（Villanova）公立学校读的金融学，取得了西顿霍尔（Seton Hall）的法学学位，后来在德勤会计师事务所（Deloitte Touche）开始了自己的职业生涯。乔在汤姆的公司工作了五年，为唐纳德·特朗普（Donald Trump）帝国工作，日积月累地彻夜不休让他不堪重负。当汤姆让他负责我股票发行的税务工作时，他正考虑要去华尔街工作。就像我曾经合作过的很多人一样，他和我也是一见如故。我向他咨询关于投资的问题，他帮我把一切都安排得非常妥当，会见基金经理，追踪每个细节。我问他是否可以全职为我工作。

乔非常聪明。他告诉我，"我想要成为你的合作伙伴，而不是一个员工。我已经是一家公司的合伙人，我的血液中流淌着企业家的精神。如果我们能找到一种方式来合作，那就太好了。"

我完全认同他的观点。这正是塞拉斯·周所提倡的激励工作法。"那对我来说最好了，"我说，"我也希望你能参与进来，把事情当成是自己的来做，这样你才会真正用心。"

乔是个很有远见的人，他把所有事情都打理得非常好。在他的帮助下，我投资了 AAA 房地产和 AAA 艺术品，这两种增值产品。并且我发现把这些具有启发性的艺术品摆放在家中，生活在这样美好的环境里，也是让人无比愉悦的一件事。

20 世纪 80 年代中期，苏珊和我在圣巴特（St. Bart's）度假。我们真的很喜欢这里，但随着外界对它的赞誉越来越多，来这里的人也越来越多，渐渐地，这里开始变得非常繁忙，非常像纽约。所有餐厅门口都排起了长队。我们甚至没法在这里租到房子，因为好一点的房子早就被人预定了。这里变得越来越像个热门旅游景点。我们后来试着去了百慕大（Bermuda），还有巴哈马（Bahamas），但这些地方没有那么多的异域风情，波西米亚的气息也不够浓郁。这里基本都是些金碧辉煌的当代建筑，有赌场、高尔夫球场和数不清的高楼大厦。我不喜欢这些东西。

我们去了圣马丁（St. Maarten）和维京群岛（Virgin Islands），但也不是很中意。

后来我在书上看到一个叫马斯蒂克岛（Mustique）的地方，这是个有着平静夜晚的小岛，游客也很少。我给我们的旅行代理打电话，她刚好是乔尔·霍洛维茨的婶婶，塞尔玛·金敏（Selma Kon）。

她说，“亲爱的，我从没去过那儿，我对这个地方也不了解，不过，别着急，让我来问问别人。”

过了一会儿，她给我们回了电话，“那儿有一套房子现在正对外招租，这个房子配有厨师，并且是建在海面上的。如果你们需要，我可以帮你们去预定。但是去那儿不太方便，没有直达航班——你们得先飞到巴巴多斯（Barbados），然后再……”

我们搭乘小型飞机抵达马斯蒂克岛。这个小机场非常空旷，在翠绿的竹林掩映下，非常有原始的感觉。我们乘坐一辆日本川崎的小电驴（Kawasaki Mule）跟在房屋租赁公司经理珍妮特·柯黛（Jeannette Cadet）的后面去我们租好的房子。当时，我们对于要去的地方还是一无所知。

这座英式殖民风格的建筑坐落在安斯科海湾（L'Ansecoy Bay）和大西洋（the Atlantic Ocean）这两大水体交汇的瞭望角（Point Lookout）。整座屋子都是石砌的。园丁正用耙子在整理草坪，厨师在厨房里做饭，管家正站在大门前。我们把行李箱拿进卧室的时候，看到床上罩了一张巨大的蚊帐。我从来没在蚊帐里睡过觉。房间里的陈设无法用语言形容，不过对于一岁的孩子而言，这里真是个完美的住所，因为屋子里非常空旷，可以随意活动，也不会有磕到碰到的危险。城里有一家叫作巴西尔的海滩酒吧（Basil's），还有一家客房不超过 15 间的小旅社。那个礼拜，我们在这里浮潜、放松休息，或者什么也不做，就那么静静地躺在沙滩上。这种感觉简直就像到了天堂。

我们隔壁有一间黄色的沙滩小木屋，这个小木屋旁边是个建筑工地。我们的园丁总在外面干活，他会经常和隔壁的园丁一起闲聊。我问他，“旁边是有人在盖房子吗？”

“是啊，”他操着一口加勒比海地区的口音说，“那是尼克·雅各（Nick Yagor）的房子。”

“谁？”

“尼克·雅各。”

第二年，当我给塞尔玛打电话安排度假的住所时，她说，“你想租米克·贾格尔的房子吗？”

我说：“好啊。那房子盖好了吗？”

“是的，”她说，“但他想知道是谁要租他的房子，他需要审查入住人的资质。”我和贾格尔在此之前从没见过面，我本来以为他会给我打电话，但是没有。几天以后，塞尔玛说：“好了，他答应租给你了。”

米克的家是座低矮的巴厘岛风情/印度尼西亚/泰国/日式海滨别墅，装修得很漂亮，有一个主卧、一个游戏室，还有很多客房。有六个由架空走道相连的凉亭。我们连续好几年都租了这套房子来度假，因为米克也是为了他的孩子们而建造了这栋别墅，我们的孩子又刚好年龄相仿，房屋的设计和我们的需求非常吻合。那时候，米克·贾格尔和杰里·霍尔（Jerry Hall）有两个孩子，伊丽莎白（Elizabeth）和詹姆士（James）。

我们和住在海滩边的罗德尼·德勤（Rodney）、蕾蒂·德勤（Lady Touche）老夫妻相处得很好，他们都是很可爱、很善良的人。几年以后，在我们终于搬进自己的海滩别墅后，他们邀请我们到他们鹈鹕房子酒店（Pelican House）的海景房吃晚餐，在那介绍我们认识了米克和杰瑞。我们六个人围坐在一张小桌子上，谈笑风生，我们海阔天空地聊着，从孩子聊到蚊子、音乐、深水潜水。德勤一家总是能表现出一份机智的小幽默。米克给我的第一印象是非常随和，而杰瑞爱笑、也爱逗人笑，是个很风趣的人。这和在演唱会或者热闹的夜总会后台见某个超级巨星的感觉完全不同。我和我的前房东在沙滩小木屋度过了一个轻松、惬意的夜晚。

苏珊当时正怀着理查德，所以我们谈了很多关于孩子的话题。马斯蒂克岛的烈日非常灼热，特别是直射在裸露的皮肤上，他们担心孩子会晒伤。所以，是的，我们和米克·贾格尔聊了很多关于防晒霜的话题。我还记得当时问了他一些关于缅甸的事，他对去缅甸很感兴趣，对这个地方也很有了解。我们一起吃着咖喱，自然也聊到了印度，他对我和苏珊早前的经历以及在印度约胡海滩的故事都很感兴趣。

几年以后，我的继子亚历克斯（Alex）过来度假，他当时大约13岁的年纪。放下行李后，我们穿上泳衣去了泳池和海边。亚历克斯很喜欢狗，他一直在白色的沙滩上追着米克的狗星星（Star）。几个小时以后才回来。

“亚历克斯，你去哪儿了？你都没告诉我们你要去哪儿就跑开了。”

他说：“我去了那人的房子。”

“哪儿？”

“隔壁那个破房子。”米克的房子当时正在大修，外墙搭建了很多简陋的脚手架，看起来一副很破旧的模样。亚历克斯当时和他的父亲一起住在意大利，他根本不知道米克是谁。那天吃晚饭的时候，我们把这件事当成笑话说了出来，米克好一阵大笑。

那天晚上吃完晚饭，我们都去了我的书房看彼特·汤森（Pete Townshend）的电影《四重人格》（*Quadrophenia*）。追了一整天狗的亚历克斯累坏了，他在靠近米克的沙发一角打起了瞌睡，很快就瘫在米克身上睡着了。我们轻轻叫着亚历克斯的名字，想让他起来换个地方睡觉，但他只是哼哼几声、翻了个身、继续睡了。已经做了父亲的米克释怀地笑了，就那么任由他躺着睡了。

1990年，我们决定在马斯蒂克买一套房子，这时我们发现贾格尔隔壁刚好有一套房产在出售，这是一套名为潘普慕斯（Pamplemousse）的滨海旧房子，法语里的意思为葡萄柚。我请了当地一个叫艾恩·哈塞尔奎斯特（Arne Hasselqvist）的建筑工程师去帮我们看房子。他走进房子，用手指一下就戳穿了木板层，他操着一口瑞典口音说，“你看，在海边用这种方法盖房子是不行的。你得用桃花木或者用石头。”

“你的意思是这房子没法修？”

在那个时候，我们已经买下了康涅狄格州的两套房产，对它们都进行了翻修，整修之后的房屋焕然一新。但这，和以前的那些完全不一样。

“最好是把这些都拆了，重新盖一座新的，”哈塞尔奎斯特告诉我。

“那会花多少钱，”我问，“建好后会是个什么样子？”

他说，“我有一些方案。你要不要看看？”

“我喜欢奥利弗·梅塞尔（Oliver Messel）风格的设计，”我告诉他。奥利弗·梅塞尔是伦敦一个舞台装饰设计师，擅长打造炫目奢华的舞台效果，他的侄子安东尼·阿姆斯特朗–琼斯（Antony Armstrong-Jones）娶了大不列颠公主玛格丽特（Margaret）。麦塞尔曾经为他们在马斯蒂克岛设计了一个精妙绝伦的家，后来他隐退到巴巴多斯生活，在那儿修建了自己英式殖民风格的房子和很多其他建筑。

结果我发现，原来我所请来的这位用手指戳破我家房子墙壁的哈塞尔奎斯特先生，就是那个和奥利弗·麦塞尔一起修建了所有那些房屋的哈塞尔奎斯特先生。这真是太巧了！并且让人意想不到的是，他手上居然有一份奥利弗·梅塞尔从未用过的设计方案。当他把这份设计拿给我看时，我只作了一个变动：“我真的很喜欢这个方案，但是我希望我的房子是对称的结构。”我喜欢那种平衡感。我从哈塞尔奎斯特手上买下了这套设计，他根据苏珊和我的意见对它们进行了重新设计。

这项工程前后花了四年时间。起初我们计划在这个房子里安排四间客房和一个主卧室，不过随着工程的开展，我们决定增加一个海滩别墅，这样我的家人也可以过来一起住，接着我们又建了另一个海滩别墅，让更多的客人住进来。后来我们房子另外一边的屋子也要卖。汤米·希尔费格品牌这时候已经颇具规格，我们手上也有了钱，所以我们把它也买了下来，拆掉原先的房子，重新建了一个待客的房子来和主楼相配。最终，我们创建了一个综合楼宇——一个私人度假天堂。

大卫·鲍伊在马斯蒂克岛也有一套房子，1990年的时候，他邀请我们去参加一个70年代主题的新年前夜派对。苏珊不想去，所以我就自己一个人去了。鲍伊穿着一双厚底松糕鞋，戴一顶蓬松的假发，看起来简直就是伊曼（Iman）本人。派对上形形色色的人都有，特别有意思。每个人都肆意地喝着酒、跳着舞。我看到了黛安·冯芙丝汀宝（Diane von Furstenberg），还有卡尔文和凯丽·克雷恩（Kelly Klein）、巴里·迪勒（Barry Diller）、大卫·格芬（David Geffen）以及莱柏维兹（Fran Leibowitz）。他们都坐在长椅上，看着舞池里的那些人。

大卫和我相处得不错，几个月后，我租了一架飞机准备飞到岛上去，我问他要不要和我一起去。我们一起聊了四个半小时。鲍伊是个艺术鉴赏家，他和我一样疯狂地热爱收藏。我们探讨了查尔斯·萨奇（Charles Saatchi's）的藏品。他告诉我，20世纪70年代的事情，他都已经记不太清了，只记得在纽约的那段日子，他基本上每天都把自己关在家里做音乐。他说他从来不出门，这其实很好理解：20世纪70年代中期，如果大卫·鲍伊出现在纽约街头，那一定会像几十年后，迈克尔·杰克逊在洛杉矶街头闲逛一样，会引起大规模的骚动。

大卫说，他的梦想是汇集最优秀的音乐家，创造出世上最动人的旋律——所有最具天赋和才能的音乐家，一齐走进录音棚，共同演奏出那些从没人听过的天籁之音。光想想，就让人感到激动。

我知道他的原名其实是大卫·琼斯（David Jones），他向我诉说了他给自己取名为大卫·鲍伊的缘由。他说，在20世纪70年代早期，伦敦报纸曾经称米克·贾格尔为“刺客贾格尔（Jagger Dagger）”。他喜欢这种刀光剑影的感觉，喜欢这种尖锐的表达法、喜欢这种历史印记下美国文化所带来厚重感。于是他决定给自己改名为大卫·鲍伊。

2016年初，鲍伊去世，我非常非常伤心。从新闻中得知这个消息时，我不禁失声痛哭。他的存在，深刻地影响了我对音乐的认识以及我这整个一生的行事风格。时刻准备着打破陈规陋习的束缚。做开拓新起点的先锋。他是个让人备受启发的生活导师，这是母亲去世之后，我第一次哭泣。

劳伦斯从圣巴特一艘200英尺长的巨型游艇上给我打电话问："马斯蒂克岛是个什么样的地方？"

我说："你过来看看啊！"

"去那儿要花多少时间？"

"我也不知道。问问你的船长——我觉得应该不会超过一天半。"

两天以后他给我打电话说："这个破地方最好给我像样点，你知道吗，这边海浪大得不得了，我们全家都被这条船颠得够呛，大家都晕船了！"

我对他说："劳伦斯，你还是掉头回去吧，别来了。请回去吧。我可不想你因为不喜欢这儿，而生我的气。这里不是什么热闹繁华的地方，就是个很原生态的小岛，这儿——"

"我已经走到一半的路程了，我才不会半途而弃呢。"

"该死，"我心想，"劳伦斯肯定不会喜欢这儿。这儿根本就没有能购物的地方，只有一个海滩酒吧和一个酒店里餐厅。哦，天哪，我该怎么办？"

我给他打了几次电话，但一直都是无人应答、无人应答、无人应答。我对苏珊说，"你等着看吧，劳伦斯肯定会大发脾气，他一定会特别生我的气，可是我又能有什么办法呢？"我的房子才刚刚开始施工；当时还只是在地上挖了个大坑，施工设备散落得到处都是——真的就只是一个大坑。当时我所租的房子，很可能是马斯蒂克岛最差的房子。虽然我喜欢这个小岛，但我敢肯定劳伦斯一定会讨厌这个地方。

劳伦斯的船终于驶进了港口，实际上它根本就算不上是个港口；船就停在巴希尔酒吧旁边。他给我打电话说，“我来了，快来见我。”我来到码头，他说，“带我四下转转。”我让他坐上我的小电驴，带他去参观这个小岛。

“这是巴希尔酒吧，”这个用竹子建成的沙滩酒吧建在高出水面的桩基上。“这是克顿度小屋（Cotton House），”一家客房不超过十五间的小旅馆。“这是紫色精品店，”一家出售防晒霜和泳衣的小店。“这是粉色精品店，”卖的是草帽和一些手工艺品。我们开车兜了大概十分钟，然后我说，“这个岛差不多就是这样了。”——这整个岛上大约只有50栋房子。他说，“带我去看看你住的地方。”我带他去我们的出租屋，从他的表情上，我就能看出，他觉得这些都不怎么样。他说，“晚上去我船上吃饭吧。你请一些朋友过来。”

我们邀请了米克·贾格尔和杰瑞·哈尔，这个小岛的执行董事布莱恩·亚历山大（Brian Alexander）和他的妻子乔安娜，还有其他的一些朋友。我们和劳伦斯还有他的妻子克莱尔·安（Clair Anne）一起喝了鸡尾酒，用了晚餐。这艘船，当然非常壮观。这天结束的时候，劳伦斯说，“我打算明天和布莱恩一起去看看房子。”

“这么说你也喜欢这儿？”

劳伦斯说，“还可以。我只是想去看看这里的房子。”

结果是他付了一大笔定金，打算要购买岛上一座非常庞大、漂亮的、价值两千多万美元的罗莎迪凡帝度假别墅（Villa Rosa Dei Venti），这个酒店坐落在悬崖上，从那里可以俯瞰整个大西洋。他派去考察现场的工作人员记下了一长串这栋住宅必须要维修的物件清单，与此同时，劳伦斯租下了大豪宅（the Great House）。这里是整座海岛的精华部分，是岛上最古老的住宅之一，是由最早发现马斯蒂克岛的人模仿泰姬陵（Taj Mahal）建造的。很快，劳伦斯买下了这栋大豪宅，具体金额至今无人知晓，不过我们所知道的是，他为了买这套房子，甚至放弃了他为罗莎迪凡帝酒店所支付的巨额定金。

劳伦斯无论做什么事情都是大手笔，所以他当然有理由买下这个大豪宅；因为这是岛上最大最好的一栋房子。劳伦斯为了这栋房子，专门派人从印度阿格拉（Agra）找来当年修建泰姬陵的工匠后人，让他们来按照泰姬陵的样子把这里装扮一新——典型的劳伦斯作风！正是因为有了劳伦斯，现在的这个小岛才能如此精致。

第十四章

儿女们

the Next Generation

（下一代）

苏珊、孩子们和我一起在第80大街的联排别墅住了五年，在这段时间里，我一直忙于生意发展上的事情。我们为朋友们举办晚宴、邀请各大杂志的主编来参加酒会、招待了很多时尚界的人士。1992年夏天，我们在康涅狄格州租了一套房子度假，我们都太喜欢这个地方了，以至于后来当我们发现苏珊又再次怀孕，我们决定搬回去并在那里定居。我们在格林尼治气势磅礴的梅菲尔大道（Mayfair Lane）上找到一个都铎（Tudor）王朝时期的房子。

我在华盛顿伍德沃德＆罗瑟洛（Woodward & Lothrop）商场举办设计师个人见面会时接到了电话："苏珊要生了，正在去医院的路上。"我匆匆忙忙跑了出去，跳上我的私人喷气式飞机，飞往怀特普莱恩斯机场（White Plains Airport），刚好赶上我女儿伊丽莎白在格林尼治医院出生，这是1993年5月。

伊丽莎白是个有趣的小孩。她特别爱笑，嘴角总是洋溢着笑容。苏珊以前总爱给她读一首童谣"小兔子佛佛，从森林里跳过"，每次苏珊说"佛佛"，伊丽莎白都会捧腹大笑。我们自然都开始说"佛佛"专门来逗她笑。小孩子捧腹大笑的感觉真是太棒了！我们开始叫她佛佛，这个称呼一直沿用到现在。

随着佛佛一天天长大，不管我们谈论什么话题，不管我们在哪谈论这个话题，佛佛总能说出一些她自己的观点。她所说的那些小大人的话充满童趣，总会惹人发笑。她是这么喜欢指挥人，又这么的聪明，苏珊开始叫她"小小CEO"。不过她还是整天跟着她的哥哥，就像是哥哥的一个小跟班。理查德会说，"佛佛，去把我的玩具拿来，"她就会跑去帮他把玩具拿过来。"佛佛，给我拿点水来喝，"她就会跑去帮他拿水。佛佛有点像个假小子，和一群小不点在一起的时候，倒也呼来喝去的像是这群人里的老大。她会点评所有事和所有人，而她所说的通常还都挺有道理。

1994 年，一个房地产经纪人敲开了我们在格林尼治的家门，他告诉我们有人想买我们的房子。三年前我们来买这套房子花了 300 万美元，我说，“行啊，不过价格得要 500 万美元。”没过几天，这人回来说，“我买了。”是时候去找另一个地方住了。

苏珊很快在格林尼治的里弗斯威乐大道（Riversville Road）发现了登比农场（Denbigh Farm），这是一个占地 22 英亩的养马场，景色非常优美，有着悠久的历史，这个养马场的所有人是联合国副秘书长约瑟夫・弗娜・里德（Joseph Verner Reed），他是小布什（Jr.，George H. W. Bush）的前首席礼宾、五月花号（Mayflower）的直系后代。这座房子需要做大规模的翻修，我们又一次在苏珊怀孕期间搬家了，这次她怀了我们的女儿凯瑟琳（Kathleen）。

20 世纪 80 年代后期，我们在南塔科特度假的时候，深深地爱上了这个地方。1996 年，我们在那儿找到一幢非常棒的房子，位于林肯大道（Lincoln Avenue）9 号的角度（Point of View）。现在我们同时进行着两个施工 / 设计项目，还有马斯蒂克岛的房子在建，并且我们第四个孩子才刚满一岁！手上有好多事情需要处理，不过这真是一段令人激动的时光。

凯瑟琳出生于 1995 年 6 月，那时候康乃狄克州的房子还没完全建好。我们搬进去的时候，墙面涂料还没干，这让我们有些担心房子的装修会不会对孩子有些不好的影响。即便如此，我也不敢相信自己的好运气。我的生活已经超越了我的梦想。

我三天两头需要出差。可能星期五晚上才到家，就得告诉苏珊，“星期一我要去香港出差。”

“又走？”她会说。

我已经在竭尽全力地平衡我的行程，让自己能够尽可能多地陪在家人身边。“我去把该做的事情做完，然后就马上回家。”我会告诉她，

“这次我只去三天，”而事实是我需要待三个礼拜。三个星期以后我又会说，“我要去欧洲出差一个礼拜。等从欧洲回来以后，要去得克萨斯和加利福尼亚做一些设计师见面会，不过我会尽量把得克萨斯的行程压缩到一天内完成。”

苏珊变得越来越没耐心。她会问，“就没人能代替你去吗？”事实上，随着我们团队的逐渐壮大，他们其他人出差的时间比我还要多。但苏珊还是对我总是不在她身边感到不满，她告诉我，她很难过。

差不多在凯瑟琳刚满一岁的时候，我们注意到她的身体活动起来的时候，不像其他孩子那样灵便。她的动作非常缓慢，并且总是不舒服。她从来都没有想要去坐、站或者爬的动作。她总是在哭，不好好睡觉，当我们和她说话的时候或者想要引起她注意的时候，她根本没有任何回应。她只是傻傻地看着，没有一点表情。我们不知道她怎么了，也不知道该做些什么来帮助她。

我们带她去医院看专家，但专家也说不出个所以然。有的测量了她的头围，然后告诉我们，她的大脑可能没有像正常孩子一样得到完全的发育。她没有通过听力测试，所以医生建议给她做个鼓膜穿孔的手术。我们对于给这么小的孩子打麻药做手术感到很担忧，不过医生让我们相信，这么做是对的。

医生告诉我们凯瑟琳并不是真的患有自闭症，只不过有自闭症倾向。没有一个真正的诊断结果，我们一直在担心，接下来会有什么样的事情发生。她的身体会逐渐退化吗？也许我们应该不停地让她试着去吃各种药，可是这对她的健康真的好吗？有没有其他副作用呢？她是不是患有注意力缺陷障碍（ADD/ADHD）？我们试过很多种药。有的药效果太强，令她晚上无法入睡。而有的，药效又轻到根本没有任何效果。我们带凯瑟琳去做职业疗法、言语疗法以及物理疗法，但作用都不大。

凯瑟琳所遭遇的难题让人心痛，而最让人感到恐惧的是，我们根本不知道用什么方法可以缓解孩子的痛苦。每个人都承担着极大的压力。我们一直在想,“出了什么问题?是不是因为新家涂料的味道造成我们女儿的这些问题?是不是我们在房子还没完工之前就搬进来这件事情做错了?是不是因为我们的疏忽造成了女儿现在所遭受的痛苦?”这个问题反反复复不断出现在我的大脑里。

因为凯瑟琳一直需要照顾,我们的其他那些孩子们肯定觉得自己有些被冷落了。亚丽、理查德还有佛佛都是很乖巧的孩子,都很理解也支持我们对凯瑟琳所做的事,只是我们的注意力总是放在他们妹妹身上,这让他们没法得到自己需要的关注,这件事情让我觉得特别愧疚。

凯瑟琳3岁的时候,我们发现她得了一种叫作骨骼肌张力减退症的肌肉病变,或者叫“软婴儿综合征”,这意味着她严重缺乏肌紧张。她被诊断为发育迟缓。4岁的时候,她还不会走路,我们得在她腿上装上支架。那些有特别需求的孩子通常都会遇到些特殊的问题,凯瑟琳也不例外。她会经常撞到人或者撞到东西,她会经常摔倒,或者在需要某件东西的时候,没有要坐下去等的意识,也没有等的耐心。

我们都以为这些问题可能会伴随她的一生,奇迹的是,随着凯瑟琳的成长,这些问题逐渐得到了改善。现在她21岁,参加了纽约上城区一所学校的研究生项目,表现得非常好,她在一家日托中心工作,学习生活技巧。她喜欢和小宝宝还有孩子们相处。她的幸福就是我们最大的欣慰。她即将长成一个大女孩。

这些磨难自然影响了我的婚姻;我总是在工作,没法顾及到家里,而家里又总是有这么多麻烦事,它们是造成苏珊不开心的主要原因。我肯定不会放弃或者放慢事业上的脚步,不过我告诉塞拉斯、劳伦斯还有乔尔,我必须要做些什么来改变家里现在的这种状态。塞拉斯说,“你干吗不坐直升机来纽约上班呢?那能为你节约很多时间。”这确实是个好主意。尽管每天早上我上班的时候会稍微有些晚,但这完全值得,因为我可以有时间送孩子们去学校上课，有时间陪着他们。理查德差不多快 14 岁的时候，参加了学校曲棍球队，那时候我会在早上 4 点半起床带他去训练，然后回家，送其他孩子去学校（他们在三所不同的学校上学，这也是个考验），等做完这些，我再跳上直升机去城里上班。我每天晚上下班后都会尽早搭乘直升机回家，尽可能多的陪伴我的家人。

在我很小的时候，我就扮演了父亲的角色，照顾我的兄弟姐妹们，正是因为如此，我总是觉得自己能解决任何可能发生的问题。我知道自己能处理混乱的情况。如果有什么不好的事情发生，我会想，“我们会把这变成一件好事的。”所以早上 4 点半起床，然后一直工作到晚上 7 点，这些又算什么呢？要同时处理生意上的事情，照看凯瑟琳，还有其他孩子们，并且还要扮演好丈夫的角色，这不是一件轻松的事。但我真的觉得自己能做到，并且我觉得自己在各方面都平衡得不错。如果当年所经历的这一切都要重新来过，我不知道自己能不能做得更好。

相对于家里的忙乱，我的工作倒是给了我一些喘息的机会。为了推广品牌，我们推行了一项被我们称为多管齐下的营销方式。除了广告投放，我们还做名人服装的赞助商。我们自行主办和赞助了很多活动。我在各大商场和时装表演上频频亮相，到全国各大城市和世界各地去和消费者见面，为大家签名，并且参加新闻报纸的访谈。这是 20 世纪 90 年代早期，名人效应营销刚刚开始。

唱片公司开始启用街头艺人，我们也沿用了这种模式，我们想传达的理念是，只要是有时尚人士的地方，就应该有汤米·希尔费格的服装。我的兄弟安迪还有皮特·保罗·斯科特这时候在音乐行业已经做得相当不错，是这份工作的完美之选。他们会去参加音乐录影带的拍摄，会去拍电影或者参加舞会，他们会帮我们把产品介绍给适合他们的人。我们还做了慈善类的活动，和流行音乐主持人一起主持派对——我们一直在做着品牌推广的事。

在我们商业合作关系的早期，塞拉斯曾经问过我这样一个问题：我对于公司的愿景是什么？我告诉他，“总有一天，我会建一个独立的牛仔分部。”我所想的，是能做回我年轻时的老本行，而牛仔本身就意味着青春，另一方面，我看到了一个机会，一个从不同角度发展设计师牛仔业务的机会。

1994年，我们收购了一家名为佩普牛仔（Pepe Jeans）的公司，将其作为我们牛仔业务的基础构架。我们把汤米牛仔授权给佩普，然后让我的妹妹金妮去那里工作，金妮当时一直和毛衣专家沃拉·索伦诺斯（Voula Solonos）在一起工作，她是个很有天赋的设计师。当然我们不想做和其他厂家一样，千篇一律地做同一种牛仔裤，因此我说，“金妮，你把运动服和牛仔服这两种服装结合起来，看看能作出什么样的设计？”没过多久，她给我看了些设计样稿，这些设计简直棒极了。她把那些不同文化的元素拆解开来，然后又用不可思议的方式重新组合到一起，她把丹宁和运动的细节糅合到牛仔、夹克和热身套服的设计中。

金妮把制作运动衫的布料裁成带状的布条，缝在裤管上。她用尼龙布料和氨纶布料制作衣袋，把各种棒球夹克、热身套装和丹宁布相结合。我们在五个口袋的基本款牛仔服的背部，设计了一个红、白、蓝三色的大补丁。我们继续把原本已经很宽松的超大号休闲工装裤，放大到更为夸张的尺寸，因为那才是汤米牛仔应该有的样子。舒适性是我们的一个考虑，但更重要的是，这是美国街头服饰的开端。

在此之前，人们都习惯把衬衫塞进裤子里。但走在纽约街头，我注意到街上的青少年们都开始把衬衫衣角散露在外面，并且向后反戴着棒球帽。他们都穿着流浪者队（Rangers）的曲棍球衣，搭配李牌（Lee）工装裤以及阿迪达斯的球鞋。32寸腰围的孩子会买36寸腰围的牛仔裤，故意让裤腰垮下来。我根据美国工装的原型——木匠裤、吊带裤、漆工裤、农夫夹克——设计了我们的工装系列，我把它们的尺寸做得夸张的大，然后和运动服饰配对，比如模仿真正球衣制作的橄榄球衣、篮球衣和棒球衣。我还做了搭配这些衣服的所有配件：背包、受当时无处不在的自行车信使包启发的邮差包、棒球帽、桶沿帽。这是当时美国街头刚刚兴起的一种装束，我觉得这种装扮不仅非常新潮，而且一定会流行起来。

工装牛仔裤开始成为人们的日常穿着，这是当时的一个重大现象，但当我们把汤米·希尔费格商标移到裤装膝盖上方的锤套位置时，我们的工装牛仔裤真的卖疯了。尤其是把这裤子和我们超级大尺寸的曲棍球衣搭配时，虽然曲棍球衣的长度已经到大腿中部位置，但你还是能看到裤装上的商标标识，以及它那醒目的颜色。这绝对是个不同凡响的设计。汤米牛仔的风头正盛，几乎要盖过汤米·希尔费格。与此同时，我们开始重拾女装业务。我们曾经做过女装，也费了很大气力来定义我们的女装产品，但始终没有赢得很好的销量，20世纪80年代后期，我们暂停了这项业务。

我们的广告也在不断发展之中。我很喜欢乔治·路易斯天才的广告，但现在是时候来创作一些表达真正美式生活方式的广告了。我们认识了迈克·托特（Mike Toth），他曾经为拉尔夫·劳伦的男童系列服饰，创作了很多广告作品。托特很有鉴赏力，也完全理解我们的需求。我们让他来制作汤米牛仔和运动服饰的广告，我们希望能够打造一种美国风的广告。还有什么比诺曼·罗克韦尔（Norman Rockwell）更加能代表美国呢？

我买了一本超大的罗克韦尔油画册，不厌其烦地让迈克、劳伦斯、埃德温、乔尔，还有所有那些可能需要了解的人来看这些画。这就是我想要的广告！我喜欢这些细节，喜欢这种小镇的感觉，并且我特别喜欢他在衣服上对细节的处理：鞍形鞋、方格花纹半裙、羊毛衫、军装制服、棉衣。我喜欢他的圣诞系列画作。我喜欢那些美国面孔的角色。我想，“这才是我们应有的形象。我们比任何其他公司都更接近诺曼·罗克韦尔先生所描绘的画卷，我们比任何一家企业都更能代表美国。”

罗克韦尔先生已经不在人世了，我曾经想过要找一名画家来为我们的广告临摹他的作品，算是对他的一种致敬。但我们真的可以复制罗克韦尔对细节和颜色精准的把控吗？我对此表示怀疑。后来迈克说，“我觉得我们可以用照片来捕捉这种感觉。”

我们从各色人当中寻找拥有新鲜面孔的美国孩子。我不想像我的那些竞争对手一样，全部用金发碧眼的模特；我想要的是个大熔炉，就像我们的客户群，就像美国一样。后来我们找了一个金色头发的白人模特、一个深色头发的白人模特、一个拉丁裔模特和一个非洲裔美国模特。我们有个名叫伊森·布朗尼（Ethan Browne）的男模特，一副十足美国孩子的模样。拍摄的时候有人说，“你知道吗，那是杰克逊·布朗尼（Jackson Browne）的儿子。”

我非常欣赏杰克逊·布朗尼的音乐，所以我开始找伊森聊天。“和我说说你小时候的事。你爸爸可是我心里的一个大英雄，他是个真正的了不起的摇滚明星。”通过聊天，我发现伊森童年的大部分时光都是在跟随爸爸去各地巡演中度过的，他和乐队一起待在后台，一起从一个城市去到另一个城市，一遍遍聆听乐队的彩排和一起的试音，一次次见证伟大音乐的诞生。他的爸爸非常爱他，让他也成为那种生活的一部分。我心想，“伊森·布朗尼并不仅仅是个长相好看的小孩，他的血液里流淌着音乐的因子！他能做的应该远不止这些！”

我没法启用像罗德·斯图尔特（Rod Stewart）、米克·贾格尔（Mick Jagger）、昆西·琼斯（Quincy Jones）、戈尔迪·霍恩（Goldie Hawn）、基思·理查兹（Keith Richards）或者斯汀（Sting）这样的大牌明星，也许因为他们高昂的身价，也许因为他们不想参与这些事，也许因为他们不再拥有汤米·希尔费格所需要的那种年轻的面孔。但我想，我可以让他们的下一辈来做这件事情啊！这真是个令人激动的想法！作为名人的子女，他们拥有其他孩子所没有的一些特质。我喜欢他们血液中所流淌的那种东西。现在我也有了自己的孩子，我对做这件事更有兴趣了。于是我们开始挑选从这些明星的下一代中挑选角色。

我立刻想到贾格尔的孩子们。利兹和詹姆士正考虑要去做模特。我给了他们第一份工作。

我们跑遍了整个美国。我们在佛罗里达、缅因（Maine）和加利福尼亚（California）进行了拍摄，我们在南塔科特（Nantucket）和汉普顿斯（Hamptons）也进行了拍摄。我们在得克萨斯拍摄了丽兹·贾格尔。我向杰瑞承诺过，会确保丽兹的安全，所以我派了一个公关助理看护她。丽兹认识了一个南非小伙，他有着潇洒的面庞和一头金色的长发，非常帅气。我们拍摄了丽兹从背后抱着他坐在摩托车上的画面，他们相爱了。后来我问米克，“你觉得丽兹的新男朋友怎么样？”他说，“这人长得不错，但其实没什么内涵，你不觉得吗？”

我的弟弟安迪一直在介绍我认识音乐界里那些有趣的人。一天，他说，“汤米，你得去见见琪达达（Kidada）。”

“琪达达是谁？”

“琪达达·琼斯，昆西的女儿。”

就这样，我们见到了琪达达，她是个非常讨人喜欢的姑娘，有着完美无瑕的皮肤、大大的眼睛、迷人的微笑，正是我们所要找的嘻哈年轻人。我们正准备一场汤米牛仔的时装表演，她说，“你应该穿一件大T恤然后搭配……”她很快说出了六七套非常棒的搭配方案。

我说，“我给你一张信用卡，你去街上把你觉得我应该做的东西都买回来。”

琪达达和安迪逛遍了美国的大街小巷，带回来热身裤、篮球衣、时髦的球鞋，还有很多其他东西，如果是我先看到这些产品，我肯定也会很喜欢。安迪说，“汤米，我们真的应该请她来，全职为我们工作，否则她就要被别人抢去了。”我们真的这么做了。

可能因为琪达达的父亲本身就是个名人，在这样的环境里长大的她，对我丝毫也不感到害怕。她对我从来都直言不讳、毫无顾忌。比方说，我告诉她我喜欢某条牛仔裤，而她会说，“我讨厌那条裤子！千万不能让人穿着这种衣服上T台！看起来简直太俗气了，太普通了，天哪！”

然后我会对她说，“好吧，琪达达，那你告诉我，我应该怎么做，我知道你肯定有自己的想法，”她会告诉我现在街上都在流行些什么，令我茅塞顿开。我能很快领会她的意思。在安迪、琪达达、我们的模特和街头团队成员皮特·鲍尔·斯科特（Peter Paul Scott）以及像育碧·辛普森（Ubi Simpson）、马尔科姆·克鲁斯（Malcolm Crews），还有乔尔毕业于服装学院（FIT）的儿子达斯汀·霍洛维兹（Dustin Horowitz）等设计工作室成员的共同努力下，我们一起开发了我们自己的街头风格服饰。

当昆西·琼斯到纽约金曲工厂来做音乐的时候，琪达达说，“我爸爸想见见你；你来他的工作室怎么样？”我非常愿意去见伟大的昆西·琼斯。

他见到我后第一件事就是拥抱我说，“感谢你给我女儿这个工作机会。”

我说，“也谢谢你让我们能够运用你女儿的天赋。”就在那时，我忽然产生了另一个想法：“等等，我们应该让她也来做模特！琪达达！”我告诉她，“我需要你来做我们的模特！”

“好啊，”她说，“但我有一个条件，那就是我要穿我自己想穿的衣服！”

“当然！你自己选，你还可以告诉我，你觉得其他人应该怎么穿。”

“你得见见我的朋友艾莉雅（Aaliyah）。”

“谁？”

“艾莉雅。她是个节奏布鲁斯歌手，汤米。她非常美丽，并且也非常有天赋。”

为了弄清楚艾莉雅是谁，我作了些小调查。不过当时我倒是没发现琪达达正和图帕克·沙库（Tupac Shakur）约会，而艾莉雅正和罗·凯利（R.Kelly）交往。他们都是嘻哈王国里的皇室成员。我们让她和马克·容森

（Mark Ronson）搭档，马克是外国人乐队（Foreigner）成员米克·琼斯（Mick Jones）的继子，当时是一个年轻的电台主持人，他们非常符合汤米牛仔的形象。后来，我们和马克的妹妹夏洛特（Charlotte）、萨曼莎（Samantha），还有她们的母亲安·琼斯（Ann Jones）都成为很好的朋友。卡西迪·波德尔（Cassidy Podell）在给奥巴马总统（President Obama）、吹牛老爹（Sean "Puffy" Combs）、李奥·迪卡普里奥（Leo DiCaprio）做主持人之前，曾在我们公司做过实习生。

我们聚集了罗德·斯图尔特（Rod Stewart）的女儿金伯利（Kimberly）、唐纳德·特朗普（Donald Trump）的女儿伊万卡（Ivanka）、卡里姆·阿朴杜－贾巴尔（Kareem Abdul-Jabbar）的儿子阿米尔（Amir）、弗朗西斯·斯科特·菲茨杰拉德（F. Scott Fitzgerald）的孙子卢克（Luke），还有戈尔迪·霍恩（Goldie Hawn）的女儿凯特·哈德森（Kate Hudson），那时候她还没开始演戏。我还邀请了一些其他人也加入进来，包括我的女儿亚丽和侄子迈克尔·弗雷多（Michael Fredo）；基思·理查兹（Keith Richards）的女儿西奥多拉（Theodora）和亚历山德拉（Alexandra）；詹姆斯（James）和伊丽莎白·贾格尔（Elizabeth Jagger）；琪达达的弟弟史诺普（Snoopy）；布兰登·戴维斯（Brandon Davis），一个非常英俊的家伙，看起来就像年轻时候的猫王，他是马文·戴维斯（Marvin Davis）的孙子，南希·戴维斯（Nancy Davis）的儿子；斯汀（Sting）的儿子杰克·萨姆纳（Jake Sumner）；还有大卫·福斯特（David Foster）的女儿莎拉（Sara）。我们给他们提供服装，让他们拍广告，让他们参加时装表演。

迈克·托特（Mike Toth）和德维·尼克斯（Dewey Nicks），为这些孩子们进行了拍摄，这个酷小伙来自加州，刚开始自己的职业生涯。我们喜欢在摄影棚里用高音喇叭播放音乐声。德维喜欢泥泞沃特斯（Muddy Waters）还有很多蓝调艺术家的音乐。他对于冲浪和音乐文化都非常有见地。

1995年，我们拿到雅诗兰黛（Estée Lauder）家族历史上的首份授权，这要感谢里奥纳多（Leonard）和伊芙琳·劳德（Evelyn Lauder）对于我以及汤米·希尔费格品牌的信任。雅诗兰黛女士的儿子里奥纳多·劳德（Leonard Lauder）先生是我所见过最聪敏的商人之一。他也是我所见过的最和善的人之一，他对我来说就像一名慈父、一个学识渊博的导师、一位完美无缺的绅士，我非常敬仰他。我们共同开发了一种香水，在研制香氛的时候，我们不停地问着自己，“能够代表美国的香味是什么样的？”我希望它很新鲜、干净、充满大自然的气息，闻起来像被海水冲上沙滩的浮木、像刚刚修剪过的草坪、像苹果派、像葡萄柚的味道。就像是一瓶充满大自然气息的、新鲜雨水的味道——我对芬美意（Fermenich）香水车间的调香师这样说，他们找到了这种香味。里奥纳多的妻子伊芙琳对花束的挑选起了非常关键的作用。我们试验了很多种香味的组合，有的很丰富，有的很浓烈，有的很辛辣，我们一直无法决定配方的成分，直到最后伊芙琳说，“就是这一种。”我们听从了她的意见。令人难过的是，伊芙琳在2011年便离开了人世。

里奥纳多和我在香水外包装、香水瓶的选择以及广告投放上都有过很密切的合作。在雅诗兰黛的会议室里，我们围坐在一张放满各种各样香水瓶的桌子旁——这些香水瓶的形状，有的复古，有的新奇，有的是香水瓶厂为我们特别定制的。开始的时候，我有些不知所措：我只知道汤米·希尔费格香水瓶，应该和它的实际香味一样，能够传递品牌的信息，但它具体应该是一副什么模样？我却说不清楚。是作出决定的时候了。我们想要在春季发行这个产品，现在距离发行只有九个月，时间已经所剩不多了。

我拿起的第一个香水瓶是撒切尔玻璃厂（Thatcher Glass）的产品，这是个复古造型的香水瓶，上面写着，“产于纽约州埃尔迈拉”。我说，“就是它了。”为了找到这种感觉，我应该早就翻遍了桌上所有的瓶子，但这才是我们真正需要的。

选好香水瓶，下一步就要给香水取个名字了，取什么名字好呢？里奥纳多说,“汤米。美国香水。还有什么比这更合适?”

我们安排了一场产品发布会,需要找一个能够吸引媒体的人。谁能够帮我们的香水取得所需要关注呢?

小约翰·肯尼迪(John F. Kennedy, Jr.)是香氛精神的现实化身。劳德认识肯尼迪一家,他帮我们联系了他们。

我们的发布会原本定在14号,不巧约翰当天已经有了其他安排,得知这一消息后,我告诉我的下属,“把发布会日期改到16号”。结果我们又被告知,他19号之前都不在纽约,我问,“这个月的前面几天,他有什么安排吗?”他的秘书告诉我,约翰那几天会在城里。我对负责发布会的人说,“把发布会的所有日期都改掉!”但我们所选择的餐厅,在此期间都已经被预订一空。“另外再找家餐厅!”我说。总有解决办法,找到这个办法!不管是当时还是现在,我的问题都是“我们怎样才能做到最好”。凑合、还行永远都不是我的选择。

发布会正式召开的时候,约翰·肯尼迪的身边围满了各大报纸、期刊和电视台的记者。几乎所有媒体都对这项盛事进行了深入报道。这才是创建品牌的正确方式。

约翰和我成了朋友。当时他正发行自己创刊的杂志《乔治》(*George*)。我们向这份杂志投放了广告,以作为对他的支持,我们会定期一起去餐厅吃饭,去酒吧喝酒,交换彼此的想法。几年以后,我邀请他到我康涅狄克州的家中,参加周四晚上举行的晚宴,谈话中我提到,自己准备去南塔科特(Nantucket)过周末。他说,“我喜欢南塔科特——这是我最喜欢的地方之一。不过,我还不知道自己能不能来吃晚饭,因为我要参加飞行员资格的考试,不过我会在确定之后再告诉你。”很快我收到了一封手写的便条,上面写道:“亲爱的汤米,感谢你邀请我到你家中参加晚宴。可是因为我要参加飞行员资格考试,无法来赴会,对此我深表遗憾。小心,南塔科特的天空从此以后可要变得不同哦。”

我们为这种香水安排了一场横跨美国的个人见面发布巡演。我在夏洛特（Charlotte）、亚特兰大（Atlanta）、达拉斯（Dallas）、伯明翰（Birmingham）和斯科茨代尔（Scottsdale）为店里的每瓶香水进行签售。我们取得了巨大的成功，汤米打破以往所有纪录，连续五年成为美国排名第一的香水。1996年，我们史无前例地一举斩获美国香水协会（Fragrance Association，Fifis）的四个奖项，包括最佳男士香水（Best Men's Fragrance）、最佳香水包装（Best Packaging）、全国最佳男士香水平面广告（Best Men's National Print Advertising Campaign）以及全国最佳男士香水电视广告（Best Men's National TV Advertising Campaign）。第二年，我们获得了年度男士香水（Men's Fragrance of the Year）的称号——Luxe。我们已经到达事业的顶点。还需要些什么呢?

一款女士香水!

我问伊芙琳·劳德，我们应该给这款女士香水取个什么名字，她说，"汤米女孩（Tommy Girl）。这比较说得通。"还有什么比这更好的名字吗?

我们在劳德的主持下推出了汤米女孩香水，这款香水一经推出，便连续两年蝉联女士香水排名第一的位置。我们的团队负责人，帕梅拉·巴克斯特（Pamela Baxter）是个穿着非常讲究，很有品位的人——她也是个雷厉风行、干劲十足的人。她和百货公司负责人开完会后回来说，"我们拿到了他们有史以来最大的订单，从来还没有哪款香水从他们那里拿到过这么大的订单。"对百货公司进行实地考察后，我们发现这款香水的营销、包装、柜台陈列都做得非常完美。在广告方面，我们请了一位吉他手，按照吉米·亨德里克斯在伍德斯特克音乐节的表演方式，演奏了《星条旗永不落》（*The Star-Spangled Banner*），拍摄了一些新鲜面孔的孩子高举美国国旗在南塔科特和新英格兰田野上奔跑的画面。这更加巩固了汤米女孩作为一种美国年轻品牌的形象。今天，汤米和汤米女孩在全球120多个国家和地区都有销售。

当我向里奥纳多解释我们第一个汤米牛仔广告所用到的关于下一代

的理念，并且给他看了我们要用到的广告照片时，他说，“我们的香水广告也应该是这样。就是这样！”里奥纳多对未来很有预见性；他能一下把事情看得非常透彻。他说得很对：这就是关于年轻人的态度。他们并不是超级模特，但他们看上去就是人群中最时尚的人。这个广告所要传达的精髓就是，“如果你时尚、年轻，你是美国人，那么你就该穿那些衣服和用这款香水。”这简直棒极了！劳德集团在全球发行这款香水，这也为我们开展国际业务奠定了基础。

后来鲍勃和哈维·韦恩斯坦（Harvey Weinstein）问我有没有兴趣合作拍摄电影。这对于汤米牛仔来说是多么好的一个机会！电影《夺命高校》（*The Faculty*）在得克萨斯奥斯汀市（Austin Texas）拍摄，演员阵容包括亚瑟小子（Usher）、乔什·哈奈特（Josh Hartnett）、伊利亚·伍德（Elijah Wood）、乔丹娜·布鲁斯特（Jordana Brewster）、克里·杜瓦尔（Clea DuVall），还有萨尔玛·海耶克（Salma Hayek）；电影由罗伯特·罗德里格兹（Robert Rodriguez）导演。我们同意给他们提供服装，并且拍摄一部由剧中演员参演的广告，但前提是他们必须让琪达达参与电影的拍摄。他们很喜欢琪达达，她在电影中也扮演了一个角色。

我们把内衣授权给居可衣（Jocky）内衣服饰公司，并且在时代广场投放了一则年轻小伙向下拉扯着身上所穿的牛仔裤，露出格子花呢、坚质条纹、星条旗和印花平角短裤的平面广告。很快所有大学和高中校园中的时髦孩子们都开始穿我们的平角裤，接着他们的爸爸们也开始穿我们的内裤。内衣生意火了起来。

我们把成衣定制授权给芝加哥老牌生产厂家哈特·沙夫纳·马克斯（Hart Schaffner & Marx）。公司总裁肯·霍夫曼（Ken Hoffman）和首席执行官博特·汉德（Bert Hand）是很好的合作伙伴。我们发展了三件套套装，搭配可以两面穿着的背心，采用了优质布料、内衬以及新型的剪裁设计。经典三件套装又回来了！常春藤联盟风格！多有意思！

已经没有什么能阻挡我们前进的步伐。

第十五章

摇滚风格

Lenny is Rock Style

（兰尼就是摇滚风的代名词）

20 世纪 90 年代中期，安迪在汤米牛仔公关部门工作，负责产品的配售。一天，他接到娱乐业律师拉里·鲁道尔夫（Larry Rudolph）打来的电话，鲁道尔夫说，“我有一个新人，刚刚拍了一部音乐电视还没发布，我觉得她肯定会一举成名。不过现在我们遇到点麻烦——我们需要 5000 美元。不知道她能不能去你们那儿做做模特或者干点什么别的？”我们拿到了这部音乐电视的录影带，那是小甜甜布兰妮·斯皮尔斯（Britney Spears）的出道专辑“……宝贝再来一次（Baby One More Time）。”录像中，她穿着百褶裙、露脐装，搭配开襟羊毛衫和过膝袜，扎着长辫子，活力四射地边歌边舞。安迪看完录像说，“我得把她介绍给汤米认识，看看我们能做些什么。”

在收到录影带之后的第二个礼拜，我前脚刚踏出设计会议室的边门，安迪就已经等在旁边了，他说，“汤米，这就是小甜甜布兰妮。”这个来自路易斯安娜（Louisiana）的小女孩站在我面前，头发油油的，和录像带上的她判若两人。在我看来，她就是个其貌不扬的平凡女孩，不过所幸当时美貌并不是我所追求的，我想要的是一种时尚的感觉。他们走后，我问安迪，“你确定吗？”

“汤米，”他说，“你得看看这个音乐录影带！我们应该把它和我们的广告结合起来，让她来为我们做些宣传。这是个新人，他们的开价并不高，只要 5000 美元，但我觉得她的能力不可小觑。”

安迪了解音乐世界里的那些事。“你决定，”我告诉他，“我相信你。”

安迪和她签订了广告协议。在我们广告拍摄的当天，她的歌曲获得音乐排行榜第一名。小甜甜布兰妮和我登上了《今日美国》（*USA Today*）的封面，各大媒体一片哗然。我们为她“……宝贝再来一次”的巡演提供赞助，我的侄子迈克尔·弗雷多（Michael Fredo）——他签约了昆西·琼斯的探索音乐唱片公司（Quest Music）——也向她提出邀约。这是名人效应广告和市场营销的开始。

后来有一次安迪正坐在办公室，一个生意人打电话来说。“迈克尔·杰克逊（Michaei Jackson）想和你们合作一个时装系列。”

“好的。”

“我想马上把他的衣服发来给你们看看。”

“好的。”

一个小时之后，迈克尔·杰克逊设计的衬衫被送了过来。这些衣服上用金色的纽扣、肩章，还有一些军装元素的细节进行了装饰，只不过衣服的面料都是用绸缎、皮革和聚酯纤维制成的。接着安迪给我打了电话说，“迈克尔·杰克逊想和你见一面。”

“我们去会会他！不管怎样，这都会是件很有意思的事情。”

第二天，我们坐在皇宫酒店（Palace Hotel）的大厅里等待迈克尔·杰克逊的召唤。他在这里包下了一整层楼。就在我们等得有些失去耐心的时候，终于，保安告诉我们，“迈克尔已经准备好见你们了。”

我和迈克尔握手的时候，看到他已经涂了底妆和眼影，白色的袜子里还塞了一个带镜小粉盒。

“我所有衣服都是自己设计的，”他告诉我们，“我的所有东西都是独一无二的。我是这世上最有名的人，我真的很想和你们合作。”

当时我们正准备去洛杉矶，我在那儿赞助了一场消除多发性硬化症活动（Race to Erase MS），这项活动由南希·戴维斯（Nancy Davis）于1993年发起。因为要赶飞机，所以我说，“或许我们后面可以再找机会谈谈这件事。”他同意了。

我们在洛杉矶刚下飞机，我的电话就响了，是迈克尔·杰克逊打来的。

“我听说你在洛杉矶。我听说你刚刚下飞机。”

他是怎么知道的?

活动在当天晚上举行。第二天上午，迈克尔打来了电话。“你们要来梦幻岛吗(Neverland)?”

当时亚丽和我们在一起，她说，“去吧、去吧，我们去吧!”看着她那兴奋的表情，我没法说不。

从我们住的地方到迈克尔·杰克逊的大牧场有三个小时的车程，我们乘坐了一架直升机，直接降落在梦幻岛的停机坪上。一列配有列车员和全套设施的小火车来接了我们。我们驶过梦幻岛，这里空无一人。当我们从摩天轮旁经过时，它缓缓地启动了，里面一个乘客也没有。我们看到旋转咖啡杯、赛马场和圆形露天剧场，都是一副冷冷清清的模样。

我们停在门前，一个戴着白色手套的管家走了出来。“你们好，”他说，“迈克尔很快就到；他一直在等你们。”我们站在这个巨大的姜饼屋风格的楼房前，这时，一只长颈鹿从我们面前走过，后面跟着一群小象。亚丽和安迪你看我，我看你，一脸惊愕的表情，好像在说“这简直太疯狂了”。

突然，一辆巨大的白色豪华轿车停在我们面前，迈克尔从车上走了下来，他的随从们纷纷撑起太阳伞围在他周围，簇拥着他走了过来。我们一同走进屋里，迈克尔随即便不见踪迹。杰克逊的五大金曲唱片，《乱世佳人》(*Gone with the Wind*)藏品——他的所有专辑都被精心摆放在屋里。屋里播放着迪士尼的背景音乐，四下里有很多小天使的雕像。

管家通知我们，迈克尔想邀请我们吃午餐。他的厨房餐厅已经准备好了菜单。我问，“迈克尔会和我们一起用餐吗?”

“杰克逊先生希望和汤米先生单独会面，”他说，紧接着告诉安迪，“您和这位年轻女士可以去游戏室玩。”后来，安迪告诉我，这个游戏室里有世上所有的游戏。甚至还有最原始的吃豆人游戏(Pac-Man)!里面还有各种各样的糖果。这个大游戏室里，除了他们，其他人一个都没有。

当我走进他那间光线昏暗的桃花木办公室时，迈克尔正独自一人坐在一张镶有金边的深红色国王宝座里，他让我坐在他的对面。他戴着深色的墨镜，向我为他的迟到表示抱歉，他告诉我，他的孩子们整晚都在吵闹，这让他一夜都没睡着。他穿了件红色的法兰绒纽扣衬衫，搭配了黑色的长裤和靴子。他的脸上化了很浓的妆，鼻子上贴着创可贴。他表现得非常焦躁不安。他说，“我们真的应该一起来合作这个服装系列。我在全世界有几千万的粉丝，他们都在翘首期盼这套衣服的诞生。”他用那种我们都早已习惯的、细若游丝的声音说着，“我知道，在这世上，只有你和安迪才能懂我，只有你们才懂得我的审美。你们和其他人不一样，你们是真正懂得音乐和时尚的人。”

这些话让人听起来很高兴。“迈克尔，”我问，“你的期望是什么？”

“我想先在罗迪欧大道（Rodeo Drive）上开一家店，”他说，“然后再去拉斯维加斯、巴黎，还有其他城市。”

我告诉他，这些不是我自己能决定的事，我需要回纽约后和我的合作伙伴们商量，然后再告诉他我们的决定。

就在迈克尔和我互相道别的时候，他的一个经理人把我叫到一边，让我等在过道尽头的楼梯下面。“迈克尔从来没有向外人介绍过他的孩子，”他告诉我，“不过他想让你见见他们。”

没过多久，迈克尔的两个孩子普林斯（Prince）和帕丽斯（Paris）飞快地沿着台阶跑下来，穿得像百老汇音乐剧，或者说像《音乐之声》（*The Sound of Music*）话剧里的角色：平绒灯笼短裤、紧身针织连衣套衫、荷叶绲边衬衣、漆皮舞鞋，每个人都化了妆，头发都被漂染成金色，而深色的发根依然清晰可见。布兰克特（Blanket）还是个襁褓中的孩子。我向他们问好，然后便踏上了去往直升机停机坪飞回比弗利山庄。刚回到酒店后，我便接到一个电话，是迈克尔本人打来的。

“我们会合作，”他说，“对吗？”

“迈克尔，我真的需要听听看我的合作伙伴们对这件事情的意见。”

“那如果他们不喜欢这个提议呢？”他说，“我是这个世界上最著名的明星。我的粉丝都在祈求、盼望着我所设计的服装！”

然而事实总是残酷的。当我把他的这个想法告诉我的合作伙伴时，他们表示对此毫无兴趣。汤米·希尔费格公司正在获取巨额利润，我们账户上富余的现金让我们可以有能力收购其他公司或者回购我们自己的股票。他们有更加宏大的计划：就在我和迈克尔·杰克逊谈论合作的时候，他们正在和巴里·施瓦茨（Barry Schwartz）还有卡尔文·克雷恩协商收购Calvin Klein最大的业务板块。最后，我们被菲力士泛优逊公司（Phillips-Van Heusen）以毫厘之差所击败。现在回头想想，这真是一个让人后悔不已的错误决策，我们应该出一个更高的价格。如果当年我们拿到Calvin Klein公司的这份业务，我们的企业一定会步入更加快速的发展轨道。

迈克尔不停地给我打电话，要求我们重新考虑他的提议，但我们决心已定，迈克尔想要制作服装的愿望最终还是没能实现。不过后来我看到他在登上《Vibe》杂志封面时，身上穿了一件正面印有巨大“大印标识”的汤米·希尔费格超大号毛衣，旁边还引用了他妻子丽莎·玛丽·普雷斯利（Lisa Marie Presley）的一段很温馨的话，很幸福的模样，看到这一切，我真的非常高兴。

1998年，音乐会策划人迈克尔·科尔（Michael Cohl）和滚石乐队的财务顾问普林斯·鲁伯特·勒文施泰因（Prince Rupert Loewenstein）告诉我，乐队正在寻找他们二十四城《无戒备状态》（*No Security*）巡回演唱会的赞助商。我热爱滚石乐队，我热爱乐队的标识——我怎么可能拒绝这个要求呢？我把所有人聚集起来，告诉他们，“滚石乐队是这世上最负盛名的乐队，我们要把我们的品牌和他们结合到一起。”作为合约的一部分，我们需要为乐队成员制作演出服以及为后台人员制作工作服——这些服装和我们美式学院风装扮大不相同。米克·贾格尔是个多变的人，他对于全世界的摇滚明星以及时尚人士来说，都是一个灵魂人物、一个能够激发无限创意的人。我们的想法是给他，还有整个乐队看起来更超前的装扮。这将是全世界的一场视觉盛宴。

滚石乐队成立之初，基思·理查兹（Keith Richards）总是爱穿那种有着头盖骨和交叉骨棒图案的黑色服装，以一副摇滚硬汉形象示人。这些年来，他对硬摇滚、华丽摇滚、摩托摇滚、重金属甚至是朋克风装扮的开创有着深刻的影响。我们以基思的穿着风格为本，设计开发了我们所理解的摇滚服饰，包括动物印花衬衫、夹克和围巾，但我们从来没有告诉他，这些衣服应该怎样搭配。基思完全就是自己的造型师。

我们去拜访了基思和帕蒂·汉森（Patti Hansen）在康涅狄克韦斯顿（Weston）的家，向他展示介绍我们的设计方案。基思的助理简·罗斯（Jane Rose）帮我们安排了这次会面，一直以来，她都给我们提供了很多有用的信息，对我们的帮助非常大。我们到他家的时候，基思刚刚结束录音棚里的工作，还沉浸在他的音乐世界里，没有回过神来。那天下午的大部分时间，他都在一遍一遍地反复听同一首歌，他过的是摇滚世界里的时间，刚开始的时候，他的精神一直都有些恍惚，很难让他来看这些衣服。直到这一天快结束的时候，帕蒂才让他变得专注起来。

首先，他们向我展示了他衣柜里的很多东西，这简直就像一个摇滚风格服饰的博物馆，里面装满了动物图案印花，特别是猎豹印花的衣服。基思表现得比我想象中更有兴趣，他是个非常令人尊重、很有意思、很风趣的人。他拿出了自己最喜欢的几件衣服——很多件长大衣，几件衬衣——然后说，“让我看看你有些什么。”我给他看了些草图和样本，不出所料，他最喜欢其中的猎豹以及其他一些动物印花设计。他非常清楚自己在这次巡回演唱会上想穿什么衣服——更长的大衣和紧身牛仔裤。我们按照他的要求去做了。

查理·瓦特（Charlie Watts）总是穿着剪裁讲究、专门为他量身定做的套装，搭配约翰·洛伯（John Lobb）的鞋子，他的形象和行为举止显得他很像个英国绅士。我们给他穿上了简单的T恤衫和轰炸机式夹克。罗尼·伍德（Ronnie Wood）在来滚石之前，是小面孔乐队（Small Faces）的成员，一头蓬松松狮的发型、给人一股时髦的感觉。我觉得他的吉他演奏，他在舞台上的腾空跳跃，以及他非常独特的帅气英国摇滚形象为乐队增添了很多活力。

米克·贾格尔总是能走在潮流的前沿，并且对这个行业本身有着非常巨大的影响。我们正进入一个运动功能性面料时代，科技含量非常高、自重非常轻、极具伸展性的快干呼吸性面料的运用正不断兴起。滚石乐队在舞台上演出时非常卖力，衣服总是会被汗水浸透，他们想要那种透气性好，不会显露汗渍、更让人感受不到出汗的衣服。米克当时看上了运动型的、流线型的服装。他想要紧身的T恤以及更加塑身的裤装，这样可以让他在舞台的活动更为灵活。

我的创意总监和助手，苏珊的表兄史蒂芬·赫罗纳和我一起到米克法国的家中拜访了他。我选择让史蒂芬直接和米克还有那些乐队成员合作，是因为他是个做事很有规划、极富创意和品位的人，我觉得和如此特别的一群人合作，我们所需要的正是史蒂芬这样的人。史蒂芬已经完成了所有的设计草图，我们带着设计图和色卡来到了米克家中。米克是个不同寻常的人。我们第一次带着服装样品去的时候，他盯着架子上的衣服看了看，马上就能说出哪些衣服合适，哪些不合适。对于音乐、舞台布置，还有整个乐队，他的心中早已有确定和具体的形象。在试穿完衣服之后，我们回到设计工作室去作调整，米克居无定所，常年四处奔波，样品修改完毕之后，我们又要追随着他的脚步，到世界各地去找他。

在为滚石乐队设计服装的过程中，我们发现了一些日常生活中不太会遇到的问题。比如，我们用带金属光泽的反光面料做了件非常酷的夹克，希望米克会喜欢它。然而，他试穿之后发现，这件衣服穿在身上不太方便活动，而更大的问题是，在舞台上的时候，这种面料会把闪光灯和舞台灯光反射到镜头里，导致底片过度曝光，就像对着灯光拍摄，拍摄出来的照片会一片空白。

因此我们废除了这种设计，米克坚持穿简单的基本款服饰。在巡演过程中，有时为了营造舞台效果，他会穿件特别的夹克或者衬衫，不过到第二首歌的时候，他就又会把这衣服给脱了。

旧金山烛台公园（Candlestick Park）开唱的当晚，观众人山人海，后台气氛非常紧张。我发现米克走进房间的时候，会彻底改变房间的氛围。所有的谈话戛然而止，人们瞬间安静下来，所有人的目光都集中到他身上，因为，嘿，他可是米克·贾格尔！在演出开始之前，他常常会表现得非常焦躁、坐立不安，在后台不停地走来走去，和他在台上的表现判若两人，他会把头伸进罗尼·伍德和查理的更衣室——他有钥匙——用他那辨识性很高的英式口音说，“嘿，罗尼，你还好吗？”他会一边转着头，一边用眼睛在屋里四下瞟着，用询问的口气说：“你们都在干吗呢？”看到一个不认识的人，他会问：“嘿，你叫什么名字？”不过，他也就只是随便问问，还没等人来得及回答：“好的，回头见。”他会丢下这么一句话，然后就扭头走开了。

企业赞助商们正在后台闲聊、守着门、等待他们的见面会登场，米克会匆匆走进后台，走到那些手里拿着饮料、毫无准备的赞助商面前，快速地说：“你好。你还好吗？你准备好听音乐会了吗？我希望你们都有好的座位。”他会出其不意地和这些毫无准备的人闲聊几句，而这些人根本无法完全反应过来——他们有了和米克交谈的机会，而他们却只能说出自己的座位号码。米克会回应道，“哦，这个座位离舞台是很远还是很近？我希望很近。我希望不会让你们失望。我希望今天不会下雨，会下雨吗？”然后，他会转向另一个人，打个比方，注意到他所戴的棒球帽，米克会说，“那顶帽子是在哪买的？那是什么，一只灰熊吗？”在戴帽子的人还没回答之前，米克已经去和下一个人说话了。因为他有义务在场，有义务表现得平易近人，但他并非真的喜欢和自己不认识的人交谈，米克会巧妙地说一些模棱两可的话，然后转向别人继续他的交谈。我第一次注意到这件事的时候，觉得很好笑。后来我就只是很好奇，他每天晚上是怎么和人沟通的，因为他根本就没有真的用心在和人交谈。

如果附近有漂亮姑娘，米克立刻就会高兴起来，容光焕发地上去搭讪。“你好，你叫什么名字？我喜欢你穿的裤子。转个圈，让我看看你的臀部！”她们当然都会轻快地转过身去！

那天晚上，当滚石乐队登台演出时，我和灯光设计师帕特里克·伍德拉夫（Patrick Woodruff）一起待在位于演出正厅前排座位中央的音响室里。从那里看舞台的视野简直棒极了。音响室的监视器显示了舞台远近各个角度的图像。

我带了我的弟弟们来看演出——鲍比、安迪还有比利，都是摇滚歌手。我们在后台闲逛、拍照，和乐队的那些人聊天。首场演出结束后有一个午夜派对，比利和安迪是大约凌晨2点的时候走的，而鲍比和我整晚都和基思还有米克待在一起。希尔费格兄弟的梦想实现了，这真让人激动。

赞助《无戒备状态》演唱会的巡演，让我们和乐队的几个人成了朋友。我和妹妹金妮几个月后去了伦敦，我们给罗尼·伍德打了电话，问他在忙些什么，有没有时间和我们见个面。罗尼和他当时的妻子乔（Jo）刚好在肯辛顿（Kensington）新开了一家私人夜总会／餐厅／水疗中心，他们邀请我们过去玩。酒足饭饱后，我们去了罗尼的工作室，他给我们播放了《老面孔》（*Old Faces*）和《汽油巷》（*Gasoline Alley*）的所有曲目，那天晚上的大部分时间，我们都在听他演奏曼陀林和吉他。罗尼在台上常常被基思的光环所笼罩，我相信滚石和小面孔乐队的乐迷都清楚他的才华，但我不太确定的一点是，是不是所有人都真的知道罗尼·伍德是这世上最优秀的吉他演奏手之一。

就个人来说，罗尼就像个孩子，一个爱笑、活力无限，一个真正的小甜心。罗尼的太太乔说，“好了，罗尼，我们得睡觉了，已经很晚了。”但他是如此的热情——我们又一直死皮赖脸地怂恿他继续演奏——所以他一直也没停。“再弹一首。《麦琪的五月》怎么样？”1969年的夏天，坐在海恩尼斯小公寓里的我们，怎么也想不到，几年以后，我们居然能在现场给这些名人喊“咔”？我的生活开始充满了这些令人振奋的事。

罗尼和我一直保持着亲密的关系。他是个最贴心的家伙，非常风趣、非常真诚。他还是个很有天赋的画家，我收藏了他的一些作品，我也很珍惜这些作品。他现在和美丽的萨莉·韩福瑞兹（Sally Humphreys）结了婚，萨莉非常适合他。我为自己有他这样一个朋友而感到高兴。

在滚石巡演期间，我们在好莱坞搭建了一幕场景，我们在舞台上放了一个看起来很像摇滚明星的模特，我们从背后拍摄了他面向台下尖叫观众的画面。彼得·阿内尔（Peter Arnell）为我们设计了这个广告。我们将其称为“自由之旅（Freedom Tour）”同时推出了汤米·希尔费格名为“自由（Freedom）”的香水。

这个广告完成之后，我们说，“我们来做一些不同于以往的、新鲜的、不一样的广告吧。”

彼得·阿内尔说，“我也正是这么想的。我们为什么不去白宫拍摄呢？这该有多特别！”

这简直是无稽之谈。白宫的那些人是永远也不可能同意我们在那儿拍摄广告的。但他说，“不、不、不，我的意思是去好莱坞，搭建一个看起来很像白宫的场景！我们可以让模特站在白宫的草坪上，在罗斯福（Roosevelt）的房间里，还有玫瑰花园（Rose Garden），扮演即将去见总统的场景。

我们可以找一些人来扮演总统和第一夫人，拍他们的背影就行。”

我说，“就这么定了！准备好让所有人都大吃一惊吧！”

我们开始着手广告的拍摄，我们研究了成百上千张白宫椭圆形办公室（Oval Office）、白宫草坪、柱廊（Portico），还有白宫东厅（the East Room）的照片。

在好莱坞搭建一个场景至少要花几十万美元，也许还会更多，因此我们就用了电影《冒牌总统》（*Dave*）和《美国总统》（*The American President*）拍摄时所用到的场景。丽贝卡·罗梅恩（Rebecca Romijn）是个非常美丽、性感的超级名模，有着一头柔顺的金色长发——美得让人难以置信。我们拍摄了丽贝、泰拉·班克斯（Tyra Banks），还有贾森·肖（Jason Shaw）、克莱顿·亨特（Clayton Hunter）、亚历克斯·隆奎斯特（Alex Lundqvist），从一个有汤米·希尔费格标志的直升机上下来，跑过白宫草坪的画面，还有丽贝卡以挑逗的姿势坐在总统办公室椭圆形办公桌上的场景。我们在《GQ》《Vogue》《Elle》还有《名利场》（*Vanity Fair*）等杂志上刊登了这则广告。广告表达了乐观的精神和经典美国精神的力量。我们的白宫能包容一切。所有人都有可能成为总统！

这则广告成功了！他们确实促进了产品的销售！

莫妮卡·莱温斯基（Monica Lewinsky）的丑闻事件，几个月前就已经浮出水面，总统的椭圆形办公桌成为争议的焦点。我们觉得，白宫的形象就像拉什莫尔山（Mount Rushmore）和美国国旗一样，是全民所共有的。但尽管如此，我们还是收到一封来自总统办公室，一个相当高级别人物的来信，让我们注意严禁将白宫或总统肖像用于商业目的的相关政策规定，并告知我们，假若我们撤回这则品位低下的广告，他们将不胜感激。虽然我们没有打算发表任何政治声明或评论，但我们还是按照信件的要求做了。

除滚石乐队外，我们还赞助了兰尼·克拉维茨（Lenny Kravitz）、雪瑞儿·可洛（Sheryl Crow）、珠儿（Jewel），以及彼特·汤森（Pete Townshend）的巡回唱会。彼特开始他美国一站在纽约灯塔剧院（Beacon Theater）举办的《弃灵》

（*Psychoderelict*）的演唱会时，我和弟弟安迪特意穿上了条纹英式学生夹克和褶边袖口的高领衬衣——我一直以来所喜爱的60年代谁人乐队的造型。我们在演出开始前见到了彼特，他停下脚步说，“你们看起来真像英国歌星。”你能相信吗，彼特·汤森说我们像歌星！

1999年是汤米·希尔费格的音乐年。我制作了《摇滚风格》（*Rock Style*）一书，用一系列的照片和故事展现了20世纪50年代至今的摇滚明星风格。历史悠久的纽约大都会艺术博物馆所举办的“摇滚风格”展，就是以我的书名命名，展出了摇滚明星鲍伊（Bowie）、麦当娜（Madonna）、亨德里克斯（Hendrix）、滚石、披头士、兰尼·克拉维茨（Lenny Kravitz）、谁人乐队、猫王埃尔维斯、史蒂夫·尼克斯（Stevie Nicks）、雷蒙斯（Ramones）和性手枪（Sex Pistols）乐队所穿过的服装。安娜·温图尔（Anna Wintour）和我共同主持了大都会艺术博物馆的服装学院晚会（Art Costume Institute Gala），我们的客人包括黛比·哈利（Debbie Harry）、史蒂芬·泰勒（Steven Tyler）和史密斯飞船（Aerosmith）的乔·佩里（Joe Perry）。对于那些视年幼时的收藏为珍宝的人而言，这是一件自己心甘情愿要去做的事情——并且做这件事的乐趣也是无可比拟的。

第十六章

希尔费格的嘻哈时代

A Whole New era in FASHION

（时尚界的一个新纪元）

我是个有商业头脑的设计师。尽管有的人认为，好的设计应该更抽象缥缈、更晦涩难懂，现在这种话，并不会改变我的任何设计风格。但曾经有段时间，每当听到类似的话，我都会感到尴尬、会怀疑自己的设计是不是真的出了问题。

猜字游戏广告播出后的那几年，我感觉自己几乎完全为服装设计界所不容。拉夫劳伦、卡尔文·克雷恩、派瑞·艾力斯以及行业内的其他领袖人物基本都不和我说话。我那世俗的品位，以及我把商品卖给所有普通人，而不是拥有高雅格调的精英人士这一商业事实，遭到了设计界的一致嘲笑。这完全不是我想要过的生活。

我向我的合伙人寻求安慰。塞拉斯、劳伦斯和乔尔很快帮我恢复了理智。塞拉斯仔细考虑了我所处的困境。他从年轻时候就一直从事毛衣的生产制作，和拉尔夫·劳伦的合作不仅让他收获了很多的财富，而且让他的品位得到了很大的提升。他理解我所遭遇的这些问题，对此也有自己的结论。“理智一点，赚钱才是最重要的，”他告诉我。“其他都是些虚无缥缈的东西。毫无意义！”

劳伦斯，无论什么都只要最好的，他觉得我根本就是个傻子。汤米·希尔费格的定义就是打造让人能买得起的奢侈品。他说，“汤米，别傻了。我们有这世上最完美的定位。为什么要把它搞砸？”

乔尔，比任何其他人都更强调了我的性格。他说，“管得着吗？你真的想和那些家伙混在一起吗？好吧，就算他们接受你了，那又会怎么样？这能让你成为一个更好的设计师，或者成为一个更好的人吗？”

我很快就被说服了。在彷徨痛苦之后，我得出这样的结论，对，他说的没错。我到底是在做些什么啊？我为什么要把自己的精力、时间、和努力，浪费在这些人身上呢？这些人根本不尊重我、不尊重我所视为珍宝的那些东西。我为什么不做回自我，按照现在的轨迹、继续去做我自己正在做的事情、继续把它做大、做强、做多呢？我们也正是这样做的。

要想无视那些对自己不利的东西，这其实并不是件容易的事情。在时装行业，倘若所有人都在用同一种口气讲述着同一件事、如果所有人都秉持着相同的观点，那大家往往也就会相信他们所宣扬的东西，话语的力量不容小觑。我曾经有过类似的经验，这就像当你拿到一个设计奖，当你得到同业人员的认可，这种影响力是完全一致的。1984 年，在汤米·希尔费格品牌尚未创建之前的很多年，我便第一次尝到了这种滋味，当时，我被授予了亚伯拉罕 & 斯特劳斯美国精神奖（Abraham & Straus American Spirit Award），以表彰我为美国人设计美国时装的精神。我在整个行业面前走上领奖台，就像参加一场盛大的高中集会，他们递给我一只奖杯，称颂着我有多么伟大。这种感觉真是棒极了！“哇，我的设计被认可了。也许有一天我会成为一个举世闻名的设计师。也许这一切都会发生！”我并没有真的觉得自己很伟大，但我知道自己做得不错。

自那以后，我再也没有拿到过任何一个奖项，直到十多年后的 1996 年，我们赢得了四项香水基金会香水大奖（Fragrance Foundation Fifi Awards）。在颁奖典礼上，我感谢我出色的团队，我知道我们都应该得到这个奖项，我们应该得到行业的关注。但当我站在领奖台上，接过克里斯蒂·布林克利（Christie Brinkley）递来的奖杯时，心里想的却是：“这一定不是真的！”

接踵而来的是疯狂地庆祝：我们参加了数不清的聚会，还有午夜派对，我们喝着香槟，度过了无数的美好时光。不过第二天一早，一切都还会恢复原样，我们还是照常要去上班。让我们变得现实些吧：放在架子上的奖杯，看起来确实不错，但它实际能做的其实很少。曾经破产的经历，至今仍让我心有余悸，我再也不想再重蹈当年的覆辙。

1996年，当我在VH1时尚颁奖礼（VH1 Fashion Awards）上拿到设计生活大奖（Catwalk to Sidewalk）的时候，我兴奋到极点，因为它让我和音乐世界靠得更近了。活动的后半部分，在我登上领奖台，领取了奖项，并且向我的伙伴致谢之后，劳伦斯拍了拍我的肩膀说，“我们赶快离开这儿。我渴了，并且这越来越无聊了。”

“我现在还不能走！”我告诉他。

后来那天晚上，我们在午夜派对上碰面，身边聚集了很多模特、名人和形形色色的其他人，塞拉斯、劳伦斯、乔尔和我坐在一个角落里，深入地探讨了怎样发展业务，怎样获取更多的利润。我喜欢这种感觉！我以自己的务实、乐观和向上为荣，而我们的产品系列恰恰反映了这一点。汤米·希尔费格并没有华丽细节、多度的设计，它也不是只为特殊场合定制的时装。我们只是做了一件最简单的事，那就是把它送往世界各地、卖给所有人。

这么多年以来，我们聘请了很多设计师，他们当中不乏那些不满足于现状，想要对品牌的基因发起挑战、想要把他们自己的高雅趣味注入汤米·希尔费格的设计师。我和那些想让我们的品牌看上去像Calvin Klein、阿玛尼或拉尔夫·劳伦的创意人士有过探讨、争执甚至差点打起来。“为什么？”我问，“如果拉尔夫·劳伦在做格子花呢衬衫，我们的就应该和他不一样。还有为什么我们的服装要像阿玛尼那样用黑色和木炭色，而不能像我所说的，用红白蓝色或墨绿色搭配橙和白色呢？”

有的时候，我们的高层雇员不喜欢我们所做的事情。可他们是来为我们工作的，他们拿薪水就是应该做我们需要他做的事，而不是设计他们自己喜欢的衣服。我希望人们能够对在汤米·希尔费格工作充满热情，希望他们热爱这个商标和形象，希望他们会努力使它变得更好。有的设计师会一直争取自己在这方面的设计权利。我检查他们的草图时会说，“我们来增加些花边和细节的设计，” 而他们会回复我，“不是所有人都想要花边和细节。”

我会说，“我喜欢。请按照我说的做！伙计们，商标上写的是我的名字。要么你们按照我的要求进行设计，要么请你离开。” 一个设计团队就像一个运动队；有些人是全能明星，有些是团队成员，而有些则是捣乱者。

1991 年，我的弟弟安迪在电视上观看第一方程式赛车比赛时，看到疾驰中的莲花汽车上飘扬了一面汤米・希尔费格商标的旗帜。他给我打了电话。“汤米，你们赞助了莲花第一方程式的比赛？”

“哦，对，对，对，我忘了告诉你。劳伦斯给他们的车队提供了服装。” 当我们还是孩子的时候，安迪和我就很喜欢在沃特金斯峡谷举办的第一方程式赛车比赛。我问他，“我们需要有人去赛场帮我们发一些 T 恤和帽子之类的东西？你想不想去？”

“当然想啦！”

安迪以我们产品推广专员的身份去参加了蒙特利尔大奖赛，他做得非常成功。他非常擅长与人打交道，并且他也非常了解赛车。我们已经和莲花车队签订了一份为车手制作赛服，以及为车队成员制作工作服的合同，但还没开始服装的制作。我问安迪是否愿意和我一起去香港做这件事，他欣然接受了这份工作。

回来的时候，我们搭乘了从洛杉矶出发的红眼航班，早上大约 6 点的时候，我们站在行李带旁等候行李，安迪看到了一群嘻哈打扮的青年，他们穿着汤米・希尔费格品牌的衣服——还有一些人穿着保罗衫——也在等行李。安迪认出了他们。他对这些东西很有研究；我不了解这些。“那是格兰德・普巴（Grand Puba）和崭新努比安人乐队（Brand Nubian），” 他说，“他们是嘻哈歌手，他们的唱词里还提到过你。” 他告诉我，在他们的歌曲

《360的因果报应》(What Goes Around)里有一句歌词,“吉尔柏的裤子松松地挎着,希尔费格的褂子帅气地套着。”普巴和与玛丽·布莱姬(Mary J. Blige)合唱的一首歌《411是什么》里面也提到了我们。我说,“我们过去打个招呼。”

我们走了过去。安迪说,“嘿,这位是汤米·希尔费格。“

“他是汤米·希尔费格?”他们瞠目结舌。

我说,“我设计的衣服穿在你们身上的效果可真是棒极了。如果你们还需要服装,不如来我们的展销厅吧?我们刚推出了一个新的服装系列。”

两天以后,整个乐队都来了,我们给他们提供了服装。他们非常高兴,我们也非常高兴。他们开始穿着我们的服装,出现在音乐录影带中,我们看到了汤米·希尔费格品牌认知度的显著提升,城市用户的销量也得到了大幅的增长。

突然之间,嘻哈造型师和艺术家都想要汤米·希尔费格的衣服,安迪负责产品的配置。“你要录制视频?过来吧!”

大约一年以后,当我们穿着摇滚天鹅绒服装,在美国自然历史博物馆(American Museum of Natural History),参加格莱美颁奖礼(Grammy Awards)为大西洋唱片公司(Atlantic Records)所举办的午夜派对时,安迪说,“汤米,那是史诺普·道格(Snoop Dogg)!他是西海岸最有名的艺术家,和德瑞博士(Dr. Dre)齐名。”他向道格介绍了我们,然后我们聊了起来。这是个非常有魅力的人!

我们一起待到凌晨3点,安迪第二天中午到办公室的时候,收到一条电话留言。“唷,安迪,我是史诺普·道格,昨天晚上我们见过。”安迪给他回了电话,史诺普和他的乐队成员来到我们的展销厅。我带他们四下看了看,在他们回洛杉矶之前,送给他们一堆衣服。

两个礼拜以后,一个下着雨的周五晚上,安迪正坐在自己的办公室里,这时电话响了。“唷,安迪,我是史诺普。”

“嘿,伙计,什么事?”

“我们现在纽约,我们还需要些衣服。”

“过来拿。”

“我没法过来。我正在为《周六夜现场》（*Saturday Night Live*）节目做彩排。今晚你能来我住的酒店吗？”

“什么时候？”

“半夜。”

“没问题。”

安迪从展销厅拿了一堆衣服，到史诺普的酒店套房——进套房的通行暗号是“杜松子酒和果汁”（“Gin' n' Juice”）——这里就像美国西大荒（Wild West）：房间里播放着《修改》（*Dogg Pound*）的音乐，一群人在打电视游戏，整个房间弥漫着一股香烟的烟气。史诺普从隔壁房间走了出来说，“唷，安迪，怎么样？我的衣服在哪儿？”

“在这儿，史诺普。”

“酷，酷。你想在这儿玩会儿吗？”

安迪和乐队的人一起待了会儿，临走的时候，史诺普说，“我明天就准备穿这些衣服。”

周六晚上大约午夜时分，乔给我打电话，让我打开电视收看《周六夜现场》节目。

史诺普在台上穿着一件胸口印有巨大的TOMMY字样的红—白—蓝橄榄球衫。他不停地转着圈，展示后背的HILFIGER字样。

星期一一早，我们一到公司就接到了全国各地销售人员的电话，他们都在说，“发生什么事情了？所有卖场都在要求补货。大家都想增加订单，好像是因为一个什么音乐家，一个叫史诺普的什么人。”那是一个让汤米·希尔费格在“年青一代”心目中变得极其时髦的夜晚。我们成了服装界的流行趋势。我们成了时尚的主流。

后来一个杰出的企业家，罗素·西蒙斯（Russell Simmons）告诉我，在大都市生活的那些孩子们，都喜欢属于高层次消费者的新英格兰学院派装束，但问题是，这些衣服都非常昂贵，超出了他们的消费水平。汤米·希尔费格刚好是他们经济能力范围内的品牌。当时，他们穿的都是阿迪达斯（Adidas）和锐步（Reebok）这种运动服饰，没有自己可以追随的设计师。我开始成为这些年轻嘻哈街头少年、说唱歌手、溜冰手、所有不同类型年轻人的选择。我们特意投放了广告，以巩固并宣扬这一品牌形象及定位：全美的所有城市都能看到我们的广告牌，到处都能看到汤米·希尔费格的名字。

不仅是城里的孩子。所有孩子都开始爱上我们的衣服。我们非常高兴！开发汤米·希尔费格内衣时，我把商标放在裤腰正面的中间位置，以作为对永恒经典的拳击短裤的致敬。所有这一代的人都在穿那种松松垮垮的裤装，就像是一张张无所不在的移动广告牌。有这样一种说法渐渐开始流传开来，那就是，如果你穿汤米·希尔费格的内衣、用汤米·希尔费格的香水，你就有可能找到女朋友。在短短一年的时间里，我们的销售额增长了 1 亿美元。

罗素·西蒙斯后来也想要做服装。他告诉我，“我对要做的事情一无所知——你能帮助我吗？”我带他去了我们的设计工作室，告诉他去哪儿买丹宁布料、怎样进行服装生产。我教给他关于时装业的一切知识。他和我成了朋友。

肖恩·库姆斯（Sean Combs）当时把自己称作吹牛老爹（Puff Daddy），他找到我们说，“让我们一起来做这件事吧。”他想让我和他搭档，给他提供支持。我其实是很乐意做这件事情的——他是个非常成功的商人，并且极具创意。我问我的合作伙伴，我是否可以自己来做这件事，或者以汤米·希尔费格分部的名义来做，但他们希望我只专注于汤米·希尔费格和汤米牛仔裤这两个品牌的工作。这也是情理之中的事，我必须尊重他们的意愿。我告诉吹牛老爹，我不能和他合作，不过因为他非常聪明，年轻，并且很有进取心，虽然他是音乐行业出身，但他对时装业极具品味，我感觉他在时尚服饰行业也一定能够成功。我把他介绍给我的朋友兼律师布雷特·迈耶（Brett Meyer），布雷特帮他联系了一个能提供生产和资金的印度家庭。当这个印度生产商问我对这件事情的看法时，我告诉他们，吹牛老爹很有远见，我觉得他肯定能成功。我没有要求任何回报。我从没想过，“如果让他进入这个行业，这会把生意从我手上抢走。”我真的以为这个市场有足够的空间来给所有人提供发展。我错了。两年后，吹牛老爹的公司肖恩·约翰（Sean John）已发展成为市值2亿美元的公司，成为我们的竞争对手，并且从我们的城市业务中夺走了一大块蛋糕。但是我们私下关系依旧很好。我尊重他从一个梦想开始，打造出一片事业的天空的能力和魄力。

第十七章

谣言

Setting the record straight!!

（真相大白！！）

1997年，一则谣言开始兴起于互联网之上。一封邮件像病毒一样流传开来：

> 我敢肯定你们当中的很多人都看过最近播放的《欧普拉脱口秀》（*The Oprah Winfrey*），这一期节目的嘉宾是汤米·希尔费格。在节目中，欧普拉问希尔费格，关于众人所提到的，他对于种族的言论是否属实。
>
> 这些言论包括“……如果我知道那些非裔美国人、西班牙裔、犹太人还有亚洲人会买我的衣服，那我肯定不会把这些衣服做得这么好。我希望这些人永远不会买我的衣服，因为我们的衣服是为上等白人所设计制作的。”
>
> 对于奥普拉的问题，他的回答就一个字，“是。”接着，奥普拉立刻要求他离开她的节目。
>
> 你想听我的建议吗？不要再买任何一件来自汤米·希尔费格品牌的衣服或者香水。让我们把他所想要的给他。让我们不要再买他的衣服。
>
> 让他破产，让他自己都买不起他那贵得出奇的衣服。
>
> 让我们对他发起联合抵制，请把这封邮件转发给任何你所认识的人！！！！！

我觉得这简直太荒谬了，任何看到这封信的人，都会知道这根本就是诽谤。首先，我从未说过这种话，从未想过这种事，也从未有过一丝这种令人作呕的想法。更何况，我也从来没有上过《奥普拉脱口秀》节目。“如果我无视这些谣言，”我心里想着，“它们渐渐就会烟消云散。”

然而，事情却朝着相反的方向发展。它的影响就像毒瘤一样扩散开来。很快，我所憎恨的人群开始扩展到印第安人、菲律宾人、同性恋以及其他人群。让我感受到当头一棒的，是当乔尔找到我，对我说，“我所在的犹太教会的教徒们对我说……”

当时互联网正处于起步阶段——人们在网络上可以发表任何言论而不必承担后果，这种理念也是全新的。“欢迎来到狂野的西部。”有人这样告诉我。“当谣言袭来时，就已经没有回头路可走了。”我意识到自己有麻烦了，所以我去请教自己的导师，里纳德·劳德（Leonard Lauder），他说，“我们去拜访一下朱尔斯·克罗尔（Jules Kroll）。”克罗尔经营着世上最出色的调查公司之一。“朱尔斯能帮我们把这个造谣的人挖出来。”

几个月后，克罗尔的公司认为这则消息是从美国西北部的一个大学校园散步出来的，但具体是谁发布了这则消息，他们却无法得出明确的结论。我们甚至试着让联邦调查局也参与进来，不过他们没有接这个案子，只是问了些无关痛痒的问题，比如是有人在恶作剧吗？你是不是有一个心怀不满的员工？”我们聘请了最著名的公关公司，我们问，“我们该怎么应对这种情况？”我想在公众面前公开发表声明，表示这一切都是瞎扯，但他们说，“不，不，不。如果你特别针对这件事情发表任何言论，结果只会让情况变得更糟。它会把这个消息扩散开来，听起来好像你真的有什么问题，让它去吧。”我接受了这个建议，但我仍然不确定这是否是正确的做法。在个人层面上，只要我有机会，我还是会告诉人们，这件事情简直是无稽之谈，根本不是真的。

这则谣言让我们花了不少钱，但它并没有毁掉我们的生意。事实上，在1997年到2000年间，我们的销售额持续大幅增长。不过这件事情，还是让我感到很伤心，很伤自尊，因为在人生尽头，一个人的声誉才是你所拥有的一切。

大约十年以后,《纽约时报》报道了即将在华盛顿特区（Washington D.C.）国家购物中心（National Mall）附近为马丁・路德・金（Dr.Martin Luther King）建造纪念碑的计划。乔尔・霍洛维茨给我打了电话。“要知道，”他告诉我，“我的父母曾经和金博士一起游行过。如果我们能为建造纪念碑做点什么，那可就太好了。你觉得怎样？”

“我同意，这主意太棒了。我也觉得我们应该做点什么。”

汤米・希尔费格公司基金会的总裁是我高中时期的朋友盖伊・威克斯（Guy Vickers），这是美国首家组织企业捐款的机构。我们为此捐献了600万美元，并且还参与帮助金纪念堂项目从其他捐献者处募集资金。我们举办了一场高尔夫慈善旅行，邀请艾瑞莎・弗兰克林（Aretha Franklin）和史提夫・汪达（Stevie Wonder）参加慈善音乐会的演出并成功募集200万美元，我们还为在华盛顿特区项目办公室帮助组建项目办公室的汤米・希尔费格员工发放了工资。2011年，汤米・希尔费格公司基金会共同主持了纪念仪式的开幕式。我们很高兴参与了这些事情。

在募集资金的时候，我们拿到了一份潜在捐赠人员的名单。上面有奥普拉・温弗瑞（Oprah Winfrey）。他们让我来联系她。

奥普拉非常和善。她说，“我目前正在非洲盖一所学校，为此我投入了很多的时间和精力，不过我会尽我所能为这件事提供帮助。”她在我们所募集到的大额捐赠中起到了非常重要的作用。在我们的谈话中，她还说，“顺便说一下，你真的应该来上我的节目，因为现在那个荒谬的谣言还依旧流传在外，我们应该一起粉碎这则谣言。”我告诉她我很想去她的节目，不过我真的不想让这件事情看起来好像是一种交易。奥普拉说，“你看，这个谣言已经传了差不多十年了，你到现在为止都从来没有上过我的节目。来吧。”我给昆西・琼斯打电话征询他的意见，琼斯说，“汤米，奥普拉会打破那愚蠢的谣言。去上她的节目吧。”我对这个机会感到激动不已。

我坐在奥普拉的面前，她转向观众说，“我本来以为这个可怕的谣言，在很多很多年以前，就应该烟消云散了……我们今天一次把问题解决掉吧。”她坐在我的旁边问我，“我们这个节目开播到现在已经有21年了，在此之前，你有没有上过这个节目？”

我说，“很遗憾，没有。这是我第一次参加这个节目。”对于那些种族歧视的言论，我补充道，“我从来没有说过那些话。”

“汤米在今天之前，从来没有到过这里，”奥普拉告诉观众，“我也不可能会要求他离开录制现场。之前所谓的那封信，我要给它取个名字，叫，一个天大的谎言！这件事情从来就没发生过！

此后没过多久，美国反诽谤联盟（Anti-Defamation League）发表了一则声明，上面写道，“根据我们的调查，很显然，你从未发表过任何关于种族歧视的言论。反诽谤联盟已应广大选民，及其他社区成员的要求，对此事进行了调查。经过仔细深入的研究取证，我们在此作出以下结论，之前关于你本人，以及你所在公司的恶意谣言缺乏事实根据，属于恶意诽谤。”尽管他们只是陈述了我早就已经了解的事实，但冤屈的洗清让我感到很满意。

不过谣言依然存在。朋友们告诉我，他们还是会在犹太教会听到关于我是反犹分子，在教堂听到我是种族主义者的言论。虽然已经过去了十年，这些无须有的罪名仍会时不时刺痛我。我有怀疑的对象，究竟是谁，出于什么动机和目的，设计了这整个事件，但在没有事实证据的情况下，我什么也不会说。对于谣言，没有有效的抵制措施——甚至引用奥普拉本人的话、还有反诽谤联盟的申明，都会让人感觉是在作过度抵抗——除了说这是诽谤之外，我们别无他法。我的生活和这些指控恰好相反，但即便如此，我依旧被众人视为偏执狂。

第十八章

明星品牌效应

STAR★BRANDING

When a hobby Comes to life

（当兴趣成为生活的一部分）

1995年到2000年间，汤米·希尔费格无处不在。在每个街角，你都会看到有人在穿着带汤米·希尔费格商标的衣服，年轻人、老人、胖子、瘦子、亚裔、拉美裔、黑人（尽管有谣言），所有经济阶层的白人，同性恋，异性恋，律师，运动员，音乐人，演员，模特，溜冰手，甚至捡垃圾的人都穿着我们的衣服，有些是仿制品，有些是正品。20世纪90年代中期，商标狂热的影响变大了，商标本身也变得大了起来。嘻哈少年把汤米·希尔费格作为自己到来的标志，我们也很高兴能成为所有人都梦寐以求的品牌。

汤姆·科廷总在问我："我能为你做些什么？你需要什么？"我需要有人来打理我的生活，所以他把我介绍给了希拉·考克斯（Sheila Cox）。希拉成为我的得力助手。她是我的私人助理，安排我的商务会议，管理我的出行、预约、信件和电话。我的工作日程杂乱无章，各种琐事多如牛毛，但就没有什么她办不好的事。不过最重要的，是我和我的家人都对希拉无比信任。她是个浑身都充满了正能量的人，你从她身上看不到一点负面的东西。并且她好像学会了读心术，总能知道我脑子里到底在想些什么。我不知道这究竟算是好事还是坏事，但有一点能确定，那就是她的洞察力让我们所有人都获益匪浅。希拉成为汤米·希尔费格大家庭的第18名成员，而且她比家里的任何一个人，都要更了解这个家，更了解这个家里的每一个人。

我终日忙于工作，无暇顾及家里，以至于苏珊以为我有了婚外情。如果非要这样说，其实也未尝不可：公司就是我新的恋人。我总是在出差，我的脑子里整天想的都是事业上的事。孩子是我生命中最重要的一部分，但紧接其后的，便是我的公司。我一大早就要到城里上班，晚上很晚才回到家，即便是我在家的时候，我的心也停留在别的地方。苏珊觉得我太爱自己的工作了，每天都在应酬，在打球、听音乐会，和那些小伙子们待在一起，而没有花时间陪她，她觉得我好像已经完全忘记了她的存在。她变得怨念很重。

苏珊一直都是个很优秀的设计师，她会给我们的品牌提一些建议，这样她才有仍然和我生活在一起的感觉。她说，“你为什么不做一些洛登夹克？”她认为爱尔兰花呢是个不错的面料。我告诉她，“我们几年前就已经试过这些面料，但它们并不好卖，因为这种面料过于厚重。”我们大部分的业务都是在美国温暖的气候带所展开的，在这些地方花呢没有什么市场。我没有采用她的意见，这可能让她感觉受到了侮辱。她提出的其他一些很好的建议，我也确实把它放进了我们的产品设计当中，但是当这些产品的销量不好时，在服装行业，这是常有的事情，她会觉得这都是她的责任。我觉得，她可能感到自己已经被这个社会所遗弃，感到自己的价值没有得到认可。

而对于我来说，白天，我觉得自己就像一个大赢家，非常受人尊敬，一直在做着很多很重要的事情。但是一回到家，我的心中就会产生极大的落差，我感觉自己好像做什么都不对，连我对于工作的热爱，都会让苏珊感到失望难过。这种情况持续一段时间后，我早上开始迫不及待地要离开家去工作，至少我在工作的时候，是在做一些正确的事情。我觉得我们的家庭生活，确实曾经有过让人感到兴奋的事情，比如在马斯蒂克搭建我们的房子，在康涅狄格装修我们的家。但我们作为父母，不但要花费大量时间照顾凯瑟琳，这个有特殊需求的孩子，还要找到合适的时间来陪伴我们的其他孩子，要平衡各种时间和事务上的需求，时间太少而事情太多，并且我也不能够像苏珊所希望的那样一直陪在她的身边，我们之间的关系开始变得紧张起来。

我们也算是青梅竹马，刚结婚的时候，我们确实非常相爱。苏珊是个非常有创意的女人、也是个完美的母亲。令人感到难过的是，我们的感情破裂了，我们从彼此身上再也看不到，能够让我们结合在一起的、美好的东西。我们决定结束我们之间的婚姻。

当时，亚丽 14 岁，理查德 9 岁，伊丽莎白 7 岁，凯瑟琳 5 岁。我告诉他们，我要去纽约做生意，我在城里的酒店租了一间房子。后来，我在我们家附近，用一个胡乱编造的名字租了一套房子，我告诉房产经纪人，这是给一个员工住的。再后来，我们家对面有房子出让，我把它买了下来。我们原来家里的房子围墙顶上做了白色的栅栏，所以我在新房子的顶部石墙上也做了同样的围栏。我希望我的孩子在那里也会有回家的感觉。

我们花了七年的时间才把离婚的事情最终处理完毕。我们的分离，对彼此来说都是沉重的打击。但最终，苏珊和我之间达成了一个公平的协议，我们彼此保持着亲近和对互相的尊重，孩子始终是我们之间最重要的。

尽管我的个人生活中出现了很多麻烦事，但生意依旧不断增长，我们不断在创新。我的弟弟安迪在吹牛老爹创建肖恩 · 约翰之前就介绍我和他认识了，他还为我带来了当时还不闻一名的小甜甜布兰妮，此后没多久，小甜甜便成为风靡全球的超级巨星。很显然，名人品牌效应将成为经济和文化领域的一个巨大机会，以安迪在创新和营销上的敏锐性，如果将全部精力投入到这份工作当中去，他一定会大有所为。2001年，我对他说，“不如你从汤米 · 希尔费格辞职吧？我们来合作开一间公司，我给你提供资金支持。”我建议他去找我原来在人间天堂的合伙人拉里 · 斯特莫尔曼，他知道开公司都要做些什么，还有我的业务咨询顾问，乔 · 拉马斯特拉。我们给新公司取名为星传公司（Star Branding）。

我们刚开始和布兰妮进行谈判协商时，她的经理人，拉里·鲁道夫(Larry Rudolph)，要求我们预付500万美元。此后没过多久，他们又要求5000美元来维持公司运营！这显然有问题。我们放弃了布兰妮。

与此同时，安迪介绍我认识了另一个艺人，詹妮弗·洛佩兹(Jennifer Lopez)，她想做自己的时装系列。她没有要求我们给她500万美元，而是想要和我们五五分成，但她自己又不愿出任何资金。我们接受了这笔交易。我向公司投资了500万美元，安迪、拉里、乔、我还有詹妮弗建立了合作关系。我们请了一些设计师，开设了一个展销厅，还聘请了一个非常棒的销售人员，约翰尼·卡尔维尼(Johnny Calvani)，来负责产品的营销，我和约翰尼多年前便早已相识；我们有首席运营官来对公司的日常财务进行管理；开始了新公司的运营。他们负责具体事务，而我则会为他们提供建议和意见。

我们创建了一个名为詹妮弗·洛佩兹(J.Lo)的品牌。起初，我们的产品主要是天鹅绒和毛圈织物面料制成的运动套装，这是当时詹妮弗所穿的衣服。这个产品系列和另外一个名为橘滋(Juicy Couture)的品牌非常相似，但詹妮弗·洛佩兹的产品更加奢华。詹妮弗是个小甜心。她漂亮、年轻、时尚前沿、做事的时候也非常投入。她非常清楚自己想要什么样的款式，什么样的颜色。她的业务经理，本尼·麦地那(Benny Medina)负责我们之间的联络。我们的公司取得了巨大的成功。

接下来，我们和科蒂(Coty)作了一份香水授权。詹妮弗想把这个香水叫作詹妮弗·洛佩兹的闪耀(Glow by J.Lo)，但圣莫尼卡(Santa Monica)附近有一家出售美容用品的精品店也叫作闪耀，我们告诉她，如果用这个名字，我们可能会被这家店的店主起诉。但她说："不，我就想叫它闪耀。"就这件事，我们和詹妮弗谈了很多次，她一直不肯让步。最后，因为这是詹妮弗自己的产品系列，我们还是尊重了她的决定。后来，这家店的店主确实对我们发起了起诉，我们不得不为此付出了几百万美元的代价。詹妮弗·洛佩兹的闪耀连续很多年都位居女士名人香水榜榜首。

但詹妮弗自己并不喜欢这个服饰系列的衣服。她觉得这些衣服看起来不够高档。我们解释说，如果想要占据城市市场，我们的产品价格必须控制在一定范围内；如果她想制作洛罗·皮亚那（Loro Piana）羊绒运动套装，那么我们就必须在意大利进行生产制作，这会大大提高我们的生产成本，我们的销售将会变得非常困难。

我们的业务没有实现预期的增长。詹妮弗希望我们的产品能在班德尔（Bendel）、巴尼斯（Barneys）还有波道夫（Bergdorf）这些高档商场里销售，为此我们聘请了一个设计师，来负责设计更为高档的另一个品牌系列，我们将其称为甜脸儿（Sweetface）。我们举行了一场大型时装表演，但这些商场认为我们的服装不够时髦精致。老实说，我觉得这是团队的错误；在这个行业里，产品就是一切，如果产品做得不好，自然不会有商场想要，那么制作这些产品的人，就应该受到指责。设计的想法是詹妮弗提出来的，但我必须要说，整个设计制作团队没有把这一设计恰当的表现出来。因此我告诉安迪，"我们需要一个新的设计师。肖恩·约翰那儿有个名叫希瑟·汤普森（Heather Thompson）的女孩，她正打算离开公司寻求别的发展机会。把她请过来——反正她也要走了。不过因为吹牛老爹是我的朋友，你得找个人让他知道这件事，我不希望惹任何麻烦。"

就这样，希瑟·汤普森来我们公司工作了，很快，我接到了吹牛老爹打来的电话："你到底是怎么回事？你把我最好的一个设计师挖走了！"

我告诉他，"听着，吹牛老爹，我以为他们跟你说过这件事情了，并且我以为她本来就已经打算辞职了。"

"我才不管她是不是要辞职呢。你就不应该请她过去。"

我告诉他，"我去和詹尼弗说说这事吧。"我不知道自己还能做些什么。

他基本上就是在对着话筒咆哮："你告诉她，她可是惹错了人！"

詹尼弗和吹牛老爹曾经是一对情侣——他们一起在格莱美颁奖礼

上走过红毯，当时她穿着那件极其暴露的范思哲（Versace）绿色丝绸雪纺长裙——不过他们几年前就分手了。当我把发生的事情告诉她时，她说，“什么？他以为他是谁？人又不是他的！你让我来处理这事。我要好好修理修理他。”

接下来，我所知道的，是詹妮弗给我回了电话。“事情都解决了。没问题了。”等我再次见到吹牛老爹的时候，一切都已经平息了。

希瑟·汤普森来为我们工作了。但品牌的发展仍然不是很好。詹妮弗自己就从没穿过甜脸儿的衣服——她穿的是卡瓦利（Cavalli）和范思哲，并且出现在路易·威登的全球广告中。她的粉丝们说：“她自己都没有穿那些衣服；她根本就不关心我们。”所以，我叫来本尼还有詹妮弗，我对他们说，“我们的品牌需要变得更加大众化——我们需要去彭尼（Penney's）、西尔斯、科尔百货（Kohl）、凯马特（Kmart）、沃尔玛（Walmart）这些地方——我们需要到那些你的客户和粉丝们真正生活的地方去。你的业务在那儿会有很大的发展。”

可是她并不想这样做。虽然她从来没有这样说过，但我怀疑她根本不想和低档商品之间有任何联系。

我告诉安迪，“你们必须再去梅西百货公司并恳求他们扩大业务，否则这生意肯定做不下去了。”梅西百货是我们的一个大客户。当时，我已经往公司投入了700万美元，尽管香水的盈利为公司的运转提供了一定的资金支持，但时装的销售额从5000万美元先是跌到了2000万美元，之后更是跌至1800万美元。

梅西百货不愿意增加订单，我们和詹妮弗的关系开始变得紧张。我觉得她对此已经失去了兴趣，而将产品推往其他更高档的百货商场的计划，也没有得到很好的策划和实施。我很沮丧，我很希望目前的情况能得到改善。安迪也不开心，因为他所做的每件事，都必须得到本尼和詹妮弗的批准，可是又经常找不到他们。詹妮弗要么是在巡演，要么就是和她那时的男朋友本·阿弗莱克（Ben Affleck）待在一起。今天她在比弗利山庄，明天又会去了巴黎，很难找到她去拿到这些问题的答案。在以前，所有事情都是自然而然的——“汤米，我准备给某某组合提供拍摄录像所需要的服装”，或者“我们准备晚上去某个俱乐部，分发一些T恤还有保罗衫”，或者“我们准备去花花公子大厦举办一场盛大的派对”，所有这些，我都会同意——但在詹尼弗和本尼的日子里，这种对话则变成了，“我们有一个让詹妮弗在《魅力》（Glamour）杂志上发表一篇文章的机会，来介绍新的服饰系列，不过截稿日期是10日。詹妮弗能来纽约吗？”“可以啊，不过你得安排一架私人直升机把詹妮弗从比弗利山庄接过去，她还需要自己的发型师和造型师，必须要住在半岛酒店（Peninsula）的套房，还有……”

我能理解她的这些要求……毕竟她是好莱坞和音乐界的超级巨星，她值得拥有这些待遇——但这些让我们不堪重负。而我们只有做到了这些，才能让她答应去做我们所要求的事情。

但结果是我们的生意已经处于困顿之中、我们的产品没有值得骄傲之处，而我才是那个投入所有资金的人。必须要做些什么了。我要求和本尼还有詹妮弗在纽约一起开个会。那时候她和马克·安东尼（Marc Anthony）刚结婚不久。我知道他们一定会对我们的这一举动感到很生气。

我开门见山地说，“发生了这么多让人不愉快的事，我感到很抱歉。我不怪你们；你一定也觉得很难过，作为一个同样把自己名字印在商标上的人，我非常理解你的心情。很显然，我们没有找到一个好的团队来做成这件事；我们的设计团队没有按照应有的方式来执行这个项目。并且，流行趋势也发生了改变，公司的架构也没起到什么作用。老实说，我对公司运营的参与度也不够多。”

在陈述完我对于公司目前经营状况的责任之后，我提出了一个解决方案。“在我看来，我们有三件事可以去做：关掉公司、卖掉公司——

现在也值不了多少钱，或者做一笔新的交易。我们现在是五五分成的商业伙伴关系，但我们愿意给你绝对的控股权，前提是你允许我们把品牌推广到更为大众化的用户群体当中，允许我们把生意做大。这就是我的建议。如果你同意接受这些增加的股本，并且给我们这项权限，我会和我在利丰集团（Li&Fung）的朋友取得联系，他们在这方面很有经验，可以扭转公司目前的局面。我认为失败不是一种选择。我也不想和一个倒闭的公司有任何联系。”

詹妮弗和本尼同意了，我们重新制定了合同，然后重新开始。

我和利丰集团早已建立了伙伴关系，我们成立了一家名为音乐娱乐体育集团［Music Entertainment Sports Holdings（MESH）］的公司，专门做名人品牌。他们拥有75%的股份，而我的团队拥有25%的股份。我们和史蒂芬·泰勒合作，做了一个衬衫和围巾的限时销售活动，还有一套以我的兄弟安德鲁·查尔斯（Andrew Charles）名字命名的摇滚服饰系列。两个活动都不是特别成功。我去找了利丰集团的首席执行官，布鲁斯·洛克维茨（Bruce Rockowitz）以及美国的首席执行官瑞克·达林（Rick Darling），我说，“伙计们，我们来和詹妮弗·洛佩兹做一笔交易，把它卖到希尔斯或者科尔百货去。我会把我的股份分给你们，我们一起做洛佩兹的合伙人。”布鲁斯说，“我们给科尔的首席执行官凯文·曼塞尔（Kevin Mansell）打个电话，看他有没有兴趣。”他当场就给科尔打了电话。

“凯文，你愿不愿意要詹妮弗·洛佩兹服饰的独家代理权？”

曼塞尔只知道这个品牌还在梅西百货销售，可他并不清楚梅西百货已经不准备续约了。他说，“好啊，但我其实不需要女装品牌。我需要男装品牌。”

“布鲁斯，”我说，“让他先别挂。”电话那头的曼塞尔在等着我们的回复，我对布鲁斯说，“我们给他马克·安东尼。”

“凯文，布鲁斯说，“我一会儿给你回电话。”

事情开始有了眉目。“不如我们给他马克·安东尼和詹妮弗？”我说。

“马克会同意吗？”

我给本尼打了电话，他帮我联系到了马克，马克的经纪人之前曾和利丰集团谈过合作的事。我们又和科尔百货取得了联系。在不到 24 小时的时间内，他们便同意了和我们的合作。我们推出了马克和詹妮弗（Marc and Jennifer），接下来就是合同大小的问题了。

科尔百货在美国 49 个州，共计大约有 1200 家门店。他们根据各大门店的市场需求以及销售情况，核算了总共大概需要多少马克和詹妮弗品牌的商品。我们不得不对订单进行拆分，然后用几种不同方式来进行处理——科尔百货会自己制作一些产品，利丰集团生产制作剩余部分——最终，这成为零售史上最大的名人协议之一：一份 35 亿美元的合同！我们高调地向外界大肆宣扬了这一消息。

几个月以后，马克和詹妮弗正准备离婚的消息登上了新闻头条。我不知道本尼·麦迪纳（Benny Medina）是不是早就预料到这种事情可能会发生，不过他倒是曾经坚持两人要分开签订合作协议。离婚事件并未对我们的生意造成影响，直到今天，这个服饰系列依旧很成功。几年以前，我的团队把我们的剩余股份全部出售给了利丰集团，获取了丰厚的收益。

新一代的詹妮弗·洛佩兹是塔利亚·索蒂（Thalia Sodi），她是音乐界传奇人物汤米·莫托洛阿（Tommy Mottoloa）的妻子，她非常美丽并且极具天赋，在汤米所策划的一项与梅西百货合作服饰系列的协议中，产品推出当年便出人意料地收获了 1 亿美元的销售额。汤米和我成为非常好的朋友，塔利亚是我们最亲近的朋友之一，我们的孩子会在一起玩耍，我们在格林尼治还是邻居。那些只有汤米才知道的、关于音乐家和音乐行业里的事一直启发着我。作为索尼音乐前总裁的他，有着惊人的商业头脑。我们一起做了很多项目，无间的合作和默契让我们之间的关系像家人一样密切。

劳伦·布什代言的汤米牛仔广告

杰森·刘易斯代言的花格平角裤广告

杰森·刘易斯

我和弟弟鲍比、比利、安迪与滚石乐队合影

汤米·希尔费格赞助的珠儿演唱会

迈克尔·弗雷多代言的汤米牛仔广告

马克·容森和艾莉雅

恩里克·伊格莱西亚斯巨星风采男士香水广告

碧昂斯的巨星风采金色香水广告

Q-Tip 代言的汤米牛仔广告

汤米 · 希尔费格赞助滚石乐队

碧昂斯的巨星风采香水广告

大卫 · 鲍伊和伊曼

汤米 · 希尔费格赞助的兰尼 · 克拉维茨自由巡回演唱会

1999 年汤米 · 希尔费格赞助滚石乐队

我与大卫 · 鲍伊和伊曼

汤米牛仔下一代系列广告

2016年春季时装秀

遇见希尔费格广告

汤米 X 琪琪 2016 年秋季广告

汤米 · 希尔费格 2013 年秋季童装广告

拉斐尔 · 纳达尔代言的 2015 年秋季广告

亚丽·希尔费格

亚丽入学第一天

亚丽和伊丽莎白·希尔费格

1991 年，我和儿子理查德

亚丽和理查德 · 希尔费格

理查德 · 希尔费格

伊丽莎白和理查德 · 希尔费格

塞巴斯蒂安 · 希尔费格

我与母亲和孩子们

凯瑟琳·希尔费格

我和伊丽莎白、理查德、亚丽在 2009 年春季时装秀后台

罗利酒店，迈阿密

亚历克斯和朱利安

亚丽·希尔费格

凯瑟琳和伊丽莎白·希尔费格

我和迪伊在纽约的广场公寓

迈阿密的家

我和迪伊在马斯蒂克岛

迈阿密的办公楼

马斯蒂克岛的泳池

马斯蒂克岛的家

我和迪伊在迈阿密家中

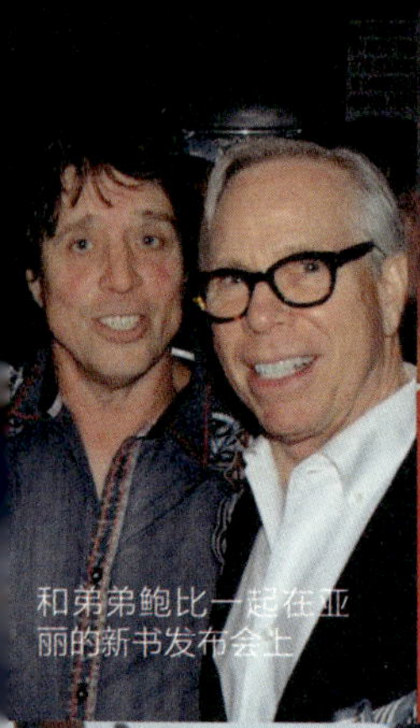

和弟弟鲍比一起在亚丽的新书发布会上

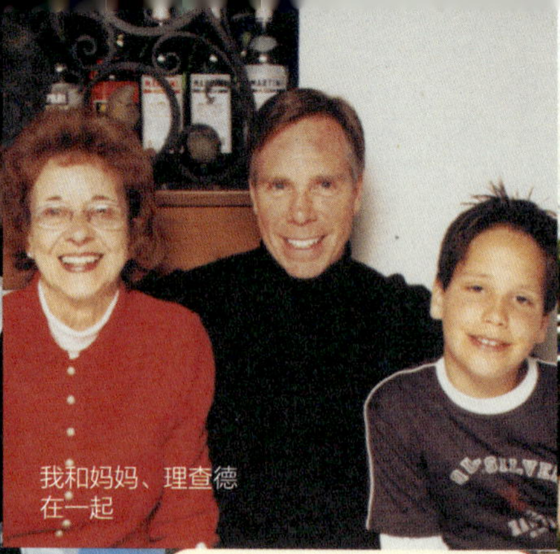

我和妈妈、理查德在一起

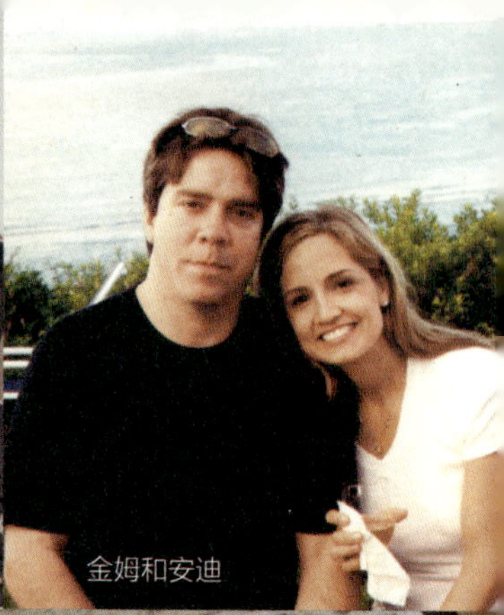

金姆和安迪

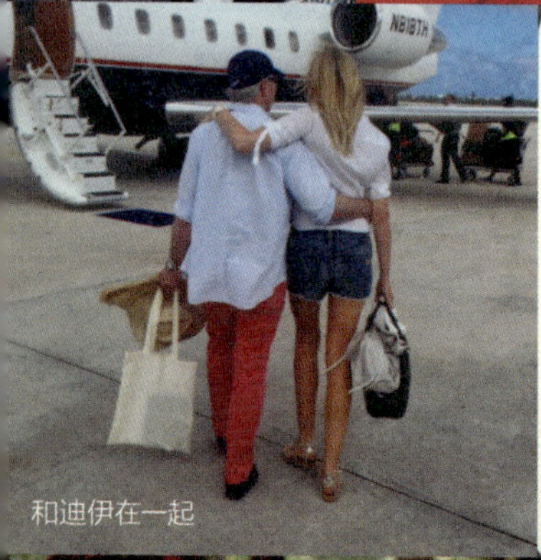

和迪伊在一起

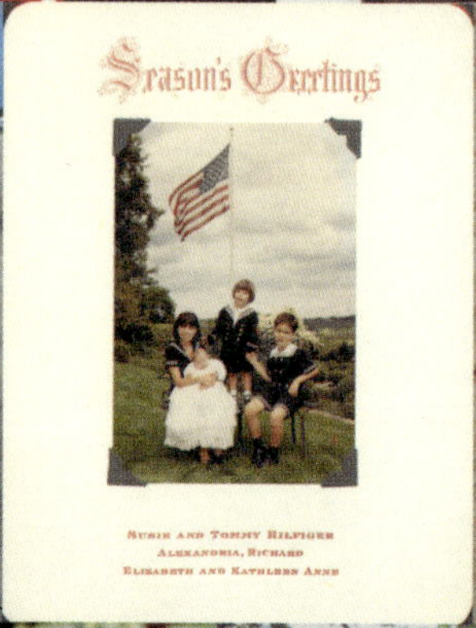

Season's Greetings

Susie and Tommy Hilfiger
Alexandria, Richard
Elizabeth and Kathleen Anne

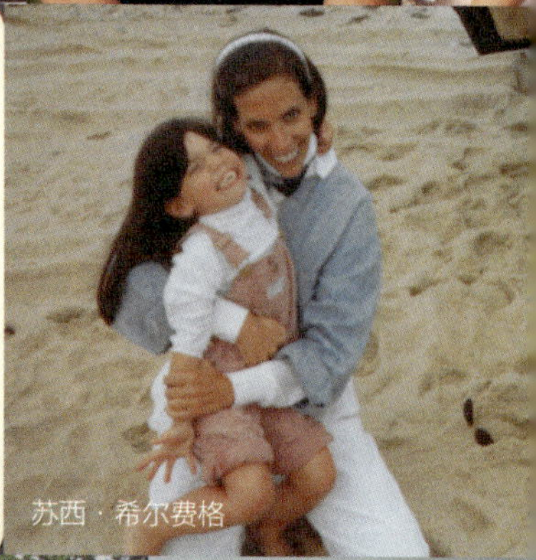

苏西・希尔费格

我和理查德・希尔费格

塞巴斯蒂安・希尔费格

2008 年 10 月，与亚丽一起参加全球莱姆病联盟创立盛会

希尔费格家族

亚丽的女儿哈里

伊丽莎白·希尔费格

我与迪伊、南希·戴维斯（消除多发性硬化症组织主席）、肯尼·里克尔（南希的丈夫）以及他们的女儿们

我和弟弟安迪

我的妹妹金妮和贝琪

我与史蒂芬·泰勒、乔·佩里

凯特·摩丝在 1996 年伦敦时装周的汤米·希尔费格秀场

我和兰尼·克拉维茨

我和碧昂斯

安迪·希尔费格和兰尼·克拉维茨

我与吹牛老爹、艾丽卡·肯尼迪

吉赛尔·邦辰在2000年汤米·希尔费格秋季时装秀

我和克里斯蒂·布林克利

与芭芭拉·戴维斯一起参加第16届消除多发性硬化症的晚会

安迪·希尔费格与马基·雷蒙、吉米·库内斯

我与塞缪尔·L.杰克逊、罗素·西蒙斯

我和昆西·琼斯

我和鲍勃·卡雷夫特及迪伊

我和迪伊、汤米、塔利亚·莫托拉在一起

我和马克·容森

我和安娜·温图尔

我和查尔斯王子殿下

琪琪·哈蒂德在2016年汤米·希尔费格时装秀

安迪·希尔费格与肯德尔、凯莉·詹娜

我和拉斐尔·纳达尔

我和卡尔·拉格菲尔德

我和劳伦斯·斯特罗尔、塞拉斯·周以及乔尔·霍洛维茨

我和曼尼·基利科、弗雷德·格林

我和莫汉·穆尔詹尼

我和汤姆·科廷

我和盖伊·威克斯在乌干达参加千禧承诺组织活动

我和丹尼尔·葛雷德

我和约瑟夫·拉马斯特拉

第十九章

乐队解散

（再一次自力更生！！）

作为预防风险机制的需要，公司给我买了一份巨额的人身保险。就在我和苏珊离婚之后，我做了一次例行身体检查，接着很快便接到了保险公司代理人打来的电话。“你的验血结果有点问题。你得过肝炎吗？”没有，我说。“能请你再去测一下血吗？”

第二次验血结果证实了这一点；我被查出患有丙肝。“你以前有没有接受过输血？”专家问。我确实在一次摩托车事故之后输过血，不过那已经是20世纪70年代的事情了。他问，“你有没有用针管给自己注射过毒品？因为如果针头感染上了病菌，你也会被传染。”我没有注射过毒品。“这种病也可能是通过饮用水传播的，水管生锈，或者喝了脏水，都有可能染病。这种病毒潜伏期很长，不会马上被检测出来，不过既然你曾经接受过输血，那么你很可能就是因此而被传染上的。”

我被送到另一个专家那里进行治疗，他给我制定了一套诊疗方法，据他所说，这种治疗方式非常有可能治好我的病。但采用这种治疗方法，会让我出现得了流感的症状，这种情况大概会持续一年的时间，虽然很痛苦，但是这能挽救我的生命。

我开始按照医生的嘱托吃药，开始变得很虚弱。我瘦了20磅，我吃不下饭，我的头一直疼，我一直很困，很想睡觉。这严重影响了我的工作、我的生活。我变得心烦意乱，什么事情都做不好。

三个月的治疗，让我痛苦不堪，我实在无法忍受这种痛苦。就在这时候，莫汉·穆尔詹尼带我去看了一个姓张的中医，他给我开了一大堆草药，张医生说这些草药能够缓解我目前的症状。他说的很对，在服用了这些草药之后：我又能吃饭了，并且也不像之前那样，整天一副仿佛得了流感，浑身无力的模样了。在我持续吃了六个月的草药之后，我的验血结果显示丙肝的迹象已经消除。我觉得自己非常幸运。

就在我的婚姻破裂、身体每况愈下的当口，塞拉斯和劳伦斯决定要卖掉他们在公司的股份，离开汤米·希尔费格。大多数投资者在进行投资时，都会有一个退出策略，但他们选择在这时候离开，这对我来说无异于雪上加霜。

塞拉斯和劳伦斯是极具开拓能力、并且是非常成功的投资人。他们会发展培育自己的投资。塞拉斯曾经对我说过，他们会在一个企业创业之初进行买入，然后在企业发展到青春期的时候进行卖出。“当一个孩子长到3岁的时候，你就能看出来它到底聪明不聪明，身体好不好。”他们以2000万美元的价格买下了汤米·希尔费格，2001年他们出让公司股份之时，我们上市公司的市值已经超过10亿美元。“我们不会等公司发展到成年时期再把它卖掉，因为如果那样，公司就没有增长空间了。我们在青春期就出手，这样它还能继续发展，我们也能获得比较丰厚的收益。这种做法毫无风险。”

塞拉斯和劳伦斯在我39岁的时候，收购了汤米·希尔费格品牌。他们收购拉尔夫·劳伦欧洲时，当时他大约40岁。塞拉斯说，这种做法是有原因的：“40岁，是设计师能量最大的年龄，他们的遭遇说明他们遇到了资金问题。而20岁或者30岁的设计师，可能还只是梦想家。但到40岁的时候，他们就不再只是单纯做梦了。他们依然充满能量，但这时候的他们会变得更加实际。他们开始明白金钱的重要性。

2000年，当我把迈克尔·科尔斯（Michael Kors）介绍给塞拉斯和劳伦斯的时候，他刚好处于这样一个阶段。迈克尔在新年的时候来到马斯蒂克。他住在棉花屋酒店（Cotton House Hotel），他到我家来的时候，似乎很担心他的生意。他告诉我，他的生意不太好，他不知道要做些什么。他过着窘迫的生活，在我看来，他真的很需要钱。他已经在这一行整整干了20年，却一直没有特别成功，现在不管是什么，只要能让他成功，他都愿意去做，他已经完全作好了这种准备。我是从波道夫 · 古德曼（Bergdorf Goodman）那里了解到迈克尔的服装。他是个很有品位的人，他的设计简单而优雅，在我看来，很有发展前景。我对他说，“我介绍你认识我的合伙人吧？”虽然劳伦斯和塞拉斯当离开我们的公司，不过我想，我也许我们可以买下迈克 · 科尔斯。这能给汤米 · 希尔费格公司一些新的增长点。”

劳伦斯和塞拉斯不同意我的想法。“我们现在在汤米 · 希尔费格的占股太少了，”他们告诉我，“如果公司收购迈克 · 科尔斯，这对我们其实影响不大。”

我说，“那不如你们自己去买这家公司？”

他们问：“你想成为我们的合伙人吗？”

“不行，这会和我的合同发生冲突。”

劳伦斯对于他们是否应该介入这项收购计划并不太确定。“这是个小公司，但却很贵。我也不确定要不要去做这件事。这个迈克尔是个什么样的人？”

“我觉得他能成为下一个拉尔夫 · 劳伦，”我告诉他，“或者下一个Calvin Klein。他是个非常有天赋的人。他的名字一定会被大家记住。”我对劳伦斯和塞拉斯说，虽然我不能投资这个项目，但我觉得他们应该投资。我介绍他们双方认识，最终促成了这份协议的签订。

他们请了约翰 · 艾朵（John Idol）来做公司的首席执行官和合伙人，约翰是业内的超级巨星，他曾经和拉尔夫 · 劳伦还有唐娜 · 凯伦（Donna Karan）一起共事，并且还拥有安妮 · 克雷恩（Anne Klein）的股份。他们成为一个新的团队。起初，这个品牌主要经营服饰以及鞋类、手提包还有配饰（皮带、围巾等）。在刚开始的三年里，他们投入了很多资金，但都没有取得很好的回报。后来，他们创立了一个定价更为低廉的，名为迈克 · 迈克科尔（Michael by Michael Kors）的副牌，但依旧没有很好的成绩。不过，他们是非常精明的生意人。他们发现蔻驰（Coach）依靠手提包和配饰，实现了经营业绩的飞速增长，所以他们决定在保持时尚服饰品类的前提下，让迈克·科尔斯公司重点朝着那个方向发展。

这一决策取得了收效。多亏了公司卓越的设计、极具优势的价格、精准的产品定位、出色的设计制作团队以及幸运的时机，让这一切成为可能。迈克·科尔斯呈现出爆发式的增长。配饰和手提包在市场中强有力的表现，更是刺激了其品牌时装类产品的市场表现。

当时机到来时，你会有明显的感觉，你的顾客会告诉你这一点。从一开始，你可能就会对此有所察觉。你的商品开始供不应求。接着你会有一些热销品。再接下来，你的客户会对你的产品产生狂热，这便是正确的时机。

他们开始开设一些占地面积不大的专卖店，主要销售手提包、鞋、皮带、钱包，还有少量服饰用品。接下来，他们为产品做了商标。

以我对劳伦斯的了解，一定是他坚持去做商标标识这件事情。就算迈克·科尔斯可能也知道商标标识很重要，但我相信他自己对此可能还是持有疑虑。很多设计师都反对做商标标识；他们觉得这种做法过于商业化，一点儿也不酷。但劳伦斯对于产业的创建很有经验，他知道要想在市场竞争中占据主动，商标标识是必需的。

劳伦斯和塞拉斯为收购迈克·科尔斯品牌投入了2000多万美元，他们拥有公司绝大部分的股份。迈克尔当时42岁。2011年迈克·科尔斯上市的时候，公司市值高达40亿美元。2014年，劳伦斯和塞拉斯卖掉了他们在迈克·科尔斯公司的股份，当时股价相比于上市之初增长了4倍多。曾经有段时间，公司总市值甚至高达1850亿美元。我为我的前合伙人感到高兴。亿万富翁是一个完全不同的阵营，而劳伦斯和希尔斯更是这阵营中的精英人士。《女装日报》曾经问过我对此次交易的意见。我赞扬了塞拉斯、劳伦斯还有迈克尔，我说，“那些有机会投资迈克·科尔斯，却没有这样去做的人是愚蠢的。”虽然我曾经受到了邀请，但因为我在汤米·希尔费格公司中的位置，我不能投资肯定会成为我们竞争对手的公司。我对此感到非常的遗憾，但我不想由此而损害我在汤米·希尔费格的处境，也不想损害我在母公司菲力士服饰制造公司的处境。

塞拉斯和劳伦斯对于汤米·希尔费格品牌的巨大成功作出了很多贡献。如果没有他们的敏锐洞察力、对服装行业的卓越远见、对服装行业的了解以及不遗余力地为品牌成功所作出的推进，我们永远也不可能达到现在的影响力水平和国际品牌效应，或者说我们所积累的财富水平。他们的离开意味着对品牌资金、生产、发展的直接损耗，同时也意味着我们不会再像以前那样经常见面、不会再像过去 18 年那样相处。

紧接着乔尔决定退休。几年前，他就告诉我，他会在某个时刻离开，虽然早有心理准备，但当我收到他的正式辞呈时，仍然是有一种痛彻心扉的绝望，这种绝望就像是独自一人站立在大西洋中的一座即将消融的冰山之上、孤立无援。我如鲠在喉，却又欲哭无泪。我们的组合正在解散，所有人都已离去，只剩下我一个。

他们三个人的离开让我感到巨大的失望，因为就在这此时，我们的业绩也开始下滑。

汤米·希尔费格曾经获得了如此巨大的成功，或许它已经到达了企业发展的巅峰。仔细研究我们的库存，其实就应该能发现一些问题。我们的发展缺乏势头。我们产品的销售速度不像以前那样快了，很多商场来找我们要求降价。

我们的业务为什么会开始分崩离析？

在 1995 年到 2000 年间，所有人都穿着汤米的衣服——所有那些嘻哈少年、街头青少年、滑板仔、运动员、学校学生，所有年轻人都在穿我们的衣服。为了迎合他们的需求，我设计了一些更加运动、色彩更为鲜艳、更有运动感的服装，我特意把这些衣服的尺寸做得比正常衣服要大很多，因为那些穿着正常尺寸服装的孩子们来店里的时候通常都在问，“这件衣服有超大号吗？”我们非常高兴能把他们所想要的东西提供给他们。腰线吊挂到裆部的裤装风靡一时。（我了解到这种款式其实源于监狱，囚犯们的皮带在收监时都被没收了，因此他们的裤子都只能松松的挂在腰上。）搭配有超大尺寸商标的曲棍球和橄榄球衣，我们的服饰系列占据了所有街头服饰的话题。在某些圈子里，如果没有我们的衣服，就会显得好像缺少了一些气势。有大约4年的时间，我们的商品卖得非常好，我这辈子还从没见过商品能卖得那么快。

但是高曝光率也暗含着风险。品牌高速发展的时候，一切都很好。当你走进一家餐厅，发现里面有五个超级酷的人，其中有三个人穿着你的衣服，那么你就是大赢家。但当你发现到处都有人穿着你所设计的衣服，而这些人根本都不是、也永远不会成为你的核心客户，那么你的服装便同时丧失了这种酷因素以及核心因素。我们的步子迈得太快、发展得太大。我们丧失了自己的核心用户群，那些男人、女人、孩子，不管他们是高还是矮，是胖还是瘦，他们都想要回到以前的汤米。

也许他们认为我不再能代表那些牛津衬衫和卡其裤，而曾几何时，这是我们竭尽全力要去推广的产品。很多曾经选择我们品牌基本款服饰的年轻专业人士，开始转向那些对我们的经典款服饰进行复制的其他品牌：五月公司（May Company），Gap、香蕉共和国（Banana Republic），表达（Express），甚至还有像迪拉德（Dillard's）、梅西、布鲁明戴尔这种拥有自主品牌的百货商店。所有人都在卖那些基本款的商品——领口带有内衬的纽扣衬衫、带衬里的裤装、学院风毛衣、夹克衫。人们对我们品牌的认知发生了改变。在外界看来，我们好像已经摒弃了那种传统的学院风经典穿着，而是转向了街头时尚，但事实上，在我们店里，这两种商品都同时在销售。

2000年，业务开始放缓。我们的合作伙伴和公司的执行人员都在问，“哪里出了问题，哪里出了问题，哪里出了问题？”问题就在于我们的商品开始变得无所不在。

我们从波士顿请来了一家管理咨询公司，贝恩公司（Bain&Company），他们的研究人员告诉我们，希尔费格品牌所传递的信息很模糊。“是学院风，是嘻哈风，还是摇滚风？是男装，还是女装？我们的价格是过于昂贵，还是太便宜？”1987年，我们推出了女装系列，两年后便结束了其运营，1996年，我们虽然重新把女装推向了市场，但这些款式看起来很老旧，并不受市场欢迎。我们的牛仔服饰也是表现平平。男士运动服饰的设计都很安全，毫无新意可言。但只要我们打算尝试些新的，或者和以往不一样的东西，我们的产品经理和销售人员都会担心它们卖不出去。

然后好像突然间，美国所有的嘻哈少年都不再穿着汤米的衣服。曾经有几年时间，他们是汤米服装的忠实拥趸，他们是潮流的先锋和追随者，而现在他们都已转向别的东西。大的商标标识已经过时了。人们厌倦了红、白、蓝的搭配。他们开始穿一些都市品牌的服装，比如红犀牛（Ecko）和交叉色（Cross Colors）。嘻哈天王杰斯（Jay-Z）有洛卡薇尔（Rocawear），吹牛老爹有肖恩·约翰，罗素·西蒙斯（Russell Simmons）有菲特（Phat Farm）。虎步（FUBU）将其产品定义为由我们为我们设计（For Us By Us）。

作为一家上市公司，我们需要销量和利润来维持股票价格。每个季度，乔尔都会和华尔街的分析师们开一个电话会议，然后听这些人说，“哇，那太棒了。那么下一个季度你们打算做些什么？”假如公司的增长率保持着不断上升的态势，那么你的股票市盈率（价格/营收比，或者股票价格除以收益）就会保持增长。为了使每个月的营收达到所要求的数字，我们必须不断保持公司有现金流入。如果增长率下降，则市盈率就会缩水，紧接着就会导致股价的下挫，公司便会陷入一个下行周期。这很可能会导致公司的破产。这也是分析师们所担心的。因此，从财务方面考虑，最好要能保证一定的销量，从而使局面得到控制，但公司目前的情况就像一只离弦之箭，我们真的感到无能为力。华尔街不理解回归正确轨道的含义，他们也根本不在乎。他们所关心的只有“这个季度怎么样？”以及“下个季度你们打算做些什么？”我们的很多投资者开始从公司撤资。

随着我们各项数据的公布，谣言、质疑和负面的报道开始四散开来。“他们要倒闭了吗？”“这家公司简直是昙花一现。”“他们已经成为过去了。”《女装日报》和《每日新闻报道》曾经称我们为“秋季最畅销品牌”“圣诞季最畅销品牌”“春季最畅销品牌”。汤米·希尔费格的工装牛仔还有学院风毛衣曾经蝉联畅销榜，而现在这一切都已成为过去。我们该怎么办？

普拉达，甚至 Calvin Klein 的设计都开始变得更加干净、简洁也更现代。想到学院风、美式风、亮色重组，还有红－白－蓝标志的服饰时代已经成为过去，我也开始试着将我的服装设计得更为现代。我们按照这种思路设计了几季服装，但客户反应并不好。我开始怀疑自己。

我发现外界也开始给我们企业中的一些人施压，让他们生产原价与百货商场自有品牌产品、Gap 以及其他一些更为低廉的零售商产品价格相当的基本款。在那一刻，我深切地感受到了没有劳伦斯的公司有多么不同。他如果听说了这种事肯定会疯掉；而我不会。汤米·希尔费格品牌因其出色的质量而赢得了现在的声名，但维持质量水平是需要有成本支撑的，在目前这种形式下，我选择了更为理性的方法。“好吧，嗯，他们并没有错，这些商场确实需要更低的价格。那我们就给他们价格更低的商品，不过在此同时，我们还要做一个更为精致、更为昂贵的服装系列，一个我真正会想要去穿的服装系列。”

在我们男性运动服饰设计主管迈克尔·松达格（Michael Sondag）和我妹妹

金妮的带领下，我们创作了一个新的服饰系列，我们为其取名为 H.，请大卫・鲍伊和伊曼（Iman）创作了广告词。我们这些服装非常漂亮和时尚、大部分都在欧洲生产、制作工艺非常精良、价位也更高。我们推行了更为合身的定制运动服饰。我们给衬衫做了更高的衣领，采用了欧洲的格子、格子花和条纹，剪裁也更为修身，这都是些非常棒的商品。大家都很喜欢这个系列。

随着我们运动服饰和牛仔服饰业绩的不断下滑，我们决定把 H 系列服饰投入到百货商场中去。梅西的采购员非常不满，“这太贵了，”他们告诉我。我们没法忽视他们的意见；我们需要销量。作为回应，我们选择把生产转移到价格更为低廉的亚洲，而不是继续在欧洲生产 H 系列的商品。在亚洲产出的服装看起来和欧洲的服装很相似，但质量却不尽相同。这套新系列的市场投放，不仅没有改善经营状况，还和我们原来的服装系列形成了竞争关系。

我们的牛仔服饰和运动服饰都在争夺同一用户群体，牛仔服饰的销量持续下降，在这种情况下，我们选择了降低汤米牛仔的质量，以更低的产品价位来维持销售总额。汤米牛仔曾经是这样的受欢迎，光那种带汤米・希尔费格巨大商标的服装就卖出了好几百万件。而现在呢，它们的质量变差了，还被降价销售，人们只要以相当于原价的六折，甚至五折的价格就能买到我们的牛仔服。

这归结于市场的供求关系（Business IOI）：商品供给和需求之间的相互联系、相互制约的关系。当你向市场投入了太多超出实际需求的产品数量时，产品价格就会下跌，需求就会减少。

一些大的服饰折扣店，包括绮念麦斯折扣店（T.J.Maxx）、21 世纪（Centrury 21）和好市多（Costco），都想要设计师品牌的服装，为了持续建立销量和提高销售总额，我们开始向折扣店大量出售商品。突然之间，汤米・希尔费格，这个曾经标榜要做让人买得起的奢侈品品牌，开始在折扣商场打折出售，开始在唐人街降价叫卖。汤米·希尔费格开始无所不在，因为它便宜。因为这批商品对市场的大量投放，正规商场里也进行了打折促销。当所有人都开始打折销售一种商品，这个品牌就会失去它的价值，这正是发生在我们身上的事情。我们一手把自己带入了一个越陷越深的泥潭之中。我已经对这一切有所察觉，但却不知道该如何应对。

塞拉斯、劳伦斯和乔尔走后，我们需要一个新的首席执行官。我们在全世界范围内寻找这样的人才，他要有劳伦斯那样敢想敢做的魄力，有乔尔那样坚实的商业决策能力、有塞拉斯那样对经营活动的敏锐洞察力。我们发现了很多非常精明的管理人员，但在这些人之中，要找到集我们所需要的能力于一身的人才，却不是一件容易的事。

2003年8月，我们找到了大卫·戴尔（David Dyer），他曾经在西尔斯百货分公司兰兹角（Lands' End）担任首席执行官一职，并且取得了相当不错的成绩。我们非常需要这样的人才，而他恰恰又拥有丰富的经验，我们觉得华尔街会尊重他，也许他能帮我们解决目前的这些问题。

戴尔入职之时，或许正是汤米·希尔费格经营最差的时刻。存货问题、巨额的开支问题以及很多在他看来已然过时的工作方式问题。我们已经在对外经营中引入了电子商务，却并没有真正将其运作起来。我们欧洲分部的经营团队觉得我们的产品一团糟。公司士气空前低落，而我个人正遭遇好几个方面的难题。20岁出头的时候，我曾经遭遇过破产，这是自那以后，我第一次感觉自己像个失败者。所有人都把矛头指向了我。“汤米，这都是你的错。你丢失了自己对时尚的触角。这些设计太糟糕了，如果不是因为你，我们一定会有很好的销售成绩。你一直都在跟随着潮流，不停地改变着自己，而没有坚持自己的根本。你的广告从美式学院风转向摇滚，后来又到平凡女孩，然后再是淡香草的清新风，可是，你的精髓到底在哪儿？你的产品到底想说明些什么？是你降低了品牌价值。是你把我们的产品放进了所有的折扣商场。”

而他们所说的，基本全都是事实。

也许大卫・戴尔会有什么灵丹妙药。也许他会有办法，让汤米・希尔费格起死回生。

但事实并非如此，戴尔上任之后，我感觉公司的活力变得比以前更差。在我看来，他对于所有事情的态度都是，“我的老天，这件事真的是被你们这群人给搞砸了。”改变团队动能的方法有很多，有积极的方式，也有消极的方式，而他似乎更喜欢用消极的方式。

华尔街的一贯做法，是坚持让上市公司成立独立于公司运营的董事会，结果，我们原本亲自选择的董事会成员，因为和行业距离太近，而无法续签合同。我们只有从其他公司请来专家替代他们：我们找来了威瑞森通信（Verizon）销售部的一位女士，一位企业咨询师，还有来自各行各业的管理人员。他们在各自行业内都声名显赫，但对于服装业却一无所知。在董事会议上，我常常会为他们的评议感到难堪，因为他们提出的所有建议都完全只是依据资产负债表、依据数据，他们的意见里丝毫没有对我们这一特定行业的任何实质性认知。我感觉大卫・戴尔也和其他人一样。

戴尔想要关闭牛仔服饰部门。我虽然对此有所迟疑，但考虑到我们在运动服饰系列下也有牛仔产品，于是便同意了。牛仔服饰部门对于公司财务的消耗非常大，如果我们封闭那些开口，就能有更多的资金来做广告宣传，我觉得这能够起到提振销售的作用。

戴尔在某些领域的举措，确实也对我焦虑的心情，起到一定的抚慰作用。但我还是感觉公司成了分崩离析的一盘散沙。兰兹角公司曾经被评选为美国最佳工作场所之一，当戴尔和我参观其位于威斯康星州的总部时，那里极具现代化的设施和缜密精良的组织机构，给我留下了深刻的印象；很显然一些顶级战略理念被运用到他们的经营之中。我想，“既然大卫・戴尔能够把兰兹角建设成这样一家企业，那么他一定也可以成功改造汤米·希尔费格。我希望我们也可以成为美国最佳雇主之一。”这样，我们就可以吸引新的人才，然后就可以在很大程度上保持我们所拥有的东西。他给了我一张需要改进的清单，从员工健康保险到合适的盥洗设施，一应俱全。这一切听起来都很棒。

我们位于第五大道485号的商场已经有些破旧了。而位于第39西大街25号的商场，虽然依旧很漂亮，但是房屋结构的接缝处已经开始有些隆起。我乘坐电梯去第16楼时，时常会有些难受，因为乔尔、劳伦斯和塞拉斯已经不在这儿了。

我参观了多伊奇公司（Deutsch Inc.）的办公楼，它是我们当时的广告代理公司，我发现他们在第15大街和第八大道的一栋大楼里，用了一整层楼作为办公室。公司的装修设计非常工业化，视野非常开阔，可以俯瞰整个曼哈顿下城区、哈德逊河，还有新泽西州。从办公区的一头走到另一头，我看到所有人都在做着相互独立而又有所关联的项目，我觉得这种模式也适合我们。如果卖掉现有房产，我们就能在远西区那些翻新过的古典风格大楼里租借办公场地，把我们整个公司都安置在同一层楼上。这种做法能够极大地增强各部门之间的沟通；大家就能知道公司里的其他人都在做些什么；都能看到身边人为公司所作出的努力；会共同创造一种令人激动的新能量。我立刻给我的朋友布鲁斯·萨利（Bruce Surry）打了电话，他是房地产服务行业世邦魏理仕公司（CBRE）的高管之一，我请他帮我在这片区域寻找一个合适的办公场地。

我们以7000万美元的价格卖掉了第39西大街25号的房产，当年我们购买这套房产时花费了大约2500万美元。我们以为自己做了一笔好买卖，不过一个礼拜后，卖家就以接近1亿美元的价格，将该地块再次转手卖出。这件事情是怎么办到的，我们永远也不得而知。这对我们来说是个惨痛的教训。因此，我们后来在出售其他房产的时候，在买卖合同中增加了一个条款，说明倘若该套房产在某一规定时间内再次出售，我们有权分享增值部分的收益。

布鲁斯·萨利帮我们找到了一个很不错的地方，那是纽约最大的地标性建筑，位于第26西大街601号的施泰力理海（Starrett-Lehigh）大楼，建筑面积约15万平方英尺。我们租下了这个办公楼，我觉得这很酷。我们所有人都能在一起工作，而且还能摆脱盘旋在以前办公楼里的那种阴沉的气氛。戴尔建议在办公区为员工设置一个健身房，因为附近并没有多少好的饭店，因此他建议我们再配备一个好一些的餐厅。这是一个新的开始。我相信这里会真正成为美国最好的工作场所之一。

但是我们依然没有摆脱所面临的困境，我对于设计团队的作品并不满意。我们创作出来的东西失去了那种感觉，也不再具有吸引人的魅力。当我试着要指导他们时，却被告知，“那样的衣服卖不出去。太贵了”，然后他们会给我一些不太好的替换方案。销售和产品团队的那些人，都在努力地要让品牌做到既不特别张扬，也不过分保守。可是我讨厌这种循规蹈矩的设计！牛仔系列的辉煌业绩开始蜕变为明日黄花，我们的营业额从5亿美元降至4亿美元，然后降到3亿美元，再到2亿美元。欧洲团队不喜欢我们提供给他们的服装，他们想要设计自己的产品。我们的公关项目也是反响平平，没有产生能够让人眼前一亮的市场效果。我在哥伦比亚广播公司参加了一个设计师真人秀节目，叫作《王牌设计师》（*The Cut*），但收视率也非常一般。制片人希望我能像唐纳德·特朗普那样，在银屏上表现得尖酸、刻薄、强硬，但这根本不是真实的我。我还是感觉我们已经迷失了方向。

商场的采购人员也在不断地变化之中。几年以前，做这些职业的人基本上都是真正做服装的业内人士。而现在，负责商场男性运动服饰采购的人，可能上一个季度还在电器行业工作，这种事天天都在发生。这些新人采购的依据，就是商场最近的销售记录，什么产品卖得好——什么颜色、什么尺寸——什么产品卖得不好。他们只会盯着资产负债表做事。他们会说，“去年卖得好的东西，我们今年还要继续采购。”我们把这称为“去年就这样”。这根本不能让经营业绩向前发展！要愿意承担风险，要有采购全新的、时髦的，有可能会流行起来的产品的认知和远见——只有这样，才能让新的款式不断涌现出来！并且要以原价，而不是折扣价格进行销售！

而遗憾的是，目前这些事情一样都没有发生。

我试着对公司的服饰系列进行重新设计。我在洛杉矶的弗雷德西格尔百货公司（Fred Segal），曾经见过一些带铆钉的军用工装裤，非常时髦。还有带铆钉和水钻的T恤。我喜欢铆钉。或许我们应该给自己的一些牛仔服饰也加上铆钉，这也许会引发一股新的潮流。我不想总是跟在一种流行趋势后面，不过我想，“或许我们可以向市场中投一点。”

我和助理们重新对整个牛仔服饰系列进行了设计，我们重新设计了每一件单品。我说，“让我们来作一些改变。用一些线条的组合，把颜色做得更加鲜艳，把它做得更有意思，放一些商标标志上去，设计一些数字，让我们把它做得更加运动，更加有街头少年的那种嘻哈气质。”

这个系列被投放到市场中，我从管理层所感受到的，并没有对于新产品的雀跃，更多的是对于产品、对于价格的担忧。当时牛仔服饰的总裁约翰·卡拉库什（John Karakus）来找我说，“这是一场灾难。这些衣服都卖不出去。没人想买。”

“试试看，”我告诉他，“去那些商场试试看。没人觉得曲棍球衣会好卖。也没人觉得戴徽章和绿色扣眼的超大牛津衫会好卖——人们以前对它们是否会畅销，也抱有怀疑态度。那些商场的采购员，也曾经让我们把商标标签拿掉，但结果是什么呢？我们把那些带商标的商品投放到市场，它们卖得很好。我的意思是，别太担心了，我们先试一试再说。”

“汤米，他们不想买这些衣服。这些打了铆钉的衣服定价太贵了，没人会穿的。”

我的实践论告诉我，商品被投放到商场之后，只要颜色够多、阵势够大——并且你看起来确实相信这些设计——你的客户们就会开始想，“这就是我想要的。这就是我要买的东西。”我觉得这一理论依旧成立。但所有人都被吓坏了。他们只想为零售商提供他们想要的东西，那些去年卖过的东西。公司上下都缺乏积极的动能；每个人的脸上都写着恐惧两个字。这不是我的做事方式。我只好说，“好吧，如果你实在不愿意去尝试，那就不要去了。”公司最终没有积极推进这个系列的产品，销量不高也就成了必然。

第二十章

我们是一家

We are Family

（我们是一家人）

我的合作伙伴们相继离我而去，我的妻子想要离婚，我得了丙肝，我们的生意濒临倒闭。

还能有比这更倒霉的事发生吗？

一天，我弟弟比利突然晕倒，我们把他送到卡茨吉尔（Catskills）的一家医院，做了个头部的电脑断层扫描（CAT scan）。医生告诉他，扫描结果没什么异常，让他一年后再来。没过多久，他开始得了癫痫。这一次比利去了纽约市医院，检查结果显示他得了脑肿瘤。全家都崩溃了。比利是个音乐人，一个超级有趣的家伙。怎么可能发生这种事情。

我们找了个非常好的神经科医生，他说比利需要做手术。我们又找了一个一流的外科医生，除此之外，我们做不了任何其他事，只有祈求神灵的庇佑。

他们剃光了比利的全部头发，然后在头部一侧切了个开口，提起头盖骨，切除了肿瘤。这是一种癌性的胚细胞瘤，最严重的那种。他们告诉我们，这些肿瘤细胞通常还会再度复发，不过他们已经在比利的脑部留下了足够的空间，这样即便产生病变复发的情况，他的视力和大脑功能都不会受到影响，并且他们还会对比利的健康状况进行监控。我们对比利的康复充满了希望。

按道理来说，我的弟弟应该几个礼拜就能恢复，然后一个月一个月地慢慢好转起来，但在医生做好脑部缝合，并给他打上绷带之后，比利开始产生非常严重的头痛问题。医生告诉我们这是正常反应，比利需要服用一些泰诺林（Tylenol）来减轻症状，他们会持续对他进行观察。但是比利的头痛状况，反而变得更加严重起来，他告诉我们，他的头简直都要炸了。他实在太难受，医生只得给他注射可的松来减轻肿胀情况。他用了各种各样的药，医生们都希望已经切除了全部的癌细胞，但现在这种情况让他们无法确定。比利非常痛苦。他又接受了一项手术，切除了另一个肿瘤。然而，这么做的结果根本没有改善他的病痛情况，更多的不适、肿胀和头痛接踵而来。疼痛让他无法忍受。接着，他又被检测出得了脊髓脑膜炎。

比利这一生，一直在各种乐队担任吉他手。他在玻璃头颅（Glass Head）乐队演奏他的吉布森火鸟（Gibson Firebird）吉他，后来又去了惊骇（Fright）乐队。他曾经和安迪，还有其他一些来自蓝牡蛎合唱团（Blue Oyster Cult）乐队的小伙组建了兄弟崇拜（Cult Brothers）乐队，他和瑞奇·斯道兹（Richie Stotts）还有马基·雷蒙（Marky Ramone）一起在通量王（King Flux）演出。1993年，他开始在一家叫作脑科医生（Brain Surgeons）的乐队演奏。这都是真实可查的！他会定期回到埃尔迈拉和安迪一起在他们称为河马的“家庭乐队”演出，河马是我父亲的昵称。

2001年9月15日，比利去世了，当时距离美国的“9·11”事件刚好四天。他是个很好的人，非常有才华，也很贴心，却在43岁这样的年纪，便早早地离开了人间，我非常思念他。我们悲痛欲绝。我从没见过我的母亲如此伤心，就算是我父亲去世，她也没有这么难受过。

比利葬礼的前一天晚上，他的朋友，还有乐队的伙伴都来了，他们聚在一起演奏了高山合唱团（Mountain）、廉价把戏合唱团（Cheap Trick），还有滚石乐队的歌。

所有人都很感伤，真是该死。

我有点自暴自弃了。我想，“我的世界完了，与其这样终日苦恼，还不如出去找点乐子。”于是我开始不停地约会、开派对、去夜店。2006年，我的弟弟安迪说，“我们去普拉姆（Plumm）吧。”这是纽约的一家夜总会。“埃克索尔 · 罗斯（Axl Rose）和兰尼 · 克拉维茨（Lenny Kravitz）都会来。还有基德 · 洛克（Kid Rock），一帮人。这将会是一个令人难忘的夜晚。”所以我们也去了。我们当时正坐在长椅上，一群家伙走过来撞到了我，打翻了我们的酒。然后他还想要推开我们，去一个女孩身边。我说，“嘿，小心点！”

他说，“去你的！”

“什么，去你的！”

“不，去你的！”

“不，去你的！”

就这样埃克索尔 · 罗斯举起了自己的拳头。他看上去既高大又强壮。他的头发都被编成了穗子，看起来很吓人，他的手指上戴满了巨大的戒指。如果这双手打在我脸上，我就完了。我想，“我必须得先动手，要么我肯定死定了。”所以，咚，我站起来打了他，但这只不过让他更加恼怒。

我绝对不是一个好争斗的人。但这是他在主动招惹我，于是我又挥了一下手。这是典型的名人斗殴未遂事件：我的保镖罗西（Rosie）——一个体重 275 磅的彪形大汉——把我和他分开，他的保镖也把他从我身边拉开。罗西举起我，把我拖出了夜总会。我要永远感谢他救了我一命！这场冲突没有发展成恶性的斗殴事件，但依旧是个不小的话题，甚至登上了《纽约时报》的头版头条。后来他在登台演出介绍《欢迎来到丛林》（*Welcome to the Jungle*）这首歌时，还借用这件事情，说“这是向我的朋友汤米 · 希尔费格致敬”。我们从此之后便和好如初了。

拉里和劳拉 · 斯特莫尔曼介绍我认识了一个叫利兹（Lizzie）的女人，她比我小 15 岁——年轻，但也没有太年轻——这是我离婚之后，认真交往的第一个女人。她是个很有趣的人，但生活很快变得复杂起来。她有两个儿子；我也有我的孩子们。我的孩子们不喜欢她，也不喜欢她的孩子们，我敢肯定她的孩子们对我们的态度也是一样。我们约会、分手、约会、分手。到2005年夏天，我们彻底分手了，我说，“我受够了——我要出去散散心、好好放松放松，回来再决定下一步要做些什么吧。现在我只想好好享受享受。”于是，7月中旬的时候，我租了一艘游艇，邀请了我那些未婚的、单身的、超级有趣的派对朋友，亚历克斯·加菲尔德和亨利·比格曼（Henry Pickman），还有我的健身教练，曾经做过模特的乔·皮勒斯基（Joe Pileeski），我们都叫他“瑜伽乔”，一起去法国南部的圣特·罗佩兹，度过两个礼拜的假期。

洁莉·霍尔（Jerry Hall）当时刚刚和米克离婚，她已经去了圣特·罗佩兹，有天晚上，我邀请她来船上和我们一起聚会。“来吧，我们一起吃顿晚饭，我们会玩得很开心的。”

那天下午，我们去了一个所有漂亮姑娘和时尚人士都会去吃午饭的地方：55号俱乐部，也叫55周年（Cinquante-Cinq）。我们把船停好后，乘坐一辆交通船到达码头。我告诉大家，洁莉晚上也会过来，最好能找一些女人过来给她做个伴。“瑜伽乔”开始在沙滩上寻找女人。这对他来说不是问题。

“伙计们，快看我遇到谁了！快来见见这些姑娘们。”我们走上沙滩，和两位迷人的女士打了招呼。我希望晚上能和洁莉单独聊聊天，回到船上的时候，我开始有些担心，乔找的那些人会不会来这个问题。我问，“那些姑娘们晚上来吗？”

他说，“对哦，嗯，我觉得她们可能不会来。有个人有孩子，她觉得自己不能——”

我说，“让她把孩子也带来。”

“我不知道。你想——”

“把她号码给我。她叫什么名字？”

“迪伊·奥克勒颇(Dee Ocleppo)。”

我拨通了迪伊的电话。“迪伊，我是汤米·希尔费格。刚才我们在海滩上见过，我的朋友乔·皮勒斯基告诉我，你晚上不能来参加我们的聚会，因为你有孩子。”她说，是的，她感到很抱歉，她不能过来。“你知道吗，我们船上有一个厨师，他会给你的孩子们做炸鸡柳棒，他们可以在这里看电影。来吧！”我觉得她很感激我们的邀请；因为在圣特·罗佩兹，一个单亲母亲很少有机会，能在晚上带着孩子一起出去玩。

那天下午，洁莉·霍尔、迪伊，还有她的朋友梅丽莎(Melissa)都来到了船上。我很高兴能和杰莉待在一起，不过当我看到迪伊的时候，我心里想，“哇，她可真漂亮！”她看上去是个很不错的人。我们在船上喝了些酒，然后让厨师和一个保姆看管孩子们，接下来我们其他人一起去了餐厅，我们喝了很多酒，度过了愉快的时光，后来我们回到船上又待了一会儿，我们玩得很开心，不过我们结束得很早，因为迪伊得回家哄孩子们睡觉。

我心想，也许亚历克斯或者亨利也对迪伊有兴趣。第二天早上，我问他们，我能不能邀请她来。亚历克斯对我小心翼翼地打探一番嘲弄。他说，“汤米，我们支持你。我觉得她可能也喜欢你——她整个晚上都想要找你说话，但你都太害羞了，一直都不声不响地坐在一边。去约她吧！”

我给迪伊打了电话。“你在哪儿呢？”她和她的朋友还有孩子们正在沙滩上。除了我是个设计师之外，迪伊对我一无所知，所以她下意识地觉得我是个同性恋。她后来告诉我，当她看到我和洁莉·霍尔在一起的时候，她曾经想过，“哦，也许他是双性恋。”不过，去那些船上玩还是很有意思的，所以她接受了我的邀请。只是她觉得这整个晚上都过得很奇怪。

在55号俱乐部吃饭的时候，我们聊了一会儿天。迪伊没有意识到我曾经结过婚，而现在正在分居，她不知道我有孩子，她对我一无所知——这是一次探索性的午餐。我们开始聊自己的孩子，开始渐渐地了解彼此。不过，当迪伊的儿子们第一次来船上的时候，我就已经看出，他们当中有一个人的情况和凯瑟琳非常相似。接着，我意识到我们都遇到了同样的问题。所以当谈到这些话题的时候，我们非常能理解彼此所经历的那种心路历程，相同的命运让我们靠得更近。我们一整天都待在一起，我们相互聊着关于彼此的事，相互诉说着对孩子的无尽爱恋，渐渐的，我们之间萌生出一种惺惺相惜的情感。

她告诉我她来自罗得岛（Rhode Island），以前是个模特。后来搬到巴黎，和一个意大利职业网球选手结婚，但现在已经离婚了，独自一人带着孩子住在摩纳哥（Monaco）。我心想，“这是个挺不错的女人。我和她在一起很开心，但我们不可能会有一段长久的感情。”不过，谁也不知道以后会怎样，先尝试着交往交往，也未尝不可。

迪伊那天晚上得回到摩纳哥，我安排了人把她的车先送回去，这样她就能多待几个小时，傍晚的时候，我租了一架直升机，送她和她的孩子们回家。晚上的时候，我看着她说，“你知道吗，我应该和像你这样的人生活在一起。我们会过得很开心。让我们保持联系。你一定要来马斯蒂克！”婚姻的挫败和三年的单身生活，让她已经不再相信，也厌倦了男人和感情，所以她对我所说的一切都没太放在心上。8月的时候，我们约会了一次，就像所想的一样，她表现得非常谨慎和小心。

回到美国之后，我又一次被利兹吸引，我们同意再试一次。我卖掉了苏珊家对面的那套房子，在格林尼治另外买了一套，这房子离我原来的家有些距离。如果我以后要经常带女朋友回家里，我不想和我的前任靠得太近。几个月以后，利兹搬了进来。

迪伊和我之间并没有任何约定；我们其实都不太了解彼此。但我们之间的那种回应方式，让我忍不住要打电话给她，告诉她这些事。我说我和自己的女友已经重归于好，不过还是很高兴能够认识她，我希望能够继续和她做朋友。她强忍住想要骂我的冲动，告诉我利兹是个幸运的女人，就此结束了这个话题。后来我才知道，原来她很快就要来纽约了。我说，“至少让我请你吃顿饭吧。”

在我们约好的那天，她打来电话说，“很抱歉。我不能来吃饭了。”

“哦。”我发现自己很失望。我很想能够再见到她。

“我要去塔克斯（Turks）和凯科斯群岛（Caicos）。”

“你和谁一起去？”我问。

她有些吞吞吐吐。“嗯……一些朋友。”

“真的吗？谁啊？”

“哦，艾尔伯特王子（Prince Albert）。”

后来，我发现，她在纽约的时候还和别人约会了一次。

“是我认识的人吗？”

“我不知道你是不是认识他。”

“说说看。”

她说，“布鲁斯 · 威利斯（Bruce Willis）。”

我心想，“什么？艾尔伯特王子，布鲁斯 · 威利斯——她不会对我有兴趣的。”

我告诉我的孩子们，利兹和我准备试着要在一起生活。那天晚上，她和她的两个儿子搬了进来。伊丽莎白和理查德，他们会轮着住在苏珊和我家，他们找到我说，“爸爸，我们能谈谈吗？她是打算和她的孩子们一起住在这儿吗？”

我告诉他们，“是啊，我们先住在一起试试看，好吗？你也不知道到底会怎样，也许我们会很合拍呢？”他们不怎么高兴。

我很快发现，自己也不怎么高兴。我感觉到利兹、她的孩子们还有我的孩子们之间有一种奇怪的、很别扭的气氛。利兹希望我们能结婚，但是我和苏珊的离婚手续还没有办妥。我花了好几个月的时间，才终于确定和利兹的关系，但是我们双方孩子间的关系一直很紧张，而我又一直没有求婚，在这种情况下，他们搬了出去，我们彻底分手了。

我邀请迪伊和我一起到圣巴特过周末，她同意了。在出发前，她还得做些准备工作。首先，她得让她的母亲飞到美国来帮她照看孩子们。结果，就在我们计划在岛上见面的前三天，我取消了这次行程。我害怕、退缩了。

迪伊对此感到很不高兴。这很容易理解，她一定觉得，我是个彻头彻尾的怪人。

三个月以后，我和利莱·罗德杰斯（Nile Rodgers）还有昆西·琼斯一起被“我们是一家人基金会”授予荣誉奖章，我想带个女伴去。虽然我并不是什么王子或者电影明星，但这是正式场合所需要的，所以我给迪伊打了电话。尽管我们之前有些不愉快的事情发生，但显然，我们之间还有些值得探索的情感纽带，所以她同意了。我提出要给她准备服装和酒店，但她更愿意住在朋友家，不想受到我的恩惠。

这一次，我没有退缩。

她飞了过来，我们一起参加了盛会。这是我第一次看到她盛装打扮的样子——她在圣特·罗佩兹的时候，都穿得很休闲——她看上去魅力四射！她是个优雅而又美丽的女人，非常具有品位，我知道她才是我应该生活在一起的人。

我们和蓝尼·克罗维兹还有一群人一起参加了在市区的斯普莱利餐厅（Cipriani Downtown）举办的午夜派对，我们玩得很开心。最后当我把她送到她朋友家里时，我说，“我还有另一场活动要参加。不如你周末就留在这里，我们一起再去参加那个活动？”

在得到她的同意后，我非常开心，活动结束后，我问她愿不愿意去我康涅克迪州的家里住。她同意了，那天晚上我们回家后，我们坐在楼下聊了好几个小时。很显然我们都喜欢对方，所以我说，“那么我们该怎么办？”

“是啊，我们该怎么办？”

“我们应该约会。”

迪伊那天晚上住下了，我们正式开始交往。当她飞回摩纳哥时，我希望她会考虑尽快回来。

参加戛纳国际电影节（Cannes Film Festival）之时，塞拉斯邀请迪伊和我跟他一起住在船上。虽然晚上我们都开派对到凌晨3点，但我每天早上还是会在6点起床。（我每天早上都醒得很早；我的大脑就已经开动了。）迪伊终于说，“这不行。我比你需要更多的睡眠时间。”我不能让我的睡眠模式影响我和这位完美女性之间的关系，所以我醒来后，会一直躺在床上，不管多少时间，直到她也醒过来。

我们变得越来越亲密。那年夏天，我们带着孩子们一起乘船去法国南部度假。我和迪伊在一起的时间越多，我就越清楚，她就是我所需要的那种女人：能很好的平衡自己的生活，脚踏实地、有稳定的情绪、是个很有意思的人。我们拥有相似的幽默感。我们都有一个有特殊需求的孩子。我们理解对方所经历的磨难。她告诉我，离婚后，她交往过不少男人，但是没人能理解她所经历的那些事。

2006年秋天，她和我同居了；她的儿子们在意大利读书，和他们的父亲生活在一起。2007年12月，我向她求婚。我们计划在2008年8月8日举办婚礼。在马斯蒂克，里奥纳德·劳德为我们举办了一场盛大的订婚仪式。迪伊买了一件婚纱，带来了她的“伴娘团”，安排了她家人的旅行计划。我们整个7月都待在欧洲，就在我们准备回美国的时候，我收到了前妻的消息，亚丽莱姆病严重复发，正去往医院。

亚丽很小的时候就有关节疼痛的毛病。她的小儿科医生认为这可能是生长痛，但我们觉得有点像是脑膜炎，所以我们换了另外一个医生看病，但亚丽的脑膜炎检查结果显示是阴性。疼痛依然持续，所以我们又去看了第三个医生，他告诉我们亚丽得了纤维肌痛症，不用太紧张，需要吃一点布洛芬，因为这种病有时会随着孩子年龄的增长自行康复。然而随着亚丽的成长，她的这些病症并没有消失，所以我们带她去哈佛看了一位专家，他对亚丽做了脑膜炎的检查（检查结果还是阴性），他说，亚丽可能是得了青春期前期风湿病—或者叫多发性硬化症。这让我们感到后脊发冷；我的妹妹多萝西就患有多发性硬化症，我清楚这种病会带来的痛苦。不过事实证明，医生的判断是错误的。

我们换了一个医生又一个医生，有的说，“这都是她自己幻想出来的。”有的建议她再做一次脑膜炎的检查。而结果又不出意外的是阴性。这种关节痛、头痛一直持续了十几年。头晕、盗汗、脑雾。我们深知我们女儿所经历的痛苦，我们费尽心力带她看遍了所有专家，但除了带她去各种医院看各种专家，我们一点儿也帮不到她。

亚丽的病情又经历了一次特别严重的发作，这时距离我们第一次带她去看医生已经过去 13 年了，我们第四次带她去做了脑膜炎的检查。此时的检查相对于以前更加精确了，而这一次，医生告诉我们，之前的所有检查结果都是错误的；亚丽患脑膜炎已经有十多年的历史。我们非常愤怒，因为医生的误诊，让亚丽无谓的经历了这么多年的痛苦，而另一方面，我们又因为终于知道亚丽得了什么病而松了口气。

但脑膜炎终归是个不好治的病。我们带亚丽去看了这方面的专家，他们给她开了很多抗生素类的药物，尽管她脑膜炎的病情得到了控制，但她的胃开始变得一团糟，吃药的副作用对身体的其他方面造成了影响。经过了这么多年，这些问题也都还没有得到彻底的缓解，我对此感到非常难受。

亚丽情况很糟糕，并且还在住院，我感觉自己在这种时候，完全没有心情和精力去组建一个新的家庭。7 月的一个早上，我冲完澡后，穿上浴袍坐在床边，告诉迪伊，“我不能和你结婚。”她非常震惊。

“她是谁？”她说。

“不，不，不，不。事情不是你想的那样。”我发现自己很难解释清楚。“我的家人……我的家人正在经历一些很艰难的事，我不能结婚。我真的不能这样。”我从来没有想过要说“我们不结婚，但还是这样保持关系”，或者“我现在不能结婚，因为我现在压力太大了，我们先推迟一段时间”，或者“我们就这样保持同居关系，不要结婚”。我没法很好地向她解释我的情绪，因为我自己都不太清楚自己的感情。事后想想，我觉得那应该是十几年来我都没有找到亚丽的病因，这件事情本身已经让我愧疚不堪，而如今亚丽的病痛又再一次卷土重来，在这关键时刻，我却在法国南部逍遥的度假，并且还准备回来结婚开始我的新生活。我又一次抛弃了我的孩子们……

我的脑子很乱，我觉得自己没有力气处理任何事。我说，“我要带我的孩子们去马斯蒂克，你想什么时候搬走都可以。”

迪伊脑中一片空白，她简直气疯了。“我不需要任何时间。”她立刻给搬家公司打了电话，找了一个公寓租下来，只花了一天半时间就从我家搬了出去。我们已经在一起住了三年，当我再次走进家门的时候，这里已经完全没有了她的痕迹。她的父亲想要杀了我。迪伊的朋友聚集在她身边为她打抱不平。她回到了欧洲，而我去了马斯蒂克。我们试着写过一些邮件，但她非常难过，我也是。

亚丽需要、也值得我去关心，我也心甘情愿地要去照顾她，但我还是为和迪伊的分手感到心烦意乱。我还有很多工作要做。亚丽和理查德都已经毕业了，伊丽莎白正准备去纽约圣心修道院读高中（Convent of the Sacred Heart High School），我为她和我在纽约租了一套公寓。我原本的计划是在我出差的时候，让苏珊陪她住在那儿，但有的时候我们都会在，所以这看起来好像我们依然住在一起。那并不是我们的意愿，现实也并非如此，可这会让孩子们产生误解。也会让迪伊产生误解。

迪伊的母亲和她的朋友们给我打了很多电话："你到底在做些什么？""你确定要这样做吗？""你犯了人生中最大的一个错误！"大家的反应都很激烈。最后，迪伊和我在8月末的时候通了电话。她生病了，吃不下饭，体重减了差不多20磅，但她开始变得坚强起来。我也是心力交瘁。她告诉我她觉得自己已经转过弯来，很快会好起来的。我也不知道自己是不是作了一个正确的决定。

六个星期以后，我在纽约做一场时尚摇滚（Fashion Rocks）的活动。我邀请了迪伊，她和她的一名女友一起参加了活动。她临走时候，我们在门口碰了面。当我看到她的时候，我有些震惊；我们两个看起来状态都不太好。我告诉她我有一些东西想给她看。

分手后，我在马斯蒂克的那段日子里，每天晚上都会坐下来亲笔给迪伊写信，向她解释女儿的病痛让我有多么难受，解释家人对我来说有多么重要，解释我有多爱迪伊，解释当我和她在一起的时候我有多骄傲。在此之前，我从来没有做过这种事情。从来没有。我想让迪伊知道我的真实感受，但我又没有办法通过邮件或者电话来说出这些话。我积攒了足足有两英寸厚的一叠书信，就像一本书一样。我把它们放在一个橙色的爱马仕盒子里送到了她的公寓。她解开丝带、拿出信件、先看了最后一页。我在这些书信的最后一页写道"很抱歉，但在这种时候，我不能和你在一起。爱你的，汤米。"她有了自己的答案。

但我们又开始讲电话了，我在马斯蒂克所得出的结论，来到了纽约，似乎变得没那么坚定起来。"我想你，"我告诉她，"让我们和好吧，让我们聊聊。"后来我们见面的时候，迪伊给了我一个大大的拥抱，我们都哭了。我知道我再也离不开这个女人了。

我开始每天早上去迪伊女友家找她，我们又开始在一起。我们在第五大道和麦迪逊大道中间的第62大街为我们两个人租了一套公寓，我们决定要永远在一起。几个月以后，她怀孕了。为了安全起见，我说，“我觉得你应该把该做的检查都做了，以确定你和孩子都很健康？”她的各项指标都显示正常。

我们有些摇摆不定：我们到底应不应该要这个孩子？后来我们还是决定要留下这个孩子！这件事真让人激动。我想，“这很有意思。这个孩子能让我们保持年轻！”

很快，我们的孩子明白了迪伊和我，还有苏珊和她的男朋友杰夫之间的关系。11 月的时候，苏珊去拉斯维加斯结婚了。这是她所能给到我们的、最大的礼物，这扫除了我和迪伊关系发展路上的障碍。

我再一次求婚了。迪伊感到害怕，她说，“我们还是不要结婚吧。我们可以就这样生活在一起，这样也会很开心。”她曾经经历过一次离婚，那种经历让她后怕，对于再次结婚，她没有丝毫的迫切感。更何况，我曾经还取消过婚礼，这更是伤了她的心，对于所有的这些过往，她不想再经历第二次。

但她越是拒绝，我就变得越发坚定起来。最后，她说，“我不想要任何订婚仪式。我也不会发布任何结婚邀请，我不想为这件事做任何计划。如果你想结婚，那你就给治安官打电话，我们举行一场简单的结婚仪式。等婚礼完成之后，我们再举办一场派对。”

我们于 12 月 12 日在格林尼治的家中完婚。只有四个人参加了结婚仪式：迪伊、我、治安法官还有那天的执勤保安。我们的孩子分散在世界各地，我们等不及要把这个消息告诉他们。在马斯蒂克庆祝我们的婚姻也许会是件很有趣的事，但说出那些誓言才是最亲密的举动。迪伊和我是伙伴、最好的朋友，也是爱人。

2009 年 8 月，我们的儿子，塞巴斯蒂安·托马斯·希尔费格（Sebastian Thomas Hilfiger）出生了。亚丽来医院探望我们。苏珊也带着我们的女儿伊丽莎白和凯瑟琳赶来探望。迪伊的前夫吉安尼（Gianni）带着迪伊的孩子亚历克斯还有朱利安也一起来了。我们在一起庆祝新生命的诞生。迪伊和我想要所有人分享我们的喜悦，所以我们请吉安尼和苏珊来做塞巴斯蒂安的教父和教母，他们欣然接受了我们的邀请。

塞巴斯蒂安是个活泼漂亮的男孩，有着一双大手和大脚。他生下来的时候差不多有 10 磅重，背影看起来像个小后卫队员！所有女孩儿们都想抱他。连男孩们也想抱他！理查德当时在洛杉矶，我立刻给他打了电话。几个礼拜后塞巴斯蒂安的洗礼成了家族成员的大聚会——每个人都想能参与其中。

我们都非常喜爱塞巴斯蒂安。他是个金发碧眼的漂亮男孩。他得到了一个孩子所可能得到的所有关心。他是迪伊和我的完美结合。

随着塞巴斯蒂安的长大，我们在他身上发现了一些异样的东西，而他又是如此可爱的一个孩子，这一发现让我们简直无法接受。大约一年半以后，我们发现当我们叫塞巴斯蒂安名字的时候，他没有任何回应。一个奶妈说，“你们应该带他去查查听力。”我们曾经给凯瑟琳做过听力检查，结果证明这件事是完全必要的。塞巴斯蒂安一岁半的时候，我们带他去查了听力。检查结果显示：他患有自闭症系列障碍。

我们大惊失色。我感觉自己无法呼吸，难受得想吐。我心想，“这一定是场噩梦。这一定不是真的。”迪伊怀孕的时候已经做了所有检查。没有漏掉过一项。她吃的是有机食品、她没有吃任何含糖量高的东西、没有沾过一滴酒、没有熬过一次夜。她绝对是个追求健康的狂人！这一消息让我们心乱如麻。开车回家的路上，我们两个都直勾勾地盯着高速公路，一句话也说不出来。迪伊在哭。我也在哭。

但迪伊和我都是乐观主义者。当不好的事情发生时，我们会说，“看看我们有多幸运吧。”我们彼此相互依靠。我们曾经经历过这些，我们了解这种疾病，也了解这意味着什么，我们非常幸运拥有足够的财力来让塞巴斯蒂安获得正确的帮助。我们没有沉溺在悲痛和失望之中，我们说，“好吧，我们该做些什么呢？我们该给谁打电话？”我们要尽自己所能来全力帮助我们的儿子。

我们带塞巴斯蒂安看了很多专家，也试了很多方法，从饮食疗法到应用行为分析疗法，这些方法利用言语技巧来帮助孩子。专家告诉我们，最好在成长发育的早期就进行介入疗法，所以我们在他身边安排了很多职业治疗师和言语治疗师。除了他的保育院，塞巴斯蒂安每周还要接受至少 25 小时的治疗，这些治疗的效果非常明显。

我们的朋友劳拉（Laura）和哈里·斯拉特金（Harry Slatkin）有一个患有严重自闭症的孩子，他们介绍我们认识了凯瑟琳·劳德医生（Dr. Catherine Lord），凯瑟琳医生是这一领域里世界知名的专家。很幸运，塞巴斯蒂安的情况并不严重。虽然他有自闭症，但令人高兴的是，经过大量应用行为分析疗法、职业疗法、言语疗法以及一小部分的物理疗法，塞巴斯蒂安进展的非常好。

迪伊和我加入了自闭症之声（Autism Speaks）董事会，这是一个由鲍勃和苏珊妮·莱特（Suzanne Wright）所发起的慈善性组织机构，目前机构已经筹集数百万美元、唤醒了无数人对这一疾病的认知、资助了大量对目前科学仍无法解释的这一疾病的研究。可惜的是，现在自闭症研究尚没有得到来自国家的基金支持。我们还不知道为什么，或者人们是怎样患上这种疾病的。一个发育正常的孩子，他的能力可能会在突然之间发生退化。拿塞巴斯蒂安来说，一岁的时候，他在上楼梯时还会数台阶。然后突然有一天，他就不会了。这意味着在他性格的形成阶段，发生了一些事情。这是遗传吗？有可能。是环境导致的吗？没人知道。人们曾经以为自闭症是由某种疫苗所引起的，但这一说法被证实是错误的。关于自闭症有很多猜测，但在实践中，至今都没有确切的答案。

自闭症之声是我们所参与的最重要的慈善机构之一。公益明星之夜

（Night of Too Many Stars）是为支持纽约自闭症合作组织（New York Collaborates for Autism）慈善基金会而特别制作的活动，现在已经发展成每年的一种固定制度。这世上还有很多家庭不知道他们的孩子患有这种疾病，也有很多家庭，虽然他们知道自己的孩子得了这种疾病，却不清楚应该要做些什么，一想到这些，我们就感到无比的心痛。很多家庭在遇到了这种事情之后，却只是简单地以为他们的孩子“没开窍”、“发育迟缓”，或者“笨”。这让我很难过。我自己就曾经被人打上过“笨”的标签，我非常清楚成年人在帮助他们这些有特殊需要的孩子身上所需要付出的责任。

自闭症是世上发展最快的严重成长型疾病。10 年前，166 个儿童中有一人患病，如今，这一比例增长至 1/68。几乎有 1/100 的世界人口患有自闭症，其中包括约三百多万的美国人。根据自闭症之声所统计的数据，美国自闭症儿童的患者人数，从 2002 年到 2010 年，平均每年呈现出 6%—15% 的增长，总人数增长了 119.4%；据估计，每年有 5.5 万名儿童因患有自闭症而辍学；近 50% 的 25 岁左右患有自闭症的青年无法找到工作，近 84% 的患者成年后仍依靠父母抚养照看；而抚养自闭症患者一生平均所需花费 140 万—240 万美元。

部分报告显示，自闭症患者如此普遍的原因之一，是我们在工业领域对于杀虫剂的广泛使用。我们食用的很多肉类，这些动物在屠宰之前的喂养中，也使用了喷洒过杀虫剂的谷物。我们餐桌上的很多蔬菜水果，也都喷洒了杀虫剂。而我们盛放饮料食物的很多塑料容器，也基本都是有毒的。

我有能力照顾自己的孩子，对此，我感到很幸运、也充满感激。但那些没有我所拥有的这些资产的人，他们要怎么办？当自闭症儿童成年以后，要怎么办？他们没有工作；他们无法照顾自己。这是个大问题，现在已经有很多家庭深受其害。显然，政府对此并没有作出特别有效的举措。在我们国家意识到这种疾病对社会的危害并把它当作一件要紧的事情来看待之前，这个问题还将持续。

能成为自闭症之声的一分子，我感到很荣幸、也很自豪。它的自闭症回应团队成员都经过特别的训练，能够向社会提供关于自闭症的相关信息，治疗资源以及机会。迪伊和我还向多发性硬化症和乳腺癌研究机构提供捐赠。我们意识到自己的幸运，我们希望能够尽自己所能，将这份幸运带给更多的人。在这些慈善机构之中，自闭症目前对我们来说是最重要的，但是有太多值得去关注的问题了。重症肌无力（ALS），艾滋病、乳腺癌——要专注在哪些方面才好？我们的决定取决于对我们影响最直接，而我们也感觉自己能够作出最大贡献的事。我认为和健康相关的问题都非常重要的。社会问题也很重要。我们曾经支持过新鲜空气基金（Fresh Air Fund），现在，通过这个基金，我们参与了拯救儿童基金（Save the Children）。

过去20年里，在总裁盖伊·威克斯（Guy Vickers）的引导下，汤米·希尔费格基金会向全世界的机构组织已捐款逾500万美元。我们还深度参与了千禧承诺组织（Millennium Promise）的活动，该组织隶属于联合国，其主要职责为帮助社区脱离极端贫困做努力。它的核心观点是即便是在某些最贫困、最偏远的地区，极端贫困的数量也可以通过努力实现半数的降低。例如，千禧村庄计划（Millennium Villages Projects）利用一种整体性的科学方法，使非洲撒哈拉沙漠以南地区五十多万民众受益。2010年，汤米·希尔费格公司向该项目捐款500万美元，这是由我们公司员工一点一点捐赠出来的。我们资助希尔费格员工与千禧承诺员工一起奔赴非洲为当地民众送去衣服和药材。我们去了乌干达（Uganda）的卢西拉村（Ruhiira），那里的人们生活在极其恶劣的条件下，他们的贫困程度是我所无法想象的。因为缺乏药材、医疗和卫生设施，村民的死亡率居高不下，我们帮助他们筹集资金、招募人员以及引进技术，帮助他们把饮用水和电力送进村子里。我们帮助他们重建学校、医院、教授村民学习种植可持续发展农作物以作为粮食补给。这是件很有启发的事情。

当我刚开始挣钱的时候，我就知道，我的一个主要目标就是要回馈社会。在20世纪80年代晚期，我曾有机会资助埃尔迈拉厄尼戴维斯社区中心（Ernie Davis Community Center）的建设，他们为家乡那些没那么幸运的孩子们设置了日间看护、课后辅导班以及很多其他项目。当我们了解到新鲜空气基金会每年夏天都会从纽约带1.5万名孩子去城外参加夏令营后，我们在玛利亚·凯莉（Mariah Carey）所创建的玛利亚夏令营（Camp Mariah）旁，开设了汤米夏令营（Camp Tommy）。新鲜空气基金会的孩子每年夏天都会去那里，参加电脑培训、划独木舟、搭帐篷、做饭、参加露营。我的妹妹贝琪为这些努力作出了非常大的贡献。汤米·希尔费格基金会资助了由我的朋友南希·戴维斯所组织的消除多发性硬化症活动（Race to Erase MS），她一直孜孜不倦地，寻求这一病症的治疗方法、资助了很多希望能够在此领域作出突破的医生，她奋斗了将近20年。我的公司对马丁·路德·金纪念碑所作的贡献对我而言都非常重要。我明白自己已经拥有了一些财富，我很高兴能利用这些财富去帮助其他人。

编剧兼制片人玛丽·帕特·凯莉（Mary Pat Kelly）正导演一部名为《骄傲》（*Proud*）的故事片，我是该片的赞助商及联合制片人，这部电影讲述了一群在美国海岸受到不公待遇的非裔美国水手，“二战”时期在海上表现得非常英勇，后来偶然在爱尔兰登陆，被当地人当作英雄对待的故事。亚丽当时大概刚好十几岁，在纽约市专业儿童学校（New York City's Professional Children's School）学习表演，我给了她去现场的机会，让她去了解电影的制作过程。她成为影片的制片人。《骄傲》影片中有一部分是在埃尔迈拉斯特拉斯蒙特社区拍摄的，取景地是督铎王朝时期一个非常漂亮的公馆，我在做报童的时候，就特别羡慕住在这个房子里的人，希望自己有朝一日也能住进去。几年以后，这座公馆被拍卖，我欣喜若狂地买下了它。童年时期的梦想变成了现实。

大概也就在那时候，亚丽得到了去参加音乐电视频道，一个真人秀节目的机会。我觉得这是件很酷的事情。当时她刚刚参演了同样由玛丽·帕特·凯莉所导演的非百老汇音乐剧《艾比的歌》（Abby's Song），她非常享受表演的过程，希望能继续追寻自己的梦想。这个音乐电视台的节目，被介绍为整个纽约市私立学校孩子的写照，剧中的创意需要得到我们的认可，但事实上却并非如此。一件事接着另一件事，最终这个节目变成讲述亚丽和她的一个朋友的故事。

在签订协议的时候，制片人想给节目取名为《有钱女孩儿们》（Rich Girls）。我当时就应该意识到这么做会有问题。我们这方都不喜欢这个片名，但制作人说，"我们先把节目录制完，然后看看效果怎么样。片名后期随便什么时候都能改。"我当时简直太天真了，居然同意了他们的要求。我告诉我的女儿，"我认为你应该拍这个片。这会很有趣。"

但是，这个节目非但没有展现出纽约少年的真实生活，相反，导演组一直要求亚丽和她的朋友在镜头前作出各种令人反感的行为，使这部真人秀成为一期充满尖锐社会矛盾的节目，这样才能吸引到大众的眼球。她们被塑造成性情骄纵、狂妄自大的有钱女孩形象，她们拥有一切，而脑子里却空无一物。我们想要改变剧情和片名，但遭到了严词拒绝："不好意思，你已经对此表示认同了。"以我这么多年和媒体、律师打交道的经验，我早就应该预料到这种事情可能会发生。我们为此付出了代价，亚丽所受到的伤害尤其多。这简直是场灾难。

人们对这个节目的负面评价，让亚丽倍受打击——不单是针对节目，更是直接针对她个人——她开始酗酒。我觉得苏珊和我离婚这件事，也同时对她造成了影响，作为家里的长女，在这件事情上，她还承担了抚慰弟弟妹妹的责任，就像我小时候那样。后来我发现她还吸毒。她几乎无法控制自己，处于崩溃的边缘。在这种情况下，我逼着她去了戒毒所。让一个 17 岁的小女孩去戒毒所，这种阻力是显而易见的，这件事情让她对我非常不满。

不过，银山医院（Silver Hill Hospital）30天的治疗，终于让她意识到自己的确需要帮助，她渐渐接受了这个现实。从医院回来的时候，她的身形已经恢复得很好，但就在那时候，她的脑膜炎又发作了，于是她又开始吸毒，靠毒品来麻痹自己。

脑膜炎是一种破坏力很强的疾病。亚丽一生经历了多年的治疗。我们走访了无数的医院，纽约、波士顿、康涅狄克州，到处都有我们求医的身影，大多数医生都让她服用抗生素。在脑膜炎的早期服用抗生素，确实会收到非常不错的疗效。但如果错过最佳治疗时间，药物并不会产生多少实质性的作用。无论吃什么药，都不能减轻她的病痛，这让我们所有人都痛苦不堪。直到卡特里纳·伯格斯特伦（Katrina Borgstrom），一个和我们家关系很好的化妆师，接受了一种综合疗法，这种特殊的疗法给她留下了非常深刻的印象。她把这件事告诉了我的助理希拉，希拉又告诉了亚丽。亚丽决定试一试，她开始净化自己，这么多年来，她第一次感觉自己有了好转。接着她又接受了螯合疗法，还有各种各样的水合及振兴疗法。通过综合净化和冥想，她渐渐康复了。

在那以后，亚丽决定要重新参加十二步会议以彻底净化自己，这完全要归功于她自己的努力。她现在真的想改变自己的生命。亚丽把自己身体里一切不好的东西都清理了出去，她开始变得比以往任何时候都要清醒、干净、明了，并且后来一直保持了这种状态，这简直太不可思议了。

并且她有了自己的孩子！她的爱人史蒂夫·哈希（Steve Hash）是华纳音乐（Warner Music）的美术指导，现在他是主持人史奇雷克斯（Skrillex）和其他一些音乐人和艺术家的品牌经理。他们住在洛杉矶，亚丽的病情正在缓解恢复期，她和史蒂夫在一起非常幸福。我们都为他们感到高兴。我为亚丽感到非常骄傲，我一直觉得她就是我的一切。我也非常爱我的孙女，哈里·伊丽莎白（Harley Elizabeth）。

我的儿子里奇（Rich）[1]和我一直都非常亲近。我们都曾是小男孩。我们喜欢一起去看体育比赛，去森林里远足、去户外运动。当他还是个孩子的时候，我喜欢带他去参加曲棍球训练，看他在早上四点半自己绑好冰鞋上的鞋带。他一直都很有创意，7 岁的时候就已经能画卡通人物；14 岁的时候，开始写歌。很多父亲可能在看到他们的孩子想要搞嘻哈和说唱音乐、穿着街头风格的服饰，或者去做了文身的时候，会很生气地说，“不行！”但是因为我爸爸对我的要求一直很严苛，我希望我的儿子能有机会实现他的梦想。里奇是个非常有创意的人。我和苏珊分开后，他搬来和我一起住，这让我们关系变得更加亲密。尽管我无数次地向他说起时装业的生意，但他还是更倾向于做音乐，这更让我感到欣慰和骄傲。尽管这中间我们也遇到了一些麻烦，包括送他去戒毒所，不过现在他很健康也很开心。里奇现在正为一部名为《史力克维勒》（*Slickville*）的动画电视连续剧创作动画及角色。他是个很有时尚感的人，风趣而又幽默，他热爱他的家庭，热爱他的妹妹们，我很喜欢他。

我的女儿伊丽莎白一直都按着自己的节奏生活。她从纽约市圣心学校毕业后，去了美国罗德岛设计学院（Rhode Island School of Design），很快，她的身边聚满了来自各行各业，富有创意的艺术人才——建筑、动画、雕塑、纯美术。伊丽莎白在那儿变得越来越有才华，对艺术也越来越有研究。她拥有独特的创造力、对事物有非常深刻的理解、并且对自己的艺术作品也秉持着非常严肃的态度。她对永续性和科学技术都很有兴趣，这是发展的未来。伊丽莎白最近刚从罗德岛设计学院毕业，并且还以自己的绰号佛佛为名，创立了自己的设计师品牌佛+佛（Foo+Foo）。

我有八个兄弟姐妹，大量的生活经验告诉我，即便生在同一个家庭，每一个人也都是截然不同的。任何一个人都有着自己与生俱来的独

---

[1] 里奇（Rich）是理查德（Richard）的昵称。

特性格，伊丽莎白生来就非常自信、善于交际，并且也很有责任感。不像有些孩子，会表现得很鲁莽冒失，觉得一切都理所应当，佛佛在提出请求时，往往已经考虑了所有可能的后果。

伊丽莎白住在洛杉矶，不过她正考虑搬到香港或者伦敦，去继续发展她的品牌。我为我的小佛佛感到非常骄傲和开心。

我的女儿凯瑟琳是个漂亮、可爱、善解人意的可爱女孩。我为她感到骄傲，而这种感觉是无法用言语来表达的。

塞巴斯蒂安是我们家一笔额外的财富！他现在已经7岁了，哈里成为他最喜欢的，也是唯一的侄女。塞巴斯蒂安正在一所非常棒的学校读书，每天都在学习新的知识，享受每个时刻，结交新的朋友。他喜欢恐龙、农场动物、船舶，还有飞机。他也喜欢音乐！他是一个真正的、希尔费格家的孩子！

我的继子亚历克斯和朱利安——迪伊的儿子们——现在都已经成年了。亚历克斯除了在意大利教孩子们学习网球外，还在他爸爸的工厂里干活，开叉车，并学习些生意上的事。朱利安是网球明星——他是职业网球联合会（Association of Tennis Professionals）的成员，一直在参加各种赛事。他非常遵守纪律，对于赢得比赛非常认真，不过这丝毫也不影响他做个幽默而风趣的人。我们很幸运，也充满感激——感谢所有的孩子。

第二十一章

从上市公司转为私营公司

Bye Bye WALL Street for Now

（暂别华尔街）

2003年，大卫·戴尔从兰兹角辞职加入我们公司，任首席执行官一职，他大刀阔斧地推出了一系列的举措：在试着保持和实现业务增长的同时，缩减开支、关闭部门、精简编制。很多为公司创造了价值、付出了热情、伴随公司一同成长的老员工，因为聘用成本太高而被解雇。我们关闭了产品质量更好的运动服饰品牌H。我们做了好几件让我感到很后悔的事，比如卖掉我们的大楼。最关键的是，戴尔希望把汤米·希尔费格定位为大众品牌，而汤米坚持着买得起的奢侈品这一发展方针才取得了现在的成绩，戴尔的这一想法，与曾经让我们赢得成功的理念背道而驰。品牌的领导者首先自己要理解品牌的精髓，才能更好地带领企业前进。我开始意识到戴尔并不理解汤米·希尔费格真正的价值所在，而且在他终于开始明白这一点之后，丝毫没有表现出对这一理念的欣赏，因为当时我们公司经营状况正经历一落千丈的困境。

我在相当长的一段时间里，跟随了他的领导。我们削减广告预算、削减差旅预算。然而，这种做法非但没有带来公司的繁荣和发展，相反经营业绩持续低迷和萎缩。我心想，“他是个经验丰富的首席执行官。我知道现在的经营有些问题；我们需要采取些措施来纠正这些问题。这些事做起来也许很困难，但我们也必须坚持，必须改变这种现实。”我们讨论了要怎么样来实现业绩的增长。我们想，“也许我们无法立刻从现有的公司内部实现增长，但我们在银行里还有很多现金。或许我们可以收购一些其他公司？”

没过多久，我受《时尚芭莎》(*Harper's Bazaar*)之邀，赶赴巴黎，接受著名摄影师卡尔·拉格菲尔德(Karl Lagerfeld)在其工作室的摄影。卡尔和我聊得非常投机，有一种相见恨晚的感觉。我喜欢他认真对待自己的态度，喜欢他工作之余的风趣幽默。他邀请我第二天去他家吃早餐，我们一边喝着咖啡，一边坐着闲聊，我问他，“告诉我，你是怎样让香奈儿成为这世上顶级的奢侈品牌？”

“这很简单，”他告诉我。“我只是研究了可可香奈儿的档案，然后把她所原创的那些东西提取出来，使它更符合如今的市场需求。”

我觉得这很有道理。他问我都有些什么安排。我告诉他，“我的品牌发展放缓了，我们需要更多的增长。我们正在考虑收购其他品牌。”

他说，“买我的公司吧！”

在短短两个月的时间内，我们完成了收购卡尔·拉格菲尔德的同名品牌系列。大卫·戴尔听从了我的意见，这让我感到很欣慰。

遗憾的是，我们所收购的品牌第一个季度的表现并不太好。第二个季度也是如此。戴尔让时装业的老将安妮·亚赛尔诺（Anne Acierno）负责管理，但收效甚微。我们举办了一场拉格菲尔德品牌的时装表演，但也没有成功，这一品牌被暂时搁置。汤米·希尔费格业绩依旧下滑，股价持续下跌。

股票价格每天都在往下降。我问自己，“我是不是也应该把股票抛掉？”如果现在抛掉，虽然我不会像我的其他三位合作伙伴那样，赚那么多钱，但这也会是一笔不小的财富。我问乔·拉马斯特拉，每当遇到这种财务问题，我都会去征询他的意见，他说，“别卖。”《华尔街时报》（*Wall Street Journal*）、《巴伦周刊》（*Barron's*），所有这些财经杂志都在说我们的公司注定要破产。但乔一直在重复，“不要卖！”

公司股票持续下降。几个月以后，我告诉乔，“你给了我一个最坏的建议！”我们的股票，市值曾经高达41美元，现在跌到了6块，接着5块。我问他，“我们的股价是不是要跌到1块钱？还是要变得分文不值？我现在是不是该卖了？”他非常紧张。但在生命里，有的时候，你就是要坚持自己所相信的东西，乔就是在跟随自己的内心。我信任他，但当我看到自己毕生努力的结果逐渐化为乌有。我感到痛苦万分。

一直以来，汤米·希尔费格欧洲区的首席执行官弗雷德·格林（Fred Gehring）都持有一个观点，这个观点是我们待在美国的这些人所从来没有想到的。

弗雷德生于阿姆斯特丹，刚来美国的时候，他做的是钻石行业的工作，后来就一直留了下来，为那些希望进入美国市场的欧洲公司做咨询——那些销售鲜花、自行车、奶制品的公司，最后才到时装行业。他曾经见过塞拉斯，是塞拉斯鼓励并劝说他回到欧洲去工作，弗雷德在欧洲发展得很好，最终做到了拉尔夫·劳伦保罗衫欧洲区首席执行官的位置。他早就听说过汤米·希尔费格品牌，并且很喜欢我们产品所传达出的新鲜感和叛逆的精神。弗雷德曾经和塞拉斯一起参与了佩普牛仔管理股份的收购工作，后来成为佩普牛仔的首席执行官。美国佩普牛仔是汤米·希尔费格的授权单位，我和他第一次见面，就是在佩普公司的一个社交场合。弗雷德和塞拉斯都认为，如果把汤米·希尔费格品牌投放到欧洲大陆，它将会有非常好的发展前景。弗雷德非常热切地想要推进这件事，而塞拉斯，一位非常有原则的谋略家，则说，“不不不，现在还为时太早，太早。”

长期以来，来美国旅行的欧洲游客会在回国时，为家人采购满满一箱拉尔夫·劳伦品牌的衣服。而现在，他们开始在回家时，带走满满一箱汤米·希尔费格品牌的产品。我们是最新潮的东西。我们在市场中建立了一种影响力，1996 年，时机到来了。弗雷德和塞拉斯签订了一项授权协议来开始汤米·希尔费格产品在欧洲的发行。

佩普牛仔的总店位于阿姆斯特丹。我和弗雷德谈了几次，想要把总店迁到伦敦去。但弗雷德让我相信欧洲大陆才是汤米·希尔费格欧洲总部的不二之选。

当时是1997年，汤米·希尔费格的设计重点正集中在街头风格服饰方面。而那种风格在欧洲市场并不受欢迎。弗雷德认为，要想让汤米·希尔费格欧洲市场长期发展下去，我们需要展现汤米·希尔费格的原始基因——保持最初买得起的奢侈品的概念，他觉得只有这样才更符合欧洲市场的需求。

从我第一次在圣马可广场（St Mark's Place）购买喇叭裤开始，我就很喜欢让自己和潮流保持一致，但弗雷德觉得潮流很容易过时，并且它更新的速度往往会出乎你的预料，一味跟随潮流很容易导致失败。“保持低调”是他的信条。他认为新的牛仔服饰业务为我们吸引了很多新的客人，而这些新的客人排挤了原本热衷于购买我们服饰的老顾客。他在汤米·希尔费格欧洲区前两年的发展困难重重，他一直在说我们做得不对。但最终，事实证明，他是正确的。

乔尔和我一直对欧洲市场的独立运作持有异议，我们会说，“为什么要给弗雷德这么多权利？这么做不对。汤米·希尔费格应该是世界范围内的一个统一品牌！”塞拉斯会用他的核心商业哲学来反驳我：“给他一张空白支票，给他全部的权限，让他来负责产品的交付。他和我们一样是公司的股东。我们看问题要长远一点，而不是总是纠结在一些小细节上。让他来做吧！”

塞拉斯说服了我们。

这里面还有其他问题。因为需要满足华尔街的要求，所以我们每件事情都必须做得很大。我们在比弗利山庄奢华地段开了一家大型旗舰店，而因为新的汤米·希尔费格商品过于廉价，我们需要为这家商场设计制作专属产品。1996年，我们为汤米·希尔费格欧洲区的发布，在伦敦邦德街（Bond Street）开了一家占地20000平方英尺的商店，但因为这家商店过于庞大，直接导致了经营的失败，店铺仅仅维持了三年，于1999年关闭。过去的这些经历，让弗雷德的论点得到了有力的支撑。他想要把汤米·希尔费格的核心理念，把那些最本真的东西带到欧洲：买得起的奢侈品，经典、但却又不同于经典。

欧洲汤米·希尔费格开始对美国的产品进行调整。通常情况下，公司可以通过整合订单来创造规模经济效益。如果同时把美国和欧洲的订单，放到相同的工厂生产，我们能够由此节约一大笔开支。然而，欧洲分公司发现，美国订单所采用的面料，不能满足欧洲公司更加上乘的制作工艺要求，因此他们需要经常对面料进行替换。并且有的时候，他们还需要复原美国公司在服装设计时，所丢掉的一些质量细节。因为这种设计理念上的差别，欧洲市场上的所有东西都要在比美国产品高一层的水平上来做。起初，欧洲公司并没有单独来做设计，而是直接提高美国汤米·希尔费格的产品质量。这就是原本的汤米·希尔费格，只不过制作更加精良，价格更加昂贵。欧洲市场和我们的争论永远都围绕着“我们需要更好的产品”。

这种做法收到了成效。欧洲的业务实现了盈利并且表现出很好的上升势头。当欧洲汤米·希尔费格用事实证明，他们的坚持和改变为产品带来了更好的市场表现，这为他们的辩驳增加了有力的筹码。

20世纪90年代后期，我们终于认同了欧洲公司的观点，那就是汤米·希尔费格品牌在美国和欧洲的发展是如此的不同，欧洲市场的需求无法在美国得到解决。最后我们决定，阿姆斯特丹的欧洲总部可以拥有完全自主的经营决策权，可以独立于美国公司；他们的决定不再需要上报给美国总部。这对于整个商业界都是闻所未闻的一件事，从没有任何品牌做过这样的决策。弗雷德说，“我想从美国雇人来担任创意总监、市场总监以及创意服务总监。但我希望你们不要直接给我派人；而是为我推荐一些人选。我会对这些人进行面试，然后从中选择我的雇员，当然，这些被选中的人员必须要得到你的首肯。”我觉得这种做法非常聪明；这让弗雷德能够亲自挑选组建自己的团队，而同时又能让美国公司管理的核心团队感到放心。

弗雷德选择了相对年轻的艾弗利・贝克（Avery Baker）来负责欧洲公司的对外沟通联络。她之前是纽约公共关系部的市场助理，弗雷德掌权后，我说，“我认为她在这个团队里会做得很好，因为这个新市场需要有专人来做传播和沟通的事。”艾弗利充分证明了自己在这方面的能力。如今，她已经成为公司首席全球营销和品牌官员。爱丽丝・弗林（Alice Flynn）被选为牛仔服／童装创意设计师。丹尼尔・凯利（Daniel Kelly）成为创意服务总监，负责所有展销厅和商场的布置。对于这样的安排，公司感到安心，因为我们了解这些人，也认可这些人，弗雷德也感到安心，因为这些人并不是总部硬要塞过去的；而是他自己亲手挑选出来的，因为他也担心这些人可能是总部派来监视他的内奸。欧洲汤米・希尔费格开始了其对设计、生产、市场营销、授权、财务等所有事宜的管控。它成为一个完全独立的个体。

尽管嘻哈和街头风格的服饰在英国和欧洲大陆都风靡一时，但欧洲汤米・希尔费格却一直没有涉猎这两块领域，他们始终坚持打造高端经典的品牌形象。欧洲汤米・希尔费格在诸如皮克 & 克洛彭堡百货商店（Peek & Cloppenburg）、老佛爷百货（Galeries Lafayette,）、英格列斯百货（El Corte Inglye）、塞尔福里奇百货（Selfridges）、弗雷泽百货（House of Fraser）等一流百货商店以及成千上万的知名奢侈品专营店销售，欧洲汤米・希尔费格不会出现在时髦精品店里，也许去那里购物的客人会觉得这衣服不错，但他们买不起这些衣服。我们的品牌会和拉尔夫・劳伦、雨果波士（Hugo Boss）还有一些意大利品牌放在一起销售，而不是和迪赛（Diesel）、芮普蕾（Replay）或者李维斯这样的品牌一起在牛仔商店里出现。一年后，研究表明，美国客户普遍认为“代表时尚先锋的汤米不见了。它现在成了街头巷尾无处不在的大众品牌。”欧洲汤米・希尔费格拒绝在媒体做过度曝光，它保持了汤米美国衰败之前的模样、延续了汤米品牌的本真性、保持了汤米的基因从而获得了巨大的成功。

从2000年到2005年间，汤米·希尔费格见证了欧洲市场不断的成功升级以及美国市场表现的不断恶化。美国公司的销量逐年降低，而欧洲公司的销量平均每年呈现约50%的增长率。2002年，乔尔离开公司之后，随着戴尔及新的董事会成员的到来，这种情况变得越发明显。

2003年，大卫·戴尔成为公司首席执行官以来，他和弗雷德·格林在很多问题上的看法就一直不统一。弗雷德有其对欧洲市场管理的一套做法并已经取得了巨大的成功。而戴尔和董事会则一直把工作重心放在增加美国市场的营业额和利润上。我和弗雷德相处得很好，但是和戴尔就比较困难。而对于弗雷德来说，他永远也没法和那家伙一起共事。从汤米·希尔费格创立的第一天起，我们所有的领导团队都对这个品牌充满了激情和热爱，在这种情感的推动下，我们不断实现着品牌的成长。而戴尔对我们的品牌并没有表现出任何的感情；对他来说，这只是一份工作。我们的业绩每年都在衰减，从15亿美元降到5亿美元；如果没有其他业务支撑，我们很快就会坍塌倒闭。

新的首席执行官上任大约九个月后，戴尔和汤米·希尔费格欧洲管理团队在阿姆斯特丹开了个为期两天的会议，会上弗雷德表示，他非常理解戴尔在美国的营销主要是为了解决美国市场问题的做法，但汤米·希尔费格欧洲市场没有美国那些问题，他们需要适合欧洲市场具体情况的营销措施。戴尔告诉他，如果他对公司现在的营销感到不满，可以自己去做。弗雷德说市场营销具有特殊性，应该统一起来，如果缺乏全球性的市场营销，那么汤米·希尔费格就不再是一个国际性的品牌。只要这些衣服给人的感觉相同，那么消费者永远都不会知道公司在不同国家采用了不同设计的这一事实。但品牌、商标、市场营销这些东西必须要保持一致。戴尔不同意他的观点，并且表示了拒绝。我们感觉如果有可能，戴尔甚至想炒了弗雷德，但他不能这么做，因为欧洲市场为总部带来了如此丰厚的利润。无论从哪个方面来说，弗雷德对公司都是不可或缺的。他是一个拥有强大创造力的人、他组建了一个拥有强大创造力的团队，并且他还为品牌构建了非常完美的定位。

这些会谈简直是一场灾难。欧洲管理团队看上去很不安。弗雷德对首席财务官卢多·欧林克（Ludo Onnink）说，“不能再这样坐以待毙了，我们必须要做些什么。”他们开始想其他办法。就在戴尔紧锣密鼓地开展自己的收购计划之时，弗雷德开始组建一个影子商业计划。

弗雷德刚开始做数据分析的时候，除了公开发布的信息，他拿不到任何其他资料。不过他从一个新的角度来看待这个问题。美国汤米·希尔费格的市场份额现在正大幅萎缩，那假如这个市场原本就不存在呢？接着会发生什么情况？欧洲汤米·希尔费格是完全独立的；如果没有美国品牌，那么它就不需要负担公司这部分的开支，于是他在计算损失时去除了这一部分的费用。加拿大汤米·希尔费格也是相对独立的，因为它设计制作自己的产品。再去掉这一部分。授权业务只有很少的操作成本。减掉这一部分。盖里·欣鲍姆（Gary Sheinbaum）所精心管理的美国零售折扣店（他后来成为美国汤米·希尔费格的首席执行官，一位非常出色的公司领导人）——盖里是一位对汤米·希尔费格品牌充满热情且无比忠诚的团队领导人——从垂直经营的角度来看，其实也是完全独立的；汤米·希尔费格折扣店里所销售的每种款式，都是特别设计、制作的。不存在过剩产能问题；去掉那一部分。剩下的就是美国的批发、企业成本、上市公司成本——这些都是问题所在。弗雷德感觉前四部分都非常成功；唯独这第五部分影响了整个公司的运行。

从本质上来说，大卫·戴尔和新的董事会成员都在竭尽所能地为公司收复因营业额下滑而造成的损失，但弗雷德认为，“这些损失是永远也回不来的，不如坦然接受这些损失，然后继续向前发展。既然美国市场的这些问题已经无法挽回，扬汤止沸不如釜底抽薪！”还有什么能比买回公司，将其进行私有化更为有效的举措呢？如果没有取悦股东的压力，那么每个季度必须实现的收入增长需要也会随之消失。把品牌从偏离的轨道上拉回来，这是首要应该做的，之后再通过重组、逐渐扩大销售以及公司其他部门成功的支持实现销售增长。

弗雷德去找了塞拉斯，他说，“这个计划听起来不错，但你需要私募基金的支持。”购买汤米·希尔费格需要相当多的资金。弗雷德研究了一些私募基金公司，最后找到了安佰深私募股权投资集团（Apax Partners），该私募的总部位于欧洲，正是汤米品牌表现强势的地方。塞拉斯也准备投资。

然后他们来找了我。弗雷德说，“我们把品牌重新买回来吧，把它私有化。我认识一些银行家，他们愿意支持我们，不过只有你也支持这个计划，我才会把它上报给董事会。让我们一起把它买下来——实现私有化之后，我们一定能扭转这整个局面。”我对这件事非常感兴趣。

这是 2005 年 4 月。我花了很长时间向乔·拉马斯特拉讲述了我的决定。我们到底是应该跟随大卫·戴尔的愿景，将汤米建设成一个大众品牌，还是应该追随弗雷德，坚持买得起的奢侈品这一理念，重建这一品牌？大卫·戴尔的计划最后到底会不会成功，还是会彻底毁了这个品牌，让我们变得一无所有？当然，如果卖掉公司，我能拿到一大笔钱，但我从此不再拥有对公司的所有权。办公室的门上依然会有我的名字，但从此我说的话会失去原有的分量。我是否能坦然接受这些变化？

还有自豪感的问题。乔说，“要知道，这对你而言不仅仅是笔生意，还有品牌传承方面的考虑。”这是个名叫汤米·希尔费格的品牌。我究竟希望在设计界中留下怎样的印记？我是想做一个在 21 世纪真正影响了美国时尚的人，还是一个在沃尔玛超市卖了一大堆衣服的人？

乔和我的直觉都让我追随弗雷德。弗雷德的论证更有说服力，并且他是如此的自信，我们根本无法怀疑他。

我们准备转向私有。

第二十二章

大战董事会

Finding my Strength

（找回我的力量）

当弗雷德·格林在一次宴会期间，无意透露他打算收购汤米·希尔费格的想法时，戴尔差点没被食物呛到。管理层对公司的收购，通常都是由公司的首席执行官发起，而现在是分公司的首席执行官要来抢总公司的头把交椅。当这个计划被提交到公司董事会的时候，戴尔表示了反对，而出售汤米·希尔费格公司，将其私有化这一想法更是遭到了很多的阻力："弗雷德·格林？他没权利这么做！他以为他是谁？"

董事会的斗争在百慕大（Bermuda）打响。董事会建议通过削减开支来增加公司利润，而根本都没有考虑格林的建议。但实际上公司的开支已经没有能够继续减缩的空间。"不，"他们实际上是在告诉我，"我们真的需要减少开支。"他们的意思是减少我的薪水；他们的薪酬委员会此前已经开过会，他们认为公司衰败的原因完全在于我赚了太多的钱。

这件事情开始变得很难看。董事会的所有成员基本上开始联合起来针对我。那些我曾经视为朋友的董事会成员们也开始和我作对，尽管我们的友谊并没有彻底的决裂，但这件事肯定造成了我们私人和经济上的紧张关系。我说，"要知道，我在创建这家公司的时候，放弃了自己的名字。我现在所拿的薪水，是对我创建品牌以及把我的名字作为商标的回报。"而他们的立场是，公司早已买断了对我名字的使用权，并且他们也不喜欢我工作的方式，虽然他们具体也说不出我到底哪里做得不好。那些经济上对我的敌意最终也没有什么结果，因为我的合同早已对这些内容进行了规定，而我也不会放弃自己的立场。

有意思的是，现在我已经记不清那天在会议室里大家具体都说了些什么。很多时候，在遇到消极的事情时，我都会选择遗忘。唯一在我脑中留下深刻印象的是大家都很激动，我感觉自己受到了围攻。很多人都在指责我，指责以前的管理方式。我觉得他们是不喜欢弗雷德可能会买下公司，然后撵走他们的这个想法。

当然，也不是公司里的所有人都在和我作对。董事会成员也是我的好朋友大卫·唐（David Tang），在他合同即将到期前所参加的最后几次会议中，有一次站出来做了个发言，直言不讳地痛斥董事会的这些人完全失去了理智。

我和乔都把弗雷德当作新的好朋友来看待。我们看待问题的方式都相同，但几乎汤米·希尔费格的所有财务人员，都处于大卫·戴尔的阵营之中。当然，乔和我也有过疑惑："我们是不是弄错了？他们都是些很聪明的人；他们在自己的领域也都非常成功。为什么我们能看到这些问题，而他们却看不到？不尽管有诸多疑虑，我还是选择相信弗雷德。

最终，董事会投票决定以拍卖的方式将公司出售，而没有考虑弗雷德的提议。董事会的普遍看法是，假如公司被卖给一个包括内部人员的集团，股东有可能会对价格产生怀疑，认为这其中可能存在非法交易，从而有可能发起对我们所有人的诉讼。很多律师都介入了这一过程来保证交易的公正性，以维护所有股东的权利。

公司聘用摩根大通（J.P. Morgan）为牵头银行，负责收集企业信息书并召集潜在买家。通过 2005 年整个夏季的招标，最后有三家公司进入到最后的竞标阶段：艾康尼斯（Iconix），太阳资本（Sun Capital）以及安佰深（Apax）。每家公司都对汤米·希尔费格持不同的发展计划。

艾康尼斯是一家投资组合非常多样化的品牌管理公司，是那种赚底层钱的公司。他们的计划是让我在一定限度内仍保持对公司事务的参与，把汤米·希尔费格带入到沃尔玛之类的超市。他们相信能把汤米·希尔费格打造成为一个年营业额达 100 亿美元的零售巨头，总计为约 60 亿美元的批发总额。根据我所签订的终身制劳动合同，这一商业计划将会按照公司最高总营收的 1.5%，对我进行薪酬支付，这样算来，我每年的薪水将可能达到 1 亿美元——如果品牌发展得好，这个数字还可能更多。这个商业计划让人很难拒绝。从经济层面考虑，在所有的三个计划之中，这是目前为止，对我个人而言最有诱惑力的一个。

第二个投标人是太阳资本，这是一家总部位于佛罗里达州的私人股本公司，这家公司当时买下了很多的消费者品牌。太阳资本对于让我继续留在公司并没有什么兴趣；他们的观点是汤米 · 希尔费格是一个品牌，他们所需要的只是这个品牌，而对于汤米 · 希尔费格这个人，他们真的觉得无所谓。我认为他们想把我们的品牌投放到杰西潘尼或者柯尔百货（Kohl），这种商场，无论是从商品品质还是百货公司声望上来说，这都明显低于我们以往的零售商标准。虽然他们没有直接把这个意愿挑明，但我从他们的言行中可以明显感受到这一点。

艾佰深公司和弗雷德 · 格林一样，他们对于公司的发展有着相同的构想。这是一家欧洲私人股本公司，艾佰深把汤米 · 希尔费格看作是一个国际性的、人们能买得起的奢侈品品牌，就像它现在正在欧洲大陆所做的那样。他们不仅想把这个品牌做得更高端，而且还想让它在国际化的道路上走得更远，他们希望我能更多地参与到项目的实施过程之中。如果不考虑经济收益，艾佰深的计划无疑是对我最有吸引力的。

所有三家公司都参与了报价。我本来可以对太阳资本和艾康尼斯说，“我要严肃地、尽我所能地，行使我的商标否决权（对任何可能贬低我的姓名价值的用法的否决权利）”这也许会让他们放弃拿出最好的报价，不过在咨询了律师们的意见之后，我还是选择不要去做这件有可能为自己招来昂贵诉讼的事。当然，我还是可以发表我对公司未来发展的看法，我也确实这样去做了。

乔和我都希望艾佰深能够给出最高的报价。为了追求我所想要的生活和工作，为了让我的梦想继续延续，我已经做好了放弃每年 1 亿美元收入的准备。我在华纳音乐集团的投资项目中，认识了广发资本（GF Capital）的盖里·富尔曼（Gary Fuhrman），当时他和埃德加·布朗夫曼（Edgar Bronfman）一起帮我打理这个项目，项目结束后，盖里成了我的个人咨询师，关于公司转为私有这件事，我也征询了他的意见，他认同乔和我的观点。当然，最后无论是谁竞标成功，我都会拿到一大笔钱。不过——想想每年1亿美元，这可真是一个惊人的数字！

作为投标的一部分，每个潜在的新买家都必须处理我的合同问题。1988年，当塞拉斯买断穆尔詹尼的股份时，他为我准备了一份特别的终身合同。不过在那时候，人们的工作方式和现在有很大的不同。现在人们会一直工作到死；而在那时，“终生”意味着直到你停止工作。我猜塞拉斯想的是，“汤米会工作到65岁，然后退休。”那永远也不可能发生！

并且，在1988年的时候，汤米·希尔费格只是美国一家很小的男装公司，所以合同并没有提到收入来源问题，比如授权以及国外的分销业务，而这些在六七年以后成为公司业绩表现最为突出的板块。例如，1993年，我们与雅诗兰黛签订了香水和美容产品的授权。假如劳德完成了1亿美元的销售额，那么我是不是也应该分得一部分的收益？乔曾经想要找塞拉斯，把我的合同重新谈一下，但公司上市后，因为对超过百万的年薪有限制减税数额的法律规定，这使得大家都开始对修改合同的事讳莫若深。而我的合同是在公司成立之初便既定下来，并且是闭口的终生合同，我的全部收入都能全额免税，对协议的任何变更都会消除对公司的那部分抵扣。所以这个问题就一直遗留了下来。大卫·戴尔来了之后，乔尔和我也遇到了同样的难题。乔不停地对我说，“你的薪水太低了。这不是说我们要特意要怎么样。这件事情根本就不公平。”现在我们终于有机会来纠正这个问题。

艾康尼斯想继续维持这个合同。他们丝毫不在乎国外分部的经营状况，因为他们看中的是沃尔玛的生意。而我在他们的商业计划下，每年会有 1 亿美元的收入，我也觉得没什么必要再和他们深究合同的问题。太阳资本，只对品牌感兴趣，而对设计师没兴趣，他们也不想对合同做任何改变。他们基本在说，“我们甚至根本就不需要汤米这个人。”

艾佰深的观点则不同于其他两家。他们说，“我们想把公司发展成一个全球性的品牌。我们希望你能干劲十足地去乘飞机出差、去上海开设分店。我们知道你是个很富有的人，你根本不需要工作，但我们还是希望你在工作的时候，能够充满激情、充满动力。我们肯定会改变你的合同；我们也不喜欢这个合同！”乔·拉马斯特拉拟订了一份新的合同，对原合同中将批发销售额的 1.5% 作为我的收入这一规定进行了变更，新的合同规定我将收到授权收入 10% 的提成，汤米·希尔费格门店零售业务收入 0.5% 的提成以及品牌所有批发收入 1% 的提成。合同终生有效。这是一份终身合同。艾佰深愿意对合同进行变更，我们原则上商定好，在新公司成立之初的前三年，将我的年薪定为 2200 万美元的计划。

戴尔反对这个计划。这个薪水实在太高了，他说。2000 年的时候，我的薪水是 2000 万美元，但因为我是按照公司最高营收比率拿的薪水，而这个最高收入已经连续 5 年下跌，到 2005 年我的薪水就只有 1200 万美元。戴尔告诉乔，“你们不能一下从 1200 万涨到 2200 万美元。”我们说，“关你什么事呢？公司马上就要卖掉了，你都不在这里工作了。艾佰深才是老板。”董事会在乎，他对乔说。他们认为我的薪水会影响艾佰深的竞标价格。如果减少我的工资，他们觉得艾佰深会给出更高的竞标价格。

我们把艾佰深的人也请进了会议室。“不会的，”他们的代表说，“我们的竞标价格和汤米的薪水是相互独立的。我们为汤米所支付的薪水，实际上是我们需要他飞到世界各地，去为我们在印度、中国、南美开设更多的分店。”他们给我的薪水是对我的一种激励计划。

我是汤米·希尔费格公司的董事会成员之一，但因为我明确表达了希望能继续留在公司的意图，我有既得利益的诉求，因此我不得参加公司在百慕大召开的最终决策会议。他们开会的时候，我们得等在外面。

这是非常艰难的一天。我和乔·拉马斯特拉还有杰夫·韦恩伯格（Jeff Weinberg）一起蜷缩在附近一家酒店的大厅里，杰夫是威嘉国际律师事务所（Weil Gotshal）的一位律师，我们是通过里奥纳德·劳德的介绍才认识了彼此。一切都有可能发生，我们必须为此作好心理准备。假如董事会从会议室出来说，“艾康尼斯以每股19美元的价格竞标成功，不过他们想要重新协商关于你的合同问题，汤米，他们想要把你的薪水减半，你有意见吗？”就像一个棒球运动员应该在球还没到来之前就已经想好对策一样，我们必须要考虑，任何一方的竞标成功，对我们来说都意味着什么。

如果他们选择艾康尼斯，会怎么样？在埃尔迈拉长大的我，非常理解沃尔玛的文化，我知道汤米·希尔费格的红—白—蓝、美国风格的品牌设计和沃尔玛的文化完全契合，我也无法否认拥有这么多的钱可以开辟一片新天地的事实。但我享受自己绚烂的人生、享受现在的这种文化、享受因为这个品牌让我所经历的事、所认识的人，我不确定自己是否会有兴趣全心全意地为阿肯色州（Arkansas）本顿维尔（Bentonville）的那些客户群体服务。我觉得在艾康尼斯的计划下，我们品牌原本的东西会完全消散。

太阳资本是最简单的选择。很显然他们对于让我留下来没什么兴趣，所以这将会是个简单的拿钱走人的交易。我的事业将会就此结束。我会拿到一大笔钱，这是一笔谁也无法从我这拿走的钱；我从小城埃尔迈拉而来，我的一生都在追求一种安全感，拥有了这么多钱，我自然也拥有了安全感，也算是实现了毕生的愿望。但接下来我该做些什么呢？每天早上醒来后，我该做些什么呢？我人生的第二个章节是什么呢？我才54岁，我的身体很健康，我不爱打高尔夫球。我没有其他任何爱好。我心想，“接下来的40年我要做些什么？”我可不想终日坐在海边看潮起潮落；我需要寻找内心深处的另一个激情所在。我马上想到的是再重新回到时装业；我了解这个行业，也热爱这个行业。但我的合同规定，在公司售出后的几年内，我不能从事会与其形成任何竞争关系的职业。我的身体里流淌着企业家的血液，早在2000年的时候，乔和我就曾经谈论过经营酒店的话题。但是，无论是他还是我都对酒店行业一无所知，所以这也不是个真正可行的选择。

我和艾佰深之间的协议，基本上是在被乔称之为简单的“握手协议”基础上展开的。2005年12月，买家最终确定下来之后，我们只是大体上知道，安陌深能够接受我们所想要的发展方向。而买卖成交之后，所有这些约定都有可能被打破——“哦，天哪，我们以为我们的目标是一致的，但其实并不是！”我们只不过凭借着自己的感觉，凭借着和交情尚浅的人之间的这种口头协定，便肆意妄为地开始揣测未来。这种压力是实实在在的。

最终，还是价格的较量。艾康尼斯一直没有正式报价——他们在最后一刻退出了竞标。太阳资本的价格是每股14美元。艾佰深的价格是每股约16美元。我们赢了！

但紧接着，事情急转而下，董事会拒绝了这两份报价。

董事会的争论非常激烈。以大卫·戴尔为代表的声音在说，如果艾佰深不提高16美元的股价，而我也不同意降低薪水，那么这场交易注定会失败。一场高风险的老鹰捉小鸡游戏，开始在几个百慕大酒店的大厅和走廊里展开了。

乔负责谈判。因为我们所提出的2200万美元的薪水数额的确缺乏事实依据，——这一数字的由来也毫无计算公式可言。所以我们采取了老套的面对面谈判的模式。我们的任务是让董事会相信，如果他们拒绝所有报价，那么公司非常有可能在未来两年时间内就面临破产，这种风险是完全存在的。我们不得不把诉讼风险也灌输到这些人的大脑之中；

这是我们的举棋策略。在他们拍着自己的胸脯信誓旦旦地说，“只要我们愿意，我们就可以拒绝任何报价！”乔会说，“哦，真的吗？那么假如以后公司的最大股东，富达投资（Fidelity），起诉董事会——顺便说一下，单独提出这种诉讼——控诉董事会这种不接受完全合法的全值报价的行为，你们愿意接受这种风险吗？”

他们对外表现得很坚决，他们咆哮着告诉我们，他们不害怕。但就个人而言，这一定会影响到他们。所以他们有风险，我们也有风险。

那是非常紧张的几天。我们都和自己的律师挤在大厅里，绞尽脑汁的设想各种问题的解决办法。乔很担心我。我的生命和汤米·希尔费格公司息息相关，他害怕无论我后来做了什么，都比不上留下来继续待在公司更开心。乔非常了解我。他没说错。

有的时候，在调解过程中，参与调解的各方被安排在不同的房间里，调解员会往返于这些房间中，让强势的各方态度都缓和下来，从而达成妥协。我们没有正式的调解员，因此银行扮演了这一角色。摩根大通希望这项交易能够发生，他们的银行家告诉我们，“汤米，他们说的对，你得降低你的薪水要求。”我敢肯定他在另一方面前所说的话是，“你们肯定会遭到诉讼；接受这比要求全值报价但却又拿不到的情况要好。”这个银行家会问我们，“汤米，你能接受把薪水从2200万降低到1600万的条件吗？”然后又会回去对董事会的那些人说，“伙计们，如果汤米同意把薪水降到1600万，你们愿意接受这份报价吗？”那就是银行家的角色：完成这笔交易。并且他们也做到了。

整个收购在2006年5月以16亿美元的总额成交。艾佰深的出价上升到每股16.4美元，我的年薪被商定为1750万美元。（到2016年，我的年薪将会超过3300万美元。）此外，我还可以重新投资艾佰深，这是个无比聪明的决定。我那么多次地想要卖掉股票，而乔·拉马斯特拉都一直坚持要我稳住，经历了这么多的风风雨雨，乔证明自己真的是个天才。

我知道，我知道——我每年需要为我的财产缴纳 7000 万美元的费用。我很乐意去做这件事。乔一直在说，“汤米，你会变得非常非常富有。当你 80 岁的时候，回过头再看看现在的这些经历，你会希望自己作出怎样的选择呢？”我正过着自己所想要的生活。我真的已经别无所求；我的家人都很安全。我的身边收藏了很多精美的艺术品，我生活在很好的地方，我认识并结交了很多卓越的人，我的工作充满乐趣。作出这样的决定并不简单，但我对自己的这个决定感到很满足。

第二十三章

转机

my Saviors

（我的救世主）

作为汤米·希尔费格所有人之一，其实不管最后到底是谁中标，我都可以卖掉我的股份，拿着我的支票去安享晚年。当卡尔文卖掉他的品牌时，正是这样做的，虽然我并不清楚他这么做的原因是什么。当艾佰深让我增加股本时，我很高兴地接受了他们的提议。因为我想继续和公司在一起，我拿出一部分资金，重新投资了公司。然而这种做法引发了一系列法律问题。根据美国证券交易委员会（U.S. Securities and Exchange Commission）的规定，管理层在股权买入时要比独立个人接受更为严格的审查。我们通过了那项考核。

相较于其他因素，促使乔和我倾向于选择艾佰深的最主要原因，是我们对弗雷德·格林的绝对信任。弗雷德关注的是这样一个事实，那就是，既然欧洲汤米·希尔费格取得了如此大的成功，那么我们一定也可以在南美和亚洲复制这种成功。这并不是说我们不需要美国市场，只不过在目前阶段，我们可以给它稍微降降温，然后在适当的时候重新让品牌焕发活力。我们在世界其他地区发展业务之时，可以适当缩减在美国市场的投入，针对目前美国市场的特殊情况，稳定运营状况才是首要的事。这和我们其他人的观点不谋而合。

这也并不是说我们就没有忧心的时候。汤米·希尔费格在新泽西肖特山（Short Hills）有一家漂亮的门店，达拉斯也有一家。我们在全国到处都有类似的商店，看着他们一个接着一个的关闭，这真是件让人心痛的事。从 1990 年到 2000 年间，我们经历了十年的巨大成功，而现在我们正处于事业的低谷。这就像人间天堂曾经的过往又重来了一回。这没什么意思。就像《那里原本有个球场》（*There Used to Be a Ballpark Here*）歌里所唱的一样。我真的感觉很难过！

戴尔走了；股东都被买断。（我是最大的股东之一，公司的收购让我获得了数千万美元的收益。）我和新公司签订了一份新的终生合同。弗雷德成为汤米·希尔费格公司的首席执行官，他搬到了纽约，开始重新打造美国的生意。我们停止了往折扣店的供货，他几乎是在一夜之间便为公司减少了1亿美元的开支。戴尔当权的时候，曾经为收购增加了很多人手；我们对人员进行了削减。他开除了工资高昂的管理层人员。对一个主要的电商投资事务部门，包括物流系统都进行了缩减。卡尔·拉格菲尔德品牌被叫停（2013年又重新焕发了活力）。公司私有化之后，我们可以改变上市公司的组织架构。弗雷德把总部搬到阿姆斯特丹，这让我们可以精简机构，轻装上阵，从纽约重新开始。

我们在全美和迪拉德百货、贝尔克（Belk）连锁以及很多百货公司都有生意往来，不过查看公司经营业绩下滑时期的数据分析，我们发现在年营业额从15亿降到5亿，再到2.5亿的逐年衰减期间，我们75%到80%的销量还是发生在梅西百货。乔尔·霍洛维茨是新团队的投资人之一，他说，“我们为什么不给梅西独家代理权？这样我们就会有一家自己专属的百货公司，我们肯定能在那有不俗的表现。”这个主意不错。

我们开始和梅西的总裁兼首席执行官特里·伦德格林（Terry Lundgren）谈论这件事，特里是我关系非常好的一个朋友，很支持我，他也是我所见过的最有远见、最有思想、最聪明的零售商人。2006年，乔尔的女儿利（Leigh）在长岛蒙塔克（Montauk）举办婚礼，劳伦斯、塞拉斯、乔尔、弗雷德、特里和我都和我们的爱人一起参加了婚礼。在婚宴上，我们第一次提到了这个话题，聊到这个话题的时候，我们都已经喝了很多酒。尽管塞拉斯、乔尔和劳伦斯已经卖掉了公司大部分的股份，但还是对公司的成功抱有极大的兴趣。特里一直都很相信这个品牌，他立刻明白了我们的想法。

弗雷德把这个想法付诸了行动。我们有了一个新的团队，弗雷德，是我们这个乐队中的鼓手，保持着节拍，成为我们的领头人。他在一系列会议上不断地告诉特里，“我们应该行动起来，在我们之间建立起一种更为紧密的关系。只有当两家公司都开始专注于彼此，合作才能更默契。我们来解决你的客户问题；你给我们店里最好的位置和空间。我们一起来搭建商铺，来创造一个让我们共同演出的舞台，让我们一起来打消外界那些质疑的声音。”

我们开始了合作。这件事情被报道出来之后，在市场上形成了非常巨大的反响。在零售行业历史上，设计师和零售商之间从没有达成过这种完全垄断的合作关系。

我们在全国的梅西百货开建以及重建新的专柜。我们试着重新提高产品价格，但因为我们百货商店的经营一直没有停过，所以也确实没办法一下把价格抬高。我们的做法是在原有商品基础上增加价位更高的商品——更多地制作夹克衫和毛衣，用羊绒取代原本的羊毛，制作更多的羊绒商品。我们投放广告，采取新的产品推广活动以重振业务。这一切虽然很不容易，但我们最终还是成功了。

我们在全球范围内，通过我们最好的一则广告，为这一国际性品牌增加了一道耀眼的光环。莱尔德+伙伴（Laird + Partners）广告公司的特里·莱尔德（Trey Laird）曾经为Gap和唐娜·凯伦（Donna Karan）工作了很多年，每次看到他，我都会说，“特里，我们需要你！”后来他的合同到期，我请他来和我们商谈在我们公司工作的事。弗雷德·格林是个很特别的人；他只和自己喜欢的、谈得来的人打交道——我很欣赏也完全尊重他的这个要求——我希望他们能相处得来。弗雷德在挑选一个人的时候，通常会让自己的整个团队参与面试。特里去了阿姆斯特丹，见到了所有人，并且拿到了这份工作。

广告创意来自韦斯·安德森（Wes Anderson）的电影《特伦鲍姆一家》（*The*

Royal Tenenbaums)，天才首席运营官艾弗里·贝克（Avery Baker）主持了广告的发行。它描绘了一个由形形色色的人所组成的奇妙大家庭，有老人、年轻人、黑人、白人、亚洲人、拉丁裔人、同性恋、双性恋。这个灵感也来源于希尔费格家族：一个充满着不同类型、不同性格和不同品位的人的大家庭。我们在 2009 年推出了这则广告，它为品牌重新吸引了众多的关注，现在依然很成功。

弗雷德拿起了管理公司的权杖，在他的领导下，我感到无比的安心。他开始在世界各地开设漂亮的旗舰店：第五大道、比弗利山庄、巴黎、伦敦、东京、里约、慕尼黑、杜塞尔多夫、阿姆斯特丹、米兰、佛罗伦萨和雅典，还在其他一些城市开设了很多小的门店。我们开始在全球范围内销售此前专门为欧洲客户所设计的服装系列：定价更高、制作更加精良、采用了更多羊绒、更多好的布料、更加贴身的设计。设计工作虽然在欧洲完成，但这些设计都源自我的设计理念和基因。公司的有些做法我也不太喜欢，但已经有足够多让我感到满意的东西。

并且我信任弗雷德。他在做汤米·希尔费格欧洲区首席执行官的时候，曾经取得了巨大的成功，我知道如果他开始把欧洲的那一套管理方法拿到美国来用，我们一定会发展得更好。事实也确实如此。媒体开始更多地报道我们的品牌、外界开始对我们有更多的尊敬、我们的销量得到了提升、我们又重新回到了一个时尚的品牌形象。我们开始重新向前推进。

我们原本已经站在毁灭的边缘，是弗雷德解救了我们。我的梦想又重新开始有了生动的模样。

接着我们迎来了 2008 年。房地产泡沫破裂、股票市场崩盘，所有人都谈虎色变。经济危机似乎马上就要来临了。贝尔斯登公司（Bear Stearns）和雷曼兄弟公司（Lehman Brothers）接连破产。这对我们来说意味着什么？我们是不是要关闭门店？我们是不是又要炒掉一半的员工？

但事实上，这是最不可思议的一年！我们的生意不仅挺了下来，而且还在这种恶劣的条件下实现了增长，2008 年和 2009 年成为我们有史以来经营业绩最好的两年！很显然，汤米·希尔费格的定价、品牌形象、风格、客户定位和门店的位置，一切都是刚刚好。我们依旧是一个设计师品牌，我们的产品预示着一定的社会地位、同时我们是人们买得起的、买得到的、值得买的、有感召力的品牌。我要感谢上帝。就像生命垂危的人，又奇迹般生还一样，我对每一天都充满了爱和感激。

现在，我的工作不像以前那样，有那么多的事务和责任，我有更多时间来体验生活。我很享受和迪伊在一起的日子，享受和我的家人在一起的日子，我会去加利福尼亚看我的儿子，花更多时间和我的其他孩子们待在一起。我有了大多数管理者为追求财富而牺牲掉的一种财富：更多的时间！

2007 年的一个晚上，特里·伦德格林邀请我和迪伊到梅西百货顶楼参加晚宴。在鸡尾酒会上，我遇到了服饰制造商菲力士泛优逊公司的首席执行官曼尼·基利科（Manny Chirico）。菲力士泛优逊公司收购了 Calvin Klein 公司，并且曾经也考虑过收购汤米·希尔费格，那时候马克·威伯（Mark Weber）是公司的首席执行官。我们在做公司介绍的时候，威伯表现得非常傲慢和粗鲁。当时我并不在现场，但参加会谈的人告诉我，他用厌恶的眼光看了一眼我们，就像在说，“我不想和他们有任何关系，”接着便走了出去。威伯对我们的不信任，使他错过了一个绝好的机会，这也惹怒了艾佰深的合伙人，他们在菲力士泛优逊公司收购 Calvin Klein 的交易中投入了非常多的资金，他们认为收购我们公司的计划，是非常有利可图的一件事。没过多久，威伯便不再担任首席执行官一职。现在曼尼·基利科接任了他的位置。

私募股权公司通过收购其他公司、扭转公司亏损局面，之后再将公司售出以获取收益。汤米·希尔费格公司的收购就是一个巨大的成功，在私有化 18 个月后，艾佰深准备退出。这个时间节点刚刚好。弗雷德和我正考虑让公司重新上市，我们刚开始起草文件、为新一轮的发行作路演准备。

曼尼·基利科介绍了自己。我握着他的手开玩笑地说，“你打算什么时候把我们品牌买下来？”

他的回答让我感到很惊讶。“我不久前刚刚还和弗雷德谈过这个问题，我不知道你们是不是有兴趣。”

我说，“我们正在排队等待公司的上市，所以如果你真的想收购公司，现在正是时候。”

晚餐的时候，我坐在曼尼的妻子乔安娜旁边，当我第一次向她提到这个想法的时候，她笑了。我对她说，“你丈夫真的应该收购这家公司。把我们加到他的那些传统品牌组合中去，这对他而言，简直是再好不过了。”菲力士泛优逊公司已经拥有衣佐德（Izod）、绿箭（Arrow）、巴斯（Bass）、休森（Van Heusen）还有 Calvin Klein。汤米·希尔费格现在对他们来说是一个非常好的选择，首先，我们的品牌正在聚集势能，在这一阶段买入对资本的积累非常有利。其次，菲力士泛优逊作为一家大型上市公司，在各百货公司以及服装生产制造行业中都有相当大的影响力，我认为成为这样一家公司的一个组成部分，会对品牌本身有非常积极正面的作用，从这两个方面来考虑，我觉得这是一项双赢的交易。

“不如你给弗雷德打电话吧？”我告诉曼尼。后来考虑到是我在请求他收购我们公司，我又改口说，“不过，我最好还是让弗雷德给你电话吧。”

我给塞拉斯和乔尔写了邮件，征询他们对这件事情的看法，接着让弗雷德联系了曼尼。谈判开始了，2010 年 5 月，上市公司菲力士泛优逊以 31 亿美元的价格收购了汤米·希尔费格。艾佰深（其中我、弗雷德、劳伦斯和乔尔只占有少数的股权）公司四年前以16亿美元的价格买下公司，其中大约花费了4亿美元的现金，我们的资金投入实现了8倍的回报。我再一次保留了自己的合同和股票，如今公司仍在不断发展壮大。我在新公司中持有一些股本，但真正让我获益的是我的终身制合同；我的余生都将收到来自汤米·希尔费格品牌名下所有产品的版权费。

我们被菲力士泛优逊公司收购之后，我成为汤米·希尔费格品牌的大使。丹尼尔·葛雷德（Daniel Grieder）取代弗雷德·格林，成为汤米·希尔费格全球执行总裁，成为我现在的合作伙伴，我们一起推动着公司的向前发展。丹尼尔了解服装业，他从现代的视角出发，对于如何发展品牌有着卓越的远见，我们在共同的期冀下，组成了一个完美的团队。我们的业务水平实现了从一个高度往另一个高度的飞跃，这是一段激动人心的时光。弗雷德被提拔为菲力士泛优逊公司的副总裁，并成为曼尼·基利科的策略顾问。我开始参加一些新门店的开业剪彩活动、做个人见面会、接受杂志和报纸的专访。我们开始在每季举行精彩的时装表演，为此我要特别感谢我们的首席运营官、公司首席品牌总监艾弗里·贝克，是他推动了这些活动的开展。尽管现在我不再管理公司的运营，但我给了品牌延续我所创建的基因和使用我名字的机会，让它更好地发展。我为他们所作出的工作而感到骄傲，作为一个团队，我们真的配合得很好。

不过，我还是情不自禁地想要参加到公司的设计创作工作中去。我会给设计团队提供图片、想法和样品。我还是会去设计工作室、会去展销厅。我会经常表达我的想法，汤米·希尔费格的设计师们会对我的意见作出回应。相比于以前，现在的区别在于，我所说的对他们而言都只是一种建议。

我不再做绘制设计草图、挑选产品配色、挑选纽扣样式、添加条带装饰的工作。我怀念自己能够亲手触碰到生产每个细节的那些日子，但是因为目前汤米·希尔费格的规模——我们现在所谈论的是每天数以千计的款式设计——我无法也不可能参加每场设计会议。我只能选择放手，不过让我感到欣慰的是，从此以后，我每天不必再承受巨大的压力。我们现在有一个完整的团队。他们会听从我的建议，偶尔我们也会有争执，我也会觉得很失望，但不管怎么样，他们还是会努力工作，拿出很好的产品。现在我已经成为公司的设计校审 / 导师，我会在产品的设计过程中作一些调整。我感到非常骄傲，也很感激能拥有这样一支团队，他们是如此充满激情，在他们的努力奋斗下，我们的品牌才变得如此强大。现在的位置对我来说再好不过了。我做的都是那些很有意思的事！参与组织时装表演；飞到上海开设新店；决定广告的创意方向；和琪琪·哈蒂德（Gigi Hadid）、佐伊·丹斯切尔（Zooey Deschanel）、拉斐尔·纳达尔（Rafael Nadal）这样的明星合作来保持品牌的新鲜度。

2012年，我非常有幸被美国时装设计师协会（Council of Fashion Designers of America）授予杰弗里·比尼终身成就奖（Geoffrey Beene Lifetime Achievement Award）。从猜字游戏广告到现在，这是一条漫长而艰难的道路。我真的很感谢安娜·温图尔（Anna Wintour）在颁奖典礼上所说的话。她把我称为“如今时装业最接地气的设计师”并且说我“不仅代表了美国最流行的时尚，而且代表了美国最核心的价值”。

我个人还拓展了酒店行业的业务，在迈阿密南海滩（South Beach，Miami）开发了罗利酒店（Raleigh）。在星传公司，我们和利丰集团合作，成功推出詹妮弗·洛佩兹的同名品牌之后，我先是介绍了足球明星大卫·贝克汉姆（David Beckham）去做贝达芙（Belstaff）品牌的代言人，之后又介绍他到利丰旗下利邦集团（Li & Fung's Trinity Group）所有的环球品牌集团（Global Brands Group）与肯迪文（Kent & Curwen）品牌合作。我很荣幸能够受邀加入利丰零售业务董事会。在这里，我不但能和维克多（Victor）、威廉（William），还有萨布丽娜·冯（Sabrina Fung）一起合作，而且还能对全球零售业，特别是全球零售行业增长速度最快的亚洲零售市场有一个非常深入的了解。利丰集团是汤米·希尔费格品牌的所有产品以及全球很多其他品牌产品的独家生产商。2000年，塞拉斯想出了把我们亚洲采购办事处出让给利丰集团这个天才的主意。从那以后，我们和利丰集团便形成了非常默契的合作伙伴关系。

作为沙桥资本（Sandbridge Capital）的投资人和顾问，我亲眼见证了公司对很多处于上升期的优秀品牌的收购过程，例如德里克·兰姆（Derek Lam）、卡尔·拉格菲尔德（Karl Lagerfeld）、桑姆·布朗尼（Thom Brown）、黑猩猩（Bonobos）、Topshop等等。我坚持学习各种关于品牌和行业的知识，来不断为自己充电。这是我的激情所在，我希望能一直这样保持下去。

我并不是家里唯一的企业家。迪伊发明了一种新型的定制手袋，这种手袋有一种可拆卸、可翻转的包盖。这种产品在高端用户市场很受欢迎，产品卖到了第五大道的萨克斯百货和哈罗德百货，还有很多其他百货公司。她最近把这种可翻转包盖的专利和皮包吧台（Bag Bar）的设计卖给了凯特·丝蓓（Kate Spade）。她将永远感谢马利基·麦基（Marigay McKee）和丽萨·曼尼斯（Lisa Manice）为她创立品牌所作出的帮助。我为迪伊感到骄傲，也为她在如此短的时间里取得了如此大的成功而感到骄傲。

能够依旧参与汤米·希尔费格品牌的成长，我感到非常荣幸。这是我所一手创立的品牌，它就像我的孩子。我很欣慰，经历了这么多的循环往复，希尔费格品牌的基因始终没有变；我很欣慰，那个多年前，囊空如洗的我怀抱着大堆图纸所苦心追求的梦想，终于变成了现实。孩提时，我便一直在做梦，我知道自己有远大的理想，但那时的我，并不知道怎样才能实现这些梦想。我希望，也一直祈祷着它们变成现实。我很感激自己是这样一个追梦的人，我也将永远在追寻梦想的道路上继续走下去。

致　谢

首先要感谢我亲爱的母亲，弗吉尼亚·杰里提·希尔费格（Virginia Gerrity Hilfiger），在这样一个儿女众多的大家庭中，她依然给了我这么多的关爱和信任。谢谢您，妈妈。如果没有您的爱和支持，我永远也不会有今天这样的成就。我非常想念您。您是我心中永远的女神。我将永远爱您。

这一路走来，我感到非常幸运，我的身边一直都有很多非常了不起的人在一直帮助着我、支持着我。他们给我提供了指引，激励着我向着生命中最好的方向努力发展，他们是我工作上的导师和伙伴。感谢我的妻子，迪伊；我的孩子亚丽、理查德、伊丽莎白、凯瑟琳和塞巴斯蒂安；我的继子亚历克斯和朱利安；感谢我的孙女，哈里。感谢我的兄弟姐妹凯西、苏西、贝琪、比利、迪迪、鲍比、安迪和金妮；我的弟媳乔安妮（Joanne）和金姆（Kim）、我的女婿史蒂夫·哈希（Steve Hash）；我的侄女和侄子莫莉（Molly）、简（Jane）、迈克尔（Michael）、乔（Joe）、杰米·林恩（Jamie Lynn）、劳伦（Lauren）、雷切尔（Rachel）、乔纳森（Jonathan）、安德鲁·希尔费格（Andrew H）、威尔（Will）、奥黛丽（Audrey），还有我所有的堂兄弟，太多了，就不一一提了。特别感谢苏西·希尔费格（Susie Hilfiger）、吉安尼·奥克勒（Gianni Ocleppo），帕特（Pat）和维达特·艾尔巴格（Vedat Erbug）。

感谢我在汤米·希尔费格公司的合作伙伴：莫汉·穆尔詹尼（Mohan Murjani）、乔尔·霍洛维兹（Joel Horowitz）、塞拉斯·周（Silas Chou）、劳伦斯·斯特罗(Lawrence Stroll)、弗雷德·格林(Fred Gehring)、丹尼尔·葛雷德(Daniel Grieder),还有曼尼·基利科(Manny Chirico)。

感谢艾莉雅(Aaliyah)、布莱恩·亚当斯(Bryan Adams)、泰瑞·阿金斯(Teri Agins)、塔夫菲克·阿克达(Tevfik Akdag)、乔纳森·艾伦(Jonathan Allen)、艾曼纽·阿尔特(Emmanuelle Alt)、伊姆兰·阿曼德(Imran Amed)、南迪·安德森(Nandie Anderson)、马克·安东尼(Marc Anthony)、杰兹·阿姆斯特朗(Jazz Armstrong)、彼得·阿内尔(Peter Arnell)、艾米·艾斯特莉(Amy Astley)、大卫·贝利(David Bailey)、格伦达·贝利(Glenda Bailey)、艾弗里·贝克(Avery Baker)、泰拉·班克斯(Tyra Banks)、法比恩·贝伦(Fabien Baron)、蒂娜·贝特曼(Tina Bateman)、芭芭拉·贝茨(Barbara Bates)、思维兹·彼兹(Swizz Beatz)、鲍·秉辰(Bob Beauchamp),琳达·秉辰(Linda Beauchamp)、乔纳森·贝克(Jonathan Becker)、大卫·贝克汉姆(David Beckham)、维多利亚·贝克汉姆(Victoria Beckham)、理查德·贝克曼(Richard Beckman)、阿曼达·比彻(Amanda Beecher)、班德(Bender)、杰西·贝内特(Jessie Bennett)、碧昂斯(Beyoncé)、莉兰妮·毕夏普(Leilani Bishop)、蒂姆·布兰克斯(Tim Blanks)、杰夫·布鲁姆(Jeff Bloom)、布伦达·伯马索耶德(Brenda Bomasoid)、卡特里娜·博格斯特伦(Katrina Borgstrom)、劳埃德·波士顿(Lloyd Boston)、大卫·博斯韦尔(David Boswell)、巴博斯·博特(Bubbles Bott)、赫尔曼·博特(Herman Bott)、乔·布沙尔(Joe Bouchard)、大卫·鲍伊(David Bowie)、马克·布拉德利(Mark Bradley)、道恩·布兰顿(Dawn Brandl)、桑德拉·勃兰特(Sandra Brandt)、乔丹娜·布鲁斯特(Jordana Brewster)、加里·布罗迪(Gary Brody)、杰夫·布罗迪(Jeff Brody)、伊森·布朗尼(Ethan Brown)、乔伊·布莱恩特(Joy Bryant)、玛雅·霍夫曼·博陶(Maja Hoffmann Buchtal)、斯坦利·博陶(Stanley Buchtal)、马廷·劳伦斯·博莱德(Martyn Lawrence Bullard)、吉赛尔·邦辰(Giselle Bwrence)、约翰·伯克(John Burke)、罗伯特·伯克(Robert Burke)、吉米·卡卡拉(Jimmy Cacala)、内奥米·坎贝尔(Naomi Campbell)、克里斯蒂安·卡里尼奥(Christian Carino)、乔治·卡雷拉(George Carrera)、格雷顿·卡特(Graydon Carter)、吉娅·卡斯特罗吉奥凡尼(Gia Castrogiovanni)、约翰·柯查本(John Catrambone)、保罗·喀瓦克(Paul Cavacco)、盖瑞沙·喀瓦左尼(Gretha Cavazzoni)、安德鲁·切萨里(Andrew Cesari)、安东尼·切萨里(Antonia Cesari)、卡米尔·切萨里(Camille Cesari)、卡瑞娜·切萨里

（Carina Cesari）、亨利·切萨里（Henry Cesari）、露西·切萨里（Lucy Cesari）、玛丽·节利（Mary Chely）、陈怡桦（Eva Chen）、张宇（Angelica Cheung）、苏永基（Soon Young Choi）、周佳纳（China Chow）、斯蒂芬·赫罗纳（Stephen Cirona）、艾琳娜·斯塞克（Alina Cisek）、格蕾丝·柯丁顿（Grace Coddington）、莎丽·柯恩（Shari Cohen）、凯尼斯·柯尔（Kenneth Cole）、杰克·科尔格罗夫（Jack Colgrove）、吉姆·科尔格罗夫（Jim Colgrove）、莉莉·柯林斯（Lily Collins）、肖恩·康姆斯（Sean Combs）、彼得·科隆利（Peter Connolly）、萨曼莎·康蒂（Samantha Conti）、酷力欧（Coolio）、珍妮·克尔提（Jane Cortill）、乔治·治科蒂纳（George Cortina）、克里斯·科特兹（Chris Cortez）、克里斯·考克斯（Chris Cox）、贾斯廷·考克斯（Justin Cox）、希拉·考克斯（Sheila Cox）、马尔科姆·克鲁斯（Malcolm Crews）、雪瑞儿·可洛（Sheryl Crow）、邪教兄弟（the Cult Brothers）、比尔·坎宁汉（Bill Cunningham）、弗兰·柯蒂斯（Fran Curtis）、詹姆斯·戴德蒙（James Drtisgh）、简娜·多诺弗里奥（Jeannine Dsghamrsu）、桑特·多拉齐奥（Sante De Dsgha）、瑞克·达令（Rick Darling）、海伦·大卫（Helen David）、布兰登·戴维斯（Brandon Davis）、克莱夫·戴维斯（Clive Davis）、南希·戴维斯（Nancy Davis）、高弗里·蒂尼（Godfrey Deeny）、杰弗里·戴奇（Jeffrey Deitch）、凯文·德兰尼（Kevin Delaney）、卡拉·迪乐芬妮（Cara Delevingne）、帕特里克·德马舍利耶（Patrick Demarchelier）、约翰·登普西（John Dempsey）、道尼·多伊奇（Donnie Deutsch）、赛斯·蒂尼尔曼（Seth Dinnerman）、卡希蒂（DJ Cassidy）、芭贝丝·迪吉安（Babeth Djian）、肯·唐宁（Ken Downing）、卡洛·杜奇（Carlo Ducci）、约翰·杜卡（John Duka）、雷亚·达勒姆（Rhea Durham）、帕特·杜尔金（Pat Durkin）、利亚·杜凡尔（Lia Duvall）、史蒂夫·埃奇纳尔（Steve Eichner）、亚瑟·艾尔哥特（Arthur Elgort）、爱德华·艾宁甫（Edward Enninful）、阿卜杜勒·艾尔·哈姆里（Abdel El Hamri）、马修·费尔柴尔德（Matthew Fairchild）、詹姆斯·法隆（James Fallon）、道·法姆拉克（Dow Famulak）、琳达·法戈（Linda Fargo）、伊丽安·法塔勒（Eliane Fattal）、奈比勒·法塔勒（Nabil Fattal）、派翠西亚·菲尔德（Patricia Field）、杰伊·费尔登（Jay Fielden）、埃德·菲利珀斯基（Ed Filipowski）、露丝·芬利（Ruth Finley）、帕梅拉·菲奥里（Pamela Fiori）、尼安·费什（Nian Fish）、凯瑟琳·费舍尔（Catherine Fisher）、爱丽丝·弗琳（Alice Flynn）、布莉姬·佛利（Bridget Foley）、比尔·福特（Bill Ford）、艾瑞尔·福克斯曼（Ariel Foxman）、罗恩·法拉奇（Ron Frasch）、亚杰·弗拉达坎格洛（AJ

Fratarcangelo)、迈克·弗伦奇(Mike French)、维吉尼亚·弗伦奇(Virginia French)、金姆·弗莱戴(Kim Friday)、道格拉斯·弗里德曼(Douglas Friedman)、埃塔·弗罗约(Etta Froio)、迈克·弗洛斯特(Mike Frost)、安妮·弗兰韦德(Anne Fulenwider)、邦妮·福勒(Bonnie Fuller)、西蒙·福勒(Simon Fuller)、萨布丽娜·冯(Sabrina Fung)、冯国经(Victor Fung)、冯国纶(William Fung)、斯蒂芬·甘(Stephen Gan)、妮娜·贾西亚(Nina Garcia)、帕蒂·噶尔瑞(Pattie Garrahy)、罗伯森(Robertson)、嘉比里拉·贾尔迪纳(Gabrielle Giardina)、罗宾·吉维翰(Robin Givhan)、玛莉·克莱尔·格拉德斯通(Marie-Claire Gladstone)、罗伯特·格拉德斯通(Robert Gladstone)、理查德·格拉瑟(Richard Glasser)、罗伊·格拉瑟(Roe Glasser)、莫利斯·戈德法布(Morris Goldfarb),格兰德·普巴(Grand Puba)、大卫·格兰杰(David Granger)、罗根·格利高里(Rogan Gregory)、蒂莫西·格林菲尔德·桑德斯(Timothy Greenfield-Sanders)、埃弗雷姆·格林伯格(Efraim Grinberg)、明迪·格罗斯曼(Mindy Grossman)、鲍勃·格鲁恩(Bob Gruen)、尼古拉·瓜尔纳(Nicola Guarna)、汤姆·格温(Tom Gwynn)、杰斐逊·海克(Jefferson Hack)、贝拉·哈蒂德(Bella Hadid)、吉吉·哈迪德(Gigi Hadid)、科迪·哈蒙德(Cody Hammond)、伯特·汉德(Bert Hand)、凯蒂·汉德(Katie Hand)、萨拉·汉德(Sarah Hand)、帕美拉·翰森(Pamela Hanson)、安德鲁·哈瑞尔(Andre Harrell)、吉柏特·哈里逊(Gilbert Harrison)、黛比·哈尔特兰德(Debi Hartland)、杰克逊·哈尔特兰德(Jackson Hartland)、约翰·哈尔特兰德(John Hartland)、肯德尔·哈尔特兰德(Kendall Hartland)、哈维·德(Heavy D),科肖恩·亨利(Koshawn Henry)、斯坦·荷尔曼(Stan Herman)、唐纳德·希尔费格(Donald Hilfiger)、帕丽斯·希尔顿(Paris Hilton)、达斯汀·霍洛维茨(Dustin Horowitz)、凯西·霍琳(Cathy Horyn)、迈克尔·霍顿(Michael Houghton)、托德·哈沃德(Todd Howard)、凯特·哈德森(Kate Hudson)、罗西·汉丁顿(Rosie Huntington)、怀特利(Whiteley)、恩里克·伊格莱西亚斯(Enrique Iglesias)、伊曼(Iman)、埃迪·埃尔文(Eddie Irvine)、康士坦茨·雅布伦斯基(Constance Jablonski)、乔治亚·梅·贾格尔(Georgia May Jagger)、吉米·贾格尔(Jimmy Jagger)、莉兹·贾格尔(Lizzy Jagger)、米克·贾格尔(Mick Jagger)、杰斯(Jay Z)、玛丽·乔西·加鲁(Marie Jose Jalou)、黛娜·贾姆旺特(Dana Jamwant)、蒂姆·杰弗瑞斯(Tim Jeffries)、肯达尔·詹娜(Kendall Jenner)、蒂芬·杰恩斯戴特(Tiffin Jernstedt)、珠儿(Jewel)、理查德·约翰逊(Richard

Johnson)、迪伦·琼斯(Dylan Jones)、琪达达·琼斯(Kidada Jones)、拉什达·琼斯(Rashida Jones)、昆西·琼斯(Quincy Jones)、史派克·琼兹(Spike Jonze)、约翰·卡门(John Kamen)、卡门·凯丝(Carmen Kass)、金姆·卡塞尔(Kim Kassel)、菲斯·凯茨(Faith Kates)、莉雅·琦比德(Liya Kebede)、凯琪·基布尔(Kezia Keeble)、道格拉斯·基弗(Douglas Keeve)、凯瑟琳·凯勒(Kathleen Keller)、玛丽帕特·凯莉(MaryPat Kelly)、贝丝·肯特(Beth Kent)、艾莉西亚·凯斯(Alicia Keys)、基德·洛克(Kid Rock)、杰米·金(Jaime King)、史黛西·奇普尼斯(Staci Kipnes)、理查德·克什鲍姆(Richard Kirshenbaum)、邝龙齐(Kwong Lung Kit)、卡莉·克劳斯(Karlie Kloss)、斯蒂文·科尔比(Steven Kolb)、赛尔玛·金敏(Selma Kon)、罗伯特·克拉夫特(Robert Kraft)、瑞德·克拉考夫(Reed Krakoff)、凯文·克里尔(Kevin Krier)、里奇·柯罗兰戈尔德(Rich Kronengold)、维维恩·柯罗兰戈尔德(Vivien Kronengold)、吉米·库内斯(Jimmy Kunes)、卡罗莱娜·科库娃(Karolina Kurkova)、托尼·库尔兹(Tony Kurz)、卡尔·拉格菲尔德(Karl Lagerfeld)、特雷·莱尔德 & 伙伴(Trey Laird & Partners)、奥利维亚·拉朗尼(Olivier Lalanne)、桑杰·拉尔巴伊(Sanjay Lalbhai)、乔·拉马斯特拉(Joe Lamastra)、米瑞恩·兰伯思(Mirian Lamberth)、劳伦·布什·劳伦(Lauren Bush Lauren)、丹·莱卡(Dan Lecca)、宋高丽(Choong Keol Lee)、拉里·利兹(Larry Leeds)、安妮·莱博维茨(Annie Leibovitz)、多诺万·雷奇(Donovan Leitch)、辛迪·莱夫(Cindi Leive)、埃米·莱蒙斯(Amy Lemons)、乔·莱文(Jo Levin)、史蒂夫·莱韦伦茨(Steve Lewerenz)、杰森·刘易斯(Jason Lewis)、凯利·刘易斯(Kelly Lewis)、梅瑞狄斯·利伯曼(Meredith Lieberman)、里尔·维舍斯(Li 斯 l Vicious)、安吉拉·琳达瓦尔(Angela Lindvall)、戴维·利普曼(David Lipman)、玛格丽特·卢(Margaret Lo)、马克·洛克斯(Mark Locks)、莉萨·洛克伍德(Lisa Lockwood)、琳赛·洛翰(Lindsay Lohan)、乔治·路易斯(George Lois)、詹妮弗·洛佩兹(Jennifer Lopez)、特蕾莎·洛伦索(Teresa Lourenco)、特里·伦德格伦(Terry Lundgren)、蒂娜·伦德格伦(Tina Lundgren)、成志龙(Cheng Chi Lung)、林纳史金纳乐队(Lynyrd Skynyrd)、苏珊·麦克里欧(Susan MacLeod)、艾弗·马尔多纳尔多(Irv Maldonaldo)、佛恩·马勒斯(Fern Mallis)、朵薇·马弥库里安(Dovie Mamikunian)、玛吉·曼根(Maggie Mangan)、丽萨·曼妮丝(Lisa Manice)、杰拉德·马考维兹(Gerard Mankowitz)、朱莉娅·曼尼恩(Julia Mannion)、安妮·马利诺(Anne Marino)、丹尼尔·马克斯

（Daniel Marks）、库尔特·马库斯（Kurt Markus）、比尔·马尔派特（Bill Marpet）、莉莎·马什（Lisa Marsh）、凯伦·马汀（Karen Martin）、希德·马什本（Sid Mashburn）、约翰·马瑟（John Mather）、凯文·马祖尔（Kevin Mazur）、帕特里克·麦卡锡（Patrick McCarthy）、克雷格·迈克迪恩（Craig McDean）、凯文·麦克唐纳（Kevin McDonald）、凯尔·麦克唐纳（Kyle McDonald）、马利基·麦基（Marigay McKee）、帕特里克·麦克马伦（Patrick McMullan）、大卫·麦克塔格（Dave McTague）、班尼·米帝纳（Benny Medina）、安妮·曼克（Anne Menke）、苏熙·曼奇斯（Suzy Menkes）、金属乐队（Metallica）、强力暴徒二人组（Mobb Deep）、查理·莫德林（Charlie Modlin）、迈克尔·蒙贝洛（Michael Mombello）、大卫·蒙果（David Mongeau）、吉姆·摩尔（Jim Moore）、曼迪·摩尔（Mandy Moore）、乔·莫雷蒂（Joe Moretti）、玛姬·莫瑞斯（Maggie Morrisey）、考特尼·莫斯（Courtney Moss）、凯特·摩丝（Kate Moss）、塔利亚·莫托拉（Thalia Mottola）、汤米·莫托拉（Tommy Mottola）、维吉尼·莫扎特（Virginie Mouzat）、凯文·穆蓝尼（Kevin Mullaney）、罗比·迈尔斯（Robbie Myers）、拉斐尔·纳达尔（Rafael Nadal）、克里斯·中谷义雄（Chris Nakatani）、南希·博伊（Nancy Boy）、爱德华·纳多萨（Edward Nardoza）、恩瑞可·纳瓦罗（Enricco Navarro）、黛博拉·尼德尔曼（Deborah Needleman）、吉姆·尼尔森（Jim Nelson）、纽·伊迪逊（New Edition）、乔纳森·纽豪斯（Jonathan Newhouse）、S.I.纽豪斯（S.I. Newhouse）、乔尔·纽曼（Joel Newman）、卡米拉·尼克尔森（Camilla Nickerson）、德维·尼克斯（Dewey Nicks）、鲍勃·尼尔森（Bob Nielson）、唐·诺威尔（Don Nowill）、约翰·奥尔森（John Olsen）、克里斯蒂娜·奥尼尔（Kristina Onkerso）、鲁多·欧林克（Ludo Onnink）、杰夫·帕尔梅塞（Jeff Palmese）、丹妮尔·帕拉左（Danielle Panazzo）、斯科特·帕克（Scott Parker）、彼得·保罗（Peter Paul）、杰·潘世奇（Jay Penske）、丹尼尔·佩雷斯（Daniel Peres）、比尔·菲利普斯（Bill Phillips）、斯科特·大卫·皮克尔（Scott David Pickle）、乔尼·皮戈齐（Jonny Pigozzi）、迪诺·皮萨内斯基（Dino Pisaneschi）、大卫·皮瑟（David Pisor）、布列塔尼·伯戴尔（Brittany Podell）、约翰尼·伯戴尔（Johnny Podell）、克里斯·布洛奇（Chris Pollucci）、坎迪·普拉特·普莱斯（Candy Pratts Price）、沙龙·普里查德（Sharon Pritchard）、Q-Tip、马克·奎因（Marc Quinn）、安妮塔·劳莎（Anita Rausa）、弗兰基·雷德（Frankie Rayder）、米西·雷德（Missy Rayder）、约纳·雷希尼茨（Jona Rechnitz）、约翰·雷姆尼克（David Remnick）、西蒙·雷克斯（Simon Rex）、安

伊提斯·雷诺兹（Anyitsi Reynolds）、比利·雷诺兹（Billy Reynolds）、鲍比·雷诺兹（Bobby Reynolds）、克雷格·雷诺兹（Craig Reynolds）、雷诺兹（PJ Reynolds）、杰克里奇（Jack Rich）、基思·理查德（Keith Richards）、特里·理查森（Terry Richardson）、妮可·里奇（Nicole Richie）、肯·里克尔（Ken Rickel）、史蒂夫·里夫金德（Steve Rifkind）、辛迪·林弗雷特（Cindy Rinfret）、丽莎·芮娜（Lisa Rinna）、大卫·里瓦斯（David Rivas）、乔斯·里瓦斯（Jose Rivas）、玛姬·瑞泽（Maggie Rizer）、米克·洛克（Mick Rock）、乐裕民（Bruce Rockowitz）、罗伯特·罗德里格斯（Robert Rodriquez）、The Rods、卡琳·洛菲德（Carine Roitfeld）、萨维耶·罗马戴特（Xavier Romatet）、丽贝卡·罗梅恩（Rebecca Romijn）、马克·容森（Mark Ronson）、夏洛特·容森（Charlotte Ronson）、萨曼莎·容森（Samantha Ronson）、保拉·罗萨多（Paula Rosado）、鲍勃·罗森布拉特（Bob Rosenblatt）、狄连娜·卢塞弗（Diliana Roussev）、斯帕斯·卢塞弗（Spas Roussev）、马特·鲁贝尔（Matt Rubel）、哈尔·鲁宾斯坦（Hal Rubenstein）、玛格瑞特·罗塞尔（Margaret Russell）、罗伯特·罗素（Roberto Russo）、范瑞特·萨亨克（Ferit Sahenk）、胡椒盐合唱团（Salt-N-Pepa）、伊丽莎白·萨尔茨曼（Elizabeth Saltzman）、艾林·萨尔茨曼（Ellin Saltzman）、吉娜·桑德斯（Gina Sanders）、皮特·桑德斯（Pete Sanders）、弗朗西斯科·斯卡乌洛（Francesco Scavullo）、玛丽贝思·施密特（Marybeth Schmitt）、克里斯·施拉姆（Chris Schram）、马克·谢利格尔（Mark Seliger）、拉茨娜·沙阿（Rachna Shah）、林恩·沙纳罕（Lynn Shanahan）、史提夫·谢恩（Steve Shane）、杰森·肖（Jason Shaw）、帕特·希恩（Pat Sheehan）、盖瑞·欣鲍姆（Gary Sheinbaum）、保罗·欣德勒（Paul Shindler）、亚历山德拉·舒尔曼（Alexandra Shulman）、罗素·西蒙斯（Russell Simmons），乌尔里奇·辛普森（Ulrich Simpson）、英格丽·斯西（Ingrid Sischy）、哈利·斯拉特金（Harry Slatkin）、劳拉·斯拉特金（Laura Slatkin）、安妮·斯诺薇（Anne Slowey）、乔丹·斯摩尔斯（Jourdan Smalls）、卡特·史密斯（Carter Smith）、史诺普·道格（Snoop Dogg）、迈尔斯·索哈（Miles Socha）、彼得·桑（Peter Som）、迈克尔·松达格（Michael Sondag）、诺贝达·索维诺（Roberta Sorvino）、真实灵魂（Soul for Real）、弗兰卡·索萨妮（Franca Sozzani）、玛丽帕特·施潘鲍尔（Marypat Spannbauer）、小甜甜布兰妮（Britney Spears）、赛门·斯伯（Simon Spurr）、尼克·斯蒂尔（Nick Steele）、盖博·斯坦因（Gabor Stein）、拉里·斯特莫尔曼（Larry Stemerman）、金佰利·斯图尔特（Kimberly Stewart）、本·斯蒂勒（Ben Stiller）、夏洛

特·斯托克代尔（Charlotte Stockdale）、史蒂夫·斯图特（Steve Stoute）、蒂姆·斯推特－波特（Tim Street-Porter）、黛比·斯特罗宾（Debbie Strobin）、尼克·苏利文（Nick Sullivan）、布鲁斯·萨里（Bruce Surry）、林恩·萨里（Lynn Surry）、约翰·赛克斯（John Sykes）、安德烈·雷昂·塔利（Andre Leon Talley）、大卫·唐（David Tang）、爱德华·唐（Edward Tang）、萨尔·唐格勒（Sal Tangore）、普里亚·塔纳（Priya Tanna）、阿琳·泰勒（Arlene Taylor）、莲花车队（Team Lotus）、多姆·泰勒斯科（Dom Telesco）、苏·泰勒斯科（Sue Telesco）、卡尔·邓普勒（Karl Templer）、洛里·特索罗（Lori Tesoro）、林恩·特索罗（Lynn Tesoro）、马里奥·特斯蒂诺（Mario Testino）、路易斯·泰森（Lois Theisen）、弗卢·托尔斯楚普（Fru Tholstrup）、利兹·提尔布里斯（Liz Tilberis）、TLC、斯特凡诺·通奇（Stefano Tonchi）、迈克·托特、彼特·汤森（Pete Townshend）、塔姆·特兰（Tam Tran）、伊万卡·特朗普（Ivanka Trump）、泰瑞斯（Tyrese）、亚瑟（Usher）、安妮V.（Anne V.）、范库·锡丘里蒂（Vanco Security）、盖伊·威克斯（Guy Vickers）、艾迪福尔戈达摩（Ed Virgadamo）、帕蒂·福尔戈达摩（Patty Virgadamo）、西莉亚维斯孔蒂（Celia Visconte）、黛安·冯芙丝汀宝（Diane Von Furstenberg）、爱伦·冯·艾维丝（Ellen von Unwerth）、戴安娜·弗里兰（Diana Vreeland）、马西·沃兹沃思（Marsi Wadsworth）、莎伦·沃尔德伦（Sharon Waldron）、安迪·沃霍尔（Andy Warhol）、伊米·沃特豪斯（Immy Waterhouse）、苏琪·沃特豪斯（Suki Waterhouse）、查理·沃茨（Charlie Watts）、艾米·韦伯斯特（Amy Webster）、斯科特·维里沃（Scott Welliver）、琳达·威尔斯（Linda Wells）、斯坦·威廉姆斯（Stan Williams）、保罗·威尔莫特（Paul Wilmot）、埃瑞克·威尔森（Eric Wilson）、安娜·温图尔（Anna Wintour）、特伦特·维斯哈特（Trent Wisehart）、鲍勃·沃尔夫（Bob Wolfe）、杰西·伍德（Jesse Wood）、罗尼·伍德（Ronnie Wood）、鲍勃·莱特（Bob Wright）、哈维·莱特（Harvey Wright）、珍妮丝·莱特（Janice Wright）、苏珊娜·莱特（Susanne Wright）、迈克·容考斯基（Mike Wronkowski）、吴唐克兰（Wu- Tang Clan）、史蒂夫·韦恩（Steve Wynn）、艾琳·尤提（Eileen Youtie）、菲尔·尤提（Phil Youtie）、约翰·尤尼斯（John Yunis）、奥利佛·萨姆（Olivier Zahm）、瑟奇·扎金（Serge Zalkin）、乔伊·齐（Joe Zee）、瑞秋·佐伊（Rachel Zoe）、大胡子乐队（ZZ Top）。

特殊鸣谢

我想要特别感谢彼得·诺布勒，他不仅是位出色的作家，还是一位颇具耐心的倾听者。我们花了很多时间在一起讨论我的人生故事，我非常感激他为这个项目所倾注的时间和精力，也非常高兴能通过这个契机，结交他这样一位朋友。同时要感谢爱丽娜·曹（Alina Cho）。我原本打算在年老后再撰写这本回忆录，但爱丽娜和吉姆·赫罗纳（Jim Cirona）一起说服我尽快完成这项工作。我非常感激他们对我的建议。吉尼·董（Jinnie Tung）和萨拉·韦斯（Sara Weiss）对本书的编辑作出了非常大的贡献，我无法用文字表达对他们的感激之情。在他们专业的编撰修订以及对细节的精雕细琢下，这份手稿重现了我所走过的那些日日月月，让我感觉又回到了从前。还要感谢尼娜·希尔德（Nina Shield）以及企鹅兰登书屋（Penguin Random House）的整个团队。和你们合作，真是件让人感到无比愉快的事。最后，我想要对那些和我的生活有所交集，而又未能在本书中有所提及的人们表示深深的歉意，也希望得到你们的谅解。

来自彼得·诺布勒的致谢

感谢大卫·布莱克（David Black）为本书制作简介，感谢盖瑞·莫里斯（Gary Morris）帮助本书项目的推进。感谢希拉·考克斯（Sheila Cox）为本书所作的不懈努力。感谢吉尼·董（Jinnie Tung）极富启发性的文字编辑、感谢尼娜·希尔德（Nina Shield）对于细节的专注、感谢萨拉·韦斯（Sara Weiss）对于时间维度的把控、感谢爱丽娜·曹（Alina Cho）对远景的制作安排。感谢苏·瓦加（Sue Warga）的文章编修、感谢乔·佩雷斯（Joe Perez）、肖纳·麦卡锡（Shona McCarthy）、马克·马奎亚（Mark Maguire）和黛安娜·郝彬（Diane Hobbing）团队对本书的设计制作。感谢伊恩·韦尔利（Ian Wehrle）所作的优秀转录。感谢艾琳·马尔多纳多（Ire Maldonado）为此所作的谈话和奔波。感谢史黛丝·格里夫曼（Stacey Grifman）的倾听。

插图致谢

丹 & 科琳娜红空影楼（Dan & Corina Lecca Photo），桑特·杜拉齐欧/箱子档案馆（Sante D'Orazio/Trunk Archive），哈普集团/乔治·伯恩斯（Harpo Inc./George Burns），汤米·希尔费格档案馆，图片库/笔秀网（IM_photo/Shutterstock），迪米特里奥斯·卡姆鲍瑞斯/瓦尔图像（Dimitrios Kambouris/WireImage），安妮·莱博维茨（Annie Leibovitz）(Annie Leibovitz 2016，艺术家自藏)，由乔治·路易斯（George Lois）和卢克·路易斯（Luke Lois）创作，罗杰·马库克（Roger Macuch），凯文·马祖儿（Kevin Mazur）/瓦尔图像，卡特·史密斯（Carter Smith）[由艺术+商业（Art + Commerce）提供]，纽约雪城大学档案馆（Syracuse University Archives）。

第一部分插图

希尔费格夫妇（汤米·希尔费格档案馆），青年汤米·希尔费格（汤米·希尔费格档案馆），多萝西·希尔费格·格雷加（Dorothy Hilfiger Grega）（汤米·希尔费格档案馆），希尔费格家族（汤米·希尔费格档案馆），希尔费格夫妇的婚礼（汤米·希尔费格档案馆），比利和安迪·希尔费格（汤米·希尔费格档案馆），希尔费格家族在埃尔迈拉的家（汤米·希尔费格档案馆），弗吉尼亚·希尔费格女士（汤米·希尔费格档案馆），违法通知书（汤米·希尔费格档案馆），汤米的安妮姨妈（汤米·希尔费格档案馆)，比利和迈克尔·弗雷多(汤米·希尔费格档案馆)，金妮和鲍比(汤米·希尔费格档案馆)，汤米和比利(汤米·希尔费格档案馆)，鲍比·希尔费格在家中(汤米·希尔费格档案馆)，弗吉尼亚·希尔费格骑自行车(汤米·希尔费格档案馆)，汤米的母亲、安妮姨妈、迪迪和她的孩子们(汤米·希尔费格档案馆)，苏西·希尔费格(汤米·希尔费格档案馆)，汤米的母亲和姐姐凯西(汤米·希尔费格档案馆)，汤米的母亲和他的妹妹贝琪(汤米·希尔费格档案馆)，鲍比和乔安妮的婚礼(汤米·希尔费格档案馆)，汤米和母亲在马斯蒂克岛(汤米·希尔费格档案馆)，汤米和母亲坐在桌前(汤米·希尔费格档案馆)，希尔费格孩子们(汤米·希尔费格档案馆)，金妮、迪迪和贝琪(汤米·希尔费格档案馆)，汤米和母亲，还有他的妹妹贝琪(汤米·希尔费格档案馆)，人间天堂店铺的前面(汤米·希尔费格档案馆)，人间天堂的重要标识(汤米·希尔费格档案馆)，人间天堂埃尔迈拉店(汤米·希尔费格档案馆)，剪报(汤米·希尔费格档案馆)，汤米和拉里·斯特莫尔曼在船上(汤米·希尔费格档案馆)，安迪、比利·希尔费格和迈克尔·霍顿(汤米·希尔费格档案馆)，汤米和拉里·斯特莫尔曼(汤米·希尔费格档案馆)，人间天堂标识(汤米·希尔费格档案馆)，人间天堂埃尔迈拉店(汤米·希尔费格档案馆)，汤米搭便车(汤米·希尔费格档案馆)，未来之旅公司(汤米·希尔费格档案馆)，人间天堂广告(汤米·希尔费格档案馆)，未来之旅公司赞助比比王(汤米·希尔费格档案馆)，检查站商标标识(Cheque Point logo)(汤米·希尔费格档案馆)，杰卡布·阿兰标识(汤米·希尔费格档案馆)，衔接点名片(汤米·希尔费格档案馆)，20世纪救赎店铺的门前(汤米·希尔费格档案馆)，20世纪救赎标识(汤米·希尔费格档案馆)，印度的工厂(汤米·希尔费格档案馆)，蒂娜·贝特曼在人间天堂(汤米·希尔费格档案馆)，汤米和苏西·希尔费格(汤米·希尔费格档案馆)，东京印象商标标识(汤米·希尔费格档案馆)，衔接点标签(汤米·希尔费格档案馆)，汤米和彼特·汤森(汤米·希尔费格档案馆)，青年汤米大头照(汤米·希尔费格档案馆)，猜字游戏广告(由乔治和卢克·路易斯创意)，可口可乐服饰(汤米·希尔费格档案馆和可口可乐），猜字游戏广告牌（卢克·路易斯），青年汤米（弗朗西斯科·斯卡乌洛），美国经典广告（卢克·路易斯），坏男孩文章［由乔治·路易斯创意，卡尔·菲舍尔摄像（Carl Fischer）］，汤米·希尔费格所赞助的彼特·汤森之夜（汤米·希尔费格档案馆），乔·弗雷多和仙农（Shannon）（汤米·希尔费格档案馆），穿西装套服的汤米·希尔费格［道格拉斯·基弗（Douglas Keeve）］，内奥米·坎贝尔（Naomi Campbell）（汤米·希尔费格档案馆），花格平角裤广告（Boxers in Tartan）［迈克·托特/托特+公司（Mike Toth/Toth + Co）］，男性运动服饰广告［德维·尼克斯（Dewey Nicks）］，挥动美国国旗［迈克·托特/Toth+Co）］，伊森·布朗尼的男性运动服饰广告（德维·尼克斯），VH1时尚颁奖礼（VH1 Vogue Fashion Awards）（汤米·希尔费格档案馆），汤米挥手（汤米·希尔费格档案馆），西蒙·雷蒙（Simon Ramone）的汤米牛仔广告（德维·尼克斯），汤米夏令营［新鲜空气基金会（The Fresh Air Fund）］，布兰妮·斯皮尔斯的"……宝贝再来一次"巡演［彼得·阿内尔（Peter Arnell）］，汤米牛仔1999年广告（彼得·阿内尔），汤米和内奥米·坎贝尔［亚历克斯·卢博米尔斯基（Alex Lubomirski）］，杰森·刘易斯和伊森·布朗尼的广告（德维·尼克斯）。

第二部分插图

劳伦·布什的汤米牛仔广告（卡特·史密斯/艺术+商业），杰森·刘易斯的花格平角裤广告（迈克·托特/托特+公司），杰森·刘易斯（德维·尼克斯），汤米和滚石乐队（汤米·希尔费格档案馆），汤米·希尔费格赞助的珠儿演唱会上（丹&科琳娜红空影楼），迈克尔·弗雷多的汤米牛仔广告（彼得·阿内尔），马克·容森和艾莉雅（桑特·杜拉齐欧/箱子档案馆），恩里克·伊格莱西亚斯巨星风采男士香水广告［马里奥·特斯蒂诺/亚特·帕特勒（Art Partner）］，碧昂斯的巨星风采金色香水广告（马里奥·特斯蒂诺/亚特·帕特勒），Q-tip的汤米牛仔广告（彼得·阿内尔），汤米·希尔费格赞助的滚石乐队（彼得·阿内尔），碧昂斯的巨星风采香水广告（马里奥·特斯蒂诺/亚特·帕特勒），大卫·鲍伊和伊曼［艾伦·冯恩沃斯（Ellen von Unwerth）/箱子档案馆]，汤米·希尔费格赞助的兰尼·克拉维茨自由巡回演唱会（丹&科琳娜红空影楼），1999年汤米赞助滚石乐队（彼得·阿内尔），汤米与大卫鲍伊和伊曼（艾伦·冯恩沃斯/箱子档案馆），下一代系列广告（Sons & Daughters campaign）（卡特·史密斯/艺术+商业），2016年春季时装秀[兰迪·布鲁克/盖蒂图片社（Randy Brooke/Getty Images）]，遇见希尔费格广告[克雷格·迈克迪恩/艺术+商业（Craig McDean/Art + Commerce）]，汤米X琪琪广告[米凯拉·詹森（Mikael Jansson）/箱子档案馆]，汤米·希尔费格童装广告[本尼·霍尼（Benny Horne）/故障管理（Trouble Management））]，拉斐尔·纳达尔2015年秋季广告（米凯拉·詹森/箱子档案馆），亚丽·希尔费格和圣诞老人（汤米·希尔费格档案馆），亚丽第一天上学（汤米·希尔费格档案馆），亚丽和伊丽莎白·希尔费格（汤米·希尔费格档案馆），1991年的汤米和儿子理查德（汤米·希尔费格档案馆），穿戴着骑具的亚丽和理查德（汤米·希尔费格档案馆），理查德·希尔费格和泰迪熊（汤米·希尔费格档案馆），伊丽莎白和理查德（汤米·希尔费格档案馆），塞巴斯蒂安·希尔费格（汤米·希尔费格档案馆），汤米和他的母亲以及孩子们（汤米·希尔费格档案馆），凯瑟琳·希尔费格特写照（汤米·希尔费格档案馆），2009春季时装秀后台[阿斯特丽德·斯塔维亚兹（Astrid Stawiarz）/盖蒂图片社）]，罗利酒店，迈阿密[尼古拉斯·凯尼格/奥托（Nikolas Koenig/OTTO）]，亚历克斯和朱利安穿着泳衣（汤米·希尔费格档案馆），亚丽在海边（汤米·希尔费格档案馆），凯瑟琳和伊丽莎白穿着水手服（汤米·希尔费格档案馆），汤米和迪伊在广场公寓[特伦特·麦吉恩（Trent McGinn/箱子档案馆）]，迪伊穿着白色礼服[凯特·马汀（Kate Martin）]，迈阿密家的外观（道格拉斯·弗里德曼），汤米和迪伊在马斯蒂克岛（凯特·马汀），迈阿密的红蓝办公楼（道格拉斯·弗里德曼），马斯蒂克岛的游泳池（凯特·马汀），马斯蒂克岛上的家的外观（蒂姆·斯推特－波特），汤米和迪伊在迈阿密的家中（道格拉斯·弗里德曼），汤米和弟弟鲍比在亚丽的新书发布会上（汤米·希尔费格档案馆），汤米和妈妈还有理查德（汤米·希尔费格档案馆），金姆（Kim）和安迪（汤米·希尔费格档案馆），汤米和迪伊在停机坪（汤米·希尔费格档案馆），节日问候（汤米·希尔费格档案馆），苏西·希尔费格在海滩上（汤米·希尔费格档案馆），汤米和理查德（汤米·希尔费格档案馆），塞巴斯蒂安学校照片（汤米·希尔费格档案馆），汤米和亚丽在全球莱姆联盟盛会（Global Lyme Alliance gala）（迪米特里奥斯·卡姆鲍瑞斯/盖蒂图片社），家族圣诞卡片（汤米·希尔费格档案馆），汤米和迪伊在红毯上（汤米·希尔费格档案馆），迪伊亲吻汤米［理查德·菲布斯（Richard Phibbs）/艺术部门（Art Department）］，希尔费格家族（© Annie Leibovitz，2016），亚丽的女儿（汤米·希尔费格档案馆），伊丽莎白·希尔费格（汤米·希尔费格档案馆），戴帽子的汤米和迪伊（汤米·希尔费格档案馆），汤米与迪伊和戴维斯、里克尔和他们的女儿们（汤米·希尔费格档案馆），汤米和弹吉他的安迪（汤米·希尔费格档案馆），汤米和迪伊（汤米·希尔费格档案馆），妹妹金妮和贝琪（汤米·希尔费格档案馆），汤米与史蒂芬·泰勒及乔·佩里（Joe Perry）（汤米·希尔费格档案馆），凯特·摩丝于1996年伦敦时装周，［雷克斯图库（Rex Features）/夏特图片库（Shutterstock）］，汤米和兰尼·克拉维茨（Mark Weiss），汤米和碧昂斯（迪米特里奥斯·卡姆鲍瑞斯/瓦尔图像），安迪·希尔费格和兰尼·克拉维茨（汤米·希尔费格档案馆），汤米与吹牛老爹（P. Diddy）及艾丽卡·肯尼迪（Erica Kennedy）（汤米·希尔费格档案馆），吉赛尔·邦辰（Gisele Bundchen），2000年秋季时装表演（凯文·马祖尔/瓦尔图像），汤米和克里斯蒂·布林克利（汤米·希尔费格档案馆），汤米和芭芭拉·戴维斯（Barbara Davis）（汤米·希尔费格档案馆），安迪与马基·雷蒙（Marky Ramone）及吉米·库内斯（汤米·希尔费格档案馆），汤米与塞缪尔·L.杰克逊及罗素·西蒙斯（汤米·希尔费格档案馆），汤米和昆西·琼斯（汤米·希尔费格档案馆），汤米与鲍勃·卡雷夫特（Bob Kraft）及迪伊（汤米·希尔费格档案馆），汤米、迪伊、汤米和塔利亚·莫托拉［迈克·柯波拉（Mike Coppola）/盖蒂图片社］，汤米和马克·容森（阿斯特丽德·斯塔维亚兹/盖蒂图片社），汤米和安娜·温图尔［尼尔·拉斯马斯（Neil Rasmus）/BFA.com］，汤米和查尔斯王子殿下（Prince Charles）［里查德·杨摄影有限公司（Richard Young Photographic Ltd.）］琪琪·哈蒂德在2016年时装秀［安东尼亚·巴罗斯（Antonia de Moraes Barros）/魔法图片（FilmMagic）］，安迪·希尔费格与肯德尔（Kendall）及凯莉·詹娜（Kylie Jenner）[凯文·温特（Kevin Winter）/盖蒂图片社]，汤米和卡尔·拉格菲尔德[詹姆斯戴瓦尼（James Devaney）/瓦尔图像]，汤米和拉斐尔·纳达尔[盖瑞·戈尔肖夫（Gary Gershoff）/瓦尔图像]，汤米和劳伦斯·斯特罗尔、塞拉斯·周和乔尔·霍洛维茨（汤米希尔费格/PVH档案），汤米和曼尼·基利科&弗雷德·格林[李·克洛尔（Lee Clower）]，汤姆和莫汉·穆尔詹尼（汤米·希尔费格档案馆），汤米和汤姆·科廷（汤米·希尔费格档案馆），汤米和莫汉·穆尔詹尼（汤米·希尔费格档案馆），汤米和盖伊·威克斯在乌干达[杰·海曼（Jay Heyman）]，汤米和丹尼尔·葛雷德[穆尔尼·拉吉（Mounir Raji）]，汤米和约瑟夫·拉马斯特拉（迈克·柯波拉/盖蒂图片社）。

关于作者

汤米·希尔费格先生在其三十余年的服装业工作生涯中，将经典、时尚、代表美国精神的服装带给了全世界。作为公司设计总裁，在他的指导、愿景和管理之下，汤米·希尔费格成为美国少数得到国际认可的、能够向市场提供全品类、富有美国本土气息的服饰和配件的设计师品牌之一。

1985年，汤米·希尔费格先生用更为现代的剪裁和细节处理方式对纽扣衬衫、卡其裤及其他经典款服饰进行了全新的阐释，并推出了自己的第一套设计师服饰系列。这一系列服饰所表现出来的休闲、年轻的态度，成为希尔费格后续所有服装系列的标志性特征。今天，汤米·希尔费格品牌仍在继续致力于把学院风格、美式经典风格服饰输送给世界各地的客户。公司从1985年一个单纯经营男性服饰的小公司，到2014年已经发展成为一个零售总额超67亿美元的全球生活方式品牌。如今汤米·希尔费格专卖店遍布全球五大洲约115个国家，门店数量超过1400家。

彼得·诺布勒（Peter Knobler）曾参与了数本畅销书的合作编写，包括萨姆纳·雷石东（Sumner Redstone）的《赢的激情》（*A Passion to Win*），以及詹姆斯·卡维尔（James Carville）和玛丽·玛达琳（Mary Matalin）的《不择手段》（*All's Fair*）。他还和

纽约市警察局（NYPD）警长比尔·布拉顿（Bill Bratton）、卡里姆·阿朴杜·贾巴尔（Kareem Abdul Jabbar）、哈基姆·奥拉朱旺（Hakeem Olajuwon）、纽约市市长大卫·丁金斯（David Dinkins）、得克萨斯州州长安·理查兹（Ann Richards）等众多知名人士合作著书。诺布勒是被美国《纽约时报》称为“第一本严肃对待摇滚音乐的杂志”《爬行报》（*Crawdaddy*）的前任编辑。他目前居住在纽约。